러시아 혁명의 환상과 현실

서양 근대 혁명사 삼부작 제 3부

러시아 혁명의 환상과 현실

김민제 지음

역 민 사

차 례

서양 근대 혁명사 삼부작 제 1부
영국 혁명의 꿈과 현실

머리말

혁명의 근대성과 진보성

프랑스 사회에 미친 영속적인 영향

프랑스 혁명의 전반적인 영향

III. 프랑스 혁명의 현실: 혁명에 대한 부정적 해석

1. 비 이념적인 혁명

이념이나 계몽 사상과는 무관한 혁명

주도 이념이 없었던 혁명

'부르주아 혁명론'은 허구의 이론

혁명의 주된 세력: 폭도

허망한 혁명가의 이상주의: 생–쥐스트

정치적인 '언어'가 창조한 위로부터의 혁명

시대착오주의가 창조한 '위대한 혁명'

허구의 개념과 '우연'이 창조한 혁명

2. 존재하지도 않았던 '구제도'

진취적이었던 귀족 계층

'구제도' 하에서의 경제적인 발전과 번영

봉건제도에 적대적이지 않았던 농민

역사상 존재하지 않았던 '구제도'

3. 혁명 이전 문화와 이후 문화의 연속성

인쇄 매체와 혁명 발발은 무관

'구제도' 하에서의 '대중 문화' 융성

4. 일으킬 만한 가치가 없었던 혁명

인권 유린과 백색 테러

9월 학살, 방데에서의 비극, 그리고 '인권 선언'

혁명의 이념을 유린한 혁명

근대화에 기여하지 못했던 혁명

복고로 마감한 혁명

허무하게 끝난 혁명

부정적인 영향만 남긴 혁명

경험할 만한 가치가 없었던 혁명

머리말

《서양 근대 혁명사 삼부작》시리즈는 서양의 3대 혁명이라고 일컬어지고 있는 영국, 프랑스, 러시아 혁명에 관하여 요즈음 서양에서 논의되고 있는 역사적인 해석들을 소개하려는 목적으로 집필하였다. 이 시리즈는 혁명이 일어난 순서에 따라 제 1부는 《영국 혁명의 꿈과 현실》, 제 2부는 《프랑스 혁명의 이상과 현실》, 제 3부는 《러시아 혁명의 환상과 현실》로 구성하였다. 그리고 세 혁명은 각각 〈서론〉, 〈혁명에 대한 긍정적 해석〉, 그리고 〈혁명에 대한 부정적 해석〉의 세 부분으로 되어 있다.

각 권의 첫 번째 부분인 '서론'에서 저자는 이 책의 본문에 해당되는 혁명에 대한 긍정적 해석 부분과 혁명에 대한 부정적 해석 부분에서 논의할 내용을 종합적으로 소개하였다. 저자는 이 부분에서 혁명에 관계된 다양한 견해들을 요약하였으며, 이런 견해들이 존재할 수밖에 없었던 학계와 사회의 배경을 설명하였다. 또한 '서론' 부분에서 저자는 독자들이 본문을 쉽게 이해하는데 필요한 기본적인 사항들을 언급하였다. 독자들은 '서론'에서 소개한 내용을 읽은 이후에만 이 시리즈의 본론에서 논의하고 있는 견해들을 적절하게 이해할 수 있을 것이다.

각 권의 두 번째 부분인 '혁명에 대한 긍정적 해석'에서는 혁명을 긍정적으로, 그리고 인류의 위대한 업적으로 찬양하는 견해들을 소개하였다. 이 견해들에 의하면, 세 혁명은 부패되고 비합리적인 체제를 바꿀 수 있는 매우 유용하고 거의 유일한 수단이었으며, 세 혁명은 모두 후세에 위대한 유산을 남겨주었다. '혁명에 대한 긍정적 해석'에서 제시된 견해는 영국 혁명의 경우에 휘그-마르크스주의적 해석, 프랑스 혁명의 경우에 정통주의적 해석, 그리고 러시아 혁명의 경우에 소비에트-수정주의적 해석을 '주로' 반영하였다. 만일 어떤 독자가 기존 체제에 염증을 느껴서 체제 변환이나 혹은 전복에 조금이라도 관심을 가지고 있다면, '혁명에 대한 긍정적 해석' 부분에서 제시한 견해들에 대단한 매력을 느끼게 될 것이다. '혁명에 대한 긍정적 해석'에서는 전통적으로 올바른 해석이라고 믿어져 왔던 견해들을 집약하였다. 이 부분에서 언급한 견해들은, 이 책을 쓰고 있는 현 시점에서 볼 때, 한국 대학의 혁명사 강의 내용에서 주류를 이루고 있다. 또한 한글로 출판된 혁명에 관계된 책들은 극소수의 번역서를 제외하고는 거의 모두 '혁명에 대한 긍정적 해석'에서 제시한 견해를 다루고 있다. 현재 한국에서 서양사를 연구하는 역사학자들 모두는 아니라고 하더라도 거의 대부분은 이 '혁명에 대한 긍정적 해석'에서 소개한 전통적인 견해를 올바른 것으로 인식하고 있으며, 이 학자들은 각 권의 세 번째 부분인 '혁명에 대한 부정적 해석'에서 제시한 해석들을 거의 모두 정당하지 못한 견해로 간주하고 있다.

각 권의 세 번째 부분인 '혁명에 대한 부정적 해석'은 혁명을 바람직하지 못한 역사적 사건으로 생각하고 있는 견해들을 소개하였다. 이 견해들은 주로 1970년대 이후에 제시되었으며, 서양의 사학계에서는 이미 이 견해가 전통적인 견해 못지 않게, 어쩌면 전통적인 견해를 이미 밀어냈을 정도로, 강세를 보이고 있다. 그러나 한국 사학계에서는 이 견해가 아직까지 세 혁명 분야 모두에서 종합적으로 소개되지 않고 있다. '혁명에 대한 부정적 해석'에서 소개하는 해석들은 영국과 프랑스 혁명의 경우에 수정주의적 해석, 러시아 혁명의 경우에는 자유주의적인 해석을 중심으로 하였다. '혁명에 대한 부정적 해석'에서 소개한 견해가 올바르다고 믿고 있는 학자들은 '혁명에 대한 긍정적 해석'에서 제시된 학설들은 말도 안 되는 견해라고 일축하고 있다. 이 학자들에 의하면, 혁명은 그것이 어떤 혁명이든 간에 일으킬 가치가 없었으며, 혁명의 목표가 아무리 바람직하고 이상적이었다고 하더라도 혁명은 '현실적'으로 인류에게 불행만을 초래하였다는 것이다. 이들은 혁명이 인류 역사상에 존재하지 않았던 편이 사회를 더 빠르고 안정적이며 확실하게 발전시켰을 것이라고 생각하였다. 만일 어떤 독자가 급진주의자들의 집단 행동을 혐오하거나, 혁명의 직·간접적인 피해를 받은 경험이 있거나, 혹은 현재 모든 것을 가지고 있어서 체제 변화를 결코 원하지 않는다면, '혁명에 대한 부정적 해석'에서 소개하고 있는 견해들에 커다란 공감을 느끼고, 이제야 혁명사가 올바른 방향으로 인식되어 가고 있음을 다행스럽게 생각할 것이다.

이 《서양 근대 혁명사 삼부작》 시리즈는 서양의 사학자들을 마치 원수와 같이 분리시켜 놓았던 정통주의와 수정주의(러시아 혁명사의 경우는 자유주의)의 흑백 논리를 극복하였다. 혁명의 '긍정적 해석'에 소개된 학자가 반드시 정통주의 학자는 아니며, 혁명의 '부정적 해석'에서 소개한 학자라고 해서 반드시 수정주의 학자는 아니다. 한 역사학자가 어떤 부분에서는 혁명을 긍정적으로 해석하였고, 다른 부분에서는 혁명을 부정적으로 해석하였다면, 이 시리즈에서 그 학자의 견해는 혁명의 '긍정적 해석'과 '부정적 해석'으로 양분되어 있다.

*　　*　　*

세 책의 제목에서 사용한 '꿈,' '이상,' '환상'이라는 단어는 혁명을 '긍정적'으로 해석하는 견해가 가지고 있는 특징을 상징적으로 묘사한 것이다. 영국 혁명은 비교적 소박한 영국인의 '꿈'을 담고 있었고, 프랑스 혁명은 혁명가의 강한 '이상'을 투영하였으며, 러시아 혁명은 '환상'적인 세계를 보여주었다. 반면에 세 혁명을 '부정적'으로 해석하는 학자들은 혁명의 '꿈,' '이상,' '환상' 모두, 혁명이 남긴 비참한 '현실'을 인식할 때, 지상에서는 이루지 못할 허망한 '꿈'에 불과하였다. 이런 맥락에서 저자는 세 혁명에 관한 해석을 혁명의 '꿈'과 '현실'로 대비시켜서, 세 혁명의 '긍정적 해석'과 '부정적 해석'을 소개하였다.

저자는 이 시리즈에서 혁명에 대한 총체적인 인식 경향을 '꿈'과

'현실'이라는 양대 체제 속에 수용하였다. 그러나 이 시리즈가 구성한 '꿈'과 '현실'은 궁극적으로는 결코 대립되지 않는 개념이다. 왜냐하면 '꿈'은 현실에서 실재하지 않는 것으로 인간의 인식 속에서만 실재하며, '현실'도 논리학적으로는 그 존재 자체가 실재하지 않아서, 이것도 순간적으로 명멸하는 인간의 인식 체계에서만 실재하기 때문이다. '꿈'과 '현실'은 역사적인 사실 자체를 건드리지 않는 역사가들의 인식 경향에 불과할 뿐이다.

'꿈'과 '현실'의 철학적인 정의가 어떠하든 간에 어떤 이는 혁명을 염원하여 지금까지 혁명의 '꿈'을 키워왔고, 어떤 이는 혁명을 증오하여 이 책의 혁명의 '현실'에서 고발한 혁명의 참상을 보고 회심의 미소를 지을 것이다. 혁명을 고대하는 사람들은 혁명을 저주하는 견해에 분노할 것이고, 폭력적인 혁명 분자들의 거친 행동을 혐오하는 사람들은 그들이 학교에서 혁명을 긍정적으로 해석하는 견해만을 배운 것이 급진 성향의 역사학자들이 주도했던 일방적인 교육의 결과였다는 사실에 역시 분노할 것이다. 독자들이 어떤 입장을 가지고 있든 간에 이 책은 혁명에 관심을 가지고 있는 독자들에게 엄청난 충격을 줄 것이다.

이 책에서 논의하는 주제는 물론 가상의 사건이 아니라 과거에 실제로 발생했던 역사적인 사실들이다. 해당 사학계에서 최고의 권위를 자랑하는 학자들끼리 같은 혁명을 놓고 '혁명의 꿈'과 '혁명의 현실'에서 완전히 상반된 주장을, 그것도 엄연한 역사적 사실들을 가지고 치밀한 논리를 제시하여 상반된 주장을 하는 것을 보면, 독자들은 경악을 금하지 않을 수 없을 것이다. 역사란 원래 남아 있는 사료를 역사가들이 해석을 통하여 재구성하는 순간부터 이루어지기 때문에, 어떤 사료를 선택하여 어떤 추론 과정을 거쳐서 어떻게 쓰느냐에 따라서 역사의 구성은 완전히 달라질 수 있다. 이 책에서 독자들은 한 혁명을 놓고 완전히 다른 두 가지의 역사 구성이 어떤 식으로 전개되는가를 살펴볼 수 있을 것이다.

이 책은 국내는 물론이고 외국에서 출간된 세계 3대 혁명에 관한 책들과 비교해 볼 때 매우 독특하게 구성되어 있다. 저자는 영어로 쓰여진 영국·프랑스·러시아 혁명에 관한 문헌을 헤아릴 수 없이 많이 읽었지만, 이 책과 같은 구성으로 되어 있는 책은 아직까지 보지 못하였다. 그 이유는 이 책에서 제시한 '혁명의 현실' 부분에 해당되는 역사 연구 업적을 비교적 초연한 상태에서 정리할 수 있는 시기가 외국에서도 매우 최근의 일이기 때문이고, 혁명사 연구에 평생을 바친 외국의 일급 학자들은 각자의 학문적 믿음에 몰입되어 다른 시각을 수용할 여지가 없었기 때문일 것으로 생각된다. 그러나 저자는 비교적 초연하고 객관적인 입장에서 세 혁명을 관조할 수 있었다. 그 이유 중의 하나는 저자가 혁명을 직접 치른 서양 사람들의 후예가 아니라는 사실일 것이다.

이 책의 주제는 혁명이다. 혁명가는 항상 낭만적 존재였고, 언제나 못 가진 자들의 희망이었다. 물론 가진 자에게는 악몽이었다. 일상 생활에 지쳐 있고 미래에 개혁마저 불가능한 참담한 상황에서 사람들은 막연하게 혁명을 그려 왔다. 올바르고, 정당하며, 바람직한 체제를 자신이 속한 조직에 적용해 보려다가 좌절당한 경험이 있는 사람은 누구나 혁명을 일으켜서 합리적인 체제가 그 조직에 '강제'될 수 있는 바람직한 상황을 꿈꾸었을 것이다. 그리고 올바른 논리가 기득권 세력의 이권 연대에 밀려서 좌절당한 경험이 있는 사람들도 혁명을 염원할 것이다. 이런 사람들은 '혁명의 꿈'에서 자신의 신조가 맞다는 사실을 확인할 수 있을 것이다.

그러나 혁명의 '꿈'을 성취하는 순간이, 인류의 경험으로는, '꿈'이 짓밟히기 시작하는 순간이었고, 혁명이 성공하기 이전에는 상상도 못했던 비참한 '현실'이 시작되는 순간이었다. 혁명의 역사를 돌이켜보면, '꿈'이 성취된 이후에 그 꿈을 이루는 수단은 항상 '꿈'을 배반하였다. 이리하여 혁명의 해악론이 제시되었다. '혁명의 현실'이 시작된 것이다. 이런 '현실'의 이야기는 혁명 때문에 기득권을 잃었거나 잃을 것으로 예상하는 사람들이 이것 보라는 듯이 혁명의 무용론을 제기하여, 혁명의 괴력에 사로잡힌 사람들에게 현실을 보여주는 흐뭇한 논리로 받아들여질 것이다.

'혁명의 현실'은 기득권 세력들이 듣기를 고대하였던 주제일 것이다. 혁명은 언제나 비참한 결과를 가져왔으므로, 기득권 세력에게 건의를 하는 것이 당면 문제를 해결하는 최선의 방안이며, 혁명을 일으키는 것이 비록 가능하다고 하더라고 결국은 비극적으로 끝날 것이기 때문에, 혁명은 그것이 아무리 바람직한 것이라고 하더라도 꿈도 꾸지 않는 것이 진정으로 사회를 발전시킬 수 있기 때문일 것이다. 이와 같은 '혁명의 현실' 부분을 방증하는 이론은, 서양에서 더 이상 혁명이 일어나는 것이 현실적으로 불가능하고, 또한 사회적으로 혁명이 더 이상 필요하지 않은 시기에 제시되었다. 이 시기는 아무리 빨라야 1970년대였다.

혁명을 고대하는 '혁명의 꿈'은 1970년대 이전에, 특히 마르크시즘이 학계를 주도했던 당시에, 대단한 인기를 모았다. 그러나 대부분의 서양학자들이 마르크시즘에서 등을 돌리게 된 1970년대 이후에는 혁명의 유해론을 방증하는 논리가 대거 제시되었다. 이 보수적인 논리에 의하면, 혁명은 일으킬 만한 가치가 없으며, 인류가 선택할 수 있는 최선의 방안은 개선밖에 없었다. 이 논리는 못 가진 자들을 매우 서글프게 만들었다. 개선은 일반적으로 가진 자의 아량과 양보에 의해서만 가능하기에, 개선을 염원하는 한 인간의 일생에 이런 개선이 가시화되는 것은 매우 어렵기 때문이다.

이 시리즈에서 저자는 '혁명의 꿈'과 '혁명의 현실' 중에서 어느 견해가 맞는가를 제시하지 않았다. 그리고 변증법의 '정'(正)에 해당되는 '혁명의 꿈'과 '반'(反)에 해당되는 '혁명의 현실'을 '합'(合)에 해당되는 '결론'으로 마감하지 않았다. 저자는 결론을 독자들의 몫으로 남겨 놓았다. 독자들이 이 책을 읽고, 스스로 느끼고, 판단하여, 자신이 가지고 있는 이상에 맞는 혁명에 관한 견해를 선택해야 할 것이다. 그러나 독자는 '꿈'과 '현실'을 제시하는 각각의 논리가 근본적으로 어디에서 차이점이 생겼고, 어떤 논리가 어떤 점에서 틀리는가를 구별할 수 있는 지혜를 키워야 할 것이다. 이 책을 제대로 읽는 독자들은 다른 책에서는 경험할 수 없는 '지적(知的)인 연습'을 많이 하게 될 것이다.

이 책은 독자들이 지금까지 소중하게 간직해 왔던 혁명에 관한 이상을 분해시킬 가능성이 다분히 있다. 이 책을 발간하면서 저자가 염려하는 것은 독자들이 이 책을 읽고 자신이 소중하게 간직해 왔던 혁명에 관한 이상을 포기하는 일이 발생할 지도 모른다는 것이다. 이 경우에 우리 사회는 하나의 귀중한 힘을 잃게 될 것이다. 왜냐하면 혁명을 원하는 사람들과 혁명으로부터 기존 체제를 보호하려는 사람들 간의 상호 견제와 상호 작용에서 사회는 발전하기 때문이다.

*　　*　　*

저자는 가능하면 각 주제를 연구한 서양의 일급 학자들의 주장을 번역하여 인용함으로써 저자의 논지를 구성하도록 노력하였다. 언어 체계가 완전히 다른 외국어 문장을 한글의 맥락 속에 끼워 넣어서 논지를 만드는 것은 쉬운 일이 아니었다. 그러나 해당 분야의 전문 학자들 스스로가 말을 하게 하고, 독자들에게 좀 더 생생한 느낌을 전달해 주기 위하여, 저자는 번역된 인용 부분을 대거 사용하였다. 저자가 이와 같은 서술 방법을 사용할 때 직역은 의미를 전달하는데 많은 문제가 있었다. 그래서 대부분의 경우에 원문을 의역하였다. 이 과정에서 오류가 있을 수 있다는 점에 대해 염려가 된다. 만일 직역이 필요한 독자가 있다면, 이 책에서 사용한 인용 부분보다는 원문을 이용하는 것이 더 적절할 것이다. 이런 경우에 대비하여 저자는 인용 부분마다 원문의 출처를 달았다.

인용 부분을 좀 더 한국어답게 하기 위하여 약간의 말뜻을 바꾼 경우도 적지 않다. 따라서 원문의 문장 구성과 이 책에서 번역된 문장 구성이 완전히 다른 경우가 있으며, 필요한 경우에 조사 및 부사를 저자가 임의로 첨가하기도 하였다. 또한 인용 부분에서 [ ] 안에 들어 있는 단어들은 독자의 이해를 돕기 위하여 저자가 추가한 부분이다. 이 책에는 방대한 문헌 목록이 첨부되어 있다. 이 목록은 이 책에서 사용한 자료만을 적은 것이며, 초학자나 혹은 기성 학자들을 위한 고전적인 문헌을 소개한 것은 아니다. 따라서 고전적인 문헌 목록을 필요로 하는 독자들은 다른 연구서를 참고해야할 것이다.

이 책은 혁명의 전말을 연대기로 기술하지는 않았다. 만일 혁명자체의 진행 과정을 알고 싶은 독자가 있다면 그런 목적으로 쓰여진 다른 책을 참조해야 할 것이다. 이 책은 혁명에 관한 해석만을 다루었다. 따라서 이 책을 읽으면 1997년까지 서양에서 세 혁명에 대하여 어떤 논의가 진행되었는가를 잘 알 수 있을 것이다.

저자는 지금까지 서양사를 30년 이상 중단 없이 공부하였지만, 이 책이 다루는 주제에 관하여 알고 있는 것은 실로 빙산의 일각에 불과하다. 저자는 영국·프랑스·러시아 혁명에 관한 논문과 책을 어느 누구 못지 않게 많이 보았다고 할 수 있고, 이 책을 쓰는 데만 10년 이상이 걸렸다. 그러나 인간이 가지고 있는 한계를 생각할 때 한 사람이 세 혁명을 모두 다 잘 이해하는 것은 불가능한 일이다. 이 책은 일반 서양사 개설서보다는 매우 자세하게 혁명에 관하여 논의하였지만 분명히 초입서에 불과하다. 일반 독자들이나 학자들이 더 진전된 논의를 하는데 이 책이 기여하기를 바랄 뿐이다.

*　　*　　*

한국에서는 아직까지도 보편화되지 않은 수정주의적 해석(러시아 혁명사의 경우에는 자유주의적 해석)에 관하여 저자가 적극적으로 관심을 갖기 시작한 때는 지금으로부터 약 20년 전인 1970년대 말이었다.

어느 따뜻한 봄날에, 한눈에 보아도 알 수 있는 영국 귀족풍의한 신사가 'the Rose and Thistle'이라는 미국의 한 영국 사학회에서 발표자로 입장하였다. 저자가 미국 미네소타 대학교에서 석사과정 학생으로 있었을 때였다. 이 신사는 영국인들이 즐겨 찾는 홍차(tea)를 마시면서 아무런 열정이나 표정 없이 발표를 진행하였다. 전형적인 영국 상류층의 액센트로 도도하게 읽어 내려가는 그의발표는 세미나에 참석한 모든 사람들을 어리둥절하게 만들었다. 그

가 발표하는 내용은 처음부터 끝까지 저자나 수십 년간 영국사 혹
은 서양사를 전공한 사람들이 알고 있던 '상식'에 모두 어긋났기
때문이었다. 그 신사의 발표가 끝난 후 질문 시간에 참석자들은 어
디에서부터 그에게 질문을 해야 할지 몰랐다. 그의 발표는 당시로
서는 매우 '비상식적'이었지만 다른 한 편으로는 너무 논리적이어
서 어떤 비판으로 그가 제시한 의외의 논지를 부정할 수 있을지
막연하였다. 이 신사가 영국 사학계뿐만 아니라 서양 사학계에 "지
진"을 일으킨 장본인인 러셀(Conrad Russell)이었다.

러셀은 귀족의 후예이다. 그의 아버지는 철학자 버틀런드 러셀이
며, 현재 백작 칭호를 가지고 있다. 1970년대 후반에는 그가 근대
역사학계에 심대한 영향을 줄 위대한 역사학자가 될 것이라고 전
망한 사람들이 그리 많지 않았다. 그러나 1980년대 초반에 이르러
러셀은 위대한 사학자의 대열에 당당하게 올라섰다. 저자의 《서양
근대 혁명사 삼부작》 시리즈에서 첫 번째 책인 《영국 혁명의 꿈과
현실》의 〈혁명의 현실〉 부분에서 제기된 이론을 가장 먼저, 그리
고 가장 권위 있게 제시한 학자가 바로 러셀이었다. 러셀은 저자에
게 영국 혁명에 관한 수정주의적 해석을 가르쳐 주었다.

러셀의 발표를 듣고, 새롭게 계속해서 나오는 그의 논문과 책을
읽으면서 저자는 좀 더 체계적으로 지도 교수였던 렘버그(Stanford
E. Lehmberg) 교수의 지도를 받아서 영국 혁명의 다른 면모를 이
해할 수 있었다. 이런 가운데 저자에게 프랑스 혁명에도 영국 혁명
에 버금가거나 혹은 더한 새로운 견해가 있다는 사실을 가르쳐준
분은 미네소타 대학에서 프랑스사를 강의하던 뱀포드(Paul W.
Bamford) 교수였다. 그가 저자에게 결정적인 영향을 준 사건은 당
시 학생이었던 저자의 학점이 걸린 문제에서 발단되었다. 뱀포드
교수가 제시한 리포트 주제는 '프랑스 혁명 당시의 인권 선언'에
관한 연구였다. 저자는, 적어도 당시의 미숙한 견해로는, 완벽하게
문헌을 준비하고 분석하여 리포트를 썼다고 생각하였다. 그러나 평
점은 저자의 기대치 이하였다. 너무 자신이 있었기에 저자는 그 교
수에게 학점에 관하여 일종의 항의를 하려고 면담을 청하였다. 이

면담이 저자에게는 프랑스 혁명에 관한 수정주의를 접할 수 있는 직접적인 계기가 되었다. 그 교수의 평에 의하면 당시 저자의 리포트는 이 책에서 언급한 '혁명의 꿈'에 관한 부분, 즉 정통주의 견해는 거의 완벽했으나, '혁명의 현실'에 관한 부분, 즉 혁명에 관한 새로운 시각은 전혀 없었기 때문에 최고 학점을 줄 수 없다는 것이었다. 이후에 저자는 프랑스 혁명의 수정주의에 관한 문헌을 모으기 시작했고, 세월이 지난 후에 뱀포드 교수가 저자에게 준 학점은 매우 후한 것임을 알게 되었다. 이때가 1980년 경이었다. 이로부터 여러 해가 지나서 저자가 이 책을 쓰기 위해 미국으로 자료 수집 여행을 갔을 때, 뱀포드 교수는 프랑스 혁명 부분을 집필하는 데 저자에게 많은 도움을 주었다.

저자는 매우 합리적인 추측을 해 보았다. 영국·프랑스 혁명에 수정주의적인 해석이 존재하기 때문에, 러시아 혁명에서도 이와 같은 해석이 존재할 수 있을 것이라는 추측이었다. 미국에서 박사 학위를 받을 때까지 저자는 이런 추측만을 해 왔고, 이에 관한 자료를 모을 겨를은 없었다. 박사 학위를 받은 후 1986년 후반에 한국에 돌아와서 학생들을 가르칠 때 저자는 느낀 것이 매우 많았다. 저자는 영국과 프랑스 혁명에 관한 수정주의를 누구나 어느 정도는 알고 있는 그저 당연한 상식으로 알고 덤덤하게 학생들에게 소개하였다. 이때 저자는, 매우 의외로, 학생들이 이 새로운 시각에 상당히 매료되고 있음을 발견하였다. 그러나, 10여 년이 지난 지금도 마찬가지이지만, 당시 학생들에게 이 새로운 시각에 관하여 종합적이고 깊이 있게 공부할 수 있는 한글 자료는 거의 없었다. 그때부터 저자는 이 책을 준비하였다. 1987년 초반이었다.

러시아 혁명은 당시까지만 해도 저자에게 상당히 생소한 부분이었다. 이 문제를 해결하기 위하여 미네소타 대학에서 러시아 혁명사를 강의하는 교수로서 저자와 친분이 두터웠던 스타브로(Theofanis G. Stavrou) 교수에게 도움을 청했다. 저자의 집필 구상을 말하고, 당시에 저자가 가지고 있던 러시아 혁명사에 관한 지식과 견해를 스타브로 교수에게 알려주었다. 스타브로 교수는 당시

의 저자의 수준에 맞는 필독 도서의 리스트를 만들어 주었고, 각
책과 저자에 대하여 여러 차례, 그리고 장시간에 걸쳐 실제적인 강
의를 해 주었으며, 당시 러시아 사학계의 동향을 알려주었다. 그는
《러시아 혁명의 환상과 현실》을 집필하는데 결정적인 도움을 주
었다. 스타브로 교수를 만나서 저자가 읽을 책과 논문 목록을 받아
온 것이 1991년의 일이었다.

　1994년 여름에 저자는 연구년을 맞아 모교인 미국 미네소타 대
학에 교환 교수로서 1년을 가 있었다. 이때 영국 혁명에 관해서 미
진한 부분은 렘버그 교수에게, 프랑스 혁명은 뱀포드 교수에게, 러
시아 혁명에 관한 부분은 스타브로 교수에게 자문을 받았고, 해당
분야에서 결정적인 도움을 얻었다. 특히 스타브로 교수의 지도는
매우 헌신적이었으며, 저자가 새롭게 읽어야 할 자료 목록을 추가
해 주었다. 이 책이 최초의 모습을 갖추게 된 때가 바로 연구년 당
시였다. 연구년 동안에 저자는 새롭게 출간된 자료를 더욱 많이 수
집하였고, 귀국 후에 이것을 분석하여 기존의 원고에 추가하였다.
저자가 혁명에 관한 새로운 시각을 접한 지 20년, 그리고 자료를
분석하고 집필하기 시작한지 10년만에 세 혁명에 관한 세 권의 책
이 쓰여지게 되었다.

＊　　　＊　　　＊

저자는 《서양 근대 혁명사 삼부작》 시리즈를 집필하기 위하여 국
내외의 어떤 기관이나 단체 혹은 개인으로부터 일체의 금전적인
도움을 받지 않았다. 저자가 '혁명'이라는 민감한 주제로 책을 쓰고
있기 때문에, 저자는 반드시 엄격하게 중립을 지켜야 한다고 생각
했기 때문이다. 그러나 금전적인 면을 제외한다면 이 책을 쓰는데
도움을 준 분은 무척 많았다. 앞에서 언급했지만, 영국 혁명에서
렘버그 교수, 프랑스 혁명에서 뱀포드 교수, 러시아 혁명에서 스타
브로 교수가 가장 많은 도움을 주었다. 위의 세 분이 없었다면, 이
책을 집필하는 것은 불가능했을 것이다. 세 분 모두에게 감사드린

다. 저자가 현재의 지적인 능력을 갖게 가르쳐주신 은사님들 모두에게 감사드리며, 특히 손보기 선생님과 김정수 선생님께 감사드린다. 저자가 미국에서 학생 시절부터 친하게 지내면서 여러 면에서 도움을 받은 친구들도 많이 있다. Karl Isely, Charles Pratt, Richard Cox, Scott Jesse, Donald Murray, Patrick Murphy, Joan Mouchet의 도움과 친우애에 대해 감사 드린다. 이 책의 거의 모든 문헌은 미국 미네소타 대학에서 입수한 것이다. 이 대학 도서관 사서들에게 감사드린다.

세 권의 책을 한꺼번에 출판하기 위하여 저자는 지난 10여 년간 헤아릴 수 없이 많은 노력과 정성을 투입하였다. 가족의 일원으로서 도리를 다하지 못하는 것을 이해해 주신 본가와 처가의 부모님들께 감사드린다. 글쓰기에 몰두하여 항상 가장으로서 할 일을 못했지만 언제나 저자를 이해하여 준 처와 딸에게 감사한다. 그리고 본인이 안정된 강의와 연구를 할 수 있게 해 준 홍익대학교의 구성원 모두에게 감사드린다. 특히 저자와 같은 학과에서 같은 서양사를 전공하면서 많은 자문을 해 주신 정해본 교수님과 학과의 동료 교수님들 모두에게 감사드린다. 끝으로 이 책을 출판해 주신 역민사 최종수 사장님께 감사드린다.

*　　*　　*

저자는 포스트모더니즘의 열렬한 추종자는 아니다. 그러나 저자는 역사학 연구에 관계하여 이 지적인 사고 형태에서 제시하고 있는 한 가지 점에 대해서는 매료되어 있다. 포스트모더니즘 경향의 학자들은 역사 서술을 인상파 화가들의 작품에 비유한다. 인상파 화가들이 각양 각색의 점을 찍어서 사물의 형체를 보여준다면, 역사가들은 점 대신에 텍스트를 '인용'하고 '인용'들을 상호 연결하여 과거 속으로 멀어져 간 사회의 몽타주나 콜라주를 보여준다. 그런데 역사는 어차피 과거에 언젠가 누군가에 의해서 발상되고 표현된 사실들을 직접 혹은 간접으로, 그리고 의식적 혹은 무의식적으로 '인용'하여 지난 날의 모습을 글로 재현하는 것이다. 이 책은 해당 분야에서 대가로 인정받고 있는 서양 학자들의 핵심 주장들을 대거 '인용'하는 방법으로 세계 3대 혁명의 모습을 인상파 그림으로 그려 나간 것이다. 인상파 화가들은 수 없이 많은 점을 찍고, 그림을 감상하는 사람들은 점과 점 사이의 공간을 각자의 상상과 착시로 이루어진 가공의 점들로 메워서 자신만의 고유한 환상을 만들어낸다. 저자는 이 책을 수 없이 많은 '인용'으로 점을 찍었고, 독자들은 '인용'과 '인용' 사이에 비어 있는 공간을 자신이 원하는 혁명의 색깔로 채색하여 각자가 그리고 싶은 대로 낭만스러운 혹은 저주스러운 혁명의 모습을 그리게 될 것이다.

역사적인 사건에 관한 해석에는 하나가 아닌 여러 가지 견해가 존재한다. 하나의 해석에 집착하는 것은 역사적인 식견이 좁기 때문이다. 역사학 연구에 어느 정도 문리(文理)를 터득하지 못한 사람들은 하나의 해석만을 들으면 그것이 그럴 듯해 보이고, 이와 상반되는 해석을 들으면 그것이 그럴 듯해 보인다. 우리는 역사가들이 제시하는 역사 '해석'의 볼모가 되어 어떤 특정 이데올로기를 수렴하는 꼭두각시가 되어서는 안 될 것이다. 우리가 다양하고 또한 모두 이치에 맞는 것처럼 보이는 여러 견해들을 비교하고 종합하며 비판할 수 있는 능력을 보유할 때, 우리는 비로소 역사가·지식인·정치가들이 조종하는 꼭두각시 놀음에서 해방될 수 있을 것이다. 이 책에는 상반되는, 그러나 모두 논리가 명확한 학계 최고 학자들의 다양한 견해들이 제시되어 있다. 독자들은 이 학자들 사이에서 벌어지는 지적인 전쟁을 초연하게 관전하면서 각자 원하는 방향으로 지적인 만족, 흥분, 그리고 분노를 느껴보기 바란다. 그리고 이런 지적인 쾌감이 삶에서 오는 고뇌를 조금이라도 덜어주기를 희망한다.

1998년 4월 30일
홍익대학교 인문관 연구실에서
김민제

I. 러시아 혁명의 환상과 현실: 서론

러시아 혁명에 대한 네 가지 해석

소련이 해체된 이후 "현재 러시아에서 볼셰비키의 10월 혁명은1 매우 나쁜 평판을 받고 있다." 이와 같은 현상은 나폴레옹의 몰락 이후에 프랑스 혁명의 평판이 그러했던 것과 마찬가지이다. 언론인들은 러시아 혁명이 정도(正道)에서 벗어났던 혁명으로 생각했고, 세계 문명의 주요 흐름은 물론이고 진정한 러시아의 전통을 치명적으로 파괴했다고 평가하였다. "많은 러시아의 지식인들은, 러시아 혁명에 관해서 그들이 할 수 있는 최선의 일은 혁명과 더불어 존재하였던 70여 년간의 소련을 국가의 기억으로부터 지워 버리는 것으로 생각하고 있는 것으로 보인다."2

구소련 정부의 정통성을 강조하고 러시아 혁명이 소련에 미쳤던 긍정적인 면을 적극적으로 옹호하던 세력은 소련의 해체와 함께 역사의 그늘로 사라졌다. 그러나 혁명 자체에 대한 해석은 학자들 간에 아직까지도 다양하게 제시되고 있다. 역사란 상황이 끝난 뒤에 좀 더 객관적으로 볼 수 있는 특성이 있기 때문에, 러시아 혁명사 연구에 있어서 소련의 해체는 과거보다 오히려 더 많은 활력을 불어넣어 주고 있다.

러시아 혁명을 어떤 시각으로 보는가에 따라서 혁명에 대한 해석은 많이 달라질 수 있다. 러시아 혁명을 페트로그라드(Petrograd)를 중심으로 보는 경우와 러시아 전체의 입장으로 보는 경우, 역사적인 관점에서 보는 경우와 고전적인 마르크스주의적 사회학의 입장에서 보는 경우, 노동자를 중심으로 보는 경우와 농민을 중심으로 보는 경우에 따라서 혁명에 대한 해석은 완전히 달라질 수 있다.3

러시아 혁명에 대한 해석이 학자들의 견해에 따라 다르다는 사실을 설명하는 것 중의 하나는 혁명에 관한 시대 구분에서 나타난 이견들일 것이다. 일반적으로 역사 연구에서 시대 구분은 연구하는 학자들의 역사관에 따라서 매우 다르게 제시되고, 지금까지 러시아 혁명사에 등장한 시대 구분 또한 매우 다양하였다. 러시아 혁명의 경우에 그 시점을 설정하는 데에는 문제가 없었다. 거의 모두 그 시점을 황제 니콜라이 2세(Nikolai II, 1894~1917)가 퇴위하고 임시 정부가 성립된 2월 혁명으로 잡았다. 그러면 혁명은 언제 끝났는가? 볼셰비키가 권력을 장악한 1917년 10월에 끝났는가? 아니면 볼셰비키가 내전에서 승리한 1920년에 끝났는가? 스탈린(Joseph Stalin, 1879~1953)의 '위로부터의 혁명'은 러시아 혁명의 일부분인가? 아니면 러시아 혁명은 소련이 존립했던 기간 동안에도 계속되었는가?4

"일부 역사가들은 스탈린의 혁명과 레닌(Vladimir Ilyich Lenin, 1870~1924)의 혁명 사이에 실제적인 연속성이 존재하였다는 주장에 수긍하지 않았다. 또한 다른 부류의 학자들은 스탈린의 '혁명'은 [혁명이란] 이름을 붙일 가치가 없다고 생각했다." 서구에서 가장 많이 읽혀지고 있는 러시아 혁명에 관한 교과서 중의 하나를 저술한 피츠패트릭(Sheila Fitzpatrick)은 레닌의 혁명은 스탈린 당시까지 지속되었다고 주장하였다.5 혁명의 시기를 구분하는 문제에서 또 하나의 논쟁점은 스탈린의 대숙청(Ezhovshchina, 1937~1938)이 러시아 혁명의 일부가 될 수 있는가에 있었다. 역시 피츠패트릭의 경우에는 대숙청을, 프랑스 혁명에서 쟈코뱅의 숙청과 같은 차원에서, 러시아 혁명의 일부에 포함시켰다.6

러시아 혁명에 대한 해석은, 모든 역사적인 해석이 그러하듯이, 혁명 발발 직후부터 긍정적인 시각과 부정적인 시각으로 양분되었다. 학자들은 러시아 혁명을 긍정적인 시각에서 해석하는 견해를 일반적으로 '소비에트 견해'(Soviet view)라고 부르고, 부정적인 해석을 '자유주의적 견해'(liberal view)라고 부른다. 그런데 두 해석간의 견해 차이는 너무나도 커서 결코 타협과 조화를 이룰 수 없을 것이다. 이들 두 견해 이외에도 또 다른 두 가지 견해가 학자들 사이에서 제시되었다. '리버테어리언'(libertarian) 해석과 '수정주의적' (revisionism) 해석이 그것이다. 리버테어리언 해석은 혁명의 민중적인 요소를 강조했으며, 수정주의적 견해는, 영국 혁명이나 프랑스 혁명에서와는 달리, 혁명을 옹호하는 소비에트적 견해에 근접했다.

　러시아 혁명의 연구사에서 '수정주의'라는 단어는 매우 신중하게 사용되어야 한다. 영국과 프랑스 혁명에서 수정주의는 혁명의 원인, 경과, 결과 모두를 근본적으로 부정적인 시각에서 보고 있지만, 러시아 혁명의 경우에 수정주의는 혁명의 원인, 경과는 긍정적으로 생각하고 있으나 결과에 대해서는 매우 부정적으로 해석하고 있다. 러시아 혁명사의 경우에 수정주의가 소비에트 견해와 다른 점은, 전자는 혁명을 일으켰던 원래의 취지는 좋았지만 뒤에 혁명을 일으켰던 의도와는 달리 왜곡되었다고 주장하는 것이고, 후자는 혁명의 원래 의도에서부터 결과까지 모두 긍정적이었다고 주장하는 점이다. 따라서 러시아 혁명에서 사용하는 '수정주의'는 영국이나 프랑스 혁명에서 사용하고 있는 '수정주의'와 구별되어야 한다.

소비에트 견해

'소비에트 해석'의 근간은, 첫째, 혁명이 마르크스(Karl Marx, 1818~83)와 레닌의 사상을 융합하였다는 사실이다. 이 해석에 의하면, 역사는 일관성 있게 진전되었다. 생산 관계의 모순은 기존 사회 계급 구조에 대한 반발을 가져 왔고, 결국 모순된 사회는 궁극적으로 프롤레타리아가 장악하는 합리적인 사회로 진보하였다. 둘째, 혁명은 착취 계급과 피착취 계급간의 갈등이 표면화된 것이었다. 생산 수단의 발전으로 두 계급 사이의 갈등은 심화되었고, 이 갈등의 정점에서 나타난 것이 사회적 혁명(social revolution)이었으며, 이 혁명은 궁극적으로 사회 구조의 전환을 가져왔다. 셋째, 계급 갈등은 정치적인 투쟁으로 반영되었다. 정치적인 권력을 장악한 다음에, 새로운 지배 계급은 사회 구조의 전환을 주도하였다. 가장 원시적인 발전 단계로부터, 아시아적이고, 고대적이며, 봉건적인 단계를 지나서, 인류는 자본주의 단계에 진입하게 되었으며, 이 단계에서 대규모의 공장들로 구성된 산업체를 중심으로 하여 막대한 생산력 이 생기면서, 부르주아와 프롤레타리아가 분리되었다. "인류의 마지 막 혁명인 사회주의 혁명에서는 프롤레타리아가 부르주아 체제를 뒤집어엎고, 사유 재산을 없애며, 공공 소유를 기반으로 하는 계획 경제와, 모두의 요구를 만족시키는 사회주의 사회를 건설하였다."7 소비에트 견해에 의하면, 러시아 혁명은 이런 과정에서 필연적으로 나타나야 할 사건이었다.

1980년대 이후에 소비에트 견해를 지지하는 학자들의 수는 현저 하게 줄어들었지만, 요즈음에도 이 견해는 일부 학자들에 의하여 올바른 해석으로 인식되고 있다. 소비에트 견해를 주장하고 있는 볼셰비키 당의 노장 역사가 민츠(Mints)는 근자에 이르러서도 같은 견해를 가지고 있는 사람들로부터 칭송을 받고 있다. 이들에 의하 면 민츠는 방법론적인 발전을 약속하였고, 러시아 혁명을 모자이크 라고 하기보다는 체계 있는 양상으로 보여준 학자였다. 소비에트 견해를 견지하고 있는 한 역사가에 의하면 소비에트 견해는 공산 당과 소련의 역사를 연구하는 젊은이들에게 정치적 교훈을 주고, 최근의 현실에 잘 맞으며, 독립적인 사고를 가르쳐 줄 수 있었다. 이런 이유에서 소비에트 견해에서 제시된 해석은 학교 교육에서 가장 보편적인 주제가 되어야 한다고 소비에트 견해를 가지고 있 는 학자들은 주장하였다.8

1980년대 후반에도 소비에트 견해를 가지고 있는 학자들에게 중 요했던 것은 10월 혁명의 정신, 즉 레닌이 이해하고 있던 과업과 10월 혁명의 사상이었다. 이들의 주장에 의하면, 10월 혁명은 오늘 날 당면해 있는 문제에 접근하여, 과감하게 사회를 재구성하는 일 에 관하여 하나의 반향을 들려줄 수 있었다. 이들의 입장에서 볼 때 러시아 사람들은 레닌주의를 왜곡하고 있는 요즈음의 역사적인 해석으로부터 반드시 해방되어야 하며, 현실적이고 창조적인 원칙 을 가지고 레닌주의의 특징이 무엇이었던가에 대하여 계속해서 논

의를 진전시켜야만 하였다. 이들에게는 역사를 일관되게 해석하고
있는 마르크스-레닌주의자들로부터 과거를 배우는 것이 중요하며,
과학적인 역사 연구를 통하여 소련 역사에 일관되었던 시대 구분
을 하는 것이 필요했다. 민츠에 의하면 러시아 혁명은 "사람이 사
람을 착취하지 않고, 한 사람이 다른 사람에 의해서 부당하게 착취
당하지 않으며, 실업자가 없는 등의 위대한 업적을 달성하였다." 혁
명을 통해서 소련에서 사회주의가 승리했고, 사회주의가 세계 구조
로 전환되었으며, 1980년대에도 "10월 혁명에 의해서 시작된 과업
은 계속되고 있었다." 20세기 초에 러시아는 혁명 이외에는 다른
대안이 없었다. "러시아는 당시에 단 한가지 방법으로만 구원될 수
있었으며, 그것은 노동자와 농민들이 새로운 체제를 구성하는 것이
었다." 인민은 모든 정당에 등을 돌리고 볼셰비키를 지지하였다.
"마르크시스트의 방법론은 올바른 것이고, 이 방법론이 부정되거나
혹은 이 방법론이 진리를 제시할 수 없다고 주장하는 태도를 용인
해서는 안 될 것이다." 소련 사회의 역사를 과학적으로 시대 구분
하는 것은 매우 중요한 일이며, 역사에서 공백 시대는 없어야 할
것이다. 레닌이 시사했듯이, 역사의 변증법적 원칙 위에 우리 자신
을 올려놓는 것은 특히 중요한 일이다. "레닌이 제시하였던 소련
사회와 사회주의 발전에 관한 연구의 방법론은 매우 중요한 것이
었다."9

　소비에트 견해를 지지하고 있는 학자들이 가지고 있는 숙제는,
공산당의 역사를 연구하는데 있어 레닌주의자의 방법론과 볼셰비
키의 전통을 복구하는 것과 교조주의를 가능한 한 빨리 극복하는
것이다. 이들에 의하면 역사주의(historicism)의 원칙을 무시하는
등의 상습적인 과오를 치유할 수 있는 유일한 안내자는 마르크스-
레닌주의의 방법론밖에 없다. 러시아가 당면하고 있는 오늘날의 문
제를 치유할 수 있는 유일한 방법론도 역시 레닌을 올바르게 연구
하는 것이다. 레닌은 당의 역사에 관한 사실과 문서를 조사하는 것
만이 '진리'(the truth)를 알아낼 수 있는 유일한 방법이라고 생각
하였다. 따라서 오늘날의 다양한 요구에 부응할 수 있는 길은 레닌

이 제시하였던 방법론을 '정확하게' 따라서 하는 것이다. 스탈린은 많은 불법적인 행동들을 인지하고 있었을 뿐만 아니라, 그가 주도 했던 많은 탄압적인 조치가 있었다는 사실을 이제 우리는 알고 있 다. 그러나 "스탈린의 역할을 단지 탄압으로만 축소하는 것은 옳지 않다. 왜냐하면 그는 산업화와 집단농장화의 정책을 성공적으로 이 끌었고, 히틀러(Hitler)로부터 우리의 조국을 구원했기 때문이다." 이런 사실들을 근거로 하여 종합적인 판단을 해 볼 때 스탈린에 관한 역사를 "새롭게 재구성하는 것이 필요하지 않다"는 사실을 이 해할 수 있을 것이다.10

소비에트 해석을 견지하고 있는 한 학자에 의하면 역사가들의 일반적인 임무는 진리를 기술하고, 정확하고, 객관적이며, 과학적인 방법으로 진리를 설명하는 것이다. "역사와 역사 과학의 발전을 연 구하는데 있어서 우리가 당면해 있는 불행은 우리가 레닌의 이론 적인 유산을 일관성 있게 사용하지 않는다는 것이다."11 러시아가 세계에서 최초로 사회주의를 성취하였다는 사실은 많은 것을 이야 기해 주고 있다. 러시아 혁명은 역사의 맥락 속에서 움직여졌고, 혁명은 사회의 진보를 이루기 위한 투쟁이었으며, 혁명은 "세계 인 민의 운동을 선도하였던 우리 인민들의 자질을 말해주고 있다."12 현 시점에 이르러서도 유럽의 좌익 지식인들 사이에서 볼셰비키들 이 상당한 인기를 유지하고 있다는 사실은 많은 것을 시사한다.13

그러나 소비에트 견해를 견지하고 있는 학자들 가운데에는 제정 시대에서부터 소련에 이르기까지 연속적인 선상에서 소련이 발전 하여 왔다고 주장하는 학자들도 있다. 이들에 의하면 제정 시대가 반드시 부정적인 면만을 가지고 있지는 않았다. 제정 시대에 성취 했던 것들은 혁명을 거친 후 소련에 이르러서 소련 사회가 발전하 는데 바탕이 되었다. 그러나 제정 당시에 이루어졌던 전반적인 발 전보다는 소련 체제 하에서 이루어졌던 것들이 월등하게 많았고, 제정 체제가 가지고 있던 부정적인 점들, 예를 들면 탄압과 반혁명 적인 성격은 혁명 이후에 제거되었다.14

리버테어리언 견해

'리버테어리언 견해'는 소비에트 견해나, 뒤에 언급할, 자유주의적인 견해와는 다른 시각에서 러시아 혁명을 해석하였다. 굳이 이들 학자들의 견해를 좌익과 우익으로 나눈다면, 이들의 정치적인 견해는 극좌에 속한다고 분류할 수 있다. 이들은 전통적인 무정부주의자들과 역사적인 인식을 공유하였다. 이들에 의하면 혁명을 일으키는데 가장 결정적인 공헌을 한 세력은 볼셰비키가 아닌 '민중'들이었고, 황제를 몰아내고 임시 정부를 세운 세력도 민중들이었다. 그러나 일단 혁명이 성공한 뒤에 레닌과 볼셰비키가 권력을 장악하여, 실제로 혁명을 주도했던 민중들을 배반하였고, 이어서 민중들을 탄압하였다. 결국 볼셰비키는 1917년의 혁명 약속을 위반하였으며, 혁명 이후에는 반혁명적인 집단이 되었다.[15]

리버테어리언 견해를 가지고 있는 학자들은 한 편에서는 마르크스-레닌주의자들과 의견을 같이 하였고, 다른 한 편에서는 이들과 상반되는 견해를 보였다. 리버테어리언 경향의 학자들은 특정한 국가나 민족보다는 인류 전체를 역사 연구의 대상으로 삼았다. 이들에게는 경제적인 수탈이 인류를 압제하는 가장 큰 요인이었다. 이들에 의하면 인류에게 가해졌던 모든 형태의 압제적인 체제와 수단을 파기해 나가는 것이 인류를 위한 근본적인 개선책이었다. 이와 같은 입장에서 리버테어리언은 마르크스-레닌주의자들과 시각을 같이 하였다. 그러나 이들은 마르크스-레닌주의자들과는 달리 역사가 전개되는 원동력을 계급 투쟁에서 찾지 않았고, 전형적인 마르크스-레닌 식의 역사 발전 이론을 수용하지 않았다. 리버테어리언의 견해에 의하면 사회주의 원칙에 입각한 권력의 분배가 매우 중요했으며, 생산 관계를 둘러싸고 벌어지는 계급간의 투쟁보다는 개인이나 집단 사이에서 발생하는 문제가 역사적으로 더 많은 의미를 가지고 있었다. 그들이 생각하던 이상적인 사회에서는 생산자가 관리자를 겸했고, 이런 체제를 가지고 있는 사회에서만 민중에 대한 압제를 근본적으로 해결할 수 있었다. 따라서 이들의 역사 해석에서는 민중이 열쇠를 쥐고 있었다. 민중은 자신들 이외에는 그 누구로부터 압제를 받지 않았다. 그런데 민중이 성취한 러시아 혁명을 볼셰비키가 가로챘고, 이에 반발하는 민중을 볼셰비키는 무력으로 탄압하였다. 그리하여 혁명은 실패하였고, 민중은 위로부터의 지배를 받게 되었다. 볼셰비키는 결국 민중을 배반하였다.[16]

리버테어리언 견해에 의하면 제정 러시아에 살고 있던 보통 남자와 여자, 이름이 알려지지 않은 농민과 노동자들로 구성된 민중이 러시아 혁명의 주도 세력이었다. "혁명에서 극적이었던 것은 러시아 민중이 그들의 생활을 자신들이 직접 통제하려고 시도하였다"는 점이었다. 그러나 이와는 달리 "러시아 혁명에서 일어났던 비극은 볼셰비키가 민중을 복종하게 만든 데 있었다." 러시아 혁명은 국가의 권력이 민중의 손에서 벗어나 위로부터의 통제를 전적으로 수용한 조직이었던 볼셰비키의 손으로 넘어간 것을 의미하였다. 혁명으로 국가가 사유 재산을 접수하였으나, 이 조치는 근본적인 문제를 해결하지 못하였다. 왜냐하면 과거에 대소유주들이 해 왔던 지배를 국가가 임명한 자들이 대신한 것에 불과하였기 때문이다. 이 과정에서 볼셰비키는 오히려 "관료주의로 향한 문을 열어 놓았고, 소련의 실험에서 [러시아의] 모든 면은 퇴보하였다." 볼셰비키 당은 과거의 노동자 계급과는 전혀 다른 지적인 노동자 계층을 대표하였으며, 볼셰비키가 옹호한 계층은 전형적인 노동자가 아니었고, 제정 시절에 존재하였던 하층 인텔리겐치아나 혹은 관료의 중간 계층이었다. 이들은 혁명 이후에 제정 당시와 마찬가지로 노동자와 농민 계층을 착취하였다.[17] 리버테어리언 해석에 의하면 러시아 혁명을 일으킨 세력은 민중이었으나, 이들은 볼셰비키에게 배반당했고, 결국 민중 혁명은 실패로 끝나게 되었다.

수정주의 견해

소비에트 견해나 리버테어리언 견해와 비슷한 점이 있지만, 상당

부분에서 이 견해들과 구별되는 또 다른 견해가 지난 30여 년 동안 러시아 혁명을 둘러싸고 제시되었다. 이 시각을 역사가들은 보통 '수정주의 견해'라고 부르고 있다. 그러나 러시아 혁명사를 언급할 때 사용되고 있는 '수정주의'는, 앞에서 언급한 바와 같이, 영국혁명과 프랑스 혁명에서 사용하고 있는 '수정주의'와는 상당한 차이를 보인다. 전자는 러시아 혁명의 긍정적인 점을 상당 부분 인정하였지만, 후자는 영국과 프랑스 혁명의 긍정적인 면을 인정하지 않았다는 점에서 '수정주의'라는 단어는 신중하게 사용되어야 한다.

러시아 혁명에 대하여 수정주의적인 입장을 견지하고 있는 학자들은 사회학적인 접근 방법과 역사 연구의 계량적인 방법론들을 많이 이용하여18 러시아 혁명에 관한 견해를 제시하였다. 이들의 견해는 다음의 몇 가지로 요약될 수 있다. 첫째, 러시아 혁명은 밑으로부터의 혁명이었다. 이 결론은 공장, 마을, 민중의 이상, 소비에트, 노동 조합, 공장 위원회, 농민 위원회, 적위군 등과 같은 민중의 풀뿌리 조직과 민중의 경험 등을 면밀하게 분석해서 얻은 결과였다. 이 결론을 얻는데 이용한 연구 방법은 영국사 연구에서 톰슨 (E. P. Thompson)이 사용했던 것으로, 러시아 혁명사에 나타났던 수정주의적인 연구 방법은 실제로 서구의 사회학적인 방법론에서 많은 영향을 받았다. 둘째, 민중은 자신들의 지도자들에게서 영향을 받은 것이 아니라, 거꾸로 민중이 지도자들에게 영향을 미쳤다. 셋째, 1차 세계대전 이전, 즉 러시아 혁명이 일어나기 몇 년 전에 러시아의 민중은 이미 서구 민주주의적인 요소를 가지고 있었고, 민중의 불만도 역시 1차 세계대전 이전에 이미 형성되어 있었다. 즉, 1차 세계대전으로 갑작스럽게 혁명이 발생한 것이 아니고, 1차 세계대전 이전에 이미 혁명의 원인과 배경은 성숙되어 있던 것이다. 마지막으로, 러시아 역사의 분수령은 1905년이 아니라 1917년이었다. 1917년을 분수령으로 하여, 민중들을 중심으로 발전하고 있던 민주적이고 평등적인 사회의 분위기는 독재로 넘어갔다.19

수정주의 학자들은 냉전 체제가 러시아 혁명을 해석하는 데 영향을 미칠 수 있음을 경고하였다. 이들은 많은 학자들이 냉전 체제

에 압도되어 맹목적으로 공산주의에 반대하고 소련의 태도를 일방
적으로 비판하고 있다고 주장하였다. 그리하여 이들은 미국에서 나
타났던 베트남 전쟁 이후의 분위기, 신좌파 학설, 그리고 이와 비
슷한 시대적인 정신과 흡사한 입장에서 러시아 혁명을 연구하였다.
이와 같은 수정주의 학자들의 연구 분위기는 냉전 시대를 풍미했
던 하나의 커다란 흐름이었다.[20]

소련의 입장에서는 러시아 혁명에 대한 수정주의적인 해석을 일
반적으로 환영하였다. 소련에서는 정부의 인가 없이는 서구 학자들
의 서적이 번역될 수 없었음을 감안할 때, 수정주의 학자들의 연구
물들이 러시아어로 번역되어 소련에 소개되었다는 사실은 소련 정
부의 수정주의에 대한 입장을 대변한다고 할 수 있을 것이다.[21]

수정주의 학자들에게 "10월 혁명은 틀림없이 밑으로부터 올라온
진정한 민중 혁명이었다." 이들은 러시아 혁명을 '사회적인 상관 관
계'로 설명하였고, 이런 관점에서 볼셰비키가 집권하게 된 사회적
인 배경을 이해하였다. 수정주의 학자들에 의하면 러시아 혁명은
전형적인 사회적 혁명이었다. "적어도 페트로그라드와 모스크바
(Moskva)의 민중들은 … 소비에트가 기반이 된 모든 사회주의자들
의 정부를 원하였다." 이와 같이 수정주의적인 해석과 소비에트 해
석은 혁명이 성공한 시점에 이르기까지의 혁명에 대한 해석에서
의견의 일치를 보았다.[22]

그러나 혁명이 성공해서 볼셰비키가 정권을 장악한 순간부터 소
비에트 해석과 수정주의 해석 사이에는 이견을 보이기 시작하였다.
수정주의 해석에 의하면, 혁명이 성공할 때까지, 10월 혁명은 사회
적인 혁명으로 일종의 바람직한 혁명이었지만, 볼셰비키가 혁명을
장악한 다음부터 혁명은 비극적인 길로 접어들었다. 볼셰비키는,
노동자들의 의사와는 달리, 10월 혁명을 그들이 일당 독재를 수행
하는데 이용하였다.[23] 이와 같은 해석은 소비에트 견해를 가지고
있는 학자들에게 용납될 수 없었다. 그리고 혁명의 비극적인 결과
를 강조하는 점에 있어서 수정주의 견해는 리버테어리언 견해와
일치하였다.

자유주의 견해

소비에트, 리버테어리언 그리고 수정주의 해석들은 서로 견해가 다름에도 불구하고 러시아 혁명을 적어도 어떤 부분에서는 긍정적으로 해석한다는 점에서 공통점을 가지고 있다. 그러나 러시아 혁명에 대한 이들 세 가지 해석과는 모든 면에서 완전히 다른 네 번째의 해석이 존재하고 있다. 이 해석이 '자유주의적인 견해'이다. 러시아 혁명에 대한 연구사의 경향에서 앞의 세 해석을 한 묶음으로 할 때, '자유주의적인 견해'는 다른 한 묶음으로 분류될 수 있을 것이다.

소비에트적인 해석이 마르크시즘에 근거를 두었다고 한다면, '자유주의적인 견해'는 마르크스주의에 반대하는 데 논리의 근간을 두었다. 그리하여 자유주의적인 견해의 등장은 어쩌면 필연적으로 마르크시즘과의 갈등을 의미하였고, 좀 더 철학적으로 표현하면, 마르크스주의 이론의 밑바탕에 깔려 있는 역사 발전론(teleology)과의 투쟁을 의미하였다.

인류의 역사가 영원히 발전할 것이라는 역사 발전론의 이론은 그리스 시대부터 시작되었다. 19세기에 서양의 제국주의가 전성기에 이르렀을 때 유럽의 지식인들은 자신들의 사회가 영원히 발전할 것이라는 데 의심을 하지 않았다. 그러나 이와 같은 낙관적인 발전론에 쐐기를 박은 것은 1차 세계대전이었다. 유럽 문명이 이미 고도로 발전한 상태에 있다고 자부하던 가운데 발생한 1차 세계대전은 전대 미문의 희생자를 냈기 때문이다. 이런 비이성적이고 야만적인 사태를 보고 많은 유럽의 지식인들은 유럽이 19세기를 정점으로 하여 쇠퇴할 것이라는 비관론을 제시하였다.

1차 세계대전과 2차 세계대전 사이에 존재했던 유럽에서의 중요한 사상적인 흐름에서 유럽의 낙관적인 미래상을 고수한 유일한 사상은 마르크시즘이었다. 이들의 해석에 의하면 1차 세계대전은 인류 사회의 퇴보라고 하기보다는 인류 사회 발전 과정에서 반드시 거쳐야 할 하나의 과정에 불과하였다. 왜냐하면 자본주의가 몰

락해 가는 과정에서 1차 세계대전과 같은 양상이 나타나는 것은
당연했기 때문이다. 만일 1차 세계대전이 사회 발전에서 나타나는
하나의 피치 못할 과정이었다면 다음의 발전 과정은 무엇인가? 이
것은 가깝게는 러시아에서 발생한 공산 혁명이었고, 멀리는 공산
사회의 구현이었다.

 1차 세계대전 이후에 유럽 문명의 쇠퇴론이 팽배하고 있을 때,
유럽 사회는 발전을 멈춘 것이 아니고 단지 이상 사회로 나아가는
과정을 거치고 있다는 마르크시스트의 이론은 유럽 지식인들의 관
심을 끌기에 충분하였다. 그러나 이상 사회로 향한 발전을 약속한
마르크시스트의 사회 발전 단계설은 러시아 혁명 이전까지는 지구
상에서 테스트된 적이 없었다. 이런 가운데 러시아에서 마르크시즘
을 현실에 적용해 보려는 '소련의 실험'이 이루어졌다. 이것이 러시
아 혁명이었다. 유럽뿐만 아니라 전 세계의 지식인들은 새로운 실
험에 많은 관심을 가지고 이를 지켜보았다.

 그러나 유럽 지식인들의 기대와는 달리 소련의 실험이 실패하고
있다는 소식들이 혁명 직후부터 서방으로 전해졌다. 이 소식을 처
음 전한 사람들이 바로 자유주의적인 견해를 가지고 있던 학자들
이었다. 이들은 혁명 정부 밑에서 많은 사람들이 굶어 죽었고, 많
은 지식인들이 무자비하게 숙청당했으며, 많은 무고한 민중들이 학
살당했다고 주장하였다. 그러나 서양의 지식인들은 이들이 서방에
보고한 러시아에서의 실험 결과를 믿지 않았다. 그 이유 중의 하나
는 자유주의적인 견해를 제시한 학자들의 개인적인 출신 배경과
시대적인 상황 때문이었다.

 자유주의적인 견해를 가지고 있던 제 1세대 학자들은 10월 혁명
세력에게 재산과 지위를 빼앗기거나 혹은 혁명에 이어 전개된 내
전에서 목숨을 구하기 위하여 러시아를 탈출한 망명객들이었다. 이
런 배경 때문에 이들은 혁명에 대한 해석에서 완전히 객관적인 입
장을 취하기 어려웠다. 이들은 혁명의 부정적인 면들을 서방에 처
음으로 폭로하였다. 1920년대에 들어와서 이들은 러시아 혁명과 관
계된 회고록을 많이 썼고, 혁명 당시의 상황을 증언하는 많은 서신

들과 외교관들의 기록을 공개하였다. 그러나 이들은 개인적으로 혁명의 피해를 직접적으로 입었던 사람들이었기 때문에 유럽의 지식인들은 이들의 기록에는 공정성과 신빙성이 결여되었다고 평가하였다.

유럽의 지식인들은 자유주의적인 견해를 가지고 있던 제 2세대의 학자들에게도 객관성이 결여되었다고 지적하였다. 이들은 두 가지 면에서 서양 지식인 사회에서 불리한 평가를 받았다. 첫째는 이들이 혁명의 피해를 본 사람들의 후예라는 점이었고, 둘째는 이들이 동서간의 냉전 이데올로기를 자신들의 연구에 반영시켰다는 점이었다. 그리하여 자유주의적인 견해를 가지고 있던 학자들이 러시아 혁명의 부정적인 면과 소련 정부의 비인간적인 행위를 서방에 알렸을 때, 이들 학자들은 한결 같이 냉전 이데올로기를 수호하려는 극우파 '반공주의자'로 이름이 붙여져서 비판을 받았다.

레닌과 스탈린 세대를 거치는 동안 자유주의적인 해석을 하였던 학자들은 소련에서 수 없이 많은 사람들이 학살당하고 있다고 주장하였다. 이들은 혁명 때부터 볼셰비키에 의해 자행된 인권 유린과 공산당 지도자들이 행한 대량 학살에 관계된 많은 실증적인 자료들을 서방에 공개하였다. 그러나 이들이 주장한 소련에서의 희생자 숫자는 서방 자유주의 사회에서는 도저히 상상할 수 없이 많았기 때문에, 이 숫자는 반공주의자들의 터무니없는 주장 정도로 일축되었다. 더구나 스탈린은 그의 천재적인 선전술로 서구 언론을 장악하여 자유주의 학자들의 주장을 더욱 터무니없는 것으로 밀어붙였고, 그의 체제에 부정적일 수 있는 자료가 서구로 유출되는 것을 매우 효과적으로 봉쇄하였다. 그리하여 자유주의 학자들은 더욱 맹목적인 반공주의자들로 인식되기에 이르렀다.

자유주의 견해가 진실일 수 있다는 조심스런 전망이 스탈린 사후에 제기되기 시작하였다. 그러나 이런 전망은 서방 세계가 아닌 소련에서 시작되었다. 소련 내부에서 정치적인 이유로 시작된 스탈린에 대한 비판이 자유주의자들의 입장을 살려주는 계기가 되었다. 스탈린에 이어서 집권한 흐루시초프(Khrushchev)는 스탈린의 카리

스마를 붕괴시켜서 자신의 통치를 정착시키려고 과거에 신격화되었던 스탈린을 비판하기 시작하였다. 이때 이루어진 스탈린에 대한 비판으로 스탈린이 전에 숨기려고 했던 많은 사실들이 소련에서 폭로되었고, 이런 상황은 서방에도 전해졌다. 그리고 1960년대에 들어와서 냉전 체제가 점차 완화됨에 따라서 서구 학자들이 소련을 왕래하기 시작하였다. 이 시기에 비록 제한적이었지만 소련의 문서 창고가 서방 학자들에게 개방되었고, 당시까지 비밀에 싸여 있던 문서들을 살펴보고 난 뒤에 서방 학자들은 스탈린 시대의 역사가 자유주의 경향의 학자들이 제시했던 윤곽에 근접할 수 있다는 조심스런 입장을 제시하기 시작하였다.

1970년대에도 소련의 역사학자들은 서방의 자유주의적인 해석을 결코 인정하지 않았으며, 이들은 자유주의 경향의 연구물들이 "부르주아의 날조물"(falsification)이라고 주장하였다. 러시아 혁명 이래 이 당시에 이르기까지 소련 정부는 역사 해석을 독점했으며, 소비에트적 해석과 상충되는 어떤 견해도 소련에서는 존립하기 어려웠다. 물론 자유주의적인 해석이 소련 정부의 가장 신랄한 공격을 받았고, 이런 해석을 담고 있던 어떠한 저작물도 소련 내에서 읽혀지거나 배포될 수 없었다. 그러나 1980년대에 와서 소련이 해체기에 이르렀을 때 출판 및 언론에 대한 검열도 느슨해 졌다. 그래서 공산주의 체제 하에서는 결코 접해서는 안 될 자유주의적인 견해를 가지고 있는 서구 학자들의 책들이 소련의 지식인 사이에서 비밀리에 읽혀졌다. 이때 소련의 지식인들에게 충격을 준 대표적인 책들은 스탈린의 도덕성을 붕괴시키고 나아가서는 공산 체제 자체의 비인간적인 정책을 공격한 콩퀘스트(Robert Conquest)의 《대테러》(*The Great Terror*)와 솔제니친(Aleksandr Solzhenitsyn)의 《굴락》(*Gulag*)이었다.24

1970년대 이후부터 서구 학자들은 과거에는 상상할 수 없을 정도로 많은 원문서들을 소련의 문서 보관소에서 읽을 수 있었다. 그런데 서방의 역사가들이 과거에 소련 정부에 의해서 감추어졌던 문서를 읽으면 읽을 수록 소련의 실험은 실패하였다는 사실을 인식하게 되었다. 그 결과 과거에 공산 체제를 일관되게 부정하였던 자유주의 견해가 진실에 가깝다는 사실이 점차 확인되기 시작하였다. 이와 함께 과거에 자유주의 견해에서 주장하였던 스탈린의 엄청난 규모의 학살도 사실일 수 있다는 증거가 속속 밝혀졌다. 결국 러시아 혁명에 대한 자유주의적 견해가 처음으로 서방의 역사학자들에 의하여 진지하게 받아들여지게 되었다. 그러나 1970년대까지도 자유주의적인 해석은 서양 역사가들의 전폭적인 지지를 받을 수는 없었다. 이것은 시대적인 상황에 기인하였다.

1960년대와 70년대에도 냉전 체제는 지속되었다. 소련을 비판하는 학자들은 여전히 반공주의자로 분류되었고, 이들은 냉전 이데올로기의 수호자로 종종 비판을 받았다. 자유주의 학자들이 러시아 혁명과 스탈린 체제가 낳은 비극적인 상황을 고발하여도, 이들의 연구는 순수한 학문적인 차원에서 시작된 것이 아니라, 반공 체제를 강화하려는 정치적인 동기에서 비롯되었다고 비난받았다. 그러나 이런 분위기는 1980년대에 들어와서 완전히 바뀌어지기 시작하였다. 소련의 해체가 시작되었기 때문이다. 혁명이 일어난 지 약 70년이 되어서야 서방의 학자들은 자유주의 학자들의 연구 결과가 선입견이나 원한에 근거하지 않은 진실에 가까운 주장이었음을 처음으로 인정하였다. 그리하여 자유주의 해석을 하였던 학자들은 새롭게 만들어진 묘한 용어인 반-반공주의자(anti-anti-communist)로 인식되기에 이르렀다. 소련의 해체는 소비에트, 리버테어리언, 수정주의 견해들의 몰락과 자유주의 학자들의 독주를 예고하였다.

소련이 해체된 이후에, 전에 공개된 적이 없었던 공산 체제 하에서의 극비 문서들이 대량으로, 그것도 이용에 거의 제한이 없이 서양의 학자들에게 공개되었다. 공산당과 KGB 문서 보관소 등의 문이 서방 학자들에게 처음으로 개방되었으며, 레닌과 그의 비서, 스탈린, 제르진스키(Dzerzhinskii), 기타 인물들의 개인 문서도 공개되었다. 이런 극비 자료의 공개는 러시아 역사를 전공하는 학자들의 비상한 관심을 끌었다. 그 이유 중의 하나는 이 문서들이 기존 학설들의 정당성을 판명해 줄 수 있기 때문이었다. 그런데 비밀 자료 공개를 가장 반긴 사람들은 자유주의적인 견해를 가지고 있던 역사가들이었다. 이들은 새로 공개된 극비 문서들을 분석해 보아도 자신들의 종전 견해를 수정할 필요가 없다고 주장하였다. 예를 들면 자유주의 해석을 대표하고 있는 학자 중의 한 사람인 파이프스 (Richard Pipes)는, 새롭게 공개된 자료들이 "나의 견해를 수정하게 만든 경우는 단 한 번도 없었다"고 주장하였다.25

자유주의적인 견해를 가지고 있던 학자들은 새롭게 공개된 자료들이 종전에 제시했던 자신들의 견해를 보강해 주었다고 주장하였다. 이들은 자신들이 냉전 시대에 제시했던 견해들이 냉전 체제의 산물이 아니라 진정한 학문적 연구 성과였다고 새삼 강조하였다. 그리하여 자유주의 견해를 견지하였던 학자들은 자신들이 냉전 시절에 올바른 주장을 했음에도 불구하고, 좌경 성향의 지식인들이 자신들의 사회주의 이념을 합리화하기 위하여 그들의 논지를 맹목적인 반공 이론으로 매도하였다고 당당하게 주장하였다. 이런 점에서 볼 때 1990년대에 가장 도도하게 자신의 입장을 내세우는 학자들은 자유주의적인 견해를 가지고 있는 역사가들일 것이다. 이들 중에서도 한때는 지독한 반공주의자로 궁지에 몰렸던 파이프스와 콩퀘스트의 입장이 특히 강화되었다. 이들은 자신들의 주장이 과거에도 옳았고, 현재도 올바르며, 미래에도 자신들이 주장한 진실은 영원히 건재할 것이라고 확언하였다.

1991년에 소련이 해체되고 냉전 체제가 종말을 고하게 되자 러시아 혁명을 연구하던 학자들은 더 이상 반공을 가치의 기준으로 삼을 필요가 없게 되었다. 이런 상황에서 과거에 반공주의자였다고 매도되었던 자유주의 경향의 학자들은 과거에 올바른 견해를 가지고 있었던 선각자들로 복권되었다. 이들이 과거에 끊임없이 주장하였던 공산 체제 하에서의 인권 유린에 관한 주제는 이제 러시아 혁명과 소련의 역사 연구에서 하나의 커다란 연구 주제가 되었다. 이제는 서방 학자들보다 오히려 러시아 학자들이 레닌과 스탈린 체제의 잔학상을 더욱 신랄하게 고발하는 상황에 이르렀다. 마침내 러시아 혁명을 둘러싸고 벌어졌던 역사가들의 논쟁은 극점을 통과하였다. 러시아 혁명에 관한 네 가지 견해 중에서, 현 시점에서 볼 때 승자는 자유주의적인 견해이다. 요즈음에는 자유주의 견해가 견제 세력 없이 일방적인 독주를 하고 있어서 학자들의 우려를 자아내고 있는 상황에까지 이르렀다.

자유주의 견해에서 본 러시아 혁명

자유주의적인 해석을 하고 있는 학자들에게 1917년 10월에 벌어졌던 일련의 사태는 '혁명'이 아니라 '쿠데타'였다. 볼셰비키는 결코 혁명을 일으킬 수 없었고, 10월의 사태를 혁명이라고 부르기에는 너무 명분이 없었다. 국민들은 혁명에 참여하지 않았으며, 소수의 볼셰비키 지지자들만이 쿠데타를 일으켰고, 상황이 마감된 뒤에 그들이 혁명을 일으켰다고 국민들에게 통보하였다. 일부 정치 성향의 인사들이 혁명이라는 명분을 사용하였지만, 이 명분은 볼셰비키만의 독재 체제를 구축하기 위한 전술에 불과하였다.

　자유주의적인 해석에 의하면 1910년대의 러시아에는 혁명이 일어날 만한 주요 원인이 존재하지 않았다. 제정 말기의 상황은 정치·경제·사회 모든 면에서 혁명이 일어날 수밖에 없는 그런 위기 상황은 결코 아니었다. 오히려 제정 러시아는 안정과 번영 그리고 민주화의 길로 접어들고 있었다. 문제는 의외의 곳에서 터졌다. 짜르나 러시아의 의지와는 관계없이 1차 세계대전이 발생한 것이었다. 러시아는 패전을 거듭하였고, 전쟁에서 승리하지 못한 정부는 위기를 맞을 수밖에 없다는 일반적인 통례가 러시아에도 적용되었다. 혁명이 일어날 수밖에 없었던 상황, 즉 마른 하늘에, 볼셰비키의 쿠데타, 즉 날벼락이 러시아를 강타하였다. 그리하여 러시아에서 비극은 시작되었다. 일부 정치 성향의 인사들이 권력 장악을 위해 상황을 이용하였고, 19세기부터 진행되고 있었던 민주, 번영, 그리고 안정을 향한 발전 과정은 이들에 의해서 왜곡되었다.

　레닌은 혁명이 성공할 수밖에 없었다는 필연적인 배경을 여러 가지로 제시했다. 그러나 그가 제시했던 모든 필연적인 상황은 거의 틀리는 것이었다. 레닌이 주장했던 바와는 달리 유럽에서는 혁명 운동이 고조되어 있지 않았고, 러시아에서의 혁명을 방지하기 위해 제국주의자들이 독일과 평화 조약을 맺을 준비도 하지 않았다. 역시 레닌의 주장과는 반대로 케렌스키(Alexandr Kerenski, 1880~1970)는 페트로그라드를 독일에게 내어줄 의사를 가지고 있지 않았으며, 레닌이 공언했던 바와는 달리 농민들은 폭동을 일으킬 준비를 하지 않았다. 레닌의 주장에서 맞는 것은 단 한 가지였다. 그것은 당시의 상황에서 "권력을 장악하는 것이 가능하였고, 아무도 [임시] 정부를 방어할 의사를 가지고 있지 않았다"는 주장이었다. 그렇다고 해서 볼셰비키의 혁명 의지가 강하였기 때문에 그들이 쿠데타를 성공으로 이끈 것은 아니었다. 그들의 성공은 오로지 임시 정부의 취약성에 근거하였을 뿐이었다.26

자유주의적인 견해에 의하면 '러시아 혁명'이라는 용어에서 '혁명'이란 단어뿐만 아니라 '러시아'라는 단어도 잘못 사용된 것이었다. 러시아 혁명은 러시아 민족만의 혁명은 아니었다. 러시아는 '다민족 제국'이었고, 1917년 당시에 러시아 민족, 좀 더 정확하게 말하면 대러시아 사람들(Great Russians)은 전체 인구의 반을 조금 넘었다. 다른 슬라브(Slavs) 민족--우크라이나 인과 벨로루시 인--은 물론이고 기타 10여 민족들이 러시아 혁명에서 중요한 역할을 하였기 때문이다.27 그러나 러시아 혁명은, 잘못된 이름이 상징하듯이, 결국은 러시아 민족만을 의식하고, 러시아 민족만의 민족주의를 보존하기 위한 사건이 되었다. 러시아 혁명은 민족간의 갈등을 근본적으로 제거하겠다는 구호를 내걸었지만, 실제적으로는 러시아 인과 러시아 어가 러시아 민족 이외의 모든 문화 요소를 장악하려고 시도했던 혁명이었다. 러시아 혁명은 러시아 민족주의 운동 이상이 될 수 없었다.

1917년에 러시아에 살고 있던 사람들 중에는 극소수의 정치 성향 인사들만이 혁명에 관심을 가지고 있었다. 러시아는 전 세계 육지의 1/6 가량을 차지하고 있는 방대한 나라였다. 농민들은 각지에 광범위하게 흩어져 살고 있었고, 이들은 러시아 인구의 대부분을 형성하였다. 농민들은 주요 도시 부근을 제외하고는 중앙의 정치 상황이 어떻게 진전되고 있는지를 알지 못했으며, 중앙 정부의 정치에도 관심이 거의 없었다. 예를 들면 심지어 볼가 지역에 살고 있던 농민들도 러시아 혁명 발생 소식을 들었지만 이에 대하여 관심을 보이지 않았다.[28] 볼가 지역에는 러시아 민족이 살고 있었고, 혁명의 진원지와 가깝게 있었음에도 불구하고 이 지역의 농민들은 혁명에 관심이 없었던 것이다. 이러한 상황으로 미루어 볼 때 페트로그라드에서 멀리 떨어져 있는 지역에서 살고 있던 주민들이 혁명에 대하여 어떠한 태도를 보였는가는 쉽게 짐작할 수 있다. 러시아 혁명은 페트로그라드와 모스크바 주변에 머물고 있던 극소수 정치 성향의 지식인들이 일으킨 쿠데타였을 뿐이다.

소련에서의 역사 연구

역사가들은, 세계의 모든 혁명에 관한 연구가 그렇듯이, 러시아 혁명을 완벽하게 초연한 가운데 연구할 수는 없을 것이다. 러시아 혁명에 관계된 많은 주제들에 대하여 역사가들은 매우 다른 해석을 하여 왔다. 예를 들면 1905~1917년 사이에 자유주의자들이 담당하였던 역할, 볼셰비키의 권력 장악 음모, 혁명 직후에 노동자를 포함한 여러 계급의 볼셰비키에 대한 반대, 1917~18년 사이의 공산주의자들과 독일 제국주의자들과의 관계, 러시아 농촌을 겨냥하였던 1918년의 군사적 행동, 5백만 명 이상의 목숨을 빼앗아 간 1921년의 기근 등에 관한 해석을 둘러싸고 역사가들은 끝없는 논쟁을 해 왔고, 앞으로도 끝없이 논쟁을 계속할 것이다.

러시아 혁명에 관한 논쟁이 끝없이 전개되는 이유는 역사가들이 혁명에 대하여 근본적으로 상이한 역사관을 가지고 있기 때문이다. 혁명은, 대대로 전해져 내려오면서 그 나름대로 잘 운용되고 있던 조직을 파괴하고, 소수의 몽상가들이 그들의 이념을 현실화해 보려고 시도했던 시행착오였던가? 아니면, 혁명 당시를 살았던 세대가 비록 자신들에게는 어려움이 있더라도 아직 태어나지 않은 세대를 위하여 이상적인 조직을 만들려고 시도했던 희생적인 거사였던가? 아니면, 인간이란 원래, 어떠한 혁명을 거치더라도, 완벽하게 인간 사회를 덕성으로 이끌어 내지 못하는 존재란 말인가?[29]

역사가들이 혁명에 관계된 문서들을 아무리 냉철하고 객관적으로 분석했다고 하더라고, 자신이 가지고 있던 가치관을 의식 혹은 무의식중에 혁명에 대한 해석에 개입시켰다. 이런 점에서 볼 때 러시아 혁명에 관한 연구는 무엇이 일어났었는가에 관한 것만이 아니고 미래에 어떤 사태가 일어날지에 관한 논쟁의 성격도 가지고 있다. 같은 역사 연구이지만 러시아 혁명에 관한 연구는 로마 제국의 몰락에 관한 연구와는 성격이 매우 다를 것이다.[30] 러시아 혁명은 역사가들이 어떤 입장을 가지고 있는가에 따라서 서로 다르게 인식되어 왔다. 역사가들이 지니고 있는 입장에 따라서 러시아 혁명은 인류 사회의 진전을 가져온 기념비적인 사건으로 평가되기도 하였고, 이와는 반대로 혁명은 인간 역사에서 상상하기 어려운 재앙을 만들어 낸 비극으로 평가되기도 하였다.[31]

러시아 혁명이 일어난 직후부터 서구 학자들은 매우 진지하게 혁명을 연구하였다. 그러나 정작 혁명이 일어났던 소련에서는 상황이 서양과는 전혀 달랐다. 한 마디로 말해서 소련이 해체되기 10여 년 전, 즉 소련에서 역사 비판이 싹트기 이전까지, 소련 사람들은 러시아 혁명을 포함하여 소련 역사에 관한 연구에 전혀 흥미를 가지고 있지 않았다. 좀 더 정확한 연대를 제시한다면 소련 사람들, 특히 역사에 정열을 쏟을 수 있었던 젊은이들은, 1987년까지 역사 연구에 흥미를 가지고 있지 않았다. 여기에는 여러 가지 이유가 있었다. 소련이 해체될 때까지 소련의 역사는 중앙당에서 실제적으로 해석을 독점하였고, 당의 노선에 맞는 원사료만 공개되었으며, 역사적인 해석 또한 매우 지루하고 획일적이었다. 소련 사람들은 마르크스-레닌주의자들이 일으켰던 혁명의 위업과 위대한 공산당의 역사 등 소련의 체제를 정당화할 수 있는 역사적인 사실만을 배워

왔다. 소련에서의 역사 교육은 체제 옹호를 위해 왜곡되었으며, 역사적인 사실은 교조적으로 해석되었고, 당에서 제시한 노선에 맞지 않는 역사 비판은 금지되었다. 그 결과 러시아 혁명, 공산주의 사상, 그리고 공산당에 관한 연구는 소련에서 흥미를 잃게 되었고, 역사 연구에 대한 관심은 소련 정부에서 금지 혹은 도외시하였던 역사 주제에서만 간신히 명맥을 유지할 수 있었다. 1970~80년대에 소련 사람들은 혁명사, 공산당사, 노동사 등의 주제에는 전혀 관심을 보이지 않은 반면에, 서양에서는 소련 사람들이 염증을 느낀 바로 이 주제들에 상당한 흥미를 느꼈다. 이런 분위기는 다음의 인용에 잘 나타나 있다.

> 1984년에 나는 모스크바 대학의 한 대강당에서 개최된 '중세 러시아에서의 이교도 신앙(Paganism)과 기독교'라는 제목의 공개 강의에 참가하였다. 이 강연은 학생들로 가득 채워져서, 나는 복도에 앉을 수밖에 없었다. 그러나 같은 해, 동료 학자 한 사람이 '1920년대와 1930년대의 노동자와 농민의 지배'라는 공개 강연을 가졌을 때, 청중은 손가락으로 셀 수 있을 정도로 소수였는데, 청중 가운데에는 놀러 왔던 초·중·고등학교 학생들이 몇 명 있을 뿐이었다.[32]

소련에서 역사 비판을 금지시키고, 역사를 이용하여 공산 체제를 선전한 결과가 소련에서 실제적인 역사 연구를 사라지게 만들었다.
　1991년에 소련이 해체된 뒤에 러시아에서는 러시아 혁명사와 소련 역사 연구에 대한 관심이 곧바로 부활되었다. 현재 러시아에서 나타나고 있는 역사 연구에 대한 관심은 스탈린이 사망하고 3년 후인 1956년부터 그 연원을 찾을 수 있다. 이 해에 흐루시초프가 스탈린에 대하여, 비록 매우 제한적이었지만, 역사 비판을 시작하였고, 이 작업은 러시아 혁명 이후에 소련 땅에서 처음으로 전개된 그들의 과거에 대한 역사 비판이었다. 그러나 흐루시초프는 스탈린 개인에 대해서만 매우 피상적이고 비역사적인 역사 비판을 가하였고, 공산 체제에 흠집을 낼 수 있는 역사 비판은 시도하지 않았다. 이런 수준의 역사 비판마저 흐루시초프가 실권하면서부터 소련에서 자취를 감추게 되었다. 새롭게 대권을 쥐게 된 브레즈네프

(Brezhnev)는 오히려 스탈린의 '명성'을 되살리려고 노력했으며, 그 결과 소련의 과거에 대한 어떤 종류의 역사 비판도 금지되었다. 그리하여 1970년대 이후에는 흐루시초프에 의하여 시도되었던 스탈린에 대한 비판도 지하로 숨어 들어가서 은밀하게 개인적인 차원에서만 이루어졌다. 물론 당의 해석과 상반되는 역사적인 해석은 소련 정부에 의해서 탄압되었다. 이런 상황은 안드로포프와 체르넨코 집권 때까지 이어져서 소련 정부의 해석과 다른 역사 해석을 제시한 학자들은 KGB에 의해 투옥되었다.[33]

스탈린에 대한 비판은 실제적으로 고르바초프의 개방 선언이 있은 이후에나 이루어질 수 있었다. 그러나 이때에도 역사 비판은 스탈린 개인에 대한 비판으로 한정되었으며, 레닌에 대한 비판이나 공산 체제에 대한 부정적인 견해는 고르바초프 당시에도 역시 건드려서는 안 될 성역으로 남아 있었다. 소련에서 러시아 혁명과 소련의 역사를 자유롭게 비판하면서 연구할 수 있는 분위기는 혁명이 일어난 지 70여 년이 지나고 공산당이 처음으로 실권하게 된 소련 해체 이후에나 만들어졌다. 그리하여 러시아 역사상 처음으로 역사는 자유롭게 연구될 수 있는 학문 분야가 되었다.

최근에 영어로 번역된 한 러시아 소장학자의 책에서는 "러시아학을 연구한 구세대 학자들에게서 공통적으로 나타났던 마르크스적인 분석의 흔적이 전혀 나타나지 않았다." 심지어 신좌파 경향의 위스콘신 학파나 월러스틴(Immanuel Wallerstein)의 세계 제도 이론의 흔적도 찾아 볼 수 없었다.[34]

서양에서의 러시아 혁명사 연구

소련이 해체되기 이전까지 소련에서는 공산당이 주도했던 소비에트 해석만이 존립하였던 반면에, 서양에서는 크게 볼 때 자유주의 해석과 소비에트 해석이 병존하였다. 그러나 1960년대에 이르기까지 서양의 역사학계를 주도하였던 견해는 자유주의적인 해석이었

다. 그 이유 중의 하나는 서양의 주요 국가들이 소련 정부의 정통
성을 인정하지 않으려고 하는 경향이 있었기 때문이다. 이와 같은
경향은 미국 대학교에서 러시아 역사 교과서로 많이 사용되었던
한 교과서의 제목에서 살펴볼 수 있다. 1953년에 출간된 이 개설책
의 제목은 《러시아는 어떻게 지배되었는가》(How Russia is
Ruled)였다.35 이 제목에서 관심 있게 보아야 할 단어는 '러시아'와
'지배'였다. 이 단어들은 소련을 인정하지 않으면서, 소련에서 이루
어지고 있는 것은 정치가 아니라 일부 세력의 정통성이 없는 무력
지배 정도라는 의미를 내포하고 있었다.

1960년대에 들어와서 서양에서는 신좌파와 마르크스주의가 지식
인들을 중심으로 하여 세력을 얻고 있었다. 냉전 체제는 지식인들
의 비판을 받았으며, 반공 이데올로기는 학자들의 비난 대상이 되
었다. 또한 이때에는 소련 또한 움직일 수 없는 세계 초강대국이
되어 있어서, 소련의 체제가 어떻든 간에, 서방 국가들은 소련을
인정할 수밖에 없었다. 이와 같은 시대적인 분위기를 잘 표현해 주
는 소련 관계의 역사 서적은 바로 위에서 언급한 개설책이었다. 소
련의 실체를 인정할 수밖에 없는 상황에서 과거에 사용되었던 이
책의 제목은 더 이상 시대적인 흐름을 소화할 수 없었다. 그리하여
이 책의 개정판 제목은 당시의 정치계와 지성계의 흐름에 따라서
신-좌익적인 색채를 띠게 되었다. 1979년에 출간된 이 개설책의 제
목은 《소련은 어떻게 통치되었는가》(How the Soviet Union is
Governed)였다.36 이 제목에서 유의해서 살펴보아야 할 단어는 '소
련'과 '통치'였다. 과거에 사용되었던 '러시아'와 '지배'라는 단어를
상기할 때 서양에서 소련을 보는 눈이 얼마나 달라졌는가를 이 책
의 변경된 제목을 보면 쉽게 이해할 수 있다. 또한 이런 변화는 러
시아 혁명을 보았던 시각이 서양의 전통적인 자유주의적 해석에서
소비에트적인 해석으로 변화되었다는 사실도 의미하였다.

그러나 세월이 바뀌어서 한때 영원히 세계의 사상계를 지배할
듯이 보였던 마르크시즘은 이미 브레즈네프 시대부터 붕괴되기 시
작하였다. 그의 집권 당시에도 소비에트 사회를 개혁하려던 사람들

중에서 마르크시스트는 단지 소수에 불과하였다. 소련 정부는 물론 이런 사실을 외부에 알리지 않았다.[37] 1980년대에 들어와서 마르크시즘은 서양에서는 물론이고 소련에서도 급격하게 퇴조하였다. 주지하는 바와 같이 마르크시즘과 레닌이즘의 몰락은 너무나 급진적이고 극적이었다. 1987년에 이르러서는 소련 내부에서마저 과거에 "부르주아 역사가"라고 지칭되었던 학자들을 "비마르크시스트 역사가"라는 이름으로 바꾸어 불렀다. 이것은 대단한 변화였다.[38] 심지어 《이즈베스치아》(Izvestia)도 "공산당은 정당이 아니고, 범죄 음모자"들의 모임이라고 규정하기에 이르렀다. 소련 말기에 이르러서 마르크스의 이론은 19세기적인 편협한 개념 정도로 무시되었고, 심각한 경제 파탄에 직면하여 소련에서 마르크스의 이론은 무력화되었다.[39] 그러나 소련 말기에 마르크스주의가 붕괴되고 있었다는 사실은 소련이 해체된 이후에나 서방에 알려졌다.

소련이 해체되고 있을 때 소련에서는 마르크스-레닌의 이론이 경제적인 현실을 분석하는 이론으로 대접을 받지 못하였다. 이와 같은 상황은 소련 말기의 현실을 살펴보면 잘 이해할 수 있다. 제정 당시에 러시아의 북서부 지방에 있던 도시인 스타라야 루사 (Staraya Russa)에서 페트로그라드까지 우편이 배달되는데 이틀이 걸렸다. 이때 도스토예프스키는 우편 배달에 이틀이나 걸리기 때문에 화를 냈다. 그러나 1987년 6월에는 같은 거리에 같은 우편이 배달되는데 10일 이상이 소요되었다. 1826년에는 책을 한 권 출판하는데 두 달이 소요되었다. 그러나 1987년 경에는 몇 년이 필요하였다. 그 이유는 많은 편집인들과 검열들, 그리고 밀려 있는 출판물들 때문이었다. 러시아 혁명 전에는 선과 악의 개념, 그리고 무엇이 명예로운 것인가에 대하여 확고부동한 개념이 존재하였으나, 소련이 해체될 즈음에는 '공포에 물든 노예 근성'만 남게 되었다. 혁명 이전에 자선은 매우 중요한 인간의 가치관 중의 하나였다. 그러나 "1930년대와 40년대에는 탄압을 받고 있던 사람들에게 동정심을 보이고 자선을 베푸는 것이 의심을 받았고 심지어 범죄로 간주되었다. 그리하여 모든 자선 행위는 사라졌다." 혁명 이전에 러시아에

서 발전하였던 철학과 역사 연구, 농민들의 협동 조합 운동, 가문
에 대한 존경심과 가정이 가지고 있던 소중한 위치, 바람직했던 교
육제도, 자유주의적 경향의 법 체계, 등은 혁명으로 모두 붕괴되었
다. 소련이 해체될 당시에 볼셰비키 혁명이 남긴 것은 오직 혼란뿐
이었다.40

　　1960년대에 서방의 선진국에서는 인권 운동이 활발하게 전개되
었다. 이때 서양의 정치에 가장 큰 영향을 미쳤던 요소 중의 하나
는 인권이었다. 1960년대 말에 미국에서는 흑인과 소수 민족의 인
권 보호가 법제화되었고, 1970년대에 들어와서 인권 운동은 전 세
계로 확산되었다. 그런데 인권 보호의 입장에서 러시아 혁명을 살
펴보면, 혁명은 매우 부정적으로 해석될 수밖에 없었다. 인권이 역
사적인 사실을 해석하는데 있어 하나의 중요한 척도가 되자 러시
아 혁명을 연구하던 학자들은 혁명에서 나타났던 인권 유린과 혁
명으로 희생된 사람들 숫자의 통계에 대해 많은 관심을 기울이게
되었다. 이런 분위기에서 1970년대부터 러시아 혁명의 희생자 수가
전문 역사가들에 의하여 연구되어 공개되었다. 그런데 이 당시에
이루어진 연구물들에 의하여 확증된 혁명의 희생자 수는 몇천만
명이었으며, 이런 참극은 서양의 지식인들과 역사가들에게 엄청난
충격을 주기에 충분하였다. 러시아 혁명에 연루된 희생자 수가 알
려진 뒤에는 러시아 혁명에 관해 과거에 제기되었던 이상론들은
치명적인 타격을 받았다. 그런데 전통적으로 혁명의 잔인성을 부각
시켜서 러시아 혁명의 가치를 부정하였던 사람들은 자유주의적인
해석을 해 온 역사가들이었다. 그리하여 인권 운동이 일어난 이후
에 러시아 혁명에 대한 해석의 주도권은 이들 자유주의적인 견해
를 가지고 있는 학자들에게 넘겨졌다. 그리고 이런 상황은 1990년
대에도 계속되고 있다.

소련에서 역사 연구의 문제점

소련의 비밀 문서 창고는 소련 체제의 정당성을 부정하는 비밀들을 폭로할 수 있는 판도라의 상자가 될 수 있었다. 따라서 소련 정부는 역사 문서 보관소 관리에 많은 관심을 보였다. 그 결과로 소련의 역사 문서 보관소 책임자는 내각 회의에 참석할 정도로 지위가 높은 사람이 임명되었다. 아마 이런 경우는 근대 세계사에서 다른 나라에서는 찾아보기 어려울 것이다. 그러나 이런 보안 장치에도 불구하고 소련이 해체될 당시에 소련 정부는 과거와 같이 역사 문서의 비밀을 철저하게 유지할 수 없었다.

소련이 해체될 즈음에 "판도라의 상자"는 열렸다. 이 상자에서 나온 비밀 문서들은 서구 학자들보다는 러시아 시민들에게 더 큰 충격을 주었다. 대부분의 러시아 사람들은, 실로 처음으로, 지금까지 감추어졌던 소련 시절의 비밀을 알게 되었기 때문이다. 이때 공개된 자료에 의해 평범한 러시아 사람들은 많은 역사적 사실들을 인식하게 되었다. 상상을 초월하는 참혹한 기근이 1930년대 초에 우크라이나에서 분명히 존재하였다. 이런 문서들이 공개될 당시에 러시아의 역사책에는 우크라이나에서의 기근이 공식적으로는 발생하지 않았던 것으로 되어 있었다. 새로 공개된 문서에 의하면 스탈린은 물론이고 레닌 자신이 종교 인사와 지식인을 탄압하였고, "레닌이 집권하고 있던 1919~1920년 사이에 강제 노동 수용소와 집단 수용소가 설치되었다." 또한 공개된 비밀 문서를 살펴보면 스탈린뿐만 아니라 레닌도 "혁명을 배반"하였다는 사실이 명확하게 자료로 입증될 수 있었다.[41] 비밀 문서의 공개로 신성한 존재였던 레닌마저 격하되기에 이르렀다.

위의 예에서 언급했던 새로운 충격적인 사실들이 새로 공개된 문서들에 의하여 알려지기 시작했을 때 소비에트 견해를 가지고 있던 역사가들은 자신들의 해석을 부정하는 역사가들을 대중 매체에 영합하는 평론가라고 비판하였다. 그 이유는 이들이 충격적이고 흥미를 유발할 수 있는 비밀 사항들만을 폭로하여 대중의 인기에 영합하려는 사람들로 보였기 때문이다. 이에 맞서서 소비에트 견해를 부정하는 러시아 역사가들은 소비에트 해석이 "도덕적인 진실"을 결여하였다고 맞대응하였다. 구소련 말기에 소련의 공식적인 역사를 비판한 러시아의 대표적인 학자 중의 한 사람이면서 자신이 지난 20여 년간 "부르주아 역사학"을 연구했다고 공개적으로 천명하였던 아파나세프(Afanas'ev)에 의하면, 공식적으로 소련의 역사를 설명하고 있는 책에는 "단 한 쪽도 거짓이 없는 경우가 없었다."[42] 물론 소비에트 견해를 가지고 있던 학자들은 아파나세프의 이와 같은 견해를 정면으로 부정하였다.[43]

구소련 정부에서 편찬한 공식적인 역사 기술이 거짓으로 가득 차 있다면, 소련이 해체된 이후에 러시아에서 나타날 수 있는 역사 교육에 관계된 심각한 문제점들은 쉽게 예측할 수 있다. 구소련에서는 정부가 주도하여 중·고등학교의 역사 교과서를 편찬하였으며, 역사 교육은 공산당이 지지하는 역사 해석을 따라야만 했다. 그런데 이 해석이 거짓과 허구 그리고 비윤리적인 것이라면 러시아에서는 어떻게 학생들에게 역사를 가르쳐야 할 것인가?

지난 70여 년간 쓰여진 러시아 혁명에 관한 책들은 거의 모두 상대주의와 편향된 가치관에 입각하여 연구되었다. 이 책들은 "고발이 아니면 변명, 공격적인 변론이 아니면 성자의 이야기"로 채워져 있었다. 그러나 공산당의 이념에만 부합되었던 가치관이 소련 해체 이후에 완전히 붕괴되었을 때, 이 가치관에 의해 쓰여진 역사책들은 모두 역사 연구물로서의 가치를 상실하게 되었다. 도덕적인 판단이나 가치관은 역사 연구에서 역사적인 사실 못지 않게 중요하다. 도덕적인 기준이 역사 연구에서 제거된다면, 히틀러도 비난의 대상이 될 수 없기 때문이다. 인류 사회가 존재하는 한 불변의 가치관과 도덕의 기준이 존재한다면 그것은 '인권'일 것이다. 오늘날 세계 사람들이 모두 숭상하고 있는 인권이라는 가치관에 근거하여 레닌과 스탈린을 평가할 때, 그들의 업적이 아무리 위대하다고 하더라도, 수천만 명을 살해한 그들의 잔학상은 결코 정당화될 수 없을 것이다. 이런 점에서 볼 때 역사를 아무리 객관적인 시각에서 연구한다고 하더라도, 러시아 혁명을 해석할 때 역사가들은 주관적인 요소로부터 결코 해방될 수 없을 것이며 또 해방되어서도 안 될 것이다.44

이런 면에서 볼 때 특히 러시아 혁명을 연구하는 역사가들은 올바른 가치관과 도덕적인 기준을 가지고 역사를 연구해야 할 것이다. 그러나 불행하게도 구소련에서 직업 역사가들은 대부분이 체제를 옹호하기 위하여 역사를 썼던 관변 역사가들이었고, 이들은 역사적인 진실을 알리려고 했던 역사가들을 충격적인 역사적 사실을 폭로하여 인기를 얻으려는 사람들로 매도하였다. 소련에서 진정한 의미에서의 새로운 역사 연구는 1988년 이후에나 시작되었다.45

소련이 해체된 이후에 구소련 당시의 전문 역사가들이 제시하였던 역사 해석은 더 이상 신뢰할 수 없게 되었다. 그런데 이들이 소련 체제 하에서 역사 연구를 독점하였기 때문에, 이들의 연구를 제외한다면, 현재 러시아에서 진정한 역사 연구 업적은 거의 없다고 해도 과언이 아닐 것이다. 더욱이 일반인이 알고 있는 역사는 소련 체제 하에서 거의 모두 왜곡된 것들이었다. 믿을 만한 역사 교과서도, 올바른 가치관에 입각한 연구물도 존재하지 않는 가운데 러시아에서 이루어지고 있는 초・중등학교 역사 교육은 방향을 상실할 수밖에 없었다. 실제로 소련 해체기에 즈음하여 러시아에서는 역사 교과서의 문제가 심각한 사회 문제로 떠올랐다. 구소련의 역사학계를 비판하던 한 러시아 역사학자는 러시아에서의 역사 연구가 "현재 세계 수준에서 뒤떨어져 있다"고 개탄하였다. 그에 의하면 구소련에서의 역사 연구는 소련 체제의 성공을 선전하는 도구였고, 소련이 "이미 성취한 모든 것에 대한 변명"에 불과하였다. 이 결과 중・고등학교에서 사용되고 있는 "교과서에는 한 측면만이 기술되어 있고, 소련 역사에서 나타났던 많은 실제적인 사건들이 파행적으로 묘사되어 있으며, 또한 많은 사실들이 간과되어 언급되지 않았다." 1980년대 말에도 교과서에는 "10월 혁명의 승리와 소련에서의 사회주의 건설에 대하여 스탈린이 만든 각본을 그대로 재현하고 있는 경우도 있었다. [물론] 이 각본은 진실과는 매우 동떨어진 것이었다."46

교과서 문제를 더욱 심각하게 만들었던 또 다른 중요한 요소는 구소련에서 교육 행정이 중앙 집권화되었던 점에 있었다. 구소련에서는 초·중·고등학교에서 표준화된 강의 계획표와 표준화된 교과서에 근거하여 역사 교육을 시행하였다. "5천만 명의 학생들이 교육을 받고 있었는데," 매년 그리고 모든 집단이 하나의 단일 교과서를 사용하였다. 고등 교육기관에서도 표준화된 교과서를 사용한 점은 초·중·고등학교와 마찬가지였다. 물론 공산당의 역사가 주로 기술된 교과서였다.47

1986년에 새로 인가된 강의 계획표와 교과서도 "정확하게 정통 노선[즉, 소비에트 견해]을 견지했고, 브레즈네프 당시의 원칙을 따르고 있었다." 이때 만들어진 새로운 교과서는 389만 부가 인쇄되었는데, 이 교과서 역시 편견으로 가득 차 있었고 많은 중요한 역사적인 사실들을 의도적으로 생략하였다. 예를 들면, 이 교과서는 정통 이외의 견해는 피력하지 않았고, 집단 농장화와 쿨락 말살을 찬양하였으며, "1930년대 초기의 농업 생산 감소나 1932~33년의 기근, 혹은 예조프(Yezhov)가 주도한 '대숙청'(Ezhovshchina)에 관해서는 일체 언급을 하지 않았다." 새로운 역사 교과서는 수백만의 희생자를 낸 것으로 이미 확인된 쿨락의 탄압에 대하여 쿨락들이 "특별한 지역에 정착하여" 살게 되었고, 그들 "모두에게는 일거리가 제공되었으며, 정착민의 법적인 지위는 규제되었다"고 사실을 왜곡하였다. 이 교과서는 스탈린에 대하여 단 열 줄만을 할애하였는데, 이에 의하면, 스탈린은 "위대한 이론가였고 조직가"였으며, "뒤에 일련의 과오를 남겼다"고 그저 담담하게 표현하였다. 수천만 명을 희생시킨 장본인이었던 스탈린에게는 결코 어울리지 않는 표현이었다. 이 교과서는 당의 정책에 대해서도 왜곡되게 기술하였다. 예를 들면, 부하린(Bukharin)의 농업 정책은 "우리들이 사회주의로 가는 길을 차단하려는 기도"였다고 부당하게 표현했다.48

개정된 소련의 교과서도 "역사 발전 과정에 대한 잘못된 의식"을 내포하고 있으며, 역사의 진행 과정에 대한 설명 없이 그저 결과만을 제시하였고, "절대적으로 교조적인" 성격을 가지고 있었다.

《이즈베스치아》에 의하면 소련의 학교에서 이루어졌던 잘못된 역사 교육으로 인해서 세대와 세대를 거치는 동안 사람들의 "마음과 영혼은 거짓으로 중독"되었다. 아파나세프는 공적으로 인정된 역사와 집에서 배우는 역사가 달라서 학생들이 "영적인 고문과 도덕적인 상혼"을 가지게 되었으며, "아이들은 때로는 다른 사람을 믿어서는 안 된다는 자세를 가지고 학교를 떠났다"고 소련에서의 역사 교육을 비판하였다.[49]

고등 교육 기관에서도 교과서의 문제는 초등 교육 기관에서와 마찬가지로 심각한 상태에 있었다. 구소련 말기에 이르러서도 고등 교육에서 사용된 교과서는 "개념적인 면에서 《소련 공산당사 개요》(Short History of the CPSU)의 수준을 넘어 서지 못하고 있었다." 1988년에도 고등 교육 기관의 입학 시험에는 웃음을 자아낼 정도의 주제에 대한 대답을 준비하라는 공식적인 지침이 인쇄되어 배포되었다. 예를 들면 "쿨락을 몰아내고 제한하는 정책 강화," "쿨락을 집단 농장으로 수용하는데 대한 완고한 저항," "소비에트 민주주의의 발전," "소비에트 문학과 예술의 융성과 적대 이념에 대한 투쟁" 등의 문제가 예시되었다. 이런 주제들은 당시의 현실에 전혀 맞지 않았고, 소련 체제 하에서 역사를 왜곡시킨 전형적인 주제들이었다. 당시에 이미 학생들은 학교에서 교육하고 있던 역사와는 전혀 다른 새로운 역사 해석들을 개인적으로 강연, 신문, 그리고 잡지를 통하여 이해하고 있었다. 새로운 역사적인 사실들을 알고 있던 학생들이 읽고 연구하기를 원했던 것은 공산당 지도 인사들의 "인용문 모음집"이 아닌 1차 사료였다. 이런 상황에서 교사들은 절망에 빠질 수밖에 없었다.[50]

구소련 말기에는 러시아 혁명과 소련의 역사에 대한 정통 해석이 많은 문제점들을 내포하고 있다는 사실이 널리 알려져 있었다. 학교에서 사용하고 있는 역사 교과서가 전적으로 믿을 수 없는 것이 되었을 때, 교육 담당자들은 소련의 중등 교육에서 역사 시험을 필수로 부과하는 것을 지연시킬 수밖에 없었다.[51] 소련 말기에는 교과서에서 제시한 정답과 현실적으로 인정되고 있는 정답이 병존하였기 때문에 교사들이 학생들의 시험지를 채점할 수 없었기 때문이었다.

이런 상황 속에서 역사 과목의 시험은 치를 수 없었다. 1988년 5월에 국가 교육 위원회는 전례 없이 졸업에 필요한 역사 및 사회 과학 시험과 매년 진급시에 보았던 소비에트 시대에 관한 역사 시험을 취소하였다. 대신 다른 형태의 시험이 치러졌다. 교사들은 필기 시험 대신에 학생들과 개인 면접 혹은 자유 대화를 가졌고, 이 결과는 점수화하지 않았다.52 이 정도 상황이라면 구소련 말기의 교육 기관은 역사 교육을 실제로 포기했던 것과 다름없었다. 러시아 혁명과 소련 역사에 관한 소비에트 견해의 독점은 이미 구소련 말기에 종료되었다.

소련이 해체되고 러시아 정부가 새롭게 출발한 후에, 앞에서 언급했던 역사 교육에서의 심각한 위기를 해결하기 위하여, 교과서를 개정하기 위한 위원회가 구성되었다. 그러나 놀랍게도 이 위원회는 역사를 연구하는 전문 역사가가 아닌 작가·언론인·극작가·시인·영화 제작자 등이 주도하였다. 구소련에서 활약하였던 역사가들에 대한 불신이 이 상황에서 극명하게 표출되었다. 러시아 출범 초기에 러시아의 역사학계는 매우 애매한 상태로 존재하였다. 새로운 경향으로 소련의 역사를 해석하려고 시도한 역사가들은 아직 사회적으로 인정을 받지 못하였고, 구세대의 역사가들은, 공산당이 불법 단체로 규정된 이상, 불법의 이념으로 과거사를 해석할 수 없었다. 구소련에서 활약하던 역사가들은 과거에 거짓되게 소련 역사를 연구했기 때문에 위원회의 일원에서 탈락하였다. 새로운 학설을 주장하는 역사가들은 아직 역사가로서 인지도가 낮았다. 결국 새로운 시각을 가지고 역사 연구를 진행하던 학자들도 새로운 역사 교과서를 집필할 위원회에서 모두 탈락하였다.53

*　　*　　*

구소련 말기에 고등 교육 기관에서도 역사 강사들은 "그들이 과거에 해 왔던 대로" 가르쳤고, 이들은 역사적인 사실과 사건에 대한 새로운 접근 방법에 두려움을 느꼈다. 이런 상황에서 역사 관계에서 가장 인기가 있는 책들은 전문 역사가들의 연구물들이 아닌 이른바 "두꺼운 잡지"였다. 이 잡지들은 특별 기사를 많이 실어서 매우 두꺼웠기 때문에 이런 별명으로 불려지고 있었다. 이 '두꺼운 잡지'는 서방의 견지에서는 결코 학구적이라고 말할 수 없는 잡지였다. 이 책들에는 역사 소설이 가득 실려 있었다. 이 역사물들에서 소개하는 내용은, 학문적으로는 신뢰할 수 없지만, 소련에서 진정으로 믿을 수 있는 역사 연구물이 존재하지 않았기 때문에, 틀리다고도 말할 수 없었다. 이 소설들은 역사적인 진실에 굶주려 있던 러시아 시민들에게 대단히 인기가 있었다. 이 잡지는 한 판에 백만 부 이상이 팔리기도 하였다. 반면에 전문 역사가들의 글로 채워진 역사학과 정치학 학술지는 독자들에게 외면당하였다.54

구소련 말기에 러시아에서는 전문 역사가들의 연구물에서보다는 역사 소설에서 역사적인 진실을 찾을 수 있다는 분위기가 팽배하였다. 그 예로 스탈린의 탄압과 잔악상을 다룬 《아르바트의 아이들》을 들 수 있다.55 실제로 구소련 말기부터 시작된 소련 역사에 대한 재인식은 불행하게도 전문 역사가들이 아닌 문학 작품을 쓰는 작가들에 의하여 선도되었다.56 구소련의 전문 역사가들은 과거와 마찬가지로 편향적이었고, 중요한 역사적 사실들을 은폐하였으며, 역사적인 사실을 가지고 공산주의 체제를 합리화하였다. 그리고 새로운 역사 인식을 가지고 있던 새로운 전문 역사가들은 당시까지 사회적으로 두각을 나타내지 못하고 있었으며, "역사가들은 대중 작가, 언론인, 소설 작품을 쓰는 전문 작가들보다 변화에 대한 적응이 늦었다." 이리하여 대중 작가들이 소비에트 역사가들에게 심각한 도전을 하였고 바로 이들이 소련의 "공식적인 역사가 위조되었다"고 고발하였다.57 전문 역사가들이 역사 분야를 선도할 수 없었던 이와 같은 상황은 러시아의 역사학계로서는 비극적인 일이 아닐 수 없었다. 이것이 역사 분야에서 자유로운 연구와 토론을 실제적으로 금지하였던 구소련 정부가 후세의 러시아에 남겨준 비극적인 유산 중의 하나였다.

구소련 말기의 개방과 개혁 시대에 러시아의 대중 매체들은 역사에 관계된 '뜨거운' 문제들을 많이 제기하였다. 소련이 해체되기 이미 여러 해 전에 러시아의 과거를 올바르게 이해하려는 대중의 욕구는 높았지만, 전문 역사가들은 이 욕구를 충족시켜주지 못하였다. 당시 22세였던 유라소프(D. G. Yurasov)라는 학생이 역사 관계 강연을 듣던 중에 놀랄 만한 이야기를 청중석에서 하였다. 그는 12살 때부터 스탈린 치하에서 얼마나 많은 사람들이 탄압을 받았는가를 연구하였다고 말하면서, 비밀 문서를 볼 수 없었던 상황에서 이루어진 그의 개인적인 연구 결과를 폭로하였다. 그는 스탈린 치하에서 누명이 씌워져서 살해되었거나 혹은 다행스럽게 생존하여 1953년부터 1957년 사이에 복권된 사람들이 60만 명에 달한다는 충격적인 숫자를 제시하였다. 그리고 그는 스탈린에 의하여 탄핵되었던 8만 명의 명단을 적은 카드를 가지고 있다고 주장하였다.[58] 이 예는 러시아 시민들이 과거를 올바르게 알고 싶어하는 열망과 이 열망을 충족시킬 수 없는 데에서 연유한 그들의 좌절감을 잘 보여주었다.

직업적인 역사가들이 소련 역사에 대하여 신뢰할 수 없는 견해를 제시하였기 때문에 구소련 말기와 러시아 초기에 역사 강의는 강사가 생각하는 대로 이루어질 수밖에 없었다. 어떤 이는 1930년대를 변화의 시대로 묘사하였고, 어떤 이는 가능한 한 이 시대에 대한 역사 해석을 얼버무렸으며, 어떤 이는 옛날에 가르쳤던 소비에트 해석의 정통 이론을 그대로 가르쳤다. 어떤 이는 스탈린에 대한 부정적인 견해를 용납하지 못하였으며, 이와는 정반대로 어떤 이는 이 시대를 매우 비극적으로 묘사하였다. 또 어떤 사람은 스탈린 시대를 긍정적으로 가르쳐 왔지만 스탈린의 잔혹상을 고발한 《참회》(Repentance)라는 영화를 보고 마음을 바꾸어 그 이후로는 강의에서 1930년대를 매우 비판적으로 가르쳤다.[59]

1990년대에 들어와서 새로 편찬된 교과서가 사용되었지만, 교과서의 문제는 여전히 해결되지 않았다. 그러나 한 가지 진전된 점이 있다면, 교과서의 약점을 보완하기 위하여 "삽입 자료," 즉 보충 자료가 교사와 학생들을 위하여 편찬된 것이었다. 학생들을 위하여 텔레비전 시리즈가 기획되었고, 잡지와 신문이 교사들의 강의 준비를 도와주었다.[60] 그러나 이런 모든 조치들은 잠정적일 수밖에 없었다. 러시아 혁명과 소련의 과거에 대한 새로운 연구가 새로운 바탕에서 이루어지고, 이 연구 결과가 전문 역사학자들 사이에서 일반적으로 인정될 때, 러시아에서 역사 교육의 문제는 궁극적으로 해결될 수 있을 것이다.

러시아 혁명은, 소비에트 견해에 의하면, 제국주의에 반대하기 위하여 일으켰다. 그러나 소련의 역사 교육은 제국주의에 반대하였던 혁명이 낳은 결과 때문에 제국주의자들에게 점령되어 가고 있다. 구소련 정부가 학자들의 자유로운 역사 연구를 방해하고 역사가의 공개 토론을 금지시켰을 때, 서양에서는 자유로운 분위기에서 연구와 토론이 이루어졌으며, 그 결과 서양에서는 다양한 학설들이 적자 생존 과정을 거쳐서 오늘에까지 이르게 되었다. 그런데 이와 같은 자유 경쟁 분위기에서 생존한 러시아 혁명과 소련 역사에 대한 서양 학자들의 책들이 이제 러시아에서 번역되어 러시아의 역사학계에 많은 영향을 주고 있다. 러시아 혁명으로 러시아는 그들의 역사마저 소련에서 주장했던 제국주의 학문에 점령당하는 비참한 결과를 초래하였다. 소련이 개방된 이후에 "소련의 출판사들은 서구의 소련학에서 이루어진 중요한 연구물들을 번역하여 자신들의 지식에서 빈 부분을 채우려 하고 있다."[61]

마크 트웨인(Mark Twain)은 "우리는 뜨거운 난로 뚜껑 위에 앉는 고양이 같이는 되지 맙시다. [이 경험을 한 뒤에] 고양이는 결코 뜨거운 난로 뚜껑에 다시는 앉지 않을 것입니다. 좋습니다. 그리고 고양이는 또한 차가운 난로 뚜껑에도 결코 앉지 않을 것입니다"라고 말하였다.[62] 뜨거운 난로 뚜껑은 러시아 혁명에 비유될 수 있었다. 러시아 혁명의 비참한 결과를 보고 놀란 세계 각국의 시민들은 '혁명'이라고 하면 그것이 아무리 바람직한 것이라고 하더라도 무조건 혁명의 꿈을 포기할 것인가?

러시아 혁명은, 적어도 명분상으로는, 못 가진 자를 역사 발전의 주도 세력으로 만들려는 꿈을 가지고 이루어졌다. 그러나 혁명은 못 가진 자들뿐만 아니라 가진 자들도 모두 못 가진 자들로 전락시켰다. 그리고 러시아 혁명에서는 인류 역사상 유례없이 많은 인명이 희생되었다. 러시아 혁명은 혁명가들이 예전에 꾸었던 혁명을 기원하는 꿈을 빼앗아 갔다. 러시아뿐만 아니라 다른 나라에서도 혁명을 통한 사회 변혁의 꿈을 빼앗아 갔다. 혁명의 이상은 러시아 혁명의 진정한 모습을 봄으로써 여지없이 비극적으로 추락했다. 이것이 러시아 혁명이 온 인류에게 남겨준 비극적인 결과였다.

II. 러시아 혁명의 환상:
혁명에 대한 긍정적 해석

1. 필연적인 혁명

혁명의 필연성

1917년 10월, 러시아 혁명은 치밀하게 짜여진 계획에 의해서 진행되었다. 혁명에서 사용된 "봉기(蜂起) 기술"은 신기에 가까웠으며, 이것 자체로도 러시아 혁명은 혁명의 고전적인 모델을 제시하였다. 상황에 맞게 혁명 지도자가 거사를 기획했으며, 이 결과 혁명은 치밀하고 거의 완벽에 가깝게 진행되었다. 처음부터 레닌이 혁명을 지도하였고, 페트로그라드 소비에트를 주도하였던 트로츠키(Leon Trotzky, 1879~1940)는 반정부 운동에 영감을 불어넣었다. 혁명이 성공한 이후에도 스탈린은 혁명을 계승하였다. "1930년대에 스탈린은 그 자신을 반란의 지도자로 묘사하였고, 레닌이 그에게 어느 정도의 도움을 주었음을 인정했다."[63]

러시아 혁명이 일어난 상황을 살펴보면, 혁명이 필연적일 수밖에 없었다는 사실을 쉽게 이해할 수 있다. 1861년에 농노제도가 폐지되어 귀족들이 소유하고 있던 2,280만 명의 농노가 해방되었다. 1864년부터 법제 개혁이 시작되었으며, 이때 서구식 모델이 도입되었다. 경제적인 발전 계획도 수립되었고, 이 계획의 일환으로 서구 자본에 의한 철도 건설이 추진되었다. 그러나 이런 정부의 근대화 계획들은 당시에 급격하게 증가한 지식인들 특히 도시를 중심으로 활동하던 지식인들을 만족시키지 못하였다. 왜냐하면 개혁의 속도가 늦었고, 근대화 과정에서 부정적인 사회 문제가 두드러지게 나타났으며, 특히 지식인들이 정치에 불만을 가지고 있었기 때문이었다. 점차 중산층이 공개적으로 정부에 대해 불만을 토로했고, 이에 대하여 정부는 중산층을 탄압하였다. 드디어 지식인들을 중심으로 한 중산층은 전면적인 반정부 운동을 전개하였다. 이들의 반발에 정부의 탄압은 더욱 심해졌다.64

정부의 모진 탄압에 불만을 가지고 있던 중산층 세력들은 지하로 숨어 들어갔다. 그러나 이들의 정부에 대한 저항은 과거보다 더욱 과격한 양상으로 나타났다. 지하에 잠적해 있던 반정부 세력은 1860년대부터 확고한 저항 기반을 구축하기 시작하였다. 마르크시스트에 고무되어 1890년대 말과 1900년대 초에 생성된 러시아 사회민주노동자당(Russian Social Democratic Workers Party)이 이런 시대적인 분위기를 대표하였다.65

정치와 사회 전반에 대한 불만은 중산층에 국한되지 않았다. 하층 계급, 특히 농민들의 불만은 상당하였다. 농노 상태에서 가까스로 해방된 농민들은 해방과 동시에 새로운 부담에 시달리게 되었다. 농노 해방 후에 농민들로 구성된 꼼뮨(commune)들은 토지 구입 대금을 상환하기 어려웠고, 토지에 관계된 각종 부과금에 시달렸다. 결국 농노 해방 이후에 농민들의 불만은 오히려 해방 이전보다 더 증대되었다. 여기에다 인구는 폭발적으로 증가하였다. 1901년에는 심각한 흉년마저 러시아를 휩쓸었다. 1902년에 우크라이나・볼가・그루지야 등지에서 심각한 농민 반란이 일어났으며, 농민들의 저항은 1905년에 이르러서 혁명으로 폭발하였다.66

노동자들도 농민에 못지 않은 불만을 가지고 있었다. 이들은 남녀를 합해서 약 2백만 명 정도였으며, 전체 노동 인구의 약 5% 정도를 차지하였다. 러시아의 노동자들은 서구의 노동자들과는 성격이 달랐다. 러시아의 노동자들은 비록 전체 국민에서 차지하였던 비율이 서구보다는 낮았지만, 서구의 노동자보다 더 강하게 집단적으로 행동을 할 수 있는 여건을 갖추고 있었다. 그 이유는 러시아의 산업체들이 일반적으로 서구의 것보다 규모가 컸고, 지역적으로 더 밀집되어 있었기 때문이다. 이런 상황 때문에 러시아 노동자들은, 그들의 인구 비율에 관계없이, 서구의 노동자들보다 정치적으로 더 큰 중요성을 가지고 있었다. 러시아의 노동자들은 이미 1890년대부터 산업 체계를 마비시킬 수 있는 힘을 보유하고 있었다. 1896년과 1897년에 이들은 페트로그라드의 방직 산업을 거의 마비시킨 적이 있었고, 1902년 말과 1903년에는 러시아 남부에 위치하고 있는 중요 도시들에서 대규모의 파업을 감행하여 노동자들의 힘을 과시하였다.67

농민과 노동자를 포함하는 사회 계층 뿐만 아니라, 러시아 제국의 영토 내에 살고 있던 다양한 민족들도 각기 러시아 정부에 반대하여 불만을 토로하였다. 러시아인은 전체 러시아 인구의 약 반을 차지하였다. 러시아인이 아닌 사람들은 제정 러시아가 소수 인종에 대하여 차별 대우를 하고 있다고 굳게 믿고 있었다. 이들은 러시아 정교가 소수 인종을 차별 대우하고 있다고 주장하였고, 특히 550만에 이르는 유대인에 대한 제정 러시아의 혹독한 차별 정책은 많은 비판을 받았다. 제정 러시아의 지배를 받던 소수 민족은 유대인과 폴란드인을 필두로 하여 정부에 대해 많은 불만을 가지고 있었다.68

혁명 이전의 구제도 하에서 프롤레타리아의 생활상은 비참하였다. 농민들은 수확량의 반을 현물 지대로 지불하였고, "제정 러시아라는 국가는 하나의 감옥"과 다름없었다. 자본주의가 발전함에 따라서 러시아는 소부르주아 성향의 국가로 전락하였고, 아주 작은 규모의 토지를 소유한 농민들이 농민 계층의 주류를 이루었다. 부유한 농민들이었던 쿨락은 1천만 농민 가구 중에 약 반을 차지하였는데, 이들은 "가난한 농민들을 착취하여 점점 부유해졌고, 중산 농민들은 농업 노동자들의 땀을 착취하여 이익을 얻고 있었다."69

*　　　*　　　*

1917년 10월 혁명은 마르크스가 제시한 과학적인 원칙과 과정을 거쳐서 발생한 필연적인 혁명이었다. 1905년 혁명은 10월 프롤레타리아 혁명이 발생하기 직전 단계에서 나타난 혁명이었다. 그리고 이 혁명은 '부르주아-민주적 혁명'이었기 때문에, 과도기의 혁명이 었을 뿐이며, 이런 유의 혁명으로는 아무런 근본적인 문제를 해결할 수 없었다. 1905년 혁명으로 성립된 정부는 "눈가림 정도의 양보"만 하였고, 반(半) 봉건적인 권위주의 체제를 가지고 있어 부정부패와 사회적인 긴장만을 더해 주었다. 스톨리핀(Stolypin, 1862~1911)의 개혁은 러시아의 근본적인 문제들을 해결하지 못했고, 그 결과 1917년 혁명은 필연적인 것이 되었다.[70]

1905년의 혁명보다는 1917년의 2월 혁명이 10월 혁명과 매우 밀접한 관계를 가지고 있었다. 그러나 2월 혁명도 10월 혁명과 비교할 때 그 중요성은 미미하였으며, 2월 혁명은 10월 혁명에 근거해서만 그 중요성이 인정될 수 있었다. 2월 혁명은 노동자 운동이 조직적으로 발전하고 점차 성숙해진 결과로 나타났다. 2월 혁명에서 노동 세력의 핵심 인사들은 노동자들이 직면하였던 경제적인 불만들을 정치적인 운동으로 승화시켰다. 이 혁명에서 "프롤레타리아는 혁명 전반에 걸쳐서 헤게모니를 잡고 있었다." 2월 혁명은 1차 세계대전이라는 우연한 사건에 의하여 갑자기 발생하지는 않았다. 2월 혁명은 분명히 계급 갈등이 만들어낸 역사적인 사건이었다. 2월 혁명에서도 볼셰비키는 결정적인 역할을 수행하였다. 볼셰비키 당은 혁명의 가장 기본적인 원인이었으며, 노동자들에게 정치적인 의식을 심어 주었다. 볼셰비키 당은 "하나의 성격체로 남아 있었고, 확고한 혁명 전술에 따라서 움직였다." 레닌은 통일된 전략과 전술로 당을 이끌었다. 자유주의 역사학자들이 즐겨서 인용하는 레닌의 말, 즉 그 자신의 생애 동안 혁명이 발생하는 것을 기대할 수 없었다고 한 레닌의 말은, 러시아가 아닌 유럽의 다른 나라를 대상으로 한 것이었다. 볼셰비키 당은, 1차 세계대전이 일어나기 전과 마찬가지로, 2월 혁명 당시에도 프롤레타리아가 주도하고 있었다. 볼셰비키가 1917년 1월 9일에 정치적인 이유에서 파업을 주장했을 때 15만 명이라는 많은 노동자들이 호응하였다. 볼셰비키 당이야말로 전면적인 혁명 기운이 무르익었을 때 행동 개시의 신호를 보낼 수

있는 유일한 당이었다.[71]

2월 혁명은 집정자들이 개인적으로 무능하였기 때문에 발생한 것이 아니라 지배 계급이 사회적으로 무력했기 때문에 발생하였다. 자유주의자들도, 정부와 마찬가지로, 당시의 사회 문제를 해결하는 데 속수무책이었다. "어떠한 자유주의적인 개혁안도 노동자, 군인, 그리고 농민들의 욕구를 충족시킬 수 없었다." 자유주의자들은 분열되어 있었고, 수적으로도 많지 않았다. 입헌민주당(Kadets)은 점점 더 부르주아의 이익만을 보호하는 대변 기구로 전락해 가고 있었으며, "자유주의자들은 혁명을 일으키는데 아무런 독립적이고 자발적인 기여도 하지 못하였다." 그들은 오히려 혁명에 적대적이었다. 2월 후반부에 이르러서 대중 운동이 정점에 이르렀을 때 두마(Duma)의 지도자들은 대중의 요구 사항을 듣고 그저 당황하였을 뿐이었다.[72]

역사 발전 과정에서 부르주아-민주 혁명은 반드시 나타나는 것이며, 2월 혁명은 이 역사 발전 과정에서 반드시 나타나야 할 것이 나타난 것뿐이었다. 부르주아 계급의 이익은 봉건 및 지주 계급의 이익과 상반되었다. 2월 혁명이 일어날 당시에 부르주아는 봉건 계급에 대항해서 혁명을 일으킬 수 있었으며, 페트로그라드 소비에트의 멘셰비키와 사회혁명당(SR)의 지도자들은 독자적으로 프롤레타리아 혁명을 일으킬 수 있는 능력이 없었다. 그리하여 이들은 부르주아와 연대 세력을 형성하였다. 그러나 볼셰비키는 멘셰비키나 사회혁명당과는 근본적으로 달랐다. 볼셰비키는 당시에도 혁명을 일으킬 수 있는 능력을 가지고 있었다.[73]

2월 혁명은 대중적인 저항의 결과였다. 이 혁명은 "페트로그라드 노동자 계급의 경험과 전통에 뿌리를 두고 있었다." 노동자들은, 1차 세계대전 이전이나 이후와 마찬가지로, 관리 계층으로부터 비인간적인 대접을 받았고, 작업 시간이 너무 길고 작업 일수가 너무 많아 고통을 받았다. 2월 혁명은 1차 세계대전의 영향으로 일어나지는 않았다. 2월 혁명은 역사 발전 과정에서 필연적인 것이었으며, "치밀하게 미리 계획되었다기보다는 자연 발생적으로 일어났다."[74] 노동자들 중에서 극소수였던 약 2%의 노동자들만이 정치적인 의식을 가지고 있었다. 그러나 이들은 숫자 이상으로 중요한 의미를 지니고 있었다. 이들은 행동주의자들이었으며, 과거에 막연하게만 느꼈던 노동자들의 불만과 고통을 명확한 형태의 개념으로 바꾸어 놓았다. 이들은 당시에 정치적인 의식이 없었던 다른 노동자들을 정치적인 행동으로 이끌었다.[75] 그 결과가 2월 혁명으로 나타났다.

2월 혁명에서 프롤레타리아는 헤게모니를 장악하였다. 프롤레타리아 중에서도 페트로그라드 노동자들의 역할은 결정적이었다. 이들이 혁명의 원동력을 제공하였으며, 이들의 폭동에 의해서 경찰의 힘이 제압당했고, 결국 이들이 혁명을 성공으로 이끌었다. 볼셰비키 "당원들은 노동자들이 갈구하던 바를 이론으로 구체화하는 것을 도와주었고, 노동자들의 행동은 병사들의 반란을 고무시켰으며, 농민들의 기대를 부풀게 해 주었다." 그러나 기본적으로 혁명의 동기는 대부분 민중 자신들에게서 만들어졌다.[76]

니콜라이, 알렉산드라, 라스푸친(Rasputin)과 같은 특정 인물들은 2월 혁명이 발생하는데 주요 원인이 되지 못하였다. 혁명의 원인은 개인적인 실책이 아니라 제정의 구조적인 모순에서 연유하였다. 제정 러시아의 낙후된 제도는 구조적으로 그리고 이념적으로 중산 계급의 요구를 수용할 수 없었다. 그리고 구제도의 조직은 대중의 강력한 체제 도전에 맞수가 될 수 없었다. 민중의 혁명적인 분위기가 크게 고조되었고, 이를 제압하려는 기도는 무위로 끝나고 말았다.[77]

프롤레타리아 이외의 다른 사회 계층들의 의견은 각기 달랐고 분열되어 있었기 때문에 혁명을 일으키는데 큰 도움이 되지 못하였다. 부르주아는 혁명을 반대하지는 않았지만, 내부적으로 분열되어 있어서 힘을 결집할 수 없었다. 따라서 2월 혁명 당시에 가장 중요한 힘은 민중에게 있었다. 그들은 밑으로부터 형성된 독립적인 정치적 이상을 가지고 있었으며, 그들의 역할은 2월 혁명과 그 이후에 전개된 러시아의 정치적인 진전에 결정적인 영향을 미쳤다.[78]

2월 혁명 직후에 세워진 임시 정부는 구조적인 문제를 가지고

1. 필연적인 혁명 73

있었고, 일부 계층의 이익만을 대변하였다. 입헌민주당은 2월 혁명 이전에나 이후에나 부르주아의 이익을 효과적으로 대변하던 조직이었고, "제국주의자인 영국과 프랑스의 압력을 전달하는 기구였다." 소부르주아지의 사회주의자 정당들은, 겉으로는 민중의 옹호자였던 것처럼 가장하였지만, 사실은 부르주아의 옹호자였고, "2월 이후에 권력을 자유주의자들에게 넘겨줌으로써 민중을 배반하였다." 2월 혁명 직후부터 임시 정부는 무력을 사용하여 민중을 탄압하였고, 혁명은 군대의 힘으로 멈추어 져야 한다고 믿고 있었다. 그리하여 3월에서 10월까지 지방에서 일어났던 161번이나 되는 농민들의 시위는 무력으로 제압되었으며, 수도에서 전개된 7월의 평화스러운 시위에도 군대가 총을 발사하여 사상자가 무려 700명 이상이 발생하였다. 케렌스키는 코르닐로프(Kornilov)가 소비에트에 대하여 무자비하게 무력을 사용하겠다는 계획에 동의하였고, 독재적으로 정부를 이끌어 나갔다.79 그러나 빈발하였던 노동자·농민·병사, 즉 민중들의 항거에 임시 정부는 실제로 대항할 능력이 없었다. 이와 같은 임시 정부의 무능은 2월 혁명 직후부터 이미 나타나고 있었다.80

임시 정부는 농민을 위해서 토지 문제를 해결해 주는 것에 대해 주저하였다. 그 이유는 임시 정부가 지주들의 대변 기관이었던 입헌민주당에 의해서 주도되고 있었기 때문이었다. 따라서 정부의 정책은 도덕적인 원칙을 무시하였고, 정부가 권력의 근거를 두었던 특정 계급의 이익만을 반영하였다. 임시 정부는 토지 문제를 임시 정부 다음에 출범할 예정이었던 제헌 의회(Constituent Assembly)에서 해결하도록 미루었다. 이러는 가운데 급진주의가 더욱 거세지고 폭력 사태가 증가하자 정부는 한층 더 지주와 고용주들의 편으로 기울었다.81

임시 정부의 실책은 정치 분야에서보다는 경제 분야에서 더욱 심각하게 나타났다. 임시 정부가 들어선 뒤에 상품 교역이 거의 중단되었고, 화물을 운송하는 기관차들이 가동되지 않았으며, 물자와 연료 부족 현상이 나타났다. 식품이 귀해져서 물가가 상승하자, 농민들은 더 높은 가격을 받기 위해서 곡물을 출하하지 않았고, 이 여파로 심지어 군대에서도 식량 기근 현상이 나타났다. 이와 같은 경제적인 파멸은 근본적으로 자본주의 체제의 위기에서 나왔으며, 이런 절망적인 상태는 "사회적인 혁명이 없이는 치유될 수 없었고, 모든 사람의 이익을 지배하고 계획할 수 있는 기관인 정부의 권력 이양 없이는 고쳐질 수 없었다." 임시 정부 치하에서 이런 참담한 경제 문제가 표출된 원인은 정부 내에서 벌어진 정치적인 갈등에 있는 것이 아니라 구조적인 문제에 있었다. 그러나 프롤레타리아는 이런 구조적인 문제에 대하여 책임이 없었을 뿐만 아니라 러시아에서 산업이 쇠퇴했던 원인도 결코 될 수 없었다. 임시 정부 치하에서 산업이 퇴조한 이유는 고용주들이 노동자들의 항복을 받아내기 위하여 공장의 문을 닫았기 때문이었다. 노동자들은 3월과 4월에 "놀라울 정도로 자제하였고 온건"하게 사태에 대처하였다. 이 시기 이후에 나타난 노동자들의 급진주의적인 운동은 어려운 상황에 대처하기 위한 그들의 대응이었을 뿐이다.[82]

경제적인 어려움이 가속되자 러시아인과 소수 민족 사이에서 갈등이 유발되었고, 심지어 소수 민족들 사이에서도 갈등이 야기되었다. 그러나 임시 정부는 민족적인 문제를 해결할 수 있는 진보적인 정책을 제시하지 못하였다. 왜냐하면 "민족간의 투쟁은 계급 갈등의 산물"이었기 때문이었다. 이 근본적인 문제를 해결하기 전에는 민족간의 갈등은 지속될 수밖에 없었다. 입헌민주당은 "소수 민족을 무자비하게 탈취하는 부르주아 제국주의자"였기 때문에, 이들 러시아 국수주의자들이 민족간의 갈등을 해결할 수 있는 정책을 수립할 수 있을 것으로 기대하기는 어려웠다. 소수 민족들이 가지고 있던 민족주의 또한 부르주아의 기본 성격을 반영하였다. 이들 소수 민족을 이끌고 있던 지도자들은 전형적인 부르주아적 행동을 하였다. 이들은 계급 갈등 문제를 잠재우려고 민중의 감정을 요리하였고 이런 과정에서 자신들의 이익을 얻으려고 하였다. 이와 같은 민족주의의 한계를 극복하고 소수 민족들이 지배 계급의 멍에를 벗어 던지기 위해서 반드시 필요했던 것은 소수 민족들과 러시

아 민족간의 단합이었다.[83]

러시아의 존립을 위협하는 문제들이 누적되고 있었지만 임시 정부는 '의도적으로' 제헌 의회 소집을 지연시켰다. 임시 정부는 새로운 선거를 빠른 시일 내에 실시할 수 없는 이유를 기술적인 어려움에 전가시켰지만, 이것은 단지 구실에 불과하였다. 이들이 선거를 기피했던 근본적인 이유는, 다음 의회를 구성할 선거에서 전망이 밝지 않다는 사실을 처음부터 알고 있었기 때문이었다.[84]

임시 정부는 러시아와 서방의 제국주의자들이 일으켰던 1차 세계대전으로부터 헤어나오지 못하고 있었다. 전쟁으로 러시아는 경제적으로 거의 치명적인 타격을 입었고 임시 정부는 전쟁으로부터 빠져 나올 수 없었다. 임시 정부가 지배하는 러시아는 전쟁을 수행할 능력이 없었다. 러시아 군대는 전투를 증오하였고, 병사들의 사기는 땅에 떨어졌으며, 소수 민족들은 징집에 큰 불만을 가지고 있었다. 이러한 상황에서 러시아는 전쟁에서 승리를 거둘 수 없었다. 그러나 임시 정부는 승산 없는 전쟁을 포기하지 않았다. 그 이유는 임시 정부가 부르주아의 영향력 밑에 있었기 때문이었다. 임시 정부를 지지하고 있는 러시아의 부르주아는 전쟁을 통하여 새로 추가될 수 있는 영토와 시장에 관심이 있었으며, 전쟁에서 승리한 뒤에 자신들에게 돌아올 이익에 눈독을 들이고 있었다. 따라서 이들이 영국과 프랑스의 제국주의자들로 구성된 연합군 측에 가담한 것은 당연한 일이었다. 또한 전쟁은 전시 체제라는 위기 상황을 창출하여 국가 안보라는 이름으로 군대의 힘을 빌어 부르주아에 반대하는 혁명 세력을 쉽게 붕괴시킬 수도 있었다. 중도 사회주의자들도 이런 면에서 볼 때 부르주아와 다를 바가 없었다. 전쟁은 부르주아 국수주의자들이 선동하여 일으킨 재앙이었으며, 사회적인 갈등을 은폐하고 말살하려는 부르주아의 책략이었다.[85] 이런 상황에서 임시 정부가 전쟁에서 손을 떼는 것은 실제로 불가능한 일이었다.

임시 정부가 구상했던 정책들이 모두 실패한 이유는 전국에 산재하고 있던 사회 세력들이 정부에 전혀 협조를 하지 않았기 때문이었다. 이런 상황에서는 오로지 새로운 독재만이 정부를 통합하고 그 힘을 유지할 수 있었다.86 결국 임시 정부는 매우 심각했던 두 차례에 걸친 폭동에 직면하게 되었고, 이 폭동이 남긴 결과는 볼셰비키의 10월 혁명과 직접적으로 연결되었다. 이 두 폭동은 페트로그라드의 급진 노동자들과 병사들이 정부에 반대해서 일으켰던 7월 사태와 보수주의자 코르닐로프가 좌익 세력을 제거하려고 수도에서 일으켰던 반혁명적 음모였다. 이 두 가지 사건은 결국 실패로 끝났지만 임시 정부는 이 폭동들로 치명적인 타격을 입었다. 그러나 임시 정부와는 달리 "볼셰비키는 이 두 위기에서 상당한 이익을 얻었다." 이 사건들을 경험한 뒤에 군중은 자신들의 힘으로는 권력을 장악할 수 없음을 알게 되었다. 군중은 그들을 이끌 수 있는 지도 세력을 찾게 되었고, 드디어 볼셰비키가 지도하는 민중 봉기로 향하는 문이 열리게 되었다.87 "코르닐로프 사건은 케렌스키 정부의 운명에 종지부를 찍었다." 이 사건은 반혁명적 기도가 언제든지 나타날 수 있음을 인식시켜 주었으며, 볼셰비키가 당을 구성하는데 결정적인 계기를 마련해 주었다.88

임시 정부는 극좌에서부터 극우에 이르기까지 다양한 정치적 세력을 포함하고 있었기 때문에, 내각이 결정적인 행동을 취하는 것은 거의 불가능하였다. 입헌민주당은 전문가와 상업적인 세력의 이익을 대표하였기 때문에 사회 개혁 방안과 급진 정책을 수립하는 것을 거부하였고, 반면에 사회주의자들은 법과 질서를 복원하는 한편 전쟁을 좀 더 확실하게 수행하려는 입헌민주당의 기도에 반대하였다. 임시 정부에 참여했던 연대 세력의 구성원들은 상호 간에 점점 더 신뢰하지 않게 되었으며, 특히 코르닐로프 사건 이후에 이런 경향은 더욱 두드러졌다. 사회혁명당의 지도자들은 우익·중도·좌익으로 심하게 분열되었으며, "좌익에 있던 사회혁명당원들은 이미 9월 이전에 실제적으로는 다른 당이 되어 있었고, 이들은 주요 이슈에서 [오히려] 볼셰비키에 전폭적인 협조를 하였다." 멘셰비키도 분열되었으나, 상태가 사회혁명당만큼 심각하지는 않았다. 이런 상황에서 한 가지 확실했던 사실은 멘셰비키나 사회혁명당 모두 "대부분 인민들의 지지를 더 이상 얻지 못하고 있었다"는 점이었다. 물론 급진주의적인 민중들은 이들을 조금도 신뢰하지 않았다.[89]

임시 정부는 평화와 토지라는 두 가지의 가장 중요한 이슈에서 실책을 범하였다. 정부는 치안을 유지할 수 없었고, 사유 재산권은 폭도들에 의하여 유린당했다. 당시에 폭도들에게 집을 빼앗긴 한 사람은 치안 부재 상태를 다음과 같이 표현하였다.

> 점심 때 마을 회의에서 [빼앗긴] 우리 재산의 운명에 대한 결정이 내려졌다. ... 결정할 문제는 매우 간단하였다. [우리] 집을 태울 것인가 안 태울 것인가의 문제였다. 처음에 그들은 우리 물건들을 끌어내고, 건물은 그대로 놓아두기로 결정하였다. 그러나 이 결정은 참석자의 일부를 만족시키지 못하였다. 그래서 다른 방안이 통과되었다. ... [결국] 그들은 [우리] 집을 태워 없애기로 결정하였다. ... 모든 마을 사람들이 모였다. 다시 한 번 [우리 집에 있었던 물건들을] 도끼로 내려치기 시작하였다. ... 그들은 유리창, 문짝, 마루 등을 도끼로 내려 쳤고, 거울을 박살 내는 등의 일을 저질렀다. 오후 세 시에 그들은 [우리] 집에 불을 놓았다.[90]

정부는 병사들의 급식 문제도 제대로 해결할 수 없었으며, 물자 부족으로 군인들에게 식량 공급이 제대로 이루어지지 못했다. 병사들은 장교를 신뢰하지 않았고, 전쟁에 대한 불신감도 증대되었다. 10월 혁명이 일어나기 3일 전에 전쟁 담당 장관은 9백만 육군 중에서 단지 7백만의 병사에게만 식량을 공급할 수 있다고 보고하였다. 9월에는 필요한 밀가루의 26%, 그리고 고기의 50%만 지원할 수 있었다. 그래서 그 장관은 즉시 평화 협상을 타결해야 한다는 결론을 내렸다. "만일 이때 정부가 정책을 바꾸었다면, 볼셰비키는 [역사의] 무대에 등장할 수 있었겠는가?" 만일 이런 일이 실제로 전개되었다고 하더라도, 결과는 무정부 상태를 "몇 주일 혹은 기껏해야 몇 달" 정도 지연시킬 수 있었을 것이다. 이 점에서 우리는 볼셰비키가 주도한 10월 혁명의 역사적인 필연성을 이해할 수 있을 것이다. 이런 위기 상황에서 볼셰비키만이 임시 정부의 정책을 대치할 수 있고 국민의 성원을 이끌어 낼 수 있는 방안을 제시하였다.[91]

혁명의 이념적 원인

위대한 혁명 뒤에는 항상 위대한 이념이 있었다. 위대한 러시아 혁명의 이념은 마르크스와 엥겔스(Engels, 1820~95)의 계급 투쟁 이론에서 출발하였다. 마르크스와 엥겔스는 폭력적인 혁명 없이는 "자본의 힘을 제거하는 것이 불가능하고, 평화적인 방법으로 자본주의자들의 재산을 공공의 재산으로 전환시키는 것은 불가능하다고 가르쳤다." 그리고 마르크스와 엥겔스는 이런 거의 불가능한 일을 노동자 계급은 "오로지 부르주아에 대항하는 혁명적인 폭력, 즉 프롤레타리아 혁명을 통해서, 그들 자신의 정치적인 지배, 즉 프롤레타리아 독재를 이룩함으로써 성취할 수 있다"고 교시하였다.[92]

1850년대 초반에 정부 정책에 불만을 가지고 있던 러시아인들이 서방의 사상과 사회주의에 관계된 서적 및 논문들을 러시아에서 출판하기 시작하였다. 이 책자의 가장 큰 주제는 잘 사는 농민들에 관한 것이었다. 이 주제에 관하여 많은 지식이 있는 러시아의 선각자들은, 비록 러시아가 본격적인 자본주의 단계를 거치지는 않았지만, 사회주의 체제를 이룩할 수 있다고 하면서 주로 농민들을 대상으로 하여 설득 작업을 벌였다. 그러나 이들이 원하는 대로 농민들은 잘 설득되지 않았고, 정부에서는 이 지식인들에게 탄압을 가하였다. 이들은 1860년대와 70년대에 들어와서 지하 운동 조직을 형성하였으며, 이번에도 역시 농민을 대상으로 하여 사회주의 운동을 전개하였지만, 이런 설득 작업에도 불구하고 이들이 기대하던 결과는 여전히 나타나지 않았다. 이들은 운동 방법을 바꾸었다. 1879년에 '인민의 의지'(People's Will)라는 이름으로 결속하였고, 테러를 통하여 소기의 목적을 달성하려고 하였으며, 이 운동의 일환으로 황제는 암살되었다. 1890년대에 들어와서 레닌이 주도하던 급진 세력들은 마르크시스트 이념을 운동의 기본적인 이념으로 채택하였고, 이번에는 농촌이 아닌 공장 지역으로 들어가서, 1890년대 말에는 파업을 유도하였다. 20세기 초에 이르러서 사회주의자들은 볼셰비키와 멘셰비키로 나뉘어 졌다. 전자는 레닌이 주도하던 소수의 혁명 전문가들이 중심이 되었고, 후자는 트로츠키가 주도하던 전통적인 마르크시스트 이론의 신봉자들이 중심이 되었다.93

제국주의자들이 일으켰던 1차 세계대전은 결과적으로 부르주아 계층에게만 이익을 가져다 주었다. 부르주아와 지주들은 전쟁을 통하여 치부를 했으나, "노동자와 농민들은 점점 더해 가던 어려움과 생활 필수품 부족으로 신음하였다." 전쟁으로 1,400여만 명이 징집되어 공장과 작업장은 멈춰 서게 되었으며, 노동력 부족으로 경작 면적이 감소하였다. 전쟁은 러시아의 경제 생활을 근본적으로 파괴하였다.94 이런 상황에도 불구하고 사회혁명당, 멘셰비키, 무정부주의자들과 같은 소부르주아들은 민중을 부르주아 이념으로 호도하려고 하였다. 이들의 나쁜 영향으로부터 민중들을 보호하는 당은 볼셰비키밖에 없었다.95

러시아 혁명의 이념은 프랑스 혁명이 남긴 이념적인 유산에서도 많은 영향을 받았다. 러시아 혁명을 주도한 레닌은 프랑스 혁명이 남긴 이념을 잘 이해하고 있었으며, 특히 빠리 꼼뮨에서 많은 영향을 받았다.96 레닌뿐만 아니라 "모든 [혁명의] 지도자들이 프랑스 혁명의 역사에 대해 잘 알고 있었다."97 프랑스 혁명에서 러시아 혁명에 이르는 이념적인 흐름은 분명히 존재하였다.

러시아 혁명의 이념은 노동자 계급의 운동에서 성장하였다. 그리고 볼셰비키 당은 "모든 노동자의 적, 즉 지주·자본가·쿨락·파괴자·첩자, 그리고 [러시아] 주변의 자본주의 국가에서 돈만 아는 고용주들에 반대하여 혁명적인 투쟁"을 전개하였고, 볼셰비키만이 사회 발전의 법칙을 이해하고 있었기 때문에 혁명을 성공적으로 이끌 수 있었다.98 임시 정부 치하에서 "인민들은 그들의 민주적인 자유들, 즉 자유롭게 말할 수 있는 자유, 출판과 결사의 자유, 그리고 집회와 시위의 자유를 열망하였다." 그러나 임시 정부는 이런 인민의 의사와는 관계없이 군주정 보존을 원하였고, 농민에게 토지를 분배하지 않았으며, 전쟁을 종식시킬 의도를 가지고 있지 않았다.99

인민의 의사를 대표하는 혁명의 이념은 레닌의 '4월 테제'(April

Theses)에 잘 나타나 있다. 이 테제에서 레닌은 볼셰비키 당과 프롤레타리아에게 혁명 노선을 분명하게 제시함과 동시에 사회주의 혁명을 성취하기 위한 구체적인 계획을 천명하였다. 볼셰비키 당은 레닌이 제시한 "이 위대한 과업을 수행하기 위해 오래 전부터 준비를 해 왔다." 또한 레닌은 의회 중심의 공화정을 소비에트 공화정으로 전환시킬 것도 제안하였다. 당시까지만 해도 마르크시스트 이론가들은 의회 중심의 공화정이 사회주의로 전이해 나갈 수 있는 가장 좋은 정치 형태라고 생각해 왔던 점을 고려할 때, 레닌의 새로운 방향 제시는 "마르크시즘의 이론과 실천에서 매우 중요한 진보였다." 따라서 러시아 인민들은 자본주의 체제를 사회주의 체제로 바꾸는 데 있어서 소비에트 공화정이 최상의 정치 형태임을 인식하게 되었다.100

레닌은 위의 이론과 함께 마르크시스트의 가장 근본적인 이론들을 수정하였다. 최초의 사회주의 혁명은 제국주의가 가장 발전한 곳에서보다 러시아와 같이 제국주의자들이 아직 약한 연결 고리를 형성하고 있는 지역에서 일어날 가능성이 많음을 레닌은 알려주었다. 레닌에 의하면, 러시아에서는 "프롤레타리아와 부르주아-민주주의 혁명에서 지도적인 위치를 장악하고 있던 가난한 농민들이 서로 연대하여 사회주의 혁명으로 곧 바로 밀고 나갈 수 있었다." 이와 같이 레닌은 러시아와 같은 후진국에서는 사회주의 혁명이 일어나기 어렵다는 과거의 마르크시스트의 이론을 수정하였다. 그러나, 레닌에 의하면, 혁명의 성공은 적절한 객관적인 사회·경제적인 여건은 물론이고 필요한 주관적인 조건에 달려 있었다. 노동자 운동의 첨병으로 구성된 새로운 종류의 정당 형성은 혁명 성공에 결정적인 요소였다. 이런 정당의 지도가 없었으면, 프롤레타리아는 부르주아의 이념에 복속되었을 것이다. 완벽한 전술과 전략을 갖춘 지도력과 함께 마르크스가 말한 역사 진전에 관한 과학적인 이해의 계도를 받고 있는 그런 정당만이 프롤레타리아의 혁명을 성공으로 이끌 수 있었다.101 볼셰비키는 이런 전제 조건에 꼭 부합되는 정당이었고, 이런 볼셰비키 당이 혁명을 지도하였기 때문에 혁명은 성공할 수 있었다.

러시아 혁명은 제국주의에 대항한 이념적인 투쟁이었다. 1914년 이전의 러시아에서 가장 중요했던 산업체들은 외국 자본주의자들, 주로 프랑스, 영국, 벨기에와 같이 연합국에 속해 있던 나라의 손에 장악되어 있었다. 러시아에 매우 중요했던 금속 산업도 프랑스 자본주의자들의 손에 들어가 있었고, 금속 산업을 모두 합했을 경우에 대략 3/4(72%)이 외국 자본에 의존하고 있었다. 광산의 경우도 비슷했으며, 러시아의 전체 원유 생산량의 약 반 정도가 영국과 프랑스 자본이 소유한 유전에서 생산되었다. 이런 상황은 "러시아를 이들 국가들의 속국, 즉 반식민지로 만들었다."102

볼셰비키가 생각한 전쟁에는 두 종류가 있었다. 첫째는 정당한 전쟁으로, 이 전쟁은 정복을 위한 전쟁이 아니며, 인민들을 외부로부터의 공격에서 보호하는 전쟁이었다. 이런 유의 전쟁에는 "제국주의의 멍에"로부터, 즉 자본주의자들의 "노예 상태"로부터 인민을 해방시키는 것도 포함되어 있었다. 두 번째 유의 전쟁은 정당하지 못한 전쟁이었다. 이런 부류의 전쟁 중에서 가장 대표적인 예는 외국의 인민들을 정복해서 노예로 만드는 전쟁이었다.103 제국주의자들이 일으켰던 모든 전쟁은 두 번째의 것으로 정당성이 없는 전쟁들이었다. 이런 전쟁에서는 부르주아만이 막대한 이익을 챙길 수 있었다. 이들은 "모든 것은 전쟁을 위하여, 모두 전쟁을 위하여!"라는 전쟁 구호를 외치면서, 국민들에게 전쟁 물자 공급에 관계된 계약과 외국 영토 장악에서 최대한의 이익을 획득하라고 무책임하게 전쟁을 합리화하였다. 러시아에서는 멘셰비키가 이런 전쟁에 동조하였다.104 정부는 러시아의 모든 힘을 합해서 전쟁을 수행하기를 요구했지만, "황제의 일부 각료와 장군들은 독일 군대의 승전을 비밀리에 도왔고, 독일과 관계가 있던 황후도 이들과 함께 행동했다. 이들 모두 독일에게 군사 기밀을 제공하여 조국을 배반하였다."105 볼셰비키는 이와 같은 사실을 민중들에게 알려주었다. 그리하여 볼셰비키는 인민들이 제국주의자들에게 대항할 수 있는 이념을 갖게 해 주었다.

혁명의 경제적 원인

러시아 혁명이 일어나는 데에는 경제적인 어려움이 중요한 원인을 제공하였다. 특히 1917년 혁명이 일어나기 직전의 경제는 위기 상황에 있었다. 산업 분야에서 볼 때, 대규모 및 중간 규모 공장들의 1917년 생산량은 1913년과 비교하여 볼 때 2/3 수준에 머물러 있었다. 농업적인 면에서도 위기는 심각하였다. 1917년의 수확량은 1909~13년의 평균 수확량에 비해서 13%가 감소하였으며, 이 수확량은 러시아에서 일 년에 소비되는 평균적인 곡물량보다 1,330만 톤이 적었다. 곡물 수확량이 저조하여 농촌에서 도시에 공급되는 곡물량이 급격하게 감소하였으며, 산업 분야에서의 생산도 역시 저조하여 도시에서 농촌으로 공급하는 상품의 물량도 감소하였다. 이렇게 해서 도시와 농촌간의 거래는 상당히 감소되었다.[106]

곡물이 도시에 제한적으로만 공급되었기 때문에 도시에서는 위기 의식이 팽배하였다. 이런 상황과 관계없이 농민들은 도시에 공급할 곡물의 양을 줄였고, 어떤 경우에는 곡물 공급을 완전히 중단하기도 하였다. 제정 시절에 도시에 곡물을 공급하는 일은 황제가 총괄하였다. 그러나 제정이 무너지고 임시 정부가 들어서자, 곡물 공급은 난항을 겪게 되었다. "수확된 곡물의 상당 부분이 농촌에 그대로 머물러 있는 상황은 러시아 근대사에서 처음 있는 일이었다. 수도에서 곡물 가격은 2월과 6월 사이에 배가 되었고, 가을이 되자 곡물 가격은 더욱 폭등하였다. 볼가 지역에서도 흉년이 들어, 이 지역에서 다른 지역으로 식량을 공급할 수 없었다. [1917년에] 심각한 식량 부족 현상이 많은 지방 도시에서 나타났음이 보고되었다."[107] 임시 정부는 식량 공급이라는 가장 중요한 국가 업무를 수행하는데 있어 그 임무를 다할 수 없었다. 임시 정부 요원들이 주장하였던 것은 단지 새로운 체제를 만들기 위해서 헌정적이고 자유주의적인 원칙을 강조하고 전쟁 수행을 독려하는 것뿐이었다. 임시 정부는 위기 상황으로 치닫고 있던 전시 경제 문제를 해결하기 위한 실제적인 방안을 제시하지 못하였다.[108]

러시아의 농촌 경제에는 구조적인 문제점들이 있었다. 러시아의 농민 숫자는 혁명이 일어나기 50여 년 전부터 급격하게 증가하였다. 1861년에 농민 숫자는 약 5,500만 명이었으나, 1897년에는 8,500만 명, 그리고 1913년에는 1억 1,500만 명으로 급증하였다. 이 통계에서 알 수 있듯이 1861년부터 1913년에 이르기까지 러시아의 농업 인구는 폭발적으로 증가하였지만 이 기간 동안에 농민들이 경작할 수 있는 농토는 단 50%만이 증가하였다. 따라서 토지 기근 현상은 "압박" 정도가 아니라 "심각한 딜레마"로 바뀌어졌다.109

제정 말기, 특히 10월 혁명 직전의 경제 상황은 매우 비관적이었다. 흉작으로 곡물 생산이 저조했고, 도시에는 식량이 제대로 공급되지 않았다. 토지 부족 현상이 더욱 악화되어 농민들이 고통을 당하였으며, 지주들은 여전히 농민들을 착취했다. 전통적으로 농촌과 도시를 연결하던 경제적인 활동 통로가 막혔고, 도시의 노동자와 농촌의 농민들은 서로 이해를 달리하였다. 연료 부족으로 공장은 문을 닫았으며, 이런 기회를 이용하여 자본가와 고용주들은 노동자들에게 더욱 압제를 가했다. 화폐 가치는 날이 갈수록 떨어졌고, 러시아의 경제 활동은 실제적인 마비 상태에 이르게 되었다. 그리고 임시 정부는 이런 경제적인 상황을 타개해 나갈 정책을 제시할 수 없었다. 파멸 직전의 경제적인 상황은 혁명을 필연적인 것으로 만들었다.

필연적인 사회주의 혁명

혁명 직전에 유럽의 제국주의 국가들은 심한 갈등 양상을 보였다. "특히 19세기 말과 20세기 초에 이르러서 [제국주의 국가간의] 전쟁은 피할 수 없는 상황이 되었다. 이 시기에 [유럽의] 자본주의는 의심할 여지없이 가장 발전된 마지막 단계, 즉 제국주의 단계에 들어가 있었다."110 러시아에서는 임시 정부가 지배하던 시절에 제국주의의 마지막 단계를 경험하였으며, 이런 이유에서 임시 정부 당시에 제국주의의 모순이 곳곳에서 드러나고 있었다. 이러한 모순을 근본적으로 해결하는 방법은 사회주의 혁명을 이룩하는 것이었다. 따라서 19세기 초의 러시아에서는 의식 있는 혁명 운동을 전개할 수 있는 레닌의 당과 같은 "진정으로 혁명적인 마르크시스트 당"이 필요했다. 레닌의 위대한 지도 아래서 볼셰비키 당은 노동자 계급의 자생적인 저항을 계도하였고, 마침내 사회주의 혁명 운동을 성공으로 이끌 수 있었다.111

볼셰비키의 승리는 노동자들의 올바른 계급 의식 덕분에 가능했다. 1차 세계대전이라는 우연한 사건 때문에 볼셰비키가 승리를 거둔 것은 결코 아니었다. 왜냐하면 1차 세계대전은 제국주의의 모순 때문에 일어난 필연적인 사건이었고, 또한 러시아가 제국주의를 지향하고 있었기에 제국주의 전쟁에 참여하는 것도 필연적이었다. 이런 필연적인 원인을 가지고 발생한 1차 세계대전은 또 다른 필연, 즉 제국주의적인 제정 러시아의 몰락을 촉발한 "장엄한 노동자 계급 운동"을 유발하였다. "프롤레타리아는 처음에는 부르주아-민주적 혁명을 일으켰고, [이 혁명이 성공한] 후에는 사회주의 혁명을 일으킬 숙명을 가지고 있었다." 10월 사회주의 혁명은 역사 진행 과정에서 나타날 수밖에 없었던 필연적이고, 숙명적이며, 위대한 혁명이었다.112

부르주아 계급을 옹호하던 역사가들은 제정 러시아 후반부에 경제·교육 등의 여러 분야에서 많은 성장과 진보가 있어서 러시아의 국내 문제 때문에 혁명이 일어날 이유는 없었다고 주장하였다. 그러나 이와 같은 주장은 전형적인 자본주의자들의 논리였다. 제정 러시아에서 이루어진 '성장'은 모두 "피상적인 성장"이었으며,113 이 성장 이론은 자본주의 체제만을 일방적으로 옹호하는 주장이었다. 제정 러시아 말기에 나타났던 피상적인 성장을 통하여 계급 갈등의 문제는 근본적으로 해결될 수 없었을 뿐만 아니라 오히려 문제를 악화시켰다.

러시아는 유럽의 다른 국가에서는 찾아 볼 수 없는 고유한 상황을 가지고 있었기 때문에 러시아만의 특별한 방법으로 러시아의 문제는 해결될 수 있었다. 레닌이 말했듯이 러시아에서는 산업체가 지역적으로 밀집되어 있어서 프롤레타리아가 상대적으로 강하였고, 러시아의 부르주아는 이에 따라서 상대적으로 약했다. 토지가 부족한 것도 심각한 문제였으며, 의미 없는 전쟁을 수행하기 위한 전비 부담도 러시아 민중들에게는 너무나 무거웠다. 그래서 세계 최초의 사회주의 혁명이 러시아에서 일어날 수 있는 필연적인 여건이 러시아 안에서 숙성되었고, 노동자들은 사회주의 혁명을 러시아에서 가장 먼저 이룩하여 전 유럽으로 전파시켜야 한다고 생각하였다.114

러시아 혁명은 역사상 1차 세계대전이 있었건 혹은 없었건 간에 피할 수 없는 운명이었다. 러시아가 서둘러서 산업화를 이루려고 한 근본적인 동기는 제국주의 국가들 간의 갈등에 있었다. 세계의 주요 제국주의 국가간에 산업화 경쟁이 나타났고, 이에 따라서 러시아는 빠른 속도로 산업화를 이루어야만 하였다. 그러나 1차 세계대전에서 잘 나타났듯이 러시아의 산업화는 충분히 빠른 속도로 이루어지지 않았다. 또한 급속한 산업화는 자유주의 헌정 체제와는 병립될 수 없었다. 따라서 "황제 치하에서 시작된 산업화를 완성하기 위해서 볼셰비키의 등장은 필요하였다."115 산업화로 향한 길이 러시아가 피할 수 없는 경로였다면 볼셰비키의 등장은 러시아의 미래를 위해서 가장 바람직한 논리적인 귀결이었다.

러시아 혁명은 세계 최초의 사회주의 혁명이었다. 이 혁명은 사회 발전 단계에서 당연히 나타나야 할 것이 나타난 것이었다. 제국주의의 등장과 이에 따른 러시아의 조급했던 산업화는 제국주의가 본시 가지고 있던 모순들을 노출시켰다. 이 모순이 러시아 사회를 역사 발전 과정에서 좀 더 진전된 사회로 전이시켰다. 그 전이 과정에 위치해 있었던 것이 러시아 혁명이었다. 러시아 혁명은 인류 사회가 발전하는 과정에서 필연적으로 나타나야 할 사건이었다.

2. 밑으로부터의 민중 혁명

민중들의 볼셰비키 지지

민중들이 볼셰비키 당을 지지한 덕분에 볼셰비키는 혁명을 성공으로 이끌 수 있었다. 특히 "노동 계급이 볼셰비키 당을 지지하였다."[116] 임시 정부가 위기에 봉착했을 때, 볼셰비키 당은 노동자와 병사들의 지지를 바탕으로 하여 민중과 당 쪽에 유리한 방향으로 상황을 호전시킬 수 있었다. 1917년 4월 20~21일에 있었던 시위에는 10만 명 이상의 노동자와 병사들이 참여하였다. 그들의 구호는 "비밀 조약 [내용] 공포!" "전쟁 종식!" 그리고 "모든 권력은 소비에트로!"였다. 코르닐로프 장군은 시위 군중들에게 발포할 것을 요구하였으나, "군대는 이 명령 수행을 거부하였다." 이 시위로 임시 정부의 각료가 경질되었고, 연립 내각이 구성되었다. 멘셰비키와 사회혁명당은 반혁명 부르주아 쪽으로 기울어져서 인민을 배반하였다.[117]

1917년 8월 3일에 레닌의 이름은 체포해야 할 사람들의 명단 속에 들어가 있었다. 따라서 레닌은 지하로 도피할 수밖에 없었다. 그러나 그는 측근과 추종자들을 통하여 혁명에 관계된 지시 사항을 은신처로부터 페트로그라드로 전달할 수 있었다. 이 당시에 볼셰비키 당원의 숫자는 무려 24만에 이르렀다.[118]

코르닐로프 사건 당시에 수천 명의 무장 수병들이 도시를 보호하기 위하여 크론스타트(Kronstadt)로부터 도착하였다. 볼셰비키는 이 사건을 매듭 짓는 데에도 지도적인 역할을 담당하였다. 코르닐로프 반란을 제압하기 위하여 민중들을 동원했을 때에도, 볼셰비키는 케렌스키 정부와의 투쟁을 중단하지 않았다. 볼셰비키 당은 아직 집권은 하지 않았지만, "코르닐로프 사건이 진행되는 동안에 실제적인 집권 정당의 역할을 수행하였다. 왜냐하면 노동자와 병사들이 당의 지시 사항을 주저하지 않고 실행에 옮겼기 때문이었다."119

1917년 8월 경에 볼셰비키 당은 농민 계층의 많은 사람들이 신뢰할 수 있는 유일한 당이 되어 있었다. 볼셰비키 당만이 전쟁을 끝낼 수 있었고, 지주 세력을 격파할 수 있었으며, 볼셰비키 당만이 농민들이 갈구하던 토지 분배를 실천에 옮길 수 있었다.120 8월 31일에는 페트로그라드의 소비에트들도 볼셰비키 당을 인준하였다. 이 날은 코르닐로프 사건을 승리로 마감한 바로 다음 날이었다. 이후 노동자와 병사들은 급격하게 볼셰비키화 되었다. 이어 소비에트가 재구성되었고, 소비에트의 볼셰비키화가 뒤따랐다. 공장, 작업장, 그리고 군사 하부 조직에, 멘셰비키와 사회혁명당을 대신해서, 볼셰비키 당의 대표자들이 파견되었다.121

1917년 10월 25일에 적위대(Red Guards)와 혁명군 병사들은 철도역, 우체국, 전신국, 정부 청사, 그리고 국립 은행들을 점령하였다. 크론스타트는 볼셰비키 당의 중심 거점이었고, 이곳에서는 이미 오래 전부터 임시 정부의 권위를 인정하지 않았다. "볼셰비키는 '러시아 시민에게'라는 성명을 통하여 부르주아 임시 정부는 물러나야 하며, 국가의 권력은 소비에트의 손으로 이양되어야 한다고 공포하였다." 볼셰비키는 소비에트 회의에서 압도적인 과반수를 확보하였고, 멘셰비키, 분디스트(Bundists), 우익 사회혁명주의자들은 그들의 시기가 이미 지나갔음을 인식하며 회의장을 떠났고 후속 조치에 참여할 것을 거부하였다.122

볼셰비키가 민중의 지지를 바탕으로 하여 혁명에 성공할 수 있었던 것은 볼셰비키 당원 증가에 관한 통계를 보면 잘 알 수 있다. 레닌이 러시아로 귀국하였을 때, 볼셰비키 당원의 숫자는 1억 2천만 국민 중에서 아마 2만 5천 명을 넘지 않았을 것이다. 그러나 6개월 후에는 이야기가 전혀 달랐다.123

볼셰비키는 노동 조합과 공장 위원회에서 상당한 활동을 하였다. 1917년 5월 30일부터 6월 3일까지 개최된 페트로그라드 공장 위원회의 모임에서 대표자들의 3/4이 볼셰비키를 지지하였고, "'모든 권력은 소비에트로!'라는 볼셰비키의 구호를 페트로그라드의 거의 모든 프롤레타리아가 지지하였다." 7월 3일에 페트로그라드에서는 소비에트로 권력을 이양시킬 것을 주장하는 간헐적인 무장 시위가 전개되었다. 그러나 볼셰비키는 아직 거사 시기가 이르다고 판단하였기 때문에 무력 사용에는 반대하였다. 임시 정부의 무자비한 시위 진압으로 "페트로그라드의 거리는 노동자와 병사들의 피로 젖어 있었다." 반혁명 분자들은 이 책임을 볼셰비키에 전가시키려 하였고, 이런 상황에서 볼셰비키는 전략을 변경하여 평화스런 혁명의 시기는 지나갔음을 선언하였다. 이제 레닌은 소비에트가 권력을 장악하는 것을 돕기 위하여 무력을 통한 거사를 준비하기 시작하였다.124

러시아의 다양한 민족들도 볼셰비키의 정책을 지지하였다. 볼셰비키의 민족 문제에 관한 정책은 1917년 4월에 있었던 볼셰비키의 당대회에서 이미 수립되었다. 이 회의에 모였던 8만 명의 대표들은 러시아에 거주하고 있는 다양한 민족들에 관한 중요한 결정을 하였다. 이들은 모든 민족에 대한 탄압을 중단하고, 민족간의 동등권을 인정하며, 각 민족은 그들의 고유한 언어를 유지하고, 민족의 차이를 초월하여 노동자의 권리를 보장하는 한편, 민족 문화의 독립성을 인정할 것을 결의하였다.125 이와 같은 민족에 대한 전향적이고 구체적인 프로그램으로 볼셰비키 당은 러시아 내에 거주하고 있는 다양한 민족들의 지지를 얻을 수 있었다.

임시 정부 말기에 노동자를 대표한 소비에트는 정부와 맞먹는 세력을 가지고 있었다. "모든 권력은 소비에트로!"라는 레닌의 구호는 당시에 임시 정부와 소비에트로 양분되어 있던 권력을 하나로 통합하려는 것이었다.126 볼셰비키의 조직은 제 6차 당대회에서 더욱 구체화되었으며, 당을 운영하는 기본 원칙은 "다수에 소수가 복종"하는 것이었다.127 혁명이 성공한 이틀 후인 1917년 10월 26일에는 두 번째 소비에트 대회가 열렸다. 이 회의에서 소비에트 대표들은 평화 조약을 체결할 것, 보상 없이 모든 토지 소유권을 폐지할 것 등을 결의하였다. 혁명 정부는 결정을 실행에 옮겼다. 이로써 사유 토지는 불법화되었고, 종전에 지주·부르주아·황실·교회에 소속되었던 4억 에이커(약 162만㎢)의 토지가 농민들에게 분배되었으며, 천문학적인 액수의 소작료가 농민들에게 돌아갔다.128 볼셰비키 당이 세운 치밀한 계획과 당의 프로그램에 대한 민중의 적극적인 지지로 러시아에서는 드디어 역사적인 혁명이 성취되었다.

민중 운동과 볼셰비키

앞에서 살펴본 바와 같이 볼셰비키가 승리할 수 있었던 근본적인 기반은 러시아 인구의 대부분이 볼셰비키를 지지했다는 점이었다. 그러나 볼셰비키가 인민의 지지를 획득하는 과정에는 많은 어려움이 있었다. 부르주아의 역선전, 중도 사회주의자들의 위선적인 약속, 볼셰비키에 대한 적들의 터무니없는 비방, 볼셰비키 당원 중에서 소수만이 글을 읽을 수 있는 상황, 그리고 많은 노동자들이 정치적인 사고에서 낙후되어 있다는 점들이 볼셰비키가 인민의 지지를 획득하는데 커다란 장애 요소로 작용하였다. 이러한 어려움에도 불구하고 레닌은 당이 가장 앞서서 나아가는 새로운 종류의 정당이 되어야 한다고 강조하였다. 레닌의 지시에 따라서 볼셰비키 당은 소부르주아들이 형성했던 정당들과는 달리 새로운 당원을 무차별적으로 받아들이지 않았다. "레닌은 당시에 세력을 더해가고 있던 계급의 힘을 인식하고 있었고, 당은 레닌의 계도를 따랐다." 당원들은 인내심을 가지고 인민들에게 당의 정책을 선전하였으며, 인민들에 대한 정치 교육을 병행하였다. 9월에 이르러서 당은 75종의 신문과 잡지를 8개 언어로 출간하였고, 《프라우다》(Pravda)는 7월에 9만 부 이상이, 그리고 10월에는 20만 부 이상이 인쇄되었다. 이와 같은 당의 선전이 주효하여 "소부르주아 정당들의 무능과 위선이 폭로되었다."129

러시아의 프롤레타리아는 볼셰비키 당을 지지하였다. 1917년 2월부터 10월에 이르는 동안 당원 숫자는 2만 4천에서 35만으로 증가하였고, 새로운 당원의 약 60%는 노동자들이었다. 11월 9일에 모인 제헌 의회에서는 1천 40만의 노동자 중에서 9백만이 볼셰비키당을 지지하는 투표를 하였다. 병사들도 당을 지지하였다. "군인들의 소비에트와 노동자들의 소비에트가 합쳐지는 추세를 보였고, 이는 프롤레타리아와 당의 힘을 증가시켰다." 제헌 의회의 선거에서는 육군과 해군 모두에서 과반수 이상이 볼셰비키를 확고하게 지지하였으며, 당에 대한 농민들의 지지도 대단하였다. 농민 중에서 약 15%에 이르는 부유한 농민들은 당연히 부르주아 쪽을 지지하였지만, 이들과는 반대로 20%에 이르는 중산층 농민들은 "볼셰비키의 정책에 강한 매력을 느꼈다." 그러나 중산 농민층은 그들의 재산에 너무 깊이 관련되어 있었기 때문에 프롤레타리아가 신뢰할 수 있는 연합 세력은 되지 못했다. 나머지 65%에 이르는 대부분의 농민들은 "농촌의 프롤레타리아였거나 혹은 프롤레타리아에 가까웠는데, 이들의 이익은 노동자들의 이익과 합치되었다." 볼셰비키 당은 토지의 국유화와 같은 정책을 제시하여 이들의 지지를 얻어내는데 성공하였다. 그러나 이들은 정치적으로 낙후된 사상을 가지고 있었으므로, 볼셰비키 조직이 모든 농촌 지역에 영향력을 미치는 데에는 한계가 있었다.[130]

이런 불리한 여건에서도 노동자들은 적극적인 활동을 통하여 당의 이념을 시골로 전파시켰다. 장인들, 소규모 교역자들, 점원들, 사무 담당 노동자들, 지식인들은 임시 정부의 반동적인 정책으로부터 점차 떨어져 나갔다. 러시아에 산재한 소수 민족들의 대표자들도 소비에트의 권력 장악을 선포하는데 가담하였다. 또한 제헌 의회 선거에서 볼셰비키는 수비대 병사들 57.8%의 지지를 얻었다. 결론적으로 말하면, "10월에 이르러 볼셰비키의 구호, 정책, 그리고 전략은 인구 대부분의 지지를 얻고 있었다." 당 지도부의 일거수 일투족은 결정적인 영향을 미쳤다. 또한 결정적인 거사 순간에 "천재 레닌의 창의적인 힘은 과시되었다." 볼셰비키의 승리는 "민주적이었고 [인민의] 인기를 얻고 있었다."131

*   *   *

농민들의 생활은 1905년 경에는 상당히 향상되는 경향을 보였다. 그러나 이와 같은 현상은 제정 정부의 농민에 대한 정책이 주효해서 나타난 것이 아니었다. 이때 농민들이 비교적 잘 살 수 있었던 이유는 정부가 아닌 농민들이 스스로 많은 노력을 했기 때문이다. 농민들은 자신들이 운영하던 꼼뮨(commune) 내에서 많은 개선을 시도하였다. 꼼뮨은 과거에 알려진 바와는 달리 농업 개선에 방해가 되는 조직이 아니었다. 오히려 꼼뮨은 농업 개선을 주도하였다. 스톨리핀(Stolypin)의 토지 개혁은 농촌을 개혁하는데 도움을 주지 못하였을 뿐만 아니라 지방의 현실에도 맞지 않았다. 꼼뮨은 중산층 농민들이 구성원의 대부분을 차지하고 있었는데 이들은 전통적인 가족 체제를 유지하고 있었으며, 자본주의자들이 아니었다. 꼼뮨을 주도하던 중산층 농민들은 자신들이 살고 있던 전통적인 마을 조직에 저항할 수 있는 충분한 능력을 보유하고 있었다. 토지 분배에 관하여 이들은 스스로 귀족의 토지를 접수하여 그들의 것으로 만들 수 있는 의사 결정도 할 수 있는 능력을 보유하고 있었다.132

노동자 계급은 1914년에 들어와서 1905년 못지 않게 파업을 많이 일으켰다. 그러나 이들은 서로 다른 지역과 도시에서 파업을 일으켰기 때문에 파업의 성격은 서로 달랐다. 파업은 모스크바와 페트로그라드가 주도하였다. 두 도시에서 발생했던 파업은 전 제국에서 발생했던 모든 파업의 약 반 정도의 숫자에 이르렀다. 노동자들의 파업은, 일부 역사학자들의 주장과는 달리, 순수하게 경제적인 이유에서만 일어난 것은 아니었다. 파업은 정치적이고 경제적인 복합적 이유에서 발생하였다. 또한 투쟁의 측면에서 본다면 파업은 정부와 고용주에 반대하는 저항 운동이었다. 러시아에서 산업 자본주의가 융성하면 할 수록 노동자 계급은 점점 더 급진적이고 정치적인 프롤레타리아 의식을 가지게 되었다. 혁명 이전에 노동자들의 노동 조건은 매우 열악했다. 1914년에 이들은 일주일에 거의 60시간을 일했으며, 산업 재해는 상상을 초월하였다. 노동자들은 거칠고 비인간적인 대접을 받았고, 공장을 규제하는 일련의 법들은 거의 영향력을 발휘하지 못하였다. 노동자에 대한 사회 보장은 실제로 전무한 상태였으며, 거주 환경은 매우 열악하였다. 농촌에서 비숙련공이 대량으로 몰려와서 노동자들은 기존 직장을 잃을 처지에 놓여 있었고, 노동자들은 자신의 직장에서 지속적으로 일할 수 있는 권리도 없었다. 농민들이 봉건제도 하에서 농노와 같은 상태로 착취를 당했듯이, 노동자들은 자본주의 하에서 자본가들에 의해 착취를 당하였다. 그러나 노동자들은 이와 같은 비참한 상황을 체념적으로 받아들이지 않았다. 노동자들은 점차 진보적인 의식을 가지게 되었고, 그들이 교육받을 수 있는 기회도 점차 확대되었다. 노동자들의 자본가에 대한 저항은 임금이 높은 노동자들로부터 시작되었다. 특히 금속 공업에 종사하던 숙련 노동자들이 집단 행동을 하는데 앞장을 섰다.133

러시아의 중산 계급은 제정 당시에 빠르게 성장하였다. 이 계층은 해외 자본이 러시아의 산업에 대규모로 투자된 이후에 성장이 두드러졌다. 특히 사무직 근로자, 점원, 법조인, 의사, 언론인, 교사 등의 전문직 종사자들의 숫자가 괄목하게 증가하였다. 이들 세력은 교육과 언론 매체 등을 통하여 신속하게 정보를 습득하였고, 1차 세계대전이 일어나기 전에 이미 권위주의 체제를 강력하게 비판하는 계층으로 성장하였다.134 그렇지만 이들 중산층은, 일부 학자들의 견해와는 달리, 대체적으로 자유주의적인 개혁을 지지하지는 않았다. 그 이유는 자유주의자들이 무력함을 보여주었기 때문이다. "자유주의자들은 정부의 정책을 와해시키려는 민중의 저항을 받아들이려는 의사도 능력도 없었다. 민중에 대한 자유주의자들의 영향은 미미하였다." 중산층은 정치에 참여할 기회도 거의 없었다. 시위원회 선거에서도 인구의 단 1%만 투표권을 가지고 있었으며, 정부는 선거권 확대를 거부하였다.135

황제의 실수로 혁명이 일어나지는 않았다. 그는 자신이 세운 원칙에 의해서 정치를 하였고, 그 결과가 혁명의 구조적인 원인을 제공하였다. 그는 기본적으로 권위적이었으며, 헌법 개혁 요구가 그의 권위를 위협하는 것이라고 생각하였다. 황제는 귀족들의 토지 소유권을 제한할 수 있는 정책을 펼 수도 없었다. 왜냐하면 귀족 세력이 약화되면 황제권의 기반이 붕괴될 수 있었기 때문이었다. 황제가 개인적으로 유능했다거나 혹은 무능했다는 점은 혁명이 일어날 수 있는 원인 형성과는 관계가 없었다. 설혹 다른 유능한 황제가 집권을 했다고 하더라도, 근본적인 사회적 배경은 변화시킬 수 없었을 것이고, 이런 상황 아래에서 혁명의 압력은 분명히 존재했을 것이다. 러시아 정교의 도덕적인 가치는 이미 상실된 상태였으므로, 황제는 종교에 기반을 두었던 이념적이고 문화적인 지주의 지위를 상실하였다. 치안을 담당하는 경찰도 숫자가 적었고, 부패했으며, 잘 훈련되지 못하였다. 군대의 숫자는 적었고, 징집된 병사들은 단기간 동안만 복무를 했으며, 상관의 명령에 복종을 잘 하지 않아서, 이들에게 국내 치안의 일부를 맡길 수도 없었다. 황제의 개인적인 실책을 혁명의 원인으로 삼는 것은 올바르지 못한 생각이다.136 그 어느 황제가 집권했다고 하더라도, 이런 사회적인 상황을 참작할 때, 혁명은 일어났을 것이다. 이런 면에서도 러시아 혁명은 필연적이었다.

일반적으로 전쟁은 한 국가의 사회 구조나 국민들의 의사와는 관계없이 돌발적으로 그리고 우연하게 일어나는 것으로 생각하기 쉽다. 그러나 이런 생각이 반드시 옳은 것은 아니다. 자유주의적인 경향의 역사가들은 "전쟁이 러시아의 국내 상황과 관계 없이 마치 마른 하늘의 날벼락" 같이 우연하게 일어났다고 주장하였으며, 그들은 러시아가 치렀던 1905년과 1914년의 전쟁을 이런 맥락에서 이해하였다. 그러나 이런 주장은 매우 인위적인 논리의 조합에 불과하다. 러시아에서 일어났던 전쟁은 반드시 러시아의 국내 상황과 연결시켜서 파악해야 할 것이다. 러시아의 운명을 바꾸어 놓았던 1914년 전쟁은 슬라브 민족의 자존심과 이익을 지키기 위한 것이

아니었다. 이 전쟁에 러시아가 참여하였던 유일한 이유는 황제의
명예를 지키기 위해서였다. 1914년의 위기에 대한 러시아의 반응은
황제 체제가 가지고 있던 성격과 황제 체제에 부과되었던 압력을
감안하여 생각할 때에만 올바르게 이해될 수 있다. 황제의 낡은 권
위주의 체제 때문에 러시아는 1차 세계대전에 참여하였다. 따라서
러시아의 전쟁 참여는 러시아의 낙후된 사회 구조가 낳은 필연적
인 산물이었다. 제정 체제의 사회적인 기반이 점차 무너지고 이 체
제가 압제할 수 있는 힘이 쇠퇴한 결과가 황제주의와 자유주의 모
두의 몰락을 가져왔다.[137]

*   *   *

러시아 혁명은 진정한 민중 혁명이었다. 볼셰비키 당보다는 민중의
역할이 오히려 더 결정적이었다. 혁명은 진정한 의미에서 대중적인
인기가 있었고, 근본적으로 민주적이었으며, "압제에 대항해서 일으
켰던 민중 봉기의 결과"였다. 혁명은 어떤 특정 당의 힘에 의해서
일어났다기보다는 민중 자신에 의하여 일어났다. 위대한 지도자가
민중을 부추겨서 민중이 봉기하지는 않았으며, 민중이 가지고 있던
"극단의 급진주의는 볼셰비키에 의하여 세뇌당하거나 유도되어서
생성되지 않았다." 2월 혁명과 10월 혁명 모두 민중 사이에서 자연
발생적으로 이루어졌다. 민중들은 유기적으로 그리고 계획적으로
혁명을 밀고 나가지는 않았지만, 분명히 자신들의 의지를 자각하고
있었다. 혁명은 수백만 명의 평범한 일반 민중들에 의해서 수행되
었다. 민중들은 혁명을 진행하는 과정에서 "독자적으로 행동"하였
다. 노동 계급은 자신들의 생존 여건을 완전히 변화시키려고 했으
며, 이들의 독자적인 행동은 이 시기의 가장 기본적인 양상을 보여
주었다. 혁명 과정에서 민중들은 압제로부터 진정한 해방을 쟁취하
기 위해 행동하였고, 이 결과 혁명을 성공으로 이끌 수 있었다. 민
중이 "진정한 혁명"을 성취하였다.[138]
    러시아 혁명은 마르크스가 예상했던 고전적인 프롤레타리아 혁

명과 꼭 같지는 않았다. 그러나 러시아 혁명이 부분적으로 민중의
열망을 반영하였다는 사실은 틀림없다. 혁명에서 민중들이 보여준
특권 계층에 대한 반대는 매우 중요하였다. 러시아 하부 계급의 태
도, 감정, 그리고 심리 상태는 혁명을 일으키는데 중요한 요소로
작용하였다. 이런 민중의 태도는 수 세기에 걸친 그들에 대한 부당
한 대접, 압제, 불공평, 그리고 부르주아의 특권에 대한 분노에 의
하여 형성되었다. 제정 체제의 모순이 커질 수록 민중들의 분노는
증대되었고, 2월 혁명까지만 해도 온건하던 민중들의 태도는 10월
혁명에 이르러서는 매우 난폭해졌다. 이런 상황에서 "볼셰비키는
해묵은 잘못을 기꺼이 교정하려고 하였다." 볼셰비키는 민중이 가
지고 있던 적의와 러시아인들이 가지고 있던 외국 문물에 대한 혐
오감을 잘 인식하고 있었다.139

볼셰비키는 지주, 부르주아, 전쟁에서 이익을 챙기는 자, 외국의
제국주의자, 전쟁광들을 공격하였고, 평화, 토지, 노동자의 지배, 민
족 자결과 같은 민중의 소망에 부합되는 정책을 제시하였다. "1917
년에 나타났던 가장 놀랄 만한 현상 중의 하나는 빠르게 자생적으
로 성장하고 있던 민중 조직이었다. 이 조직들 중에는 농민 토지
위원회, 소비에트, 병사 위원회, 공장 위원회, 노동 조합이 있었다.
이 조직들은 민중을 동원하고, 사회·정치적인 행동을 관철시키는
데 매우 효과적인 기구였음이 증명되었다." 그러나 1917년에 러시
아에서 활동하고 있던 모든 집단 중에서 이 조직들을 가장 효과적
이고 기술적으로 통제한 집단은 볼셰비키였다. 볼셰비키는 민중 조
직을 효과적으로 동원하는데 특출한 역량을 발휘하였다. 볼셰비키
는 처음에는 이 민중 조직들을 마치 국민 모두가 참여하고, 국민
모두의 열망을 대표하고 있는 조직으로 대접했다. 이후에 볼셰비키
는 이 조직들을 그들의 정책을 밀고 나가는 기구로 사용했다.140

혁명의 주역이었던 민중들은 "파괴적이지 않았고, 무질서하지도
않았다." 민중들은 빈곤, 질시 혹은 복수에 대한 감정보다는 더 심
각한 어떤 것에 의해서 동기가 주어졌다. 그들은 인간의 존엄성을
강조했으며, 그들이 압제 당하고, 더 열악해지며, 모멸 당하는 상황

을 뒤집어 엎을 것을 희망하였다. 민중들은 사회 계층이 구분되어 하층 사람들이 상층 사람들에게 복종해야만 하는 가장 근본적인 원인을 제거하려고 봉기하였고, 생산 관계에서 존재하는 권위주의에 도전하였다. 이런 관점에서 볼 때 1917년에 성립된 '공장 위원회'는 특별한 의미를 가지고 있었다. 민중들은 이 위원회를 구성하여 지금까지 황제 편에 서서 야만적이고 자의적인 방법을 사용하던 공장 관리에 집단적으로 대항하였고, 자신들 스스로가 공장을 관리하는 새로운 공장 체제를 키워나가는 방향으로 행동하였다. 농민들은 도시 노동자들의 운동보다는 덜 세련되었지만 그들이 추구하던 운동 방향은 도시 노동자들의 것과 같았다. 농민들이 가장 원하였던 것은 토지 개혁이었다. 농민들은 꼼뮨 속으로 다시 들어가기를 희망했고, 자신들이 운영하는 독립된 마을을 건설하기를 원했으며, 자신들의 가치관이 스며들어 있는 평등 사회 건설을 염원하였다. 이런 농민 운동의 좋은 예는 1918~20에 우크라이나에서 있었던 마흐노비스트(Makhnovist) 운동이었다. 이 운동에서 농민들은 적군(赤軍), 백군(白軍) 모두를 거부하였고, 자유롭게 조직되고, 서로 협조하며, 규율이 있는 꼼뮨 조직 속에서 그들의 생활을 자신들이 모두 관리하기를 원하였다.141

러시아에서의 민중 운동은 매우 순수한 의미에서 일어났지만 여러 가지 한계를 내포하고 있었다. 우선 민중 운동의 이념이 명확하지 않았다. 제정의 물리적인 탄압으로 민중 운동은 러시아를 주도할 수 있는 운동으로 성장할 수 없었고, 민중 운동이 어떠한 조직을 완성시킬 수 있는 충분한 시간적인 여유도 없었다. 이런 한계성 때문에 러시아의 민중 운동은 점차 정당에 의하여 끌려갈 수밖에 없었다. 인텔리겐치아도 민중 운동에 매료되어, 민중 운동을 이끌어 나가기를 원하였다. 그러나 민중 운동에 관심이 많았던 지식인들과 정당 중에서 볼셰비키만이 민중 운동이 가지고 있던 한계성을 자신들에게 유리하게 전환시킬 수 있었다. 예를 들면 볼셰비키의 매우 효율적이고 탄탄한 조직만이 민중 운동의 결과로 성립된 공장 위원회를 장악할 수 있었다. 이와 같은 현실 속에서 민중들은

볼세비키를 지지하였다. 그러나 볼세비키의 민중 운동에 대한 정책
은 볼세비키가 기술적으로 민중의 열망을 반영하고, 자신들의 구호
를 민중들의 목적에 일치하게 다시 편성한 것에 불과하였다.142

노동자 계급의 운동은 처음 몇 달 동안은 매우 독립적이어서 어
떠한 정치 집단과도 관계를 맺지 않았다. 노동자들은 가슴속에 자
본가들에 대한 적대심을 가지고 있었으나, 혁명 초기에 이들은 스
스로의 감정을 분출시키기보다는 자신들의 생활 수준과 작업 환경
을 향상시키는데 가장 큰 중점을 두었다. 노동자들은 이 목적을 달
성하기 위해서 자신들만의 공장 위원회를 결성하였고 파업을 감행
하였다. 이것은 노동자들이 처한 환경을 스스로 개선하려는 노력의
일환이었다. 그러나 공장 외부의 여건은 시간이 지남에 따라서 더
욱 악화되어 갔다. 무질서와 폭력이 러시아 전역을 휩쓸었고, 경제
적인 상황 또한 더욱 악화되어 고용주는 생산을 줄였으며, 어떤 고
용주는 공장을 아예 폐쇄하기도 하였다. 이와 같이 어려운 상황에
서 코르닐로프 사태가 발생하였고, 노동자들은 이 사태 이후에 전
례 없이 과격해졌다. 이런 위기에서 노동자 집단은 볼세비키와의
연대를 받아들였다. 그러나 이 연대는 자생적으로 발생한 노동자
운동의 본래 성격을 완전히 변화시켰다. 이때부터 노동자들은 자신
들이 원래부터 추구해 왔던 모든 정당으로부터의 독립을 유지할
수 없게 되었고, 이때부터 그들의 운동은 독자성을 잃게 되었다.
이후 전개된 노동자 계급의 운동에서는 중도 노선을 추구하던 지
도층이 배제되었고, 노동자들은 볼세비키의 노선에 순응하게 되었
다.143

*　　*　　*

러시아에서의 민중 운동은 1917년 훨씬 이전부터 전개되었다. 러시
아 정교의 개혁 운동은 민중 운동의 성격을 띠고 있었으며, 1864년
의 농노 해방도 민중 운동의 차원에서 이해될 수 있다. 그렇지만
러시아에서 벌어졌던 많은 민중 운동 가운데 2월 혁명은 러시아

민중 운동 역사에서 기념비적인 사건이었다. 이 혁명이야말로 진정한 의미에서 민중의 힘에 의해 이루어졌기 때문이다.144

　민중 운동의 핵심 세력은 어떤 특정인이나 특정 계층보다는 대다수를 차지하는 군중에 있었다. 이런 면에서 볼 때 노동자 계급에서 민중을 대표할 수 있는 세력은 기술을 보유하고 있는 계층이라고 하기보다는 노동자의 대부분을 차지하는 기술이 없고 임금을 적게 받는 사람들이었다. 2월 혁명에서는 바로 이런 부류의 비숙련 노동자들이 민중 혁명 세력의 약 반을 차지하였으며, 이들이 러시아를 무질서 상태로 몰아넣어 국면을 전환시켰고, 결국 이들이 혁명을 성공으로 이끌 수 있었다. 이런 점에서 볼 때 2월 혁명은 10월 혁명보다 진정한 의미에서 더 민중 혁명의 성격을 띠고 있었다.145 2월 민중 혁명의 결과는 원래 민중 혁명이 꿈꾸었던 상황과 흡사하였다. 예를 들면 2월 혁명으로 "공장 위원회가 각 공장에서 [자생적으로] 나타났고, 이 위원회들은, 소비에트가 들어서기 이전에 이미 많은 공장들을 사실상 운영하고 있었다."146

　1917년 후반에 접어들 무렵에 러시아 사람들은 1차 세계대전에서 러시아가 승리할 가능성이 거의 없다는 사실을 인식하고 있었다. 물론 민중들도 이 사실을 잘 알고 있었으며, 민중들은 승산이 없는 전쟁을 계속하려는 정부에 맞서서 평화를 외쳤다. 군대의 상황 또한 러시아가 승전하기에는 거의 절망적이었다. 1917년 7월부터 10월 사이에 70만 명의 병사가 군대에서 이탈하였다. "육군은 녹아서 없어져 버렸고 군사력은 효과적으로 사용될 수 없었다." 도시와 농촌의 민중들이 가지고 있던 가장 큰 관심은 평화, 어떤 대가를 치른다고 하더라도, 평화를 이룩하는 데 있었다.147

　러시아 병사들은 전쟁에서보다는 오히려 러시아 내에서 혁명을 이룩하는데 매우 중요한 역할을 하였다. 민중 운동에서 병사들은 특이한 역할을 담당하였다. 병사들 집단은 민중의 다양한 집단 중의 하나였을 뿐만 아니라, 이들은 1917년에 가장 강력한 힘을 가지고 있던 시민-병사(citizen-soldiers) 집단을 형성하였다. 이들은 군사 훈련을 받았고 강한 조직을 형성하고 있었기 때문에 정치적인 투쟁에서 매우 효과적이고 결정적인 힘을 발휘할 수 있었다. 병사들 중에서도 가장 앞장서서 민중 운동을 전개한 사람들은 매우 애국주의적이었으며, 이들의 애국적인 정서는 병사들의 민중 운동에서 중요한 동기가 되었다. 병사들은 무엇보다도 평화를 갈구하였다. 코르닐로프 사건 이후에, 병사들은 자신과 마찬가지로 평화를 주장하는 볼셰비키 당에 동조하였다. 그리하여 시민-병사들은 마침내 좌경화되었다. 병사들의 볼셰비키화와 좌경화로 볼셰비키는 무력 기반을 가지게 되었고, 이것은 볼셰비키 혁명 운동이 성공할 수 있는 결정적인 요인이었다.148

볼셰비키가 승리하게 된 매우 중요한 요소 중의 하나는 트로츠키의 활동이었다. 트로츠키는 볼셰비키가 소비에트와 인민들을 반혁명 세력으로부터 보호하고 있다고 선전했으며, 볼셰비키는 불법적인 쿠데타를 기도하고 있는 것이 아니라 사악한 반혁명 세력에 대항하여 정의롭게 자유와 혁명을 방어하고 있다고 주장하여 인민들을 설득하였다. 또한 당시에 떠돌아 다니던 소문도 볼셰비키가 권력을 장악하는데 큰 도움을 주었다. 이 소문은 페트로그라드의 군대를 전선으로 이동한다는 것이었고, 만일 이것이 사실이라면 페트로그라드의 방어 문제가 시민의 관심사로 떠오를 수밖에 없었다. 이 문제에 관하여 볼셰비키와 멘셰비키는 열띤 토론을 벌였다. 마침내 이 토론에서 소비에트의 무력을 가지고 있던 군사 혁명 위원회(MRC: Military-Revolutionary Committee)가 수도의 방어를 맡는다는 안이 제시되었다. 이 안은 "앞으로 더 있을지 모르는 독일군의 침입에 대항하려는 정부의 노력에 소비에트가 도와주는 것"으로 되어 있었다. 이 안에 의하면 군사혁명위원회는 "방어를 위한 조직이었으며 폭동 세력이 아니었다." 그러나 이때까지도 군사혁명위원회는 "명백하게 소비에트의 팔이었지 볼셰비키 당의 팔은 아니었다." 볼셰비키는 "이 악의 없는 제안을 반정부와 준 혁명적인 제안으로 바꾸어 놓았다." 이때부터 군사혁명위원회는 볼셰비키가 권력을 장악하는 과정에서 핵심적인 조직이 되었고, 트로츠키는 10월 혁명과 연관되어 결정적인 역할을 수행하게 되었다. 트로츠키는 거사를 고무하고, 조직하며, 관리한 주요 인물이었다. 그는 10월 혁명 이전인 1905년 혁명 당시부터 이미 전설적인 인물이었다. 그는 청중을 흥분시키고, 군중을 만족시킨 웅변가였다. 트로츠키는 볼셰비키가 권력을 장악하는 시기를 결정하고 이 계획을 실천하는데 천재성을 발휘하였다.[149]

이와 같이 러시아 혁명에서 민중들이 차지하였던 역할은 볼셰비키 당이 담당했던 역할보다 오히려 더 중요하였다. 민중들의 주장은 매우 민주적이었으며, 만일 이들의 주장들이 관철되었다면 러시아 혁명은 러시아에서 민주주의를 정착시키는데 큰 공헌을 하였을 것이다. 러시아 혁명에서 풀뿌리 민주 조직을 구성하였던 것은 주로 공장 위원회와 군대였다. 이 두 조직은 서로 통합되기를 희망하였고, 러시아에서 내전이 발생하는 것을 막기 위하여 노력하였다. 그리고 이들이 원하지 않았던 것은 일당 독재였다. 예를 들면, 모스크바의 한 금속 노동자는 "우리는 소비에트의 힘을 지지하며, 하나의 정당이 지배하는 것을 원하지 않는다"고 말하였다. 또한 당시의 상황을 상징적으로 대표하던 크론스타트의 수병들은 볼셰비키가 필요로 하였던 무력의 상당 부분을 제공하였지만, 이 수병들은 개인적으로는 볼셰비키를 지지하지 않았다. "크론스타트는 외부로부터의 압력에 의해서 [혁명이 성공하고 반 년 이상이 지난] 1918년 6월에 이르러서야 볼셰비키화가 이루어졌다."[150]

레닌, 볼셰비키, 그리고 민중

혁명을 성공으로 이끄는 데에는 위대한 이념이나 광범위한 민중의 지지 못지 않게 혁명을 실제적으로 진전시킬 수 있는 힘이 필요하였다. 이 힘의 원천은 민중들과 군대에 있었지만, 이들을 조직하고 계도하며 동원하는 데에는 지도자의 역할이 중요하였다. 러시아 혁명이 필요로 하였던 이런 지도력은 레닌에게서 나왔다.

레닌은 귀족의 위치에 근접할 정도의 높은 지체를 가지고 있는 집안에서 1870년에 태어났다. 아버지는 교육자였으며, 보수적이고 자유주의적인 성향을 가진 인사였다. 레닌은 학생으로서 모범적이었으나, 당시 지식인 사이에 유행하고 있던 공산주의에 관한 서적을 읽고 난 후에 혁명가의 길을 걷게 되었다.

1차 세계대전이 발발한 이후에 명분이 전혀 없는 전쟁이 지속되자, 레닌은 2월 혁명 직후에 전쟁 종식을 주장하였다. 이때만 해도 "어떤 러시아의 지도자도, 레닌을 제외하고는, 전쟁을 끝낼 것을 주장한 사람은 없었다. [2월] 혁명 이후 처음 몇 달 동안은 러시아 인민들도 종전을 요구하지 않았다."151 선각자 레닌은 이런 상황에서 종전을 그의 구호 중의 하나로 내걸었다.

레닌은 1917년 8월 초에 체포 대상자 명단에 들어 있었다. 그렇지만 그는 은신처에서 측근들을 통하여 혁명을 계도하였다.152 레닌은 볼셰비키가 민중의 지지를 얻는데 결정적인 역할을 하였다. 레닌만이 당시의 혁명 진전 상황을 정확하게 인식했기 때문에 민중들이 그를 신뢰하였고, 이 신뢰는 볼셰비키 당에 대한 지지로 이어졌다. 그리하여 1917년 늦은 여름에 이르러서는 볼셰비키 당에 대한 민중의 지지가 확고했다. 레닌의 위대한 영도력으로 당의 통합은 이루어졌고, 무장 봉기를 통한 혁명은 성공할 수 있었다.153

레닌은 대부분의 인민들이 볼셰비키 편에 있다는 사실을 강조하였다. "그는 중앙 위원회(Central Committee)와 볼셰비키 당의 기구들 앞으로 보낸 편지와 논설에서 봉기에 관한 자세한 계획을 제시하였다. 이 계획에는 거사 시에 육군·해군·적위대를 어떻게 사용하고, 거사를 틀림없이 성공시키기 위하여 장악해야 할 페트로그라드의 중요 지점 등에 대해 언급하였다."154 그는 거사를 시행하기 직전인 10월 7일에 은신처였던 핀란드에서 은밀하게 페트로그라드로 돌아왔다. 10월 10일에는 "당 중앙 위원회가 역사적인 모임을 가졌다." 그리고 이 위원회에서 며칠 내로 무장 봉기를 일으킬 것을 결정하였다.155

레닌이 해외에 잠시 도피하고 있을 때 적성 제국주의 국가의 자금 지원을 받았다는 소문이 나돌았다. 그러나 이 소문은 레닌에 대한 음해 공작에 불과하였다. 레닌은 물론이고 "볼셰비키는 하네키(Hanecki)나 혹은 코즐로프스키(Kozlowski)로부터 한 푼의 돈도 받은 적이 없었다." 레닌의 금전 수수 풍문은 "모든 것이 완전한, 그리고 비열한 거짓말이었다." "하네키가 파르부스(Parvus)와 금전 거래를 했다는 사실은 누구나 다 알고 있었다. 그러나 나와는 거래를 하지 않았다"고 레닌은 외국 자금 수수설을 분명하게 부정하였다.156 설혹 레닌과 볼셰비키가 독일로부터 돈을 받았다고 하더라도 "그것은 자신들의 목적을 밀고 나가기 위해서였지 독일을 돕기 위해서는 아니었다."157

"레닌이 러시아로 돌아온 것은 혁명사에 전환점이 되었다." 레닌이 확고하게 믿고 있던 사상과 지도자로서의 역량은 그를 혁명에서 중요한 인물로 부각시켰다.158 레닌은 "1917년 10월 24일 밤에 스몰늬이(Smolny)에 도착하였고, 개인적으로 봉기를 지도하기 시작했다. 그날 밤 내내 육군의 혁명 부대와 적위대의 파견대가 스몰늬이에 계속해서 도착했다. 볼셰비키는 이 군대를 수도의 중심부로 인도했고, 임시 정부가 진을 치고 있던 겨울 궁전(Winter Palace)을 포위하도록 하였다."159

레닌의 혁명에 대한 입장은 단호하였다. 그에게 혁명의 정통성 여부는 중요하지 않았다. 그는 "어떤 혁명도 ... 그런 것 [즉, 정통성]을 기대한 적은 없었다"고 말하였다.160 러시아에서 아무도 볼셰비키 혁명이 성공하리라는 예상을 하지 못했을 때 레닌 혼자만 성공을 예견하였고 또한 거사를 추진하였다. 사람들 모두 거사 시기가 너무 빠르다고 했을 때 오로지 레닌만 볼셰비키가 성공할 수 있는 유일한 기회는 가능한 한 빨리 혁명을 행동으로 옮기는 것이라고 주장하였다. 만일 레닌이 없었다면, 볼셰비키 당은 "의심할 여지없이 거사를 천천히 진행시켰을 것이고, [이 경우에] 권력 이전은 어쩌면 영원히 이루어지지 않았을지도 모른다."161 이와 같이 러시아 혁명이 성공하는데 있어 레닌의 역할은 결정적이었다. 또한 일단 봉기가 성공한 뒤에도 반혁명 세력을 제거하고 혁명을 지키는데 레닌의 영향력은 결정적이었다. 소비에트에 반대하여 일으켰던

몇몇 반란도 레닌의 지도 하에 진압될 수 있었다.162

러시아 혁명에서 볼셰비키가 수행했던 역할은, 주지하는 바와 같이, 레닌의 역할 못지 않게 중요하였다. 볼셰비키는 거사를 정상에서 이끌어 나간 레닌과 하부에서 실제적인 거사를 수행한 인민들을 연결시켜 주는 매우 중요한 역할을 담당하였다. 볼셰비키 당은 거사의 시점을 선정하는데 매우 신중하였다. 만일 볼셰비키가 일찍 정권을 장악하려고 했다면 1917년 7월 16일과 17일의 봉기를 통하여 집권을 할 수 있었을 것이다. 그러나 만일 이때 볼셰비키가 집권을 했다면, 집권 후에 반혁명 세력의 음모를 견제하기 어려웠을 것이다. 볼셰비키는 정부의 무장 세력이 무력화될 때까지 전면적인 봉기를 미루었다.163 볼셰비키가 권력을 갖게 된 이면에는 소비에트들의 핵심 조직들이 존재하였다. 그러나 이 조직들이 혁명을 향하여 적절하게 조직되고 운용될 수 있었던 유일한 힘은 볼셰비키에게만 있었다. 혁명이 임박했을 즈음에 "볼셰비키는 이 조직들을 장악했고, 이것은 혁명이라는 드라마에서 마지막 장의 시작을 의미하였다."164

볼셰비키가 혁명을 성공으로 이끌 수 있었던 가장 근본적인 배경은 인민의 볼셰비키에 대한 전폭적인 지지에 있었다. 농민과 군인들 사이에 임시 정부의 정책에 대한 혐오감은 팽배해 가고 있었으며, 임시 정부가 점차 해체되고 있는 상황에서 볼셰비키가 제시한 개혁안은 인민들의 요구 사항을 전면적으로 수용하고 있었다. 볼셰비키의 개혁안이 러시아 사회의 다양한 집단들이 추구하던 이익의 핵심 사항들을 반영하였기 때문에 볼셰비키는 인민들의 지지를 획득할 수 있었다. 특히 볼셰비키가 내걸었던 평화, 토지, 빵, 노동자의 권리, 그리고 '모든 권력은 소비에트로!'라는 5개의 이슈는 인민의 전폭적인 지지를 얻었고, 그 결과 볼셰비키는 권력을 장악할 수 있었다. 인민들은 볼셰비키를 신뢰하였다. 그 이유는 인민들이 볼셰비키의 이론을 믿어서가 아니라, 볼셰비키가 좀 더 나은 미래를 약속하였기 때문이었다. 어떤 면에서 보면, "10월 혁명은 필연적인 것이 아니었다. 왜냐하면 볼셰비키가 그들의 의지를 행동으로 옮겼기 때문이다."165 볼셰비키는 그들의 정책과 조직의 유연성 덕분에 민중들이 가장 기본적으로 열망하고 있던 사항을 정책에 반영하였고 이론화할 수 있었다. 볼셰비키는 정치적으로 깨어 있던 러시아 사람들의 대부분이 하고 싶었던 말을 당의 정책으로 구현시켰다.166

혁명 당시에 볼셰비키가 소수 집단이었다는 사실은 문제가 될 수 없었다. 혁명을 성공으로 이끈 원동력은 양보다는 질에 있었다. 볼셰비키 당원들은 "모두 확고한 혁명가들이었고, 투쟁에서 강철과 같은 의지를 가지고 있었다."167 볼셰비키에 비하여 다수를 차지하고 있었던 멘셰비키는, 비록 숫자는 많았지만, "활기 없는 마르크스의 해석에 집착하여" 그들 자신의 혁명 이론을 전혀 개발하지 못했고, 언제나 심하게 분열되는 소부르주아 정당의 한계를 가지고 있었다.168 중도파 사회혁명당도 효과적으로 지도력을 발휘할 수 없었고, 내부적으로 심하게 분열되었으며, 그들이 제시한 정책 자체에도 많은 결함이 있었다. 그리하여 멘셰비키나 기타 사회혁명당원들은 점차 격렬해지고 있던 노동자들의 파업 요구와 병사들의 요구 사항에 부합되는 정책을 제시할 수 없었다. 이들은 이념 차원에서도 근본적인 모순을 가지고 있었다. 이들은 특권 사회와 민중이 공조할 수 있다는 낙관주의를 신봉하였다. 그러나 이런 신조는 분명히 올바르지 못한 이념이었다.169 노동자의 요구에 반감을 가지고 있는 고용주들, 참을성을 점차 잃어가고 있는 농민들, 정부에 맞서서 단호하게 평화를 요구하는 병사들, 그리고 점차 급진 성향을 보이는 노동자들의 다양한 요구 사항과 갈등을 모두 포함하는 정책을 제시한 집단은 볼셰비키 이외에는 존재하지 않았다.

볼셰비키의 독특한 전술도 혁명을 성공으로 이끌어 나가는데 매우 중요한 역할을 하였다. 볼셰비키는 전진이 필요한 상황에서는 어떻게 전진하는가를 알았고, 이런 기회를 맞았을 때 그들은 공격 전선에 앞장서 전체 인민들을 진격하도록 독려하였다. 그러나 반대로 상황이 불리하게 바뀌어졌을 때에는 질서 있게 후퇴할 줄도 볼셰비키는 알고 있었다. 이런 사실은 러시아 혁명 과정에서 잘 나타났다.170 인민들의 볼셰비키에 대한 전폭적인 지지와 볼셰비키의 혁명 전술이 결합되어 러시아 혁명은 성공할 수 있었다.

혁명의 물리적인 힘은 볼셰비키를 지지한 군사 혁명 위원회가 제공하였다. 볼셰비키는 병사들을 직접 지휘하지는 않았으며, 이 위원회가 병사들의 반란을 조종하였다. 볼셰비키가 봉기를 일으켰을 때 임시 정부는 속수무책이었다. 병사들이 임시 정부의 명령에 따르는 것을 거부하였기 때문이었다. 인민도, 군대도, 전통적인 귀족도 모두 임시 정부를 방어하는데 적극적으로 나서지 않았다. "소수의 볼셰비키는 피를 흘리지 않고 승리할 수 있었다. 그리고 아무도 정부를 구원하기 위하여 손끝 하나 움직이지 않았다." 다른 도시에서도 상황은 비슷하게 전개되었다.171 이런 상황에서 볼셰비키가 일으킨 혁명은 승리할 수밖에 없었다.

러시아 혁명은 진보적인 젊은이들이 일으킨 신진 세대의 혁명이었다. 1922년의 제 11차 전당 대회에서는 26명이 투표권을 가지고 있었다. 이들의 평균 연령은 38세였고,172 대부분은 혁명을 주도한 핵심 세력이었다. 이들은 혁명을 일으킨 1917년에는 평균 나이가 불과 33세였다. 실제로 1917년 7월에 개최된 제 6차 전당 대회에 참가한 대표자 중에서 최고령자는 47세였으며, 10대도 몇 명이 있었다.173 1917년에 볼셰비키 당에 참여했던 사람들 중에서 21세 이하의 청년들이 전체의 약 20%였고, 적위대에서는 28%에 이르렀다.174 러시아 혁명은 새로운 질서와 새로운 시대를 열망하던 젊은이들의 운동이었다.

하부 계층의 정치 의식화

정치적인 문제는 러시아 혁명이 일어나는데 중요한 원인을 제공하였다. 황제를 둘러싸고 있던 측근들과 자문관들은 황제를 인민들로부터 고립시켰다.175 따라서 황제는 인민을 위한 정치를 시행할 수 없었다. 그러나 이러한 정치 문제는 매우 피상적인 것에 불과하였다. 러시아뿐만 아니라 세계의 모든 국가에서 나타난 정치 문제는 가장 원천적으로 계급간의 갈등에서 출발하였기 때문이다.

볼셰비키가 계급 갈등에서 연유된 정치 문제를 해결하기 이전에 이 문제를 해결하는데 관심을 보인 계층은 인텔리겐치아라고 불리던 러시아의 지식인들이었다. 이들은 농민들이 러시아에서 가장 많이 착취를 당하고 있는 계급임을 인식하고 있었다. 그러나 농민들은 정치적으로 성숙되어 있지 않았기 때문에, 그들 스스로가 자신의 계층을 대변할 수는 없었다. 그리하여 1860년대부터 90년대까지는 인텔리겐치아가 농민층의 고통을 대변해 주었다.176

인텔리겐치아는 자신들만으로 독자적인 계급을 구성하지는 않았다. 이들은 '지적인 노동'에 종사하던 일종의 노동자들이었다. 러시아 역사에서 인텔리겐치아는 10세기 중엽 이전부터 독특한 위치를 차지하고 있었으며, 이들은 주로 젠트리(gentry) 출신이었다. 19세기 중반 이후에 하위 공무원과 성직자 등의 자녀 숫자가 증가하여 인텔리겐치아 계층도 두터워졌고, 민중들과도 가깝게 접촉을 하게 되었다. 이런 과정에서 인텔리겐치아는 민중들이 피부로 느끼고 있던 제정 러시아의 탄압을 더욱 절실하게 인식하였다. 민중들의 비참한 생활상을 보고 인텔리겐치아는 사회 정의 구현, 착취 원인에 관한 근본적인 이해, 착취 현실 폭로, 그리고 농민을 해방하기 위해 필요한 조직 형성 등을 구상하였다.177

그러나 인텔리겐치아는 농민들의 성향을 잘못 판단하고 있었다. 이들은 농민들이 기본적으로 사회주의 성향을 가지고 있다고 판단했으나, 농민들은 사회주의에는 관심이 없었고, 단지 귀족의 토지를 그들의 수중으로 가져오는 것만을 추구하였다. 1860년대에 이르러서 인텔리겐치아는 자신들의 노력이 이론이나 조직 면에서 약하다는 사실을 인식하기 시작하였다. 물론 이들이 주도하였던 농민 반란과 민중 운동도 모두 실패로 끝났다. 민중을 이끄는 과업에 한계를 느낀 인텔리겐치아는 마침내 황제 암살과 같은 테러를 그들의 목적 성취 수단으로 삼았다. 1890년대에 이르러서 인텔리겐치아는 자신들의 이론적인 한계를 더욱 느끼고 마르크시즘으로의 사상

적인 전환을 하였다.178

1890년대 중엽부터 가장 발전된 형태의 마르크시즘 이론을 신봉하고 있던 인텔리겐치아가 레닌의 지도 아래로 들어왔고, 이들은 레닌의 교시에 따라서 민중 봉기를 유도하였다. 20세기 초에 이르러서는 이전에 인텔리겐치아가 숭상하던 마르크시스트의 혁명 이념과 노동 계급 운동 이념이 융합되었다. 이 융합 과정에서 사회민주당(Social Democratic)이 탄생하였다. 볼셰비키는 사회민주당 내에서 프롤레타리아의 전위대로 활약하였다. 곧 이어서 볼셰비키는 자신들만으로 정당을 형성하였으며, 볼셰비키 당은 1905년 혁명을 주도하던 민중 운동을 바탕으로 하여 빠르게 성장하였다. 볼셰비키는 마르크시스트를 분열시켜 왔던 다양한 이론들을 러시아의 현실에 맞게 개조하였고, 볼셰비키의 과학적인 사회주의 이론을 현실에 적용하여 프롤레타리아의 이익을 증대시키려고 노력하였다.179

20세기에 들어와서 노동자 출신 혁명가들의 숫자가 지식인 출신을 압도하게 되었다. 따라서 계급 갈등의 개념은 새롭게 정의되었다. 그러나 정체가 분명하지 않고 궁극적으로는 반혁명적인 성격을 가지고 있던 사람들이 프롤레타리아 계급 내에 여전히 잔존하고 있었다. 이들은 부르주아와 소부르주아의 영향하에 있었으며, 농민을 중심으로 하여 사회주의를 건설하겠다는 인텔리겐치아 계층의 환상을 그대로 따르고 있었다. 뒤에 사회혁명당과 멘셰비키가 부르주아 밑에 예속되어 있다는 사실이 폭로되자, "절대 다수의 노동자들은 볼셰비키가 그들의 이익을 지킬 수 있는 진정한 대변인임을 인식하였다."180

인텔리겐치아는 생산 수단을 가지고 있지 않았고 단지 '지식 자본'만 보유하고 있었다. 이들은 사유 재산과 상업 등의 기존 사회 질서를 비판했고, 인텔리겐치아 중에서 일부 혁명 성향의 인사들은 민중을 동원하기를 원하였다. 이들이 맨 처음 접근했던 계층은 농민들이었다. 이 당시에 농민들이 꿈꾸던 이상 사회는 황제나 귀족이 없고, 정의가 사회를 주도하며, 농민들의 꼼뮨이 중심이 되는 사회였다. 이런 농민들을 상대한 인텔리겐치아는 자신들의 민중 동원 노력에 한계가 있다는 사실을 인식하게 되었다. 또한 이들이 민중을 동원하기 위한 행동은 조직적이지 못했으며, 이념적으로도 "무정부주의자의 열망을 거의 그대로 가지고 있었다." 1870년 후반에 이르러서 이들의 이상은 '인민의 의지'라는 이름으로 결속되었다. 그런데 여기에서 제시된 그들의 이상은 볼셰비키가 추구하는 것과 거의 비슷하였다.181

급진 혁명을 지향하는 인텔리겐치아가 생각했던 사회주의의 핵심은 사유 재산 폐지와 중요 생산 수단의 국유화에 있었다. 그렇지만 이들은 볼셰비키와는 다른 믿음을 가지고 있었다. 이들은 러시아가 산업화되어 러시아의 사회 저변 구조가 자본주의의 성격을 가진 이후에나 사회주의 혁명이 실현될 수 있다고 믿었다. 따라서 민중들은 사회주의 혁명이 실현되기 이전에는 자본주의 질서를 인정해야 한다고 주장하였다. 그러나 러시아의 민중들은, 아무리 부르주아 지배 체제가 사회 혁명을 예고하는 것이라고 하더라도, 자본주의 체제를 받아들이지 않았다. 이 문제에서 인텔리겐치아와 민중간에 괴리가 생겼다. 그리하여 농민들은 사회주의 성향을 지니고 있던 인텔리겐치아를 떠나서 혁명 전문가들로 구성된 레닌의 프롤레타리아 당을 지지하게 되었다.182

혁명 이전에 러시아 사회에서 나타났던 이념적인 발전과 민중의 압력은, 일부 지식인들의 이론에서만 근거했던 것이 아니라, 상당 부분 밑으로부터 자생적으로 형성되었다. 민중들의 급진 사상은 억압을 받고 있던 제정 러시아 사회에 대한 반응으로 등장하였다. 그러나 혁명이 일어나기 전에 러시아에서 활동한 수만 명의 급진 성향 지식인들도 민중적인 급진 사상 형성에 많은 영향을 주었다.183

19세기 후반의 제정 러시아에서 급진 성향을 가지고 있던 지식인들을 대표할 수 있는 집단은 학생들이었다. 이들의 투쟁은 고등 교육을 받은 학생들의 숫자가 급증하던 1860년대부터 활발하게 전개되었다. 1860년대와 70년대에 페트로그라드의 급진주의자들 중에는 높은 계층 출신의 학생들이 낮은 계층 출신 학생들보다 많았으나, 1870년대 이후에는 좋은 집안 출신의 급진주의 학생들의 숫자

가 감소하였다. 그런데 한가지 특기할 점은 이 당시의 많은 급진
성향의 학생들이 성직자의 자녀였다는 사실이다. 이와 같은 지식인
들의 출신 배경을 살펴볼 때 이미 1914년 이전에 정치적인 성향과
출신 사회 계층은 특별한 상관 관계가 없었음을 알 수 있다. 1870
년대 후반과 80년대 초반을 제외하고는 대학 졸업 후에 직장 문제
때문에 학생들이 급진 성향을 보이지는 않았다. 이 당시에는 대부
분의 대학 졸업생들이 비교적 특전이 주어지는 자리에 취직을 하
였다. 1850년대부터 1905년에 이르는 기간 동안에 학생들의 주요
이슈는 학생들의 등록금, 경찰의 잔인함, 상부 기관의 간섭, 진보
성향 교수들의 자유로운 의사 발표 제약, 교과 과정에 대한 불만족,
그리고 학생 단체 결성권 등과 같은 사안들이었다.184

    혁명 사상을 이해하고 혁명 프로그램을 기획하는 과정에서 인텔
리겐치아는 민중과 긴밀하게 연대 관계를 가졌다. 그리하여 지하
단체가 가지고 있던 이념은 러시아 내의 사회 변화와 민중의 압력
을 반영하였다. 인텔리겐치아는 민중과 가깝게 접촉하였으며, 이들
은 민중이 처했던 현실을 매우 잘 이해하고 있었다. 1860년대와 70
년대에 많은 인민주의자들이 농촌으로 들어가서 농민 생활을 직접
체험해 보았고, 이런 배경에서 이들은 농촌의 비참한 상황을 누구
보다 잘 알고 있었다. 1880년대부터 수천 명의 행동주의자들도 공
장에서 직접 노동자들과 접촉하였다. 많은 사회혁명당의 인텔리겐
치아는 농촌 마을에 거주하는 교사나 의료 요원이 되었다. 그러나
인텔리겐치아는 서구 사상을 맹목적으로 추구하지 않았고, 러시아
의 고유한 문제를 해결할 수 있는 서구 사상만을 선별해서 채택하
였다. 이들은 산업화에 적대 감정을 가지고 있지 않았으며, 오히려
기술적인 혁신과 경제 성장을 지지하였다.185

    그러나 이들이 러시아의 현실과 부닥쳐 본 결과, 이들은 정치적
인 방법으로는 러시아 사회의 지도 계층과 정치 체제를 개혁할 수
없음을 깨닫게 되었다. 그리하여 이들은 민중의 힘에 의존한 행동
주의를 개혁 방법으로 채택하였다. "1880년대 후반에 이르러서는
이들의 유일한 희망은 민중 봉기였음이 분명하였다." 인텔리겐치아

는 민중의 열망에 부응하기 위하여 자신들의 프로그램과 민중이
처했던 현실을 조화시키려고 노력하였다. 민중이 전면적인 개혁을
갈망하고 있다는 사실은 분명하였다. 그리고 이 당시에 민중이 집
단적인 무력을 사용하여 정부에 항거한 목적은 심각성이 더해가고
있는 토지 기근 문제를 해결하는 데 있었다. 이런 상황에서 볼셰비
키는 그들의 관심을 토지 문제 해결로 돌렸고, 이런 이유에서 볼셰
비키는 민중의 지지를 획득할 수 있었다. 인텔리겐치아는 농민과
노동자들이 어떤 기대를 가질 수 있도록 유도하지 않았고 이들에
게 투쟁의 목표를 만들어 주지 않았다. 인텔리겐치아는 단지 노동
자 계급이 자신들의 절망적 상태를 이론화하여, 언어를 통해서 자
신들의 이론을 전파시킬 수 있도록 도와주었을 뿐이었다. 이런 과
정에서 인텔리겐치아는 책과 문서를 제공해 주었고, 재정적인 지원
도 해 주었으며, 노동자들이 자신들의 지하 조직을 형성하는 것을
계도해 주었다. 이것이 인텔리겐치아가 노동자나 농민들에게 해 준
것의 거의 전부였다. 노동자들은 점차 더 심도 있는 정치 의식을
갖게 되었다. 그러나 본질적으로 민중의 봉기와 그들의 집단 무력
행동은 민중 자체에서 생성된 밑으로부터의 힘에 근거하였다.186

"지하 [운동 세력]과 혁명적인 인텔리겐치아를 동일시하는 것은
매우 잘못된 생각이었다." 지하 운동 세력과 각종 사회주의 정당을
구성한 인텔리겐치아를 같이 취급하는 것도 역시 올바르지 못한
견해였다. "1905년 이전에 이미 소수라고 하기에는 너무 많은, 어쩌
면 대다수가 될 수도 있는 [정당의] 구성원들은 하부 계급 출신이
었다." 또한 같은 시기인 1905∼7년 사이에 있었던 폭발적인 당원
숫자의 증가도 노동자와 농민 출신의 당원이 증가하였기 때문이었
다. 한때 당원수의 증가가 주춤하다가 1914년 이전의 몇 년 사이에
그 수가 급증한 것도 하부 계층 출신이 증가하였기 때문이었다.
1917년에 이르러서 당내 지식인들의 숫자는 하부 계급 출신의 당
원 숫자와 비교할 때 미미하였다. 하부 계급 출신의 급진주의자들
은 인텔리겐치아에 예속되어 있지 않았으며, 이들은 볼셰비키 당에
서도 지도 세력으로 부상하고 있었다. "1912년 프라하에서 개최된

볼셰비키의 전당대회에 지방 대표로 참석한 사람들의 약 2/3가 노동자였다." 하층 계급 출신의 당원들은 인텔리겐치아의 꼭두각시가 아니었으며, 이들은 당의 수뇌부를 차지하고 있는 인텔리겐치아가 지시하는 대로 행동하는 사람들이 아니었다. 이들의 세력은 막강하여 "레닌의 말조차 결코 신성한 교지가 되지 못했고," 레닌에 의해서 고도로 훈련되고 중앙 집권화된 당의 조직마저 상당 부분이 이들 하층 계급 출신 당원의 의사에 부합되게 개편될 수밖에 없었다. 1917년 혁명이 성공한 이유는, 이때쯤에는 혁명적인 인텔리겐치아가 하층 계급을 압도하던 상태가 종료되고, 사회주의 정당들이 농민과 노동자들의 열망을 대표하는 당이 되어 있었기 때문이다.[187]

민중의 독자적인 운동과 볼셰비키의 정책

1917년에 민중들은 급진적인 성향을 띠게 되었다. 이때 나타난 민중의 급진주의는 기본적으로 민중들이 독자적으로 형성한 것이었고, 그 이념은 매우 합리적이었다. 농민들은 토지 문제를 가장 절실하게 느꼈다. "농민 폭동들은 외부로부터 [폭동]의 이상이 제공되어서 발생한 것이 아니며, 또한 외부로부터 자극을 받아서 일어난 것도 아니었다." 당시의 농민들은 시대착오적인 사상을 가지고 있지 않았으며 무지하지도 않았다. 농민들의 폭동은 "일반적으로 잘 계획되었고, 잘 조직되었으며, 마을의 꼼뮨을 통하여 농민들 사이에서 협조도 잘 이루어졌다." 이들의 폭동에는 장단기적 경제 논리가 개입되어 있었다. 심지어 장원청을 파괴한 폭력 행위에서도 그저 파괴만 하는 아수라장의 모습은 나타나지 않았으며, 이들의 파괴 행위는 농민들이 낡은 권위주의 체제를 다시는 갖지 않겠다는 결의를 표출하는 것이었다. 농민들은 자신들이 살고 있는 주변 환경을 스스로 관장해 보려고 노력했다. 이런 흔적은 1905~7년에 마을에서 작성한 청원에 잘 나타나 있다. 그리고 이와 같은 농민들의 노력은 이후 10여 년 동안 지속되었다. "1917년 한 해 동안 [농민 폭동의] 목표, 방법, 그리고 농민들의 행동 리듬은 농민 자신들의 것이었다."188 농민들은 결코 수동적으로 폭동에 참여하지 않았다. 농민들은 자신의 행동을 자신의 합리적인 논리에 따라서 그리고 자신의 입장을 유리하게 만들기 위해서 혁명의 전초전이었던 폭동을 일으키는데 자발적으로 참여하였다.

2월 혁명 이후에 나타난 병사들의 행동도 농민들의 행동과 비슷한 경향을 나타냈다. 병사들은 군대 내에서 악명 높은 장교들을 처벌하였고, 상관으로부터 인간적인 대접을 받을 수 있는 병사들의 권리를 주장했으며, 병사들에게 정중한 언어를 사용해 주기를 요구하였고, 자신들을 대표하는 조직을 보유하기를 원하였다. 이와 같은 병사들의 요구 사항과 이 요구 사항을 관철하기 위한 병사들의 조직화된 압력은, 전선에 배치된 부대를 포함하여, 전국의 군부대 내에서 자생적이고 독자적으로 형성되었다. 일부 학자들이 주장한 바와 달리 병사들의 행동이 외부의 자극을 받아서 나타난 것은 아니었다. 병사들은 누구보다 전쟁이 빨리 끝나기를 원하였다. 3년 동안 전투를 수행하면서 병사들은 지쳐 있었고, 패전을 거듭한 결과 장교들을 신뢰하지 않게 되었으며, 종전의 기미가 보이지 않는 상황에서 패배주의가 군부대 내에서 만연하였다. 이러한 분위기도 병사들 사이에서 자생적으로 만들어졌으며, 병사들의 반전 경향은 볼셰비키와의 연대 관계에 상관없이 독자적으로 형성되었다. 오히려 "반전을 주장하면서 폭력 수단을 사용하기를 원한 병사들은, 자신들이 [볼셰비키] 당과는 전혀 공식적인 관계가 없었지만, ... 스스로를 볼셰비키라고 불렀다." 병사들의 폭동 기운과 볼셰비키의 존재 사이에는 긴밀한 상관 관계가 없던 것으로 보였다. 병사들은, 농민들과 마찬가지로, 무지하지 않았고, 또한 무정부주의적이지도 않았다.189

"전쟁 이전에도 그러했듯이 대부분의 급진적인 노동자들이 아주 무지했던 사람들은 아니었다. ... 오히려 [이들이야말로] 가장 지적인 사람들이었다." 노동자들은 크게 두 부류로 구별될 수 있었다. 하나는 비교적 높은 임금을 받고, 글을 읽을 수 있으며, 기술이 있

2. 밑으로부터의 민중 혁명 113

고, 도시화된 노동자들이었다. 이들이 1917년에 가장 급진적인 정치 행동을 하였고, 소비에트의 권력 장악을 요구하였다. 다른 하나는 덜 숙련되거나 기술이 없던 노동자들로, 이들은 문맹이었고, 임금을 적게 받았으며, 근자에 농촌으로부터 이주해 온 노동자들이었다. 이들은 전자의 노동자들에 비하여 늦은 속도로 조직을 구성하였고, 덜 정치적이었다. 그러나 "혁명이 진행되는 가운데 ... 이들 두 집단의 노동자들[의 성격]은 점점 근접하게 되었고, 둘 다 급진 성향을 띠게 되었다." 점진적으로 두 집단은 고용주, 부르주아, 특권 사회에 대항해서 그들의 공통된 이익을 확보해야 한다는 사실을 인식하게 되었고, 이들 두 집단은 그들이 싸워야 할 공동의 적을 갖게 되었다. 결국 "1917년 10월에 이르기까지 노동자들의 거의 대부분은 강력한 계급 의식으로 융합되었다."[190]

2월 혁명 이후에 노동자들은 존엄성 유지, 하루 8시간 노동, 그리고 임금과 작업 여건 향상 등의 사항들을 관철해 줄 것을 요구하였다. 그러나 이 당시까지 노동자들의 행동은 비교적 온건했다. 노동자들은 "그들의 고용주들과 집단 협상을 가졌고, 파업 횟수도 적었으며, 질서를 지키는 데에도 많은 관심을 보였다." 이런 분위기를 급진적으로 몰아 간 원인은 물가 폭등이었다. 이때 갑자기 나타난 급진 운동은 기술을 보유하고 있던 노동자들이 선도하였다. 임금 문제가 발단이 된 노동자들의 저항 운동은 1917년 여름에 이르러서 더욱 급진적인 양상을 띠게 되었다. 이것은 매우 중요한 운동 방향의 선회였다. 이 무렵에 노동자들은 격렬히 파업 운동에 참여하였으며, 공장 위원회를 설립하여 공장을 노동자 스스로 관리할 수 있는 권리를 요구하였다. 노동자들이 이와 같은 요구 사항을 내걸게 된 원인은 이념적인 데 있지 않았다. 노동자들은 단지 생존 차원에서 이런 요구를 하였을 뿐이었다. 왜냐하면 당시에 고용주들이 노동자들을 대량으로 해고하였고, 생산을 의도적으로 줄였으며, 심지어 어떤 경우에는 공장 문을 아예 닫으려고 했기 때문이었다. 이때 전개된 노동자들의 급진적인 운동은 고용주의 압제에 대한 대응이었다. 따라서 노동자들의 격렬한 파업 운동과 급진화는 기본적으로 그들의 작업장을 닫지 않게 하려는 방어적인 행동이었다. "노동자들의 급진화는 ... 외부에서 노동자들을 조종해서 나타난 결과가 아니었고, 이상주의와 노동자들의 무지에서 비롯된 것도 아니었다." 반대로 노동자들의 운동은 지극히 합리적이었고 극도의 인내심을 동반하고 있었다.[191]

상황이 더욱 악화되자 민중들은 정치적인 해결을 모색하였다. 여러 차례 저항을 해 본 결과 "민중들은 자신들이 정치적으로 개입하지 않고서는 그들이 갈구하는 목표를 달성할 수 없음을 인식하게 되었다." 민중들은 여러 가지의 서로 다른 목표를 가지고 있었고, 자신들의 다양한 목적을 이루기 위해서는 그들의 복합적인 요구 사항을 수용할 수 있는 조직이 필요하다고 생각했다. 그리하여 민중들은 당시에 가장 믿을 만한 조직을 가지고 있다고 판단된 볼세비키 당을 지지하게 되었다. 이와 같은 현상은 빠르게는 5월부터 나타났다. 민중의 지지를 얻음으로써 볼세비키는 탄탄한 풀뿌리 조직을 확보하게 되었다. 특히 노동자들이 기선을 쥐고 있던 공장 위원회는 볼세비키의 저변 조직을 강화해 주었다. 그러나 민중들이 볼세비키를 지지한 근본 요인은 볼세비키의 정책이 민중들에게 인기가 있었고, 이 정책을 민중에게 효과적으로 선전할 수 있는 당의 전술 덕분이었다. 볼세비키 "당이 가지고 있던 결정적인 힘은 간단히 말해서 당의 정책이 인기가 있었던 데 있었다."[192]

볼세비키의 승리는 대중적인 지지를 기반으로 하였다. "볼세비키의 인기가 상승하고 있었다는 사실은 폭발적으로 증가하는 당원 수에서 확인할 수 있었다." 1917년 2월에 1만 명이었던 당원이 2월에는 25만 내지 30만에 육박하였다. 당원의 숫자 못지 않게 중요한 것은 당원의 신분 구성이었다. 당원의 대부분은 노동자였고, 인텔리겐치아의 숫자는 매우 적었다. 볼세비키 당은 노동자가 주류를 이루는 민중의 당이었다. 볼세비키는 조직보다는 정책이, 물리적인 힘보다는 정치력이 강했다. 사실 혁명 당시만 해도 볼세비키 당의 조직력은 약했다. 당의 행정 절차는 초보적인 수준이었고, 중앙으로부터 전달되는 정보는 비정기적이었고 명확하지 못하였다. 이 당

시에는 당의 자세한 교시에 실질적인 면이 거의 없었으며, 개인적
인 행동을 규제하는 당의 명령들은 임의로 무시되었고, 볼세비키는
당의 명령을 강제할 수 있는 힘이 없었다. "심지어 10월에도 적위
대와의 공조는 매우 약하였다." 군대 전체로 볼 때 볼세비키 조직
은 조각 조각으로 분산되어 있었다. 특히 농촌에서 당 조직의 존재
는 아주 미미했다. 그러나 "볼세비키 당은 민중이 시키는 대로 따
랐다." 바로 이 점이 볼세비키 당을 최후의 승자로 만들어 주었던
것이다.193

볼세비키 당은 자신의 이념을 민중들에게 전파하는데 총력을 기
울였다. 볼세비키는 임시 정부의 정책이 신뢰할 수 없는 것임을 민
중들에게 인식시켜 주었고, 노동자들이 고용주에 대하여 가지고 있
던 의심을 첨예화시켰으며, 노동자들이 자신들의 계급적인 이익을
다른 계급의 이익과 구별할 수 있도록 도와주었다. 그러나 볼세비
키가 수행한 가장 중요한 업적은 민중 스스로가 그들의 요구 사항
을 지적으로 구체화할 수 있게 도와준 데 있었다. 볼세비키 당은
민중들이 추구해야 할 "목표를 세워주거나, 민중들이 당과 함께 견
지해야 할 급진주의를 민중들에게 제시해 주지는 않았다." 당은 단
지 민중이 결정한 정책들을 당의 정책과 일치시켰을 뿐이었다. 그
리하여 볼세비키의 인기는 민중 사이에서 상승하였다. 즉, 볼세비
키의 인기는 당이 혁명에 대하여 새로운 전망을 제시해서가 아니
라, 민중의 의사를 현실적이고 빠르게 수용하고, 이를 당의 정책으
로 삼아서, 민중들을 상대로 당의 정책을 효과적으로 선전한 데에
있었다.194

볼세비키가 승리할 수 있었던 또 다른 요인 중의 하나는 '당의
유연성'이었다. 당은 시의적절하게 민중의 분위기에 반응할 수 있
었다. 이런 당의 유연성에 기인하여 볼세비키는 소비에트의 지지를
얻을 수 있었고, 이들의 지지는 혁명을 성사시키는데 결정적인 요
소로 작용하였다. 그렇지만 거사 직전에 당의 중앙 위원회는 유연
성 있던 레닌의 지시를 거부하여 경직성을 드러냈다. 레닌이 즉각
봉기하라는, 당시 상황에서는 적절했던 명령을 당의 중앙 위원회가

거부하였던 것이다. 그러나 이때 당을 민중과 다시 한번 결합시킬
수 있었던 지도자는 바로 레닌이었다. 마침내 "기선은 다시 한번
레닌에게 돌아왔다." 레닌은 혁명의 운명을 좌우하는 결정적인 순
간에 경직된 당이 아닌, 민중을 지지 기반으로 하는 당을 만들어
혁명을 주도하였다.195

　레닌이 10월 혁명의 주도 세력으로 삼았던 것은 페트로그라드
소비에트의 군사혁명위원회였다. 이런 측면에서 볼 때 혁명 과정에
서 가장 중요했던 그룹은 병사들도, 볼셰비키도 아니었다. 비록 볼
셰비키가 페트로그라드 소비에트의 군사혁명위원회에서 과반수 이
상을 확보하고 있었지만, 이 위원회의 행동은 레닌의 지시도 아니
고 그렇다고 해서 볼셰비키의 지시도 아닌, 위원회 자체의 결정에
따른 행동이었다. 군사혁명위원회는 케렌스키의 군대 동원을 좌절
시킬 수 있었기 때문에 임시 정부와의 유혈 충돌은 피할 수 있었
다. 10월 혁명에서는 군사혁명위원회가 먼저 행동을 하였고, 이어
서 병사·수병·적위대가 뒤를 따랐다. 그러나 이때에도 이들의 행
동은 역시 볼셰비키 당의 지시를 받은 것이 아니었다. 이들 각 집
단들은 행동 방향을 독자적으로 결정하였다. 러시아의 10월 혁명은
민중의 지지를 기반으로 한 소비에트 식의 혁명이었다.196 볼셰비키
는 소비에트의 독자적인 행동을 존중해 주었고, 민중들의 자생적인
항거를 지지하였으며, 당은 소비에트와 민중들이 원하는 사항과 노
선을 당의 정책으로 채택했을 뿐이었다. 바로 이 점이 볼셰비키가
민중을 대표했다는 증거였고, 볼셰비키를 혁명의 주도 세력으로 만
든 비결이었다.

　볼셰비키가 민중들을 지도했다기보다는, 민중들이 볼셰비키의
향방을 결정해 주었다. 볼셰비키는 민중들을 명령으로 강제할 수
없었으며, 어떤 경우에는 민중들이 볼셰비키의 명령에 따르기를 거
부하였다. 예를 들면, 10월에 볼셰비키의 지도자들이 노동자들에게
거리로 나가서 시위를 하지 말라고 하였지만, 민중들은 거리로 뛰
쳐나갔다.197 볼셰비키 "당의 힘은 소비에트 권력의 명분을 [당의]
명분과 일치시켰던 데에서 비롯되었다." 당은 민중의 의사에 민감

하게 반응하였고, 밑으로부터의 압력에 맞추어 반응을 보일 수 있
는 능력을 가지고 있었다. 원래 볼셰비키 "당은 그 자체가 민중의
목표를 성취시켜 주기 위한 중심 기구가 [될 것을 목표로 하여] 성
립되었다."198 러시아 혁명에서 이루어진 모든 사태의 발전과 변화
는 인민 집단의 행동, 시위 그리고 소비에트의 정치적인 행동에 의
해서 추진되었다.199

노동자 계급도 강하게 투쟁하였다. 인민의 지도자들은 평화, 토
지, 자유, 그리고 사회주의를 성취하기 위한 투쟁을 벌였고, 노동자
와 농민의 강한 연대가 혁명 과정에서 결정적인 역할을 하였다. 이
런 상황에서 볼셰비키 당은 프롤레타리아와 가난한 농민들이 연대
하는데 없어서는 안 될 임무를 수행하였다. 볼셰비키 당의 계도에
의하여, 노동자 계층은 정치 투쟁에서 중요한 경험을 하게 되었고,
결국 볼셰비키가 혁명을 성취하는데 결정적인 힘을 제공하였다. 한
편, 마르크스가 예언했듯이, 부르주아들은 혁명이 진행되는 과정에
서 반목과 분열을 거듭하였다. 페트로그라드 민중들이 선도한 소수
의 반제국주의, 반부르주아 혁명은 각 지역의 소비에트를 중심으로
하여 광대한 국토 전체로 퍼져 나갔다. 이렇게 해서 레닌이 말한
바와 같이 "승리의 행진"은 계속되었다.200

밑으로부터의 혁명

혁명 직전의 상황을 살펴보면 혁명은 밑으로부터 일어날 수밖에
없었음을 잘 알 수 있다. 민중들은 유산 계층을 불신하였고, 의미
없는 전쟁이 계속되어 희생자가 속출하였다. 생활 여건은 급격히
악화되었으며, 생활 필수품은 품귀 상태였고, 인플레이션이 높았다.
페트로그라드에서는 빵의 배급량이 반으로 줄어들었고, 음식값은
배로 뛰었다. 실질 임금은 감소되었으며, 공장이 폐쇄되어 실업자
가 증가하였고, 이런 어려움 속에서 파업이 많이 발생하여 상황은
더욱 어려워졌다. 농민들은 도시에 식량을 공급하지 않았고, 운송

수단이 붕괴되어 도시의 식량 사정은 더욱 악화되었으며, 물자와 연료 부족으로 공장이 정상적으로 가동되지 않아서 생활 필수품 생산이 중단되는 상태에까지 이르렀다. 이때 노동자들은 사회주의 자들의 선전에 동조하여 점차 기존의 노동 규율을 무시하게 되었 고, 공장이 폐쇄될 때까지 그들의 요구 사항을 더욱 증가시켰다. 그 결과 노동자들은 실직 상태에 직면하게 되었으며, 이런 위기를 해결하기 위해서 그들이 처한 상황을 스스로 통제하려고 하였다. 그 노력 중의 하나가 10월 혁명이 일어나기 5주일 전에 벌어졌던 페트로그라드와 모스크바에서의 100만 명 이상의 노동자가 참가했 던 파업이었다.201

농촌에서도 주로 토지 기근 때문에 10월에 이르도록 무질서 상 태가 계속되었다. 드디어 "농민 혁명은 1917년 여름에 전기를 마련 하게 되었다." 한 통계에 의하면 농민 폭동이 4월에 174건, 7월에 325건, 그리고 7월과 10월 사이에 686건이 발생하였다. 이때는 거 의 무정부 상태나 다를 바가 없었다. 농민들은 자신들 마음대로 토 지를 사용하는 것이 고대부터 내려온 그들의 권리라고 생각하였고, 수 백만 에이커의 토지를 자신들의 것으로 만들었다. 이런 무정부 상태에서는 군대도 기능을 발휘할 수 없었다. 1917년 가을에 이르 러 임시 정부는 군대를 신뢰하지 못하였다.202 이런 상황에서 밑으 로부터의 혁명은 필연적이었다.

러시아 혁명은 "노동자 계급과 노동을 하는 인민들의 모든 적, 즉 지주·자본가·쿨락·파괴자·첩자 그리고 자본주의 국가들과 연관된 돈만 아는 고용인들에 대항한 혁명적인 투쟁"이었다. 혁명 은 노동자들을 중심으로 하여 자본가들에 대항한 투쟁이었고, 이 혁명은 사회 발전의 법칙을 이해하는 가운데 진행되었다. 이 쾌거 는 또한 "혁명 이전부터 전개된 러시아에서의 노동자 계급 운동을 기반으로 하여 성장하였다."203 혁명은 민중 속에서 성장하였고, 볼 셰비키는 민중의 지지를 받아서, 민중의 요구대로 혁명을 계도하였 다. 러시아 혁명은 진정한 의미에서 밑으로부터의 혁명이었다.

3. 혁명의 위대한 업적

러시아 혁명의 역사적 의의

근대 혁명의 아버지는 '영국 혁명'이다. "17세기에 발생한 영국 혁명은 근대사에 혁명의 개념을 부여해 주었다." 그러나 영국 혁명은 기본적으로 종교적인 문제에서 발생하였다. 반면에 유럽의 근대 혁명사에서 영국 혁명을 승계한 프랑스 혁명은 순수하게 세속적인 이유에서 일어났으며, 기본적으로 자유와, 요즈음에 사회 정의라고 표현할 수 있는, 평등 사상을 내포하고 있었다. 프랑스 혁명은 자유와 평등을 인권의 핵심으로 만들었으며, 프랑스 혁명에서 나타난 "시민 개인의 권리 개념은 1688년 영국 [명예] 혁명으로부터 빌어온 것이었다."204 프랑스 혁명에 관한 연구의 권위자들은 모두 프랑스 혁명이 부르주아 혁명이었다는 점에 의견의 일치를 보고 있다. 그렇지만 프랑스 혁명은 "구제도의 계층 사회를 부르주아가 석권하는 새로운 형태의 사회로 대치"하였을 뿐이었다.205 근대 사회에서 진정 새로운 형태의 혁명은 러시아 혁명에서 시작되었다.

혁명 이전의 러시아는 국민의 반이 문맹에 가까운 원시적인 농민 사회였다. 그러나 혁명을 성취한 이후에 소련은 세계에서 두 번째 가는 산업 국가가 되었으며, 가장 발전된 기술을 선도하는 국가가 되었다. 이 점이 아마 러시아 혁명이 성취한 모든 것 중에서 가장 의미 있는 부분일 것이다. 혁명 이전에는 전체 소련 국민의 80%가 농민이었으나, 혁명이 일어나고 약 반 세기가 지났을 때는 60%가 도시에 거주하였다. 이런 현상과 함께 효과적인 교육 정책이 시행되어 소련에서는 문맹도 거의 사라지게 되었다. 생산성, 산업화 그리고 계획은 세 가지의 중요한 단어였다. "1917년 혁명은 정치적인 행동으로 조직화된 통제 경제 체제를 만들어서 사회 정의를 이룩하려고 했던 역사상 최초의 혁명이었다." 그리고 "러시아 혁명은 경제적으로 미숙한 국가에서 나타난 정치적인 혁명이었다." 러시아 혁명은 프롤레타리아 계급의 첨병 역할을 수행한 당에 의해서 보존될 수 있었다. 레닌은 "위로부터의 혁명을 결코 믿지 않았으며," 러시아 혁명은 밑으로부터의 혁명이 되어야 한다고 굳게 믿었다. 러시아 혁명은 부르주아 자본주의와 서구 제국주의에 대한 저항이었다. 러시아 혁명은 "아시아와 아프리카에서 19세기의 자본주의자들이 만들어 놓은 질서에 대항하여 혁명을 일으키려는 폭동 운동에 불을 지펴주었다." 1917년은 프랑스 혁명 시대를 마감하고, 새로운 혁명 시대의 서막을 열었다.206 그리고 러시아 혁명으로 "민중에게 자유와 사회주의적인 혜택이 돌아갈 수 있는 시대가 열렸다."207

"러시아 혁명은 마르크스에 의해서 발견된 일반적인 역사 법칙들이 [맞다는 사실을] 가장 잘 확인해 준 혁명이었다." 10월 혁명에서는 레닌과 볼셰비키 당의 계도 하에 민중들이 혁명을 주도하였다. 혁명이 일단 성공한 이후에도 혁명 정부는 외부와 내부의 복고, 반동 세력으로부터 많은 음해 공작을 받았다. 1차 세계대전을 치르면서 러시아의 국토는 파괴되었고, 국제적으로 소련을 고립시키려는 자본주의자들의 공작, 히틀러의 침입, 소련에서 자본주의 체제를 복귀시키려는 서부 유럽 국가들의 음모 등이 혁명을 지키는데 어려움을 더해 주었다. 그러나 이런 어려움을 극복하고 소련은 산업화를 이룩하였고 효율적인 농업 조직을 가질 수 있었다. 산업 분야에서의 눈부신 발전은 세계의 부르주아 국가들을 놀라게 하였고, 농업 분야에서는 개인 차원에서 경영하던 원시적인 농업 형태를 보다 진전된 집단 농장 주도의 농업 체제로 전환시켰다. 혁명 이후에 소련에서는 실업이라는 것이 아예 없어졌고, 계급 투쟁은 영원히 종식되었다. 혁명 전에 낙후되었던 생활과 문화 수준은 현저하게 향상되었으며, 소련은 동부 유럽의 민중 해방을 고무하고 지원하였다. 혁명으로 '소비에트 민주주의'와 사회주의 사회가 건설되었다. 레닌은 사회가 움직이는 과학적인 법칙을 놀라울 정도로 정확하게 러시아 사회에 적용하였다.208

10월 혁명은 거의 무혈로 성취되었다. 혁명이 일어났을 때 현장에 있었던 미국 언론인 리드(John Reed)는 이 사실을 확인해 주는 편지를 남겼다. 그는 혁명이 일어났을 때 "러시아에 있던 사람들은 혁명 도중에 피를 흘린 사람이 거의 없었다는 사실을 다 알고 있을 것"이라고 기록하였다. 그에 의하면 "볼셰비키 혁명은 역사상 가장 피를 적게 흘린 혁명이었다."209 이와 같은 목격자의 증언은 당시 서방 세계에서 떠돌아 다니던 볼셰비키의 잔인성을 알리려는 흑색 선전과는 너무 대조적이었다. 리드의 기록에 의하면, "볼셰비키는 프롤레타리아 독재를 성취하려는 계획을 효과적이고 단호하게 밀고 나갔다. 그러나 그들은 특별하게 잔인하지 않았으며, 피에 굶주려 있지도 않았다." 이러한 진실에도 불구하고 서방에서는 혁명 과정에서 러시아 사람들이 많이 살해되었다는 "괴상한 풍문"이 나돌았고, 혁명 세력이 대량 학살을 기획하고 있다는 낭설도 유포되었다. 혁명은 언제든지 대량 학살의 가능성을 내포하고 있었다. "모든 혁명이 그러하듯이, 페트로그라드 주변에서 누군가는 대량 학살을 주장했을 것이다. 만일 부르주아가 파괴 공작을 진행하고, 독일과 일본이 러시아에 쳐들어와서 그들 [즉, 부르주아]의 재산을 보호해 준다고 하더라도, 이런 일 [즉, 대량 학살]은 발생했을 것이다."210 러시아 혁명 이후에 많은 사람들이 이런 저런 이유로 살해되기는 하였지만, 혁명 세력은 이를 주도하지 않았다. 그리고 혁명 이후의 어려웠던 상황은 유독 러시아 혁명에서만 나타난 것은 아니었다.

프롤레타리아 이념의 승리

"1917년 12월에 이르러 몇몇 특기할 [지역을] 제외하고 혁명은 완결되었다." 혁명이 아직 미완으로 남아 있던 지역은 백군의 중심 거점이었던 남동부 러시아와 우크라이나 지역이었다.[211] 볼셰비키는 한 편에서는 반혁명 세력과 투쟁을 하면서도 혁명 이후 약 반 년 동안에 많은 업적을 이루었다. 볼셰비키는 체카(Cheka: 비밀 경찰)를 만들어서 완강하게 저항하는 반혁명 세력에 대하여 효과적으로 대처하였다. 볼셰비키 당은 혁명 이후에 여전히 잔존하고 있던 불평등과 봉건제도를 제거하기 위하여 과감하게 국유화 작업을 진행시켰고, 교회를 국가와 학교로부터 완전하게 분리시켰다. 모든 민족은 평등하게 대접받았으며, 제정 당시에 외국으로부터 빌려온 부채는 모두 무효화되었다. 브레스트-리토브스크(Brest-Litovsk) 조약으로 평화 조약이 체결되었으며, 혁명 정부는 백군과 독일 제국주의에 맞서 싸웠다. 그리고 혁명 정부가 어느 정도 안정을 찾은 1918년에는 볼셰비키당의 이름을 러시아 공산당(Russian Communist Party)이라고 개칭하였다.[212]

　오로지 새로운 형태의 당, 즉 마르크스-레닌주의 당만이 혁명을 통하여 프롤레타리아에게 승리를 가져다 줄 수 있었다. 혁명적인 당과 지도자가 없었다면 프롤레타리아 혁명은 성공할 수 없었을 것이다. 혁명을 이끈 사람들이 사회주의 이념에 관한 이론을 학습하였던 것은 혁명을 성취하는데 매우 중요하였다. 만일 볼셰비키 당이 노동자 운동에 관한 발전된 이론과 마르크스-레닌의 이론을 완전히 이해하지 못했다면 당의 승리는 불가능했을 것이다. 당이 올바르게 이론을 이해하고 있었기 때문에 당이 어떠한 상황에 처해 있더라도, 전개되고 있는 사태의 내부적인 연결 관계를 이해할 수 있었다. 그리고 이런 이해를 바탕으로 "미래에 전개될 사태의 추이와 방향을 예지"할 수 있었으며, 이에 따라서 당은 미래에 벌어질 사태를 해결할 수 있는 올바른 실마리를 찾을 수 있었다. 학습을 통하여 "암기"한 마르크스-레닌의 이론은 모든 어려운 상황

3. 혁명의 위대한 업적 123

을 해결해 나가는데 열쇠가 되었을 것이다. 그러나 암기된 이론만이 모든 처방을 내릴 수는 없었다. 왜냐하면 사회 발전, 노동자 계급 운동, 프롤레타리아 혁명, 그리고 공산 사회 건설에 관계된 이론들은 교리가 아닌 "과학"이기 때문에, 이 이론들은 상황이 변화됨에 따라서 바뀌어져야 했기 때문이다.213

"마르크스-레닌의 이론을 완벽하게 이해하기 위해서 우리는 이론의 문자적인 것과 본질적인 것을 구분할 수 있는 능력을 먼저 키워야만 할 것이다." 그리고 이 이론들을 새로운 역사적인 상황에 맞도록 발전시켜 나아가야만 할 것이다. 마르크스는 이상적인 정치 구조를 빠리 꼼뮨에서 찾았고, 의회 중심의 공화정에서는 결코 찾으려고 하지 않았다. 그러나 레닌은 두 번에 걸친 러시아 혁명의 경험을 분석해 본 결과, 기본적으로 마르크스의 이론에 기반을 두었지만, 마르크스의 이론을 한 단계 더 발전시켰다. 레닌은 이상적인 정치 형태를, 꼼뮨도 아니고 의회 중심의 민주 공화정도 아닌, 소비에트 공화정에서 찾았다. 다른 나라의 기회주의자들은 모두 엥겔스와 마르크스가 제시한 공식에 따라서 이상적인 정치 형태를 찾았다. 그러나 레닌은 "마르크스의 이론에 기반을 두어 제국주의적인 자본주의를 연구했고, 그 결과 엥겔스와 마르크스의 낡은 공식은 더 이상 새로운 역사적인 상황에 부응할 수 없다는 결론에 이르게 되었다." 레닌이 마르크스보다 발전된 이론을 제시할 수 있었다는 사실은 볼셰비키 당에게 행운이었다. 만일 레닌의 발전된 이론이 없었다면, 프롤레타리아는 부르주아에게 패배했을 것이다. "레닌을 제외하면 단지 스탈린과 레닌의 추종자들만이 새로운 상황에서도 프롤레타리아의 계급 투쟁에 관계된 발전된 [이론을 제시할 수 있었던] 마르크시스트들이었다."214

볼셰비키 당의 역사는 실제적으로 소부르주아와의 투쟁의 역사였다. 사회혁명당원, 멘셰비키, 무정부주의자, 그리고 민족주의자 모두 스스로 '혁명주의자' 혹은 '사회주의 당원'이라고 지칭했지만, 그들은 결국 "외국 부르주아 첩자 기관의 앞잡이가 되어 ... 조국의 배신자로 전락하였다." 일반적으로 "당의 과오를 은폐하거나, 아픈

상처를 은폐하거나, 모든 것이 다 잘 되고 있다고 하면서 당의 결점을 덮어두거나, 외부 혹은 내부의 비판에 관대하지 못하거나, 자기 만족에 젖어 있거나, 혹은 당의 영예에만 기대고 있으면, 그런 당은 멸망할 수밖에 없다." 또한 "만일 어떤 당이 폐쇄적이거나, 민중으로부터 괴리되거나, 혹은 관료주의의 녹으로 덮여지게 되면, 그 당도 역시 몰락할 수밖에 없다." 볼셰비키 당은 이런 역사의 교훈을 잘 알고 있었기 때문에 같은 과오를 저지르지 않았다. 볼셰비키 당은 자신들의 과오를 은폐하지 않았고, 당에 대한 비판에 관대하였다. 볼셰비키 당은 민중들과 밀접하게 연결되어 있었다. 당은 민중들을 가르쳤고, 또한 민중들로부터 배웠다.215

러시아 혁명의 역사는 계급 투쟁의 매우 중요한 국면들을 보여주었다. 볼셰비키 당은 부르주아 역사가들이 역사를 왜곡하는 것을 막기 위하여 특별한 관심을 기울였다. 당은 일찍이 1920년대부터 10월 혁명과 당의 역사를 바르게 쓰기 위하여 특별위원회를 설립하였다. 혁명을 어떤 식으로 해석하는가는 당권 확보에도 중요한 역할을 하였다. "희망 없는 관료주의자들"과 "문서 창고의 쥐들"은 역사 해석으로부터 제외되었다. 당은 올바른 역사를 쓰는데 대단한 노력을 기울였고, 마침내 당의 인준을 받은 역사책이 1938년에 만들어졌다. 당의 역사를 기술한 책 중에서 가장 신뢰할 수 있는 이 역사책은 *History of the Communist Party of the Soviet Union (Bolsheviks), Short Course*라는 영어 제목으로도 번역되어 세계 각국에 올바른 러시아 혁명사와 당의 역사를 알려주었다.216

인민의 지지를 받은 볼셰비키

10월 혁명이 성공한 직후에 멘셰비키와 사회혁명당은 제국주의자들의 사주를 받아서 내전을 일으켰다. 이에 볼셰비키는 제국주의 국가와의 전쟁보다는 내전 진압에 힘을 더 쏟았다.217 백군(白軍) 토벌 시에 적군(赤軍: Red Army)은 유리한 점과 불리한 점을 함께

가지고 있었다. 토벌군에게 불리한 점은, 서방 언론인들이 지적한
바와 같이, 여러 가지가 있었다. 소련 정부는 조직화된 군대를 아
직 가지고 있지 않았고, 적군은 실전 경험이 적었다. 러시아의 군
수 산업이 낙후되어 적군의 장비가 낙후되었고 물자 지원이 잘 되
지 않았던 반면에, 백군은 제국주의자들로부터 풍부하게 병참 지원
을 받고 있었다. 또한 백군은 러시아에서 가장 기름진 곡창 지역을
점령하고 있었다.218

　반면에 적군은 유리한 점도 많았다. 우선 적군은 자신들이 올바
른 명분을 위해서 싸우고 있다는 사실을 스스로 인식하고 있었다.
이들은 인민에 절대적으로 충성을 다하였으며, 적군의 이런 태도를
인식하고 있던 인민들도 후방에서 적군을 적극적으로 지원해 주었
다. 적군 병사들은 그들이 수행하고 있는 전쟁의 목적을 분명히 이
해하였으며, 자신들이 정의를 위해 싸우고 있다는 사실을 알고 있
었다. 병사들은 단합되었고, 점차 훈련도 잘 되었다. 이들은 투철한
혁명 정신을 가지고 있었으며, 이들의 사상적인 지주가 되는 정치
교육은 레닌과 스탈린 등이 직접 관장하였다. 볼셰비키는 적군의
배후에서 보이지 않게 적군의 활약을 도왔으며, 전 세계의 프롤레
타리아들이 보내준 동정과 지원도 적군이 승리하는데 커다란 힘이
되었다. 예를 들면, 영국·프랑스 등지에서 노동자들이 정부는 "러
시아에서 손을 떼라!"는 구호를 외치면서 탄약을 선적하는 것을 거
부하였고, 파업을 요구하기도 하였다.219 혁명에 뒤따른 내전에서
볼셰비키와 인민들은 러시아 혁명의 "영웅적 국면"을 보여주었
다.220

　혁명이 일어나고 단 두 달이 지났을 때 소비에트 정부는 '러시
아 인민의 권리'를 선언하였다. 이 선언에서 정부는 민족간의 갈등
을 근본적으로 없애는 사회주의의 원칙을 천명하였다. 이에 따라서
모든 민족은 서로 평등하고 각자의 주권을 보장받았다. 각 민족은
자신들의 운명을 자신들이 결정할 권리를 가지고 있었으며, 자신들
만의 민족 국가를 형성하여 소비에트에서 분리해 나가는 것도 선
택 사항이었다. 이 권리 선언에서는 특정 민족의 특권이나 제약 사

항이 철폐되었고, 특정 민족의 특정 종교가 타민족을 압제하는 것
도 금지하였다. 러시아 영토 내에 살고 있는 모든 소수 민족이나
그밖의 모든 민족들이 각기 자신들을 위하여 자유롭게 자신의 처
지를 개척할 수 있음이 이 선언에서 보장되었다.221

이와 같은 민족 문제에 관한 원칙은 제 1차 소비에트 대회
(Soviet Congress)에서 결정되었다. 당시에 러시아에 머물고 있던
한 미국 언론인은 이 결정의 핵심을 네 가지로 요약하였다. 첫째,
러시아 인민의 평등과 주권이 보장되었고, 둘째, 각 민족은 심지어,
소비에트에서 분리하여 독립 국가를 형성할 수 있는 자결권이 보
장되었으며, 셋째, 특정 민족의 종교적 특권이나 혹은 불리했던 점
등이 모두 철폐되었고, 넷째, 소수 민족의 자유로운 발전과 이들이
러시아 영토 내에서 거주할 수 있는 권리가 확인되었다. 그리고 이
런 권리는 당시 소비에트 대회의 의장이었던 레닌의 이름으로 보
장되었다.222

볼셰비키는 자본주의와 제국주의에 대항해서 세계 혁명을 일으
키는데 선봉적인 역할을 담당하였다. 세계 최초의 사회주의 혁명을
일으킨 소련이 세계 공산 혁명의 중심 국가가 되는 것은 당연한
일이었다. 1919년 3월에는 국제 공산당 기구가 창립되었다. 이 기
구를 창립한 이유는 유럽에서 혁명의 조류를 상승시키기 위해서였
다. 볼셰비키와 레닌의 계도 하에 개최된 제 1차 공산당 대회(the
First Congress of the Communist Parties)에 참석하기 위하여 각
국의 공산당 대표들이 모스크바로 집결하였다.223

러시아 혁명 직후에 소련은 제국주의자들을 러시아에서 몰아내
는데 많은 성과를 거두었다. 제국주의자들의 연합국들은 콜차크
(Kolchak)를 자신들의 커다란 희망으로 생각하였다. 그는 반혁명
세력을 주도하였고, 1919년 봄에는 거의 볼가 지역에까지 육박하였
다. 그러나 그 해 말에 그의 세력은 제거되었다. 데니킨(Denikin)의
경우에도 제국주의자들로 구성된 연합국의 지원을 많이 받았다. 그
는 1919년에 모스크바 근처까지 접근하였으나, 이듬해 초에 우크라
이나와 북코카서스에서 물러났다. 이때 영국·프랑스·이탈리아가

소련을 봉쇄하려고 하였으나, 볼셰비키를 지지한 군대의 선전으로
이 기도는 좌절되었다.[224]

같은 해인 1920년에는 폴란드 제국주의자들이 우크라이나를 공
격하였고, 이어서 키예프(Kiev)를 점령하였으나, 혁명 군대는 키예
프를 탈환했고, 우크라이나와 벨로루시에서도 이들을 몰아내어 이
지역을 제국주의자들의 손으로부터 완전히 해방시킬 수 있었다. 폴
란드 제국주의자들의 패배로 제국주의자들의 간섭 시대는 마감되
었다. 소련은 이후에 있었던 일본 제국주의자들의 간섭도 성공적으
로 막아낼 수 있었다.[225]

볼셰비키가 러시아 혁명을 성공으로 이끌 수 있었던 요인은 앞
에서 언급한 바와 같이 민중의 지지와 인기 덕분이었고, 이런 민중
의 지지는 혁명 이후에도 지속되었다. 제국주의 국가에 대항하는
소련의 대외 정책은 볼셰비키가 인기를 유지할 수 있었던 또 다른
요소 중의 하나였다. 브레스트-리토브스크 조약은 서구의 제국주의
자들에게 경종을 울려 주었다. 이 조약으로 독일이 전쟁에서 유리
한 위치를 차지할 수 있었고, 서구의 제국주의 국가들은 상대적으
로 약해질 수밖에 없었다. 이런 국제적인 상황은 혁명 이후에도 소
련 내에 잔존하고 있던 지주 계층에게 낙망을 안겨 주었다. 왜냐하
면 서방의 제국주의 세력은 브레스트-리토브스크 조약 체결 이후
에 약화되어 러시아의 지주 계층은 더 이상 이 제국주의자들에게
기댈 수 없었기 때문이다.[226]

혁명 직후부터 1920년까지 소련은 매우 어려운 여건 아래 놓여
있었다. 이런 상황은 제국주의자들의 앞잡이와 반혁명 세력 분자들
에 의하여 조성되었다. 빵과 고기가 부족하였고, 공장은 제대로 가
동되지 않았으며, 군대는 과거의 징병 제도 대신에 지원군 제도에
의하여 유지되었다. 부르주아 세력이었던 체코인·백군·쿨락·사
회혁명당·멘셰비키들은 소련을 혼란 상태로 몰아 넣으려는 반혁
명을 기도하였다. 그러나 볼셰비키 당은 이에 대하여 효과적인 대
응책을 마련할 수 있었다. 이 정책은 민중의 지지에 기반을 두었고,
이런 배경에서 볼셰비키의 반혁명 분자에 대한 정책은 성공할 수

있었다. 우선 젊은이들이 볼셰비키의 혁명을 지지하여 적군에 많이 지원하였다. 적군의 조직도 점차 체제가 잡혀서 전투를 효과적으로 수행하였다. 정부는 적군의 숫자를 1918년 말까지 1백만에서 3백만으로 증가시키려는 목표를 세웠다.227

볼셰비키는 민중들이 원하는 것이 무엇인가를 잘 인식하고 있었기 때문에 혁명을 성공으로 이끌 수 있었다. 이들은 민중에게 약속한 평화, 토지, 빵의 문제를 해결하는 데 적극적으로 노력하였다. 평화와 토지는 그들이 정권을 잡음과 거의 동시에 해결할 수 있었다. 그러나 혁명이 일어난 이후에도 빵 문제를 해결하는 것은 쉽지 않았다. 반혁명 분자가 일으킨 내전 때문이었다.

혁명 이후에 농민들의 자치는 꼼뮨을 중심으로 강화되었다. 39개의 러시아 지방에서 96%의 농민들이 꼼뮨 안에서 살고 있었다. 농민이 아닌 사람들이 소유하고 있는 토지는 지속적으로 몰수되었다. 농민들이 직접 관할하는 토지의 면적은 러시아의 중부 농업 지역에서 1/4이 증가하였으며, 우크라이나에서는 3/4이 증가하였다. 지주에게 지대를 납부하던 관행은 더 이상 존재하지 않게 되었고, 토지 연부 상환 부채도 탕감되었다.228 스스로 자신의 일을 결정하는 것이 공산주의의 이상 중의 하나였다. "미래의 공산주의 사회에서는 외부의 (법적인) 규제가 완전히 없어질 것이다. 미래의 사회에서 새롭게 형성되는 인간은 매우 양심적이고 홀로 일을 하는 정신에 기반을 두고 양성되기 때문에, 외부로부터의 자극이 필요 없게 될 것이다."229 꼼뮨과 공산주의는 이런 면에서 이상을 같이 하고 있었다.

소련 정부는 '전시 공산주의'(War Communism)를 도입하였다. 따라서 소련 정부는 작은 규모의 산업체에서부터 큰 규모의 산업체에 이르기까지 모두 직접 통제할 수 있게 되었다. 전시 공산주의 체제 하에서는 오로지 국가만이 곡물 거래를 할 수 있으며, 사적인 곡물 거래가 금지되어, 곡식 가격은 고정되었다. 그 결과 곡물이 안정적으로 공급될 수 있었다. 볼셰비키 혁명은 숭고한 노동 정신을 현실에서 구현하였다. 사람은 계급을 막론하고 모두 노동을 해

야만 했다. 부르주아에게도 강제적인 육체 노동이 부과되어, 이들
이 노동의 가치를 인식하게 만들었다. "일을 하지 않는 사람은, 먹
지도 말아야 할 것이다."230 이와 같은 당의 정책과 이 정책에 대한
민중의 지지 덕분에 반혁명 세력은 격퇴되었고, 프롤레타리아 사회
는 안정을 찾게 되었다.231

　　이상적인 프롤레타리아 사회를 건설하려는 볼셰비키의 계획은
일사불란하게 진행되었다. 당은 부르주아의 토지를 모두 수용하는
과업을 완수하였다. 당은 노동 조합을 국가 경제 조직 속으로 귀속
시켰고, 과거에 경제 분야의 전문가로 활동하였던 부르주아들을 소
련의 조직 속으로 끌어들여 이들의 힘을 유용하게 사용하였다. 레
닌은 혁명 이후에도 여전히 당이 계획을 수립하는데 분명한 지침
을 주었다. 레닌은 부하린과 같은 반볼셰비키 인사들을 강하게 비
난하였다. 부하린은 자본주의자들을 이용하였고, 소규모 생산자와
중산 농민들의 경제 활동에 관한 당의 정책에 반대했으며, 국가의
자결권을 부정하였다. 레닌은 이와 같은 부하린과 그를 추종하였던
무리들의 주장에 대하여 "궁극적으로 해롭고, 제국주의적이며, 국수
주의적인 견해"라는 결론을 내렸다.232

　　중산층 농민들은 프롤레타리아 사회의 장래를 결정하는데 매우
중요한 위치에 있었다. 이들은 농민 인구의 과반수 이상을 차지하
였고, 프롤레타리아와 부르주아 사이를 오가면서 지지를 보낼 수
있었기 때문이다. 이들의 중요성이 실제로 증명된 사례도 있었다.
1918년 여름에 반혁명 분자들이 상당수의 중산 농민들의 지지를
얻어서 볼가 지역에서 소련의 지배를 전복할 수 있었다. 이런 상황
을 잘 인식하고 있던 당은 이 중산층 농민들에 대하여 현명한 정
책을 제시하였고, 이들은 당의 정책을 지지하게 되었다. 그 결과
소련은 1918년 가을에 이르러 중산층 농민의 지지를 회복할 수 있
었다. 백군이 승리하면 곧 지주 세력이 복귀하고, 농민이 보유하고
있는 토지는 탈취당할 것이라는 예측도 중산층 농민들의 입장을
바꾸어 놓는데 큰 기여를 하였다.233

　　쿨락은 가난한 농민들을 착취하였다. "쿨락은 더욱 강해졌고, 지

주들로부터 토지를 빼앗았다." 마침내 "가난한 농민들은 도움을 필
요로 하였다." 강성해진 쿨락은 프롤레타리아 정부에 대항해서 싸
웠고, 정부가 정한 고정 가격으로 곡물을 파는 것을 거부하였다.
쿨락은 잉여 농산물을 감추었으며, 사회주의자들의 정책에 반대하
여 소비에트 사회를 굶주리게 만들기를 원하였다. 당은 반혁명분자
였던 쿨락을 격파하는 작업에 착수하였다. "산업 노동자들로 구성
된 파견 부대가 농촌으로 내려갔다. 이들이 파견된 목적은 가난한
농민들을 조직하여 쿨락과의 투쟁에서 확실하게 승리를 거두는데
있었다." 1918년에는 빈농 위원회를 발족하는 근거 법령이 마련되
었다. 이 법령도 가난한 농민들이 쿨락과 투쟁하여 승리하는데 많
은 도움을 주었다. 쿨락에게서 몰수된 토지와 잉여 식량이 재분배
되어 노동자들과 적군의 식량으로 공급되었다. 쿨락에게서 빼앗은
5천만 헥타르(50만 ㎢)의 토지도 가난한 농민과 중산 농민들에게
분배되었다.234

　　중산 농민에 대한 당의 정책은 이 사건을 계기로 하여 하나의
전환점을 이루었다. 이 사건으로 쿨락과 중산층 농민은 확실하게
구분되었고, 둘 사이에 분명한 차이점이 만들어져야 한다는 사실을
일깨워 주었다. 볼셰비키는 사회주의를 구현하기 위하여 어떠한 강
제적인 수단도 사용하지 않았다. "중산층 농민들의 후진성은 강제
와 압력이 아닌 설득으로 극복될 수 있었다. 그러므로 [볼셰비키
당은] 농촌 지역에서 사회주의 정책을 수행하기 위하여 강제하지
말 것을 당대회에서 지시하였다." 볼셰비키는 오래 전부터 주장해
왔던 정책들을 견지하였고, 중산층 농민들을 중도 세력으로 만들었
으며, 또한 이들을 수용하는 새로운 정책을 펴서, 결국 백군을 이
길 수 있었다.235

　　볼셰비키 당의 인기는 급격한 당원수의 증가에서 잘 알 수 있
다. 1917년 1월에는 당원의 숫자가 23,600명에 불과했지만, 1918년
3월에는 390,000명, 그리고 1921년 1월에는 732,500명으로 증가되었
다.236 혁명이라는 어려운 상황에도 불구하고 당원수가 단 4년만에
30배 이상이 증가하였다는 사실은 볼셰비키와 볼셰비키의 정책에

대한 민중의 인기와 지지가 매우 높았음을 보여주었다.

성공적인 '신경제 정책'

1921년에 시작된 레닌의 '신경제 정책'은 대단한 성공을 거두었다. 이 경제 정책은 반 세기 이상이 지난 뒤에도 '오늘날의 규범'이라는 평가를 받았다. 신경제 정책은 "사회주의로의 전환기에 [필요했던] 새로운 규범이었다." 혁명 이후 모든 산업은 국가의 소유가 되었지만, 국가와 농민 개인과의 사이에서는 시장 경제 관계가 남아 있었다. 이런 상황에서 신경제 정책에 근거한 독재가 없었다면 도시에 기반을 둔 프롤레타리아 당은 농민이 압도적이었던 국가에서 적대 세력에 둘러싸여 권력을 유지할 수 없었을 것이다. 신경제 정책은 혁명 정신을 유지할 수 있게 해 주는 바람직한 것이었다. 혁명이 발생하고 70여 년이 경과한 1987~88년에도 신경제 정책에 대한 평가는 매우 긍정적이었다. 페레스트로이카는 실제적으로 "레닌의 신경제 정책으로 복귀"하는 것을 의미했다. 1922년에서 1928년 사이에 연 평균 성장률은 약 10%였으며, 이것은 "정말로 매우 높은 수치"였다. 1925년 혹은 1926년에 이르러서는 산업과 농업 분야에서 전쟁 이전의 수준에 도달했다. 1928년에는 전쟁 전과 비교할 때 산업 부문에서 32%가 증가했고, 농업에서는 24%가 증가했다. "1924년 이후부터 사람들은 과거의 어느 때보다 더 잘 먹었다." 이런 결과는 오늘날의 기준으로도 매우 인상적인 것이다.237

신경제 정책에 의해서 식량 공출 제도는 폐지되었고 농민들은 그들의 잉여 생산 곡물을 합법적으로 거래할 수 있었다. 이때 볼세비키 당내에서의 파벌 형성이 전면적으로 금지되었다. 개인 사업이 부활되었고, 소규모의 공장들은 과거의 소유주에게 되돌려졌으며, 이들 공장들이 옛날에 했던 것처럼 농민들에게 많은 상품을 공급하였다. 이와 같은 상황은 1923년에 이르기까지 소규모 산업체에 종사하는 노동자들의 단 2%만이 정부 소속 고용자였다는 사실에서

잘 알 수 있다. 신경제 정책 덕분에 기술적인 면에서도 많은 진전
이 있었다. 외국과의 교역이 증대되었고, 원유 수출은 전쟁 이전보
다 두 배 이상으로 증가하였다. 신경제 정책을 수행할 당시에 소련
은 적대적인 자본주의 국가들에 둘러싸여 있었으면서도, 연 6% 정
도의 경제 성장을 보였다. 이 통계는 소련이 사회주의 경제 체제였
다는 사실을 감안해 볼 때 매우 인상적인 경제 발전 지표였다. "신
경제 정책은 그 나름대로 완만한 속도로 진전하고 있었다."238

신경제 정책으로 파업 횟수가 감소하였고, 경제는 회복되었다.
이 정책으로 보다 많은 직장이 생겨났다. 1920년에는 대규모 공장
에서 120만의 노동자를 고용하고 있었으나, 1926~27년에는 280만
을 고용하였다. 또한 보다 많은 숫자의 여성 노동자들이 일을 하게
되었다. 실질 임금은 1921년에는 1913년의 1/3 수준에 불과했으나,
1927~28년에 이르러서는 1913년과 비교할 때 실질 임금이 같거나
혹은 1913년 당시보다 24%가 상승한 것으로 추산된다. 신경제 체
제에서 활동한 네프맨(Nepman: 신경제 체제 하에서 갑자기 부유해
진 사람들)은 상업에 활기를 불어넣었다. 작업장에서는 심지어 사
치품도 생산되었고, 1920년대 중반에 이르러서는 소련에서 실제적
으로 "소요"가 사라졌다.239

소련의 산업화는 매우 독특한 길을 걸었다. 소련은 영국과 마찬
가지로 외국 자본에 의존하지 않고 산업화를 이룰 수 있었다. 농노
해방으로 자유 노동 시장이 만들어졌으며, 산업이 이 노동자들을
고용하였다. 소련은 철도 덕택으로 산업화를 이룩할 수 있었고, 대
규모의 잠재적인 소비 시장을 가질 수 있었다. 소련의 산업화는 국
가의 직접적인 투자와 경영으로 이루어졌다. 소련을 전반적으로 산
업화하기 위해서는 중앙 정부의 방향 설정과 조직이 필요하였다.
1927년에는 경제 성장 속도를 놓고 중요한 선택이 이루어졌다. 부
하린과 리코프(Rykov)는 산업화의 속도를 늦추자고 주장하였고, 반
대자들은 속도를 더욱 가속화하자고 주장하였다. 소련이 선택했던
방안은 후자였다. 마침내 소련은 과거보다 더욱 빠른 속도로 산업
화를 이룰 수 있었다.240

4. 위대한 지도자 레닌과 스탈린

위대한 레닌과 스탈린

레닌이 없는 러시아 혁명은 상상하기 어렵다. 혁명에 관계하여 절대적인 권한을 보유하였던 레닌은 독재적인 지도자가 아니었다. 레닌은 반대 세력과의 협상에서 매우 협조적이었으며, 무정부주의자들과도 협력하려고 노력했고, 그를 비판하는 세력과도 의견을 교환하였다. 레닌은 "독재는 필연적으로 독재를 낳고, 테러는 이에 대한 반응을 일으키며, 결국은 혁명을 파괴한다"는 프랑스 혁명에 관한 이야기를 경청하였다. 그리하여 레닌은 의회 체제를 준비했다. 그러나 문제는 그가 그의 모든 계획을 현실로 옮기기 전에 사망한 데에서 발생하였다.241 레닌은 "독재자가 아니었다." 그의 설득과 결단이 당시에 항상 우세했을 뿐이었다. 레닌이 집권하였을 때에는 공산당 정치국(Politburo)이 항상 당을 지배하였고, 레닌은 정치국 내에서 좌익과 우익의 조화를 이룩하려고 노력하였다.242

서방의 언론인들도 레닌을 매우 긍정적으로 평가하였다. 예를 들면, 랜즈베리(George Lansbury, *The Daily Herald*의 기자)에 의하면, "그가 당시까지 알고 있던 어떤 사람보다 레닌은 인도적인 명분에 헌신적이었으며 신사다웠다." 페인(Tom Paine)과 마찬가지로, "선한 일을 하는 것이 [레닌]의 종교였다." 랜즈베리는 러시아 혁명을 평화주의의 승리로 생각했으며, 평화가 회복되면 비밀 경찰은 없어지게 될 것이라고 기록하였다.243

레닌주의를 스탈린주의와 혼동해서는 안 될 것이다. 최근에 서구에서 상당히 많은 학자들은 "레닌 및 10월 혁명을 스탈린으로부터 확실하게 분리하는 것을 그들의 핵심 논지로 삼고 있다."[244] 이들의 견해가 반드시 올바른 것은 아니지만 여러 면에서 참고할 가치가 있다. 스탈린 시대에 일어났던 악명 높은 사건들은 레닌과는 관계가 없다. 따라서 10월 혁명의 가치와 이 혁명을 일으켰던 레닌의 업적을 스탈린과는 연결지어 생각할 필요는 없을 것이다.

*   *   *

스탈린은 레닌의 정통 후계자였다. 스탈린은 10월 혁명의 정신을 이어 받았고, 소련을 세계 초강대국의 대열에 올려놓았다. "스탈린의 지도하에 소련은 [불과] 몇십 년 사이에 산업과 군사 분야를 선도해 나가는 국가가 되었다. [스탈린 시대에] 초등 교육과 고등 교육의 기회가 확대되었고, 대규모의 투자가 이루어졌으며, 특히 기술자, 기능공, 과학자의 양성이 강조되어 산업화가 확실한 성공을 이룰 수 있었다." 생산 과정에서 필수적인 기술을 개발하면 이에 대하여 보상 제도가 마련되었고, 새로운 기간 산업은 특별하게 정책적으로 배려되었다.[245]

스탈린의 정책 중에서 가장 많은 비판을 받아 온 집단 농장 정책도 좀 더 객관적으로 살펴볼 필요가 있다. 집단 농장 정책은, 서방에 알려진 바와는 달리, 소련 인민의 지지를 받았고 인기가 있었다. 수많은 농민들이 국영 농장에서 가동중인 기계와 트랙터를 보고 과학적이고 효율적인 영농에 감탄하여 "우리도 집단 농장에 들어가자"는 말을 하였다. 집단 농장의 보편화는 통계가 증명하고 있다. 1928년에 약 14,000㎢, 1929년에 43,000㎢, 그리고 1930년에는 이미 15만㎢가 집단 농장의 형태로 경영되었다.[246] 소련의 개방을 주도했던 고르바초프도 "농업의 집단화는 원칙적으로 필수 불가결한 것이었다"고 평가하였고[247] 집단 농장화는 애초에 가난한 농민들이 열성적으로 지지했다.[248]

스탈린은 강력한 지도자였지만, 개인적으로는 인간적인 면이 많았다. "그의 승용차가 천천히 모스크바의 거리를 지나가고 있을 때 ... 그는 천천히 그리고 어렵게 걸어가고 있는 나이 많은 여인이나 비를 맞고 버스를 기다리는 사람들을 그의 차에 태웠다." 그가 방문 길에 올랐을 때 가끔 수백 명의 시민과 함께 거리를 걸었고, 시민들이 그에게 독일을 격퇴시켜 주어서 고맙다는 말을 하였을 때, 매우 겸손하게, "인민들이 독일을 격퇴했지, 내가 한 것은 아니다"라고 대답하였다. 스탈린은 "돈에도 관심이 없었다. ... 볼코고노프(Volkogonov)는 스탈린이 사망하였을 때 그가 이승에서 소유했던 것으로 남겨 놓은 것이 거의 없었다고 말했다."249 그는 딸에게 매우 자상한 아버지였으며, 딸과 장난을 할 때는 딸에게 복종하는 충실한 비서 역할을 하곤 하였다.250

카(E. H. Carr)나 도이처(Isaac Deutscher)와 같은 무게 있는 학자들이 스탈린을 비판하지 않은 것은 아니었지만 전반적인 면에서 그들은 스탈린과 그의 체제에 대하여 긍정적인 노선을 견지하였다. "스탈린은 많은 고통을 주기는 하였지만, 이들 [학자들의] 눈에 그의 정책은 조국 [소련]에 대한 혜택이 손해를 압도하는 것이었다. 대국적인 면에서 본다면, 고통은 잊혀질 수 있는 것이었고, 반면에 그가 성취한 것은 지속될 수 있었다." "그처럼 후진적이었던 소련을 근대화하는데 스탈린의 접근 [방법] 이외에 다른 어떤 것이 확실한 [방법이라고] 확신할 수 있었겠는가?"251

스탈린의 테러와 일인 독재에 대하여 반드시 비방만 할 수는 없을 것이다. 가장 큰 이유는 그가 집권했던 시기가 소련이 사회주의 체제로 바뀌어 가고 있는 과도기였으며, 전쟁 후에는 항상 뒤따랐던 경기 침체와 어려움이 나타난 시기였기 때문이다. 스탈린이 지배했던 전 기간의 1/5은 2차 대전이 진행되던 기간이었다. 이런 어려운 상황에서도 스탈린은 "소련을 산업화의 궤도에 올려놓았고, 1급 군사력을 가진 국가로 바꾸어 놓았다."252 스탈린은 그에 대한 건설적인 비판을 완전히 무시하지는 않았다. 스탈린 시대에도 시민들이 행정 부서에 대하여 비판을 하는 것이 고무되었고, 학자들과 전문가들이 합리적인 계획을 인쇄물로 제시했을 때, 이에 관한 토

론이 광범위하게 이루어졌다.253

스탈린의 정책에는 언제나 찬양과 비판이 공존했기 때문에, 스탈린에 대하여 일방적으로 비판만을 하는 것은 정당하지 못할 것이다. 악명 높았던 집단 농장 정책은 러시아를 초강대국으로 전환시키려는 노력에서 필요한 것이었다. 무엇보다도 스탈린은 외부 침입자들을 소련에서 격퇴하였고, 소련에 대한 외국의 영향력을 차단하였다.254 또한 엄밀한 의미에서 볼 때 스탈린은 절대적인 권력을 행사하지도 못하였다. 스탈린은 권력을 유지하기 위하여 주변 사람들의 설득을 거부할 수 없었기 때문이다.255

1934년에 유럽에서 공산주의와 스탈린 개인에 대한 반감이 고조되었을 때 유명한 사상가며 역사가인 웰즈(H. G. Wells)가 모스크바를 방문하였다. 그는 스탈린을 만나기 전까지 스탈린을 "냉혹하고 변태적인 독재자" 정도로 생각하였다. 그러나 스탈린을 만나서 직접 대담을 나눈 뒤에 그의 태도는 완전히 바뀌었다. 스탈린은 "파이프 담배를 피워도 되는지를 웰즈에게 물어 보았다." 이런 스탈린의 태도와 그의 다른 면모를 직접 보고 "웰즈의 [스탈린에 대한] 적대감은 솔직한 존경심으로 바뀌었다." 웰즈는 "나는 [스탈린보다] 더 솔직하고, 더 공정하며, 더 정직한 사람을 만나 본 적이 없다"라고 선언하였으며, 스탈린이 러시아의 지도자로서 이의가 없는 가운데 등장했던 것은 이와 같은 자질 덕분이었고, 스탈린에게는 어떠한 음흉한 부분이나 사악한 면이 없었다고 술회하였다. 웰즈는 스탈린을 직접 만나 보기 전까지는, 사람들이 그를 두려워하였기 때문에, 그가 그 위치에 있을 수 있었을 것으로 생각했다. 그러나 웰즈가 스탈린과 대화를 나눈 뒤에 그는 아무도 스탈린을 두려워하지 않고 있으며, "모든 사람이 그를 신뢰하기 때문에 [스탈린]이 그 위치에 있게 되었음을 알게 되었다"라고 말하였다.256

영국의 저명한 역사학자 웨브 부부(Sidney and Beatrice Webb)도 스탈린에 대하여 긍정적인 평가를 하였다. 그들에 의하면 1930년대 초반에 소련에서는 "세계에서 가장 포괄적이고 평등한 민주주의"가 실시되고 있었고, "스탈린은 루스벨트 [미국] 대통령보다 권

4. 위대한 지도자 레닌과 스탈린 137

력이 더 약했다." 이들 부부의 견해에 따르면 소련에서는 "아무리 [지배자의 정책에] 적대적인 의견이라도 자유로운 비판이 허용되었을 뿐만 아니라, 비판이 적극적으로 권장되었으며, 선거 역시 자유로웠다." 또한 스탈린은 "올바른 헌법적인 절차에 의하여 선출되었고, 다른 [유럽의] 지도자들과 마찬가지로, 궁극적으로 국민의 투표에 의존하고 있었다"고 웨브 부부는 평가하였다.257

역사 소설가 포히터방거(Lion Feuchtwanger)는 스탈린주의자가 아니었다. 그런데 그가 1937년에 소련을 방문했을 때 "모스크바 전체가 만족과 합의, 그리고 이것보다 더한 행복을 만끽하고 있었다"고 인상을 기록하였다. 그는 모스크바에서 일반에게 공개된 라데크(Karl Radek)의 두 번째 재판을 참관하였고, 라데크와 그의 친구들이 재판정에서 진술하는 것을 들었다. 이 진술을 직접 듣고 나서 그는 스탈린의 강압에 의하여 재판과 판결이 이루어지고 있다는 서방에서 떠돌던 풍문을 더 이상 믿지 않았다. 그는 "나의 의문은 소금이 물에서 녹듯이 풀렸다"고 술회하였다. 당시의 재판은 그가 참관한 바에 의하면, 이미 각본이 짜여진 것이 아닌 공정한 것이었다. 라스키(Harold Laski)도 1930년대 중반에 소련을 방문하였다. 그는 매우 지적인 사람이었으며 평생 동안 정치학을 연구한 학자였다. 그도 스탈린 치하에서 이루어진 재판을 지켜보았고 "우리나라에서 이루어지고 있는 재판과 소련에서의 재판과는 전반적인 성격에서 큰 차이가 없다는 것을 목격했다"고 기록했다.258

1970년대에 서방 세계에서 활동하던 많은 소장 사회·정치학자들이 스탈린에 대하여 긍정적인 평가를 내렸다. 이들에 의하면, 구세대의 학자들은 그들의 냉전 경험과 냉전에 기인한 편향성 때문에 스탈린에 대하여 올바른 평가를 할 수 없었다. 구세대 학자들은 스탈린 시대에 나타난 테러를 과장하였고, 이념과 정치의 중요성을 강조하였다. 따라서 구세대 학자들의 연구에서는 소련의 객관적인 사회적 조류가 과소평가되었다.259

서방의 소장학자들은 구세대의 학자들보다 좀 더 객관적으로 스탈린 시대를 연구하였다. 이들의 연구에 의하면, "소련 사회는 위로부터의 사회가 아니라 밑으로부터의 사회였다." 이와 같은 사실은 스탈린이 지배한 소련 사회가 가지고 있던 사회 구조, 사회의 계층적 구도, 사회적 유동성, 사회 계층간의 상호 작용에 관한 문제들이나, 혹은 어떤 지역의 경험을 사실적으로 연구해 보면 잘 알 수 있다. 이들 소장 학자들에 속했던 한 연구자에 의하면 스탈린 시기에 사회 계층 유동 현상이 "대규모"로 이루어졌고, 하층 계급은 그들의 사회적 지위를 개선하였다.260 "스탈린주의를 적절하게 이해하고, 스탈린주의에서 나타난 몇몇 지나친 점을 제거하면, 스탈린주의는 진정한 의미에서 레닌주의를 실현하였다"는 사실을 이해하게 될 것이다. "스탈린의 '5개년 계획' 역시 민주적인 기원을 가지고 있었으며, 이 기원은 부르주아 전문가들에 대항하였던 노동자 계급과 당 내부로부터 나온 문화 혁명의 형태 속에 있었다."261

1980년대에도 소련 시민들은 스탈린 시대에 대하여 향수를 느끼고 있었다. 스탈린 시대에 젊은 시절을 보낸 한 시민이 다음과 같이 기록하였다.

나는 그때 그 모든 것을 해낼 수 있었던 힘이 어디에서 나왔는가에 대하여 놀라울 뿐이다. 언제 우리가 자고, 언제 우리가 먹었던가? 그리고 언제 우리가 사랑하고, 즐기며, 우리의 문화 수준을 높일 수 있는 시간을 가질 수 있었던가? 우리의 공산청년동맹(Komsomol) 여자 친구들도 역시 일, 공부, 그리고 사회 생활을 하면서, 동시에 매우 예쁘고, 달콤하며, 검소하고, 친절하고, 사랑스러움을 간직하였다. 아울러 그들은 집에서도 역시 어떤 종류의 일이든 철저하게 잘 해냈다. 그리고 젊은 남녀간의 관계는 얼마나 정숙했던가! 우리는 비정상적으로 [여자 친구들에게] 접근하지 않았고, 무례한 말은 하지 않았으며, 혹시 실례되는 행동으로 우리들의 어린 여자 친구들을 범할까 해서 두려워하였다. ... 우리는 힘들고 고된 노동을 했기 때문에 피곤함을 느껴서 밤에는 단잠을 이루었다. 그래서 우리는 문을 두드리는 소리를 듣고도 잠에서 깨지 않았다. 이것보다 더한 것도 있었다. 우리는 친구들과 이웃들을 위해서 집 문을 거의 잠그지 않았으며, 우리는 가난하여 도둑이 가져갈 것도 없었다. ... 우리는 식당에 가는 것을 수치로 알았으며, 이혼은 지탄을 받았다. 공식적이지 못한 결혼이나, 유행에 따르는 야한 복장 또한 지탄을 받았다. 반면에 우리는 노동, 지식, 친구와의 우애, 애국심, 사회 활동, 훈련, 그리고 프롤레타리아 국제주의에 높은 가치를 두었다. 마약 중독자와 창녀는 간단히 말해서 우리의 노동 환경에서는 들어보지도 못했고, 술주정과 결근은 심하게 처벌을 받았다. ... 우리는 어디에서나 적용될 수 있는 지식을 습득하기를 원했다. 우리는 철학과 문학을 공부했으며, 과학적인 진보에 흥미를 가졌다. 우리는 정치를 공부했고, 음악과 순수 예술과 같이 우리의 가정이나 학교에서 가르치지 않는 것들도 배웠다.262

미국 부통령 월러스(Henry Wallace)는 1944년에 소련을 방문하였다. 그는 목장, 야채를 재배하는 온실, 감옥에서 만든 손바느질 제품, 그리고 특히 서방 세계에서 악명 높았던 콜리마(Kolyma) 지역의 집단 강제 노동 수용소를 방문하였다. 그는 미국으로 돌아와서 소련 제도에 대하여 상당히 호의적인 평가를 하였다.263

소련의 헌법은, 국가 안전을 위한 단서가 있기는 하지만, 기본적으로 자유롭게 말을 할 수 있고, 출판을 할 수 있으며, 집회와 거리에서의 행진 및 시위를 보장하였다.264 물론 혁명 이후에 어려운 시절은 있었다. 1930년대에 국민에 대한 어느 정도의 탄압은 분명히 존재했고, 죄 없이 죽은 사람이 꽤 많았다. 그러나 이런 문제를 놓고 우리는 스탈린 개인을 비방할 수는 없다. "스탈린 한 사람이 대규모의 탄압을 조직하고, 이 탄압을 시행하는데 직접적인 영감을 주었으며, 그 혼자의 의지로 결정을 내렸다고 생각하는 것은 너무 순진한 견해이다."265 최근에 한 연구자가 주장한 바와 같이 "스탈린은 1934년부터 1941년에 이르기까지 일급 살인죄를 저지르지 않았다." 그리고 만일 스탈린 시대에 테러 분위기가 조성되었다고 하더라도, "테러는 일반인에게는 영향을 주지 않았고, 주로 지식인과 정치 엘리트에게만 한정되었다."266

사회주의의 승리

러시아 혁명이 소련에 미친 영향은 절대적이었다. 소련은 혁명 이후에 세계의 초강대국으로 성장하였다. 혁명은 러시아 이외의 국가에도 결정적인 영향을 미쳤다. 특히 제 3세계의 국가들에게 러시아 혁명이 미친 영향은 심대하였다. "10월 혁명은 세계사에서 전환점을 이루었다." 혁명이 일어난 이후 약 70여 년간 러시아 혁명은 소련과 사회주의의 모습을 결정적으로 바꾸어 놓았고, 국제 관계에도 결정적인 영향을 미쳤다. 그 결과 세계의 정치적인 판도가 바뀌었다. 과거와 같이 "몇몇 국가들이 여러 지역의 식민지를 지배하고, 식민지에서 소수의 제국주의 권력자들이 식민지에 살고 있는 사람들의 운명을 결정하던 시기는 지나갔다. 그리고 이런 시대로 다시는 돌아가지 않을 것이다. 또한 소수의 착취 계급이 자원과 생산 수단을 독점하고, 절대 다수의 인민을 착취하던 시기도 이미 변화되기 시작하였다." 이와 같은 바람직한 현상은 러시아 혁명으로 나타날 수 있었다.267

"노동 계급이 농민과 인텔리겐치아와 밀접하게 연대를 이루면, 자본가 계급과 봉건 계급의 관계를 파괴할 수 있고, 또한 광대한 국가 권력의 고삐를 잡을 수 있음을 [10월 혁명은] 보여주었다. 매우 희박했던 [성공] 가능성, 제국주의자들의 봉쇄와 간섭, 그리고 내전에도 불구하고, 프롤레타리아는 매우 후진적인 국가 중의 하나였던 [러시아]를 혼자의 힘으로 일으켜 세웠다. 그리하여 프롤레타리아는 [소련을] 산업 분야에 있어서 매우 강력하고 앞선 국가로 만들었고, [소련에서] 가난, 실업, 그리고 문맹을 종식시켰다." 또한 소련은 사회주의가 가지고 있는 막강한 경제력, 정치력 그리고 도덕적인 정신을 통합하여 "파시스트 침략자를 완전히 분쇄할 수 있었다." 물론 혁명은 어려움도 초래하였다. 러시아는 혁명으로 많이 파괴되었고 2천만 명이 희생되는 고통을 당했다. 그러나 "짧은 기간에, 소련은 재로부터 시작하여 [인류] 최초로 우주로 향한 불길을 뿜어 올릴 수 있는 국가로 재건될 수 있었다."268

혁명 이후에 소련에서 성취한 이 모든 사실들은 여러 나라의 노동자들이 스스로 조직을 형성하고, 그들 자신의 독특한 위치를 인식하여 "자신들의 영토에서 착취자들의 힘을 종식시키는 것을 고무하였다." 소련에서 시작된 사회주의 조직은 여러 대륙으로 퍼져나가서 많은 국가, 특히 제 3세계의 국가들이 사회주의 조직을 국가의 근본 조직으로 채택하도록 만들었다. 이런 점에서 러시아 혁명은 세계 정치와 경제에 많은 영향을 주었다.[269]

10월 혁명은 공산주의 운동과 민족 해방 운동을 결합하였다. 식민지 상태에서 새롭게 해방된 국가들은 공개적으로 사회주의에 입각한 길을 선택하였고, 그들을 계도하는 이념으로 마르크스-레닌주의를 선포하였으며, 이 이념을 자신들의 특정 상황에 적용하였다. "10월 혁명과, 그 소산인 소련은 인류를 구원해 주었고, 삶과 구원의 길을 보여주었다." 혁명의 위대한 유산은 다음과 같이 요약할 수 있을 것이다.[270]

　첫째, 새로운 사회주의 조직을 건설하였고, 여러 나라가 자본주의 조직으로부터 떨어져 나오게 유도하는 한편, 다른 나라 사람들이 제국주의의 마수로부터 그들 자신을 해방하도록 하였다. 그리하여 힘의 균형을 완전히 바꾸어 놓았다.
　둘째, 인류를 파시스트의 노예 생활로부터 구출하였다.
　셋째, 군사력에서 평형을 이룩하였다. 그리하여 세계를 위협하는 제국주의의 독점을 파괴하였다.
　넷째, 사회주의의 힘을 대표적으로 과시하였고, 혁명적으로 사회를 변화시켜서 새로운 세계를 건설하려는 현 세대를 고무했다.
　마지막으로, 세계 평화를 이루기 위한 기반을 건설하였고, 세계 평화를 옹호했다.[271]

혁명은 정치적으로 한 계급이 가지고 있던 권력을 단지 다른 계급으로 대치시킨 사건만은 아니었다. "10월 혁명은 사회의 모든 분야와 생활에서 혁명을 일으켰다." 혁명으로 프롤레타리아와 그 연대 세력이 권력을 장악하게 되어 문화 분야에서도 혁명이 일어났다. "혁명은 민중을 정치적이고 경제적인 노예 상태에서 해방시켰을 뿐만 아니라 문화적인 노예 상태에서도 해방시켰다. 혁명에서부터 연유한 문화의 샘물은 소련의 경계를 넘어 흘러 나갔다."[272]

10월 혁명이 일어났을 당시에 러시아의 성인 인구 중에서 75%는 문맹이었고, 비러시아인의 지역, 특히 아시아에서는, 거의가 문맹이었다. 혁명 정부는 "문맹을 없애고, 모든 이에게 지식의 문을 열어 주는 것을 우선적인 목표로 삼았음을 천명하였다." 혁명은 약속한 대로 "글자가 없는 공동 사회에 적절한 글자를 가져다 주었고, 신문과 책이 모든 언어로 대량 출판되었다. 연극・영화・도서관・박물관・예술 및 과학 단체가 여러 곳에서 설립되었다."273 10월 혁명은 민중 문화를 발전시켰다. 혁명은 새로운 양식의 사회주의적인 생활 양식을 형성하였으며, "정의롭지 못한 것과 압제, 그리고 불평등에 대항하는 민중의 혁명적인 투쟁을 고무하였다." 이 투쟁 과정에서 인민들은 스스로 많은 변화를 도모하였으며, 이 결과 인민들의 태도와 외양이 새롭게 형성되었다. 혁명으로 세계의 모든 민족들은 서로의 문화를 이해하게 되었고, 어느 하나의 민족 문화가 다른 민족을 지배해서는 안 된다는 사실도 인식하게 되었다.274 인류 역사에서 러시아 혁명만큼 지대한 영향을 준 혁명은 아마 존재하지 않을 것이다.

5. 서구 학자들의 소련학에 대한 편견

지금까지 미국과 유럽의 학자들은, 냉전 체제의 영향을 받아서, 거의 모두 소련의 역사를 부정적으로 해석해 왔다. 따라서 서구 학자들은 지금까지 러시아 혁명을 일방적으로 부정적인 시각에서 연구하였다고 해도 과언은 아니다. 이와 같은 일방적인 해석은 반드시 수정되어야 할 것이다. 그런데 다행스럽게도 근자에 이르러서 서양의 일부 학자들이 서구 학자들의 잘못된 시각을 바로잡으려는 "수정주의의 명분"을[275] 제기하였다. 우리는 이 견해에 좀 더 귀를 기울여야 할 것이다.

냉전 시대에 서방에서 이루어진 소련에 관한 연구는 대부분 냉전 이념에 의해서 왜곡되었다. 냉전 논리와 관계없이 역사적인 진실을 논한다면, 러시아 혁명에서 나타난 대중적인 급진주의는 볼셰비즘의 근거가 되었고, 이 급진주의가 볼셰비키가 집권할 수 있는 배경을 마련해 주었으며, 이런 점에서 1917년 혁명은 "밑으로부터의 혁명"이었다. 그러나 냉전 시대를 거치면서 서방 학자들은 이 대중적인 급진주의를 '민중의 무정부주의와 폭도의 폭력'이었다고 매도하였다. 냉전 이념에 의해서 왜곡된 역사적인 견해는 셀 수 없이 많을 것이다. 냉전 이데올로기에 수렴하였던 서방의 학자들은 레닌이 1917년의 사건을 선동하기 위하여 독일 돈을 받았다고 비방하였다. 서방의 소련 연구가들은 이미 몇십 년 동안 진행된 러시아에서의 공산주의자들의 지배 체제를 '정부'(government)가 아닌 '체제'(regime)로 격하시켜서 설명하였다. 이들은 소련 지도자들의 정치 행위와 이에 관련된 투쟁을 가치관이나 정책에 근거한 상호 경쟁으로 보지 않았고 단지 "맹목적인 권력 투쟁"이라고 일축하였다. "가깝게는 1975년까지 ... 소련의 정치 문화는 일반적으로 거의 믿을 수 없을 정도로 정상적인 궤도에서 벗어나 있었고 비정상적이었다"는 견해가 서방 학자로부터 나왔다. 물론 이와 같은 서방 학자들의 주장은 잘못된 견해였다.276

일반적으로 서구의 학자들은 러시아 혁명과 소련에 대한 왜곡된 견해에 의견의 일치를 보았다. 이런 불행한 현상은 대부분 정치적인 상황에서 기인하였다. 몇몇의 예외적인 인물을 제외하고는 서구의 학자들과 정치인들은 지금까지 소련을 일방적으로 전체주의 국가로 간주하였고, 소련에서 존재한 모든 문화와 정치적인 다양성을 무시하였다. 그 결과 서양에서는 소련학 자체의 기반이 붕괴되었다. 여기에다 러시아 혁명에서 피해를 본 1세대와 2세대 사람들이 대거 소련학에 입문하였고, 이들의 편향된 견해가 학계를 지배하게 되었으며, 그 결과 서방에서는 소련학에 대한 객관적인 시각을 견지하기가 매우 어려웠다. 이런 배경에서 러시아 혁명과 소련에 대한 인식은 서방에서 크게 왜곡될 수밖에 없었다.

그러나 아이젠하워(Eisenhower)와 흐루시초프가 정치적인 화해 분위기를 만들자, 역사학계의 분위기도 달라지기 시작하였다. 소련 학계에서 일방적으로 독주해 온 냉전 논리가 와해되기 시작하였고, 소련학 전반과 러시아 혁명에 대한 왜곡된 견해로의 '의견 일치'도 붕괴되기 시작하였다. 당시까지만 해도 공개되지 않았던 많은 문서들이 소련 문서 창고로부터 서방에 공개되기 시작하였으며, 그 결과 서방 학자들이 러시아 혁명과 소련에 대하여 가지고 있던 고정된 시각이 고쳐지기 시작하였고, 아울러 소련 내에서 이루어지고 있던 다양한 정치 활동에 대해서도 새로운 면모와 견해가 서방 학자들에게 알려지기 시작하였다. 냉전 시대가 끝나기 직전부터 서양 학계에서 나타난 이런 바람직한 분위기 속에서 젊고, 일반적으로 구세대 학자들보다 더 현명한, 새로운 세대의 학자들이 소련의 역사 및 정치학계에 등장하였다. 바로 이들이 러시아 혁명과 소련 역사를 전반적으로 새롭게 수정된 시각에서 이해해야 한다는 '수정주

의' 견해를 제시하였다.277

러시아 역사학계에서 나타난 수정주의와 버터필드(Butterfield)를 중심으로 하여 영국 혁명에 관한 휘그적인 시각을 전면적으로 부정하려는 수정주의는 서로 비슷하였다. 영국에서는 수정주의 학자들이 지난 수세기 동안 건재하였던 영국 혁명에 관한 의견의 일치를 붕괴시켰다. 이와 마찬가지로 냉전 체제가 와해되자 서양의 러시아 학계에서는 러시아 혁명 이후 지속적으로 서구에 존재하고 있던 러시아 혁명에 대한 '의견 일치' 즉, 혁명을 일방적으로 매도하는 구세대의 합의가 비판을 받기 시작하였다.278 마침내 러시아 혁명과 소련의 정치·사회·문화를 객관적으로 보려는 새롭고 올바른 해석이 1960년대 이후에 서양에서 처음으로 나타나기 시작하였다. 이런 점에서 볼 때 러시아 혁명과 소련학에 관한 연구는 이제 새로 시작되었다고 해도 과언은 아닐 것이다.

레닌의 혁명과 스탈린의 혁명을 단절이 없는 연속선상에서 파악하는 것도 서구 학자들의 냉전 논리에 입각한 잘못된 견해였다. "대개혁으로 알려진 1929~33년의 스탈린의 새로운 정책들은 볼셰비키 프로그램의 기본적인 사고와는 완전히 다른 것이었다. 어떤 볼셰비키의 지도자나 분파도 강제적인 집단화, 부유한 농민들로 알려진 쿨락의 말살, 위험 천만했던 중공업화, 시장 경제 분야의 완전한 파괴, 그리고 실제적으로는 전혀 계획이라는 이름을 붙일 수 없는 [스탈린의] 계획과 흡사했던 것들을 옹호한 적이 없었다." 스탈린의 개혁은 "위로부터의 혁명"이었으며, 그 시기가 도래한 것은 볼셰비키와의 분리를 의미하였고, 아울러 볼셰비즘과는 전혀 다른 스탈린주의의 탄생을 의미하였다.279 러시아 혁명의 진수는 스탈린 이전에 나타났고, 스탈린의 등장과 함께 혁명의 진정한 의미는 단절되었다. 스탈린은 러시아 혁명의 계승자가 아니었다. 스탈린을 레닌의 정통적인 후계자로 보려는 의도는 냉전 체제하에서만 설득력이 있었다.

스탈린 체제가 러시아 혁명의 직접적인 유산이든 아니든 간에 스탈린주의 자체에 대한 서방의 일반적인 견해는 지금까지 매우 왜곡되었다. 서방 역사학자들의 전형적인 견해와는 달리 소련에서 "스탈린주의는 상당한 대중적인 지지를 얻고 있었다." 1930년대에 있었던 스탈린의 위로부터의 혁명은 비록 위로부터 강제되었지만 밑으로부터의 열광적인 지지 세력이 필요했고, 스탈린은 이런 세력을 가지고 있었다. 스탈린의 개혁이 진행되던 당시에 공직자, 지식인, 노동자, 그리고 심지어는 농민들도 "문화, 산업, 농촌, 그리고 숙청의 전선에서 싸우고 승리하는데 앞장섰다." 스탈린의 개혁이 계획대로 이루어졌다면 스탈린이 제기하였던 "위로부터의 혁명은 국가의 기능을 크게 확대하는 것을 의미하였고, 또한 공직과 공직의 특권을 동시에 확대하는 것을 의미하였다."280

스탈린의 개혁 과정에서 "수백만 명의 사람들이 희생되었다. 그러나 동시에 수백만 명이 스탈린주의로부터 혜택도 받았다." 스탈린의 개혁으로 "낮은 지위에 있던 공직자들과 노동자들이 [그들의 위치를] 높일 수 있었고, 심지어 이들은 엘리트의 위치에 오르기도 하였다." 대중들은 때로는 피를 요구하는 숙청도 지지하곤 하였다. 노동자들은, 메드베데프가 말했듯이, 그들의 보스와 관료들이 갑자기 목이 떨어지는 것을 보려고 피비린내 나는 숙청을 지지하였을 수도 있다. 또한 1930년대 중반까지 많은 일들이 "건설적인" 방향으로 이루어졌다. 황제주의 자체가 선별적으로 복구되었으며, 국민주의와 전통적인 가치관이 부활되어 다시 활기를 찾았다. 스탈린주의는 "위로부터의 혁명"이었다. 그러나 이런 개혁 방향은 러시아의 오랜 역사에 뿌리를 둔 황제주의에서 생성된 것이었다. 스탈린의 과거 지향적이고 복고적인 사고에도 불구하고 "스탈린주의는 의심할 여지없이 여전히 더 많은 민중적 지지를 얻고 있었다." 그리고 1941~45년에 벌어진 독일과의 전쟁에서 초기에 대패를 하고 많은 사상자를 내었음에도 불구하고, 이 전쟁은 보편적인 애국주의와 국민주의를 유발하였다.281

스탈린의 개혁이 러시아 혁명의 연속선상에 있었는가의 문제는 서양에서 상당히 많이 논의되었다. 이런 논의를 대표하고 있는 것 중의 하나가 부하린의 대안에 관한 견해였다. 러시아 혁명을 기본적으로 혐오하고 있던 서구 학자들은 물론이고 일부 소련의 학자들도 스탈린은 레닌을 여러 면에서 승계하였고, 스탈린 이외에는 소련을 이끌어 나갈 '대안'이 없었다고 주장하였다. 이런 영향을 받아서 "스탈린주의에 대한 대안은 없었다"는 주장이 일종의 "격언"과 같이 역사학계에서 통용되었다.282 만일 이 학설이 사실이라면, 러시아 혁명은 발생 당시부터 스탈린이라는 비극적 인물의 등장을 숙명적으로 예고하고 있었다는 해석이 나올 수 있고, 실제로 이런 해석은 냉전 시대의 서구 역사학계를 주도하였다. 그러나 이런 견해도 사실과는 전혀 달랐다. 스탈린 시대의 상황을 면밀히 연구해 보면, 스탈린의 개혁안에 대하여, 부하린의 이론은 분명히 '대안'이 될 수 있었다. 스탈린이 아닌 부하린이야말로 볼셰비키의 이념을 진정으로 구현한 인물이었다. 만일 부하린이 스탈린에 대신해서 집권을 하였다거나 혹은 부하린의 정책이 스탈린의 개혁 정책 대신에 채택되었다면, 부하린의 체제는 진정한 의미에서 러시아 혁명의 이념을 승계하였을 것이다. 그러나 러시아 역사에서 보듯이 부하린의 대안은 스탈린에 의하여 묵살되었고, 부하린 자신도 스탈린에 의해서 처형되었다. 스탈린은 분명히 러시아 혁명이 걸어야 할 길에서 멀리 떨어진 길을 선택하였고, 레닌과 스탈린 사이에는 심한 괴리가 존재하였다.283

스탈린은 러시아 혁명의 정통성을 이어 받은 지배자가 아니었다. 냉전주의 유산을 이어 받은 서양의 학자들은 스탈린이 주도한 대량 학살과 재앙을 과장하여, 러시아 혁명이 발생하였을 때부터 비극적인 숙명이 예고된 것처럼 주장하였다. 그러나 이런 서양 역사학계의 분위기는 냉전 시대가 끝난 요즈음에는 정당성을 상실하였다. 러시아 혁명과 소련학은 새로운 시각에서 전면적으로 새롭게 연구되어야 할 것이다.

III. 러시아 혁명의 현실:
혁명에 대한 부정적 해석

1. '혁명'이 아닌 우연하게 발생한 쿠데타

전설

1917년 10월 러시아 혁명은 많은 '전설'을 가지고 있다. 우선 혁명이 일어난 정확한 시점이 지금도 의문에 싸여 있다. 구소련에서 준수되었던 혁명 기념일은 역사적인 사실에 근거하지 않았고, 러시아 혁명을 일으키기로 결정한 날짜도 지금까지 알려진 바와는 달리 10월 10일이 아니었다. 러시아 혁명 기념일은 단지 전설에 근거하여 제정된 것에 불과하다.[284]

1917년 10월 10일에 혁명을 일으키기로 결정했다는 주장은 볼세비키 당 중앙 위원회가 이날 거사를 하기로 투표를 했다는 데 근거를 두고 있다. 그러나 이 결정은 10월 16일에 역시 투표로 번복되었으며, 이 날 내려진 결정으로 거사 시기는 연기되었다. 당시의 한 신문은 10월 17일자 기사에서 "볼세비키 당이 반란을 일으키면 당, 노동자, 그리고 혁명을 파멸로 이끌 것이다"라는 사설을 실어 볼세비키에게 경고를 보냈다. 이 사설은 적어도 10월 17일까지는 혁명이 일어나지 않았음을 시사하였다. 지노비에프가 카메네프에게 보낸 10월 18일자 편지에는, 그가 레닌 편에 서 있음을 밝히면서도, "무장 폭동은 프롤레타리아와 혁명에 재앙을 초래하는 것으로 용납할 수 없는 행동"이라고 적었다. 이 편지는 10월 18일까지 혁명이 일어나지 않았음을 의미하고 있다. 10월 22일에 이르러서야 페트로그라드의 소비에트가 수도의 군사 조직을 장악하였다. [285]

러시아 혁명은 볼세비키의 면밀한 계획 덕분에 성공한 것이 아니라, 임시 정부의 기구가 혁명이 일어나기 전에 이미 분해되었기 때문에 성공할 수 있었다. 임시 정부는 혁명이 일어나기 직전에 레닌을 체포하려는 노력도 하지 않았다. 그 이유는 정부 관계자들이 끝없이 등장하는 반정부 인사들을 체포하는 데 지쳐 있었기 때문이었다. 10월 혁명이 급진적이고, 극적으로 이루어졌다는 주장도 "전설"에 불과하다. 혁명은 매우 조금씩, 그리고 아무도 그 진전을 느낄 수 없을 정도로 늦은 속도로 이루어졌다. 볼셰비키가 정권을 장악하기 전에 "혁명은 이미 이루어져 있었다. 단지 아무도 그 사실을 몰랐을 뿐이었다." 볼셰비키가 혁명을 일으키는데 성공했다고 주장한 직후에도 시민들의 일상 생활은 혁명 전과 다를 바가 없었다. 시민들은 정상적으로 음악회·무도회·오페레타·강연 등에 참여했다. "심지어 임시 정부의 구성원들마저도 권력이 볼셰비키의 손으로 옮겨갔음을 인식하지 못했다."[286] 10월 혁명이 일어난 직후에 혁명이 일어났다는 사실을 알고 있는 러시아 시민은 거의 없었다.

레닌이 없는 러시아 혁명은 적어도 전설을 믿는 한 상상도 할 수 없을 것이다. 그러나 냉철하게 역사 문서를 연구해 보면, 레닌이 혁명을 직접 일으켰다는 증거를 찾아보기 어렵다. "이 시기 레닌의 행적은 여전히 수수께끼로 남아 있다. 그는 이 당시에 숨어서 지냈다. 10월 24일 저녁까지 그가 편지, 메모, 혹은 지시 사항의 형태를 통하여 혁명을 지시하였다는 아무런 증거도 남아 있지 않다." 혁명을 성공으로 이끌기 위해서 "어제는 너무 일렀고, 모레는 너무 늦을 것이다"라는 레닌의 유명한 말은 사실이 아니라 전설에 불과하다. 그는 10월 24일에 정부 건물을 장악하는데도 아무런 역할을 하지 못 했을 뿐만 아니라, 중앙 위원회 구성원을 관장할 수 있는 힘도 가지고 있지 않았다. 그는 이미 권력을 상실한 임시 정부를 두려워 할 정도로 정보에 어두웠으며, 혁명 거사 시점에서 그가 할 수 있었던 유일한 일은, 중앙 위원회가 아닌, 그가 관할하던 지역 위원회를 동원하여 중앙 위원회에 압력을 가하는 정도였다. 레닌은 거사 당시 가장 중요한 인물도 아니었다. 그는, 그가 뒤에 주장한 바와는 달리, 당시 페트로그라드 소비에트와 볼셰비키 중앙 위원회가 위치하였던 스몰늬이의 회의에 초대조차 받지 못할 정도의 인물이었다. 레닌은 단지 페트로그라드 소비에트 의장의 행동을 인준하였을 뿐이었다. 레닌이 즉시 거사를 해야 한다고 주장했던 것은 혁명의 진행 향방에 아무런 영향을 미칠 수 없었다.[287] 레닌이 이끈 볼셰비키 당은 일사불란한 조직이 아니었다. 볼셰비키 당은 외양적으로는 기강이 잘 잡힌 것처럼 보였지만 "때로는 중요한 결정이 지도자 [레닌]의 강압에 의하지 않고 낮은 직위에 있던 호전적인 당원들의 압력으로 내려졌다."[288]

당시에 혁명을 성공시키는 것은 무척 용이한 일이었다. 한 예를 들면, 당시 러시아의 중추 신경 역할을 하였던 전신국 건물을 인수한 병력은 무장을 하지 않은 병사 단 두 명이었다. 그들이 전신국에서 한 일은 그 건물이 볼셰비키에 의하여 접수되었음을 통보하는 것이었고, 이 통보로 러시아의 중추 신경망은 볼셰비키에 의하여 접수되었다. 페트로그라드는 볼셰비키를 지지하는 약 6~7천 명에 의하여 장악되었다. 이 지지자들 중에서 2,500명 정도는, 뒤에 비운을 맞게 되는 크론스타트의 수병들이었고, 볼셰비키 정권에서 권력의 핵심이 되는 적위대는 약 2천 명이었다. 이들 매우 적은 규모의 병력이 러시아 혁명을 성취하였다. 그러나 이들의 성공이 러시아 정복을 의미하지는 않았다. 이 사건은 단지 임시 정부의 청사가 위치했던 겨울 궁전의 함락만을 의미하였다.[289]

멘셰비키와 우익 사회혁명당원들은 볼셰비키의 정권 장악에 반대하였고, 볼셰비키와의 협상을 거부하였다. 한편 볼셰비키와 좌익 사회혁명당원들은 '노동자 농민의 임시 정부'를 구성하였으며, 권력의 핵심은 인민 위원 평의회(Council of People's Commissars 또는 Sovnarkom)라고 불렸던 기구가 장악하였다. 그리고 레닌이 이 조직의 의장이 되었고, 러시아 혁명이 공식적으로 성공하였음을 선언하였다. 이것은 1917년 10월 24일의 일이었다.[290]

러시아 혁명이 성공한 과정을 살펴보면 일련의 기적이 일어났다는 인상을 지울 수 없다. 레닌 자신도 혁명 진행 과정을 되돌아보면서, "어느 면에서 [러시아] 혁명은 하나의 기적이었다"고 술회했다.[291]

'혁명'이 될 수 없는 '1905년 혁명'

러시아의 인구는 1900년에 1억 3,500만 명이었고, 1912년에는 1억 7,100만 명으로 증가하였다. 제정이 끝나기 전 50년 동안에 도시 인구는 700만 명에서 2,000만 명으로 증가하였다. 공공 교육 분야를 살펴보면, 1908년에 의무적으로 초등 교육을 실시하는 법이 마련되었으나, 혁명으로 1930년까지 실시가 지연되었다. 정부가 교육에 투자하였던 재정은 1902년에서 1912년 사이에 216.2%가 증가하였으며, 정부가 대중 교육에 상당한 노력을 기울인 결과 문맹률은 크게 감소하였다. 예를 들면, 1915년 경에 군대에 징집된 병사 중에 68%가 글을 읽고 쓸 수 있었다. 전반적으로 볼 때 1905년에서 1913년에 이르는 동안에 진행된 정부의 개혁은, 비록 점진적이었지만, 러시아 역사상 전례가 없을 정도로 과감하고 성공적이었다. 정치 분야에서 "러시아는 역사상 유례가 없는 진보를 이루고 있었다." 그러나 정치 분야에서의 개혁은 경제·사회·문화 분야보다는 그 진전 속도가 느렸다. 1905년 혁명으로 니콜라이 2세는 선거에 의하여 구성된 두마(Duma)를 인정하였다. 또한 노동자들의 생활도 점진적으로 개선되고 있었다. 1900년과 1917년 사이에 "러시아 문화는, 종종 러시아의 '은(銀)의 시대'라고 불려지듯이, 놀라울 정도로 융성하였다." 토지 문제는 제정 정부가 가장 해결하기 어려운 문제 중의 하나였다. 이 문제에서 가장 심각했던 것은 토지 기근 현상이었고, 이 난관을 해결할 수 있는 방안은 대규모 토지를 분할하는 것이었다. 정부는 이 문제에 관하여도 개혁을 시도하였다. 그러나 또끄빌(Alexis de Tocqueville)이 현명하게 표현하였듯이, "좋지 못한 정부에게 가장 위험한 시기는 그 정부가 자체로 개혁을 시작할 때였다." 제정 정부가 자체로 개혁을 추진하려고 했을 때 위기가 닥쳐왔다.292

1905년 혁명이 발생했을 당시에 농민들은 혁명 의식을 가지고 있지 않았다. 이와는 정반대로 농민들은 매우 보수적이었다. 1905년 혁명과 연관되어 일어난 대부분의 농민 폭동에서 황제와 교회

에 대한 충성심은 매우 강하게 저변에 깔려 있었고, 농민들의 태도
는 기본적으로 보수적이었다. "복잡한 사상을 가지고 있던 도시의
지식인들은 러시아 농촌 마을의 현실 생활에 의해 도전을 받았고,
이 도전은 그들에게 커다란 지적 충격을 주었다." 도시의 지식인들
과 농촌의 농민들이 살고 있던 "두 세계 사이에는 상당한 간격이
존재하였고, 이 간격은 정치적으로는 수 세기의 간격"이었다.293

병사들은 현실에 대하여 불만이 많았지만, 기본적으로는 역시
농민과 마찬가지로 매우 보수적인 성향을 가지고 있었다. 1905년
혁명 당시에 병사들의 불만은 대단해서, 이들을 행동으로 유도하는
것은 그렇게 어렵지 않았다. 그러나 문제는 이들에게 동기를 부여
하고, 이들을 정치적으로 각성시키는 일이었다. 병사들 중에서 많
은 사람들이 민주주의적인 구호에 찬동을 하였지만, 이런 태도와
행동이 직접적으로 연결되기는 어려웠다. 그 이유 중의 하나는 "마
르크시스트 지식인들이 즐겨 사용한 추상적인 용어"에 있었다. 병
사들의 반란을 유도하는 선전에서 사용되던 마르크시스트의 용어
를 그대로 믿고 병사들이 반란을 일으킨다는 것은 거의 불가능하
였다. 병사들은 기본적으로 군대 체제 자체를 긍정적으로 평가하였
고, 시민들이 폭동을 일으킬 경우에, 그들이 선동가에게 고무된 상
태였음에도 불구하고, 할 수 있는 최대한의 행동은 중립을 선언하
는 것이었다.294

1905년 혁명은 러시아의 역사 발전에 상당히 부정적인 영향을
미쳤다. 1905년 혁명은 '혁명'이라고 하기보다는 단순한 '봉기'에 불
과하였다. 역사에서 "'1905년 러시아 혁명'이란 용어는 너무 확고하
게 자리를 잡고 있고, 또한 너무 편리하게 사용되기 때문에 이 용
어를 없애는 것은 어려울 것이다. 그러나 순수한 의미에서 볼 때
[혁명이란 의미는 이 사건 속에] 존재하지 않았다. [혁명 이후에]
사회적인 관계에서 아무런 주요 변화가 일어나지 않았고, 독재 정
치는 그 권력의 대부분을 그대로 간직한 채 소요로부터 떠오르고
있었다. 기본적으로 [1905년 사건은] 무정부적인 요소가 나타난 민
중 봉기였으며, 이 민중 봉기는 임의적이고 질서가 없었다."295

1905년 혁명은 사회 민주주의 신봉자들이 믿고 있던 바와는 다르게 일어났고, 오히려 이들의 믿음을 배반한 사건이었다. 1905년 혁명이 성취한 것 또한 분명하지 않았고, 혁명은 민중의 기대만을 높여 주었다. 혁명은 "수백만의 남녀에게 새로운 사회 질서에 대한 이상을 갖게 고무시켰다. 그리고 이 이상은 자유, 정의, 그리고 진정한 의미에서 자신의 성취를 발견하는데 거는 기대였다. 이와 같은 미래에 대한 불타는 믿음은, 특히 권력을 냉혹하게 추구하는 세력과 짝을 이루게 될 때, 쉽게 오도될 수 있었다."296

전쟁으로 우연하게 발생한 1917년 2월 혁명

1917년에 나타난 가장 큰 위기는 제정 정부가 만들었다기보다는 1914년에 발생한 1차 세계대전이라는 우연하고, 외부적인 원인에 의해 형성되었다. 이 전쟁 때문에 제정 정부의 모든 개혁 노력은 실패로 돌아갔고, 정부의 운명을 반정부 운동 세력의 수중으로 가져다 놓았다.

　단기적인 안목에서 보면 10월 러시아 혁명은 2월 혁명에서부터 시작되었다.297 러시아 혁명을 해석하는 전통적인 소비에트 견해에 의하면 2월 혁명의 중요성은 10월 혁명에 비하여 매우 미미하였다. 그러나 이런 견해는 잘못된 것이어서, 최근에 역사학자들은 2월 혁명의 중요성을 강조하고 있다. 2월 혁명은 볼셰비키가 아닌 소비에트가 주도하였다. 볼셰비키는 자신들의 독재를 원하였을 뿐, 소비에트가 권력을 장악하는 것은 원하지 않았다.298 2월 혁명 당시에 볼셰비키는 혁명을 일으킬 만한 능력이 없었고, 페트로그라드에서도 볼셰비키의 영향력은 매우 제한되어 있었다.299 볼셰비키가 외쳤던 반정부 및 반전 구호도 시민들에게 투쟁의 목표로 부각되지 않았다. 왜냐하면 이런 구호는 볼셰비키뿐만 아니라 다른 집단에서도 사용하였기 때문이다. 당시 볼셰비키의 단결과 조직의 일관성은 매우 과장되어 후세에 전해졌다. 이때 볼셰비키 당은 심하게 분열되어 있었고, 당의 지도력에도 한계가 있었으며, 전국적인 차원에서 보면 이들은 소비에트를 주도하는 그룹에 속하지도 못했다. 따라서 이 무렵에 볼셰비키는 대중의 지지를 얻지 못하였고, 2월 혁명을 이끌 수도 없었다.300

2월 혁명이 성공할 수 있었던 근본적인 원인은 제정 정부가 이미 와해된 상태와 다름없었다는 사실에 있었다. 특히 1차 세계대전이 한참 진행중이던 1916년 여름부터 황제 정부의 통치력은 급격하게 약화되었는데, 그 원인은 전쟁에 있었다. 전쟁이라는 실로 우연하게 발생한 사건이 제정 러시아를 붕괴시키고 있었다. 정부의 통치력은 거의 부재 상태였고, 이런 상황에서 민중의 소요가 발생하였다. 따라서 "민중의 소요는 전쟁의 직접적인 산물이었다." 전시 체제 하에서 물자는 귀해졌고, 시민들의 경제적인 불만은 증가되었다. "1차 세계대전이 발발했던 그 해 이후로 다시 나타난 산업체에서의 불안정한 상황은 순전히 물자 부족에 기인했다. 노동자들의 동기는 근본적으로 경제적인 면에 있었다."301

2월 혁명이 없는 10월 혁명은 상상할 수 없을 것이다. 그런데 2월 혁명의 성공 원인은 황제의 실책에서 연유한 것이 아니라, 황제가 러시아 시민들을 너무 아낀 데에서 기인하였다. 만일 황제가 이 당시에 발생한 군중의 시위에 대하여, 4년 후에 레닌과 트로츠키가 크론스타트 병사들에게 하였듯이, 잔인하게 진압을 하였다면, 2월 혁명은 결코 성공할 수 없었을 것이다. "레닌과 트로츠키의 유일한 관심은 권력 장악에 있었으나, 니콜라이 황제의 관심은 러시아를 돌보는 데 있었다."302

2월 혁명으로 황제가 퇴위한 이후에 세워진 임시 정부가 당면했던 문제도 구조적인 것이 아니라 정치적이고 정책적인 것이었으며, 이런 문제들은 현명한 정치가가 출현하여 적절한 정책을 입안하면 얼마든지 해결할 수 있었다. 그러나 임시 정부의 요원들은 정치적으로 적절하지 못한 인물들이었다. 내각의 구성원들은 한 사람을 제외하고는 모두 자유주의자들이었으며,303 이들은 이상주의에 고무되어 있었다. 이들은 새로운 정부에서 자신들이 맡을 역할에만 관심이 있었을 뿐, 권력을 향한 어떠한 욕심도 가지고 있지 않았으며, 사태를 개선하기 위하여 결단을 내리기보다는 "절망적으로 우유부단하였다." 이들은 여러 정당에서 천거되어 왔기 때문에 내각 내에서의 분열은 심각했고, 이들이 추구했던 정책은 근본적으로 모순되었으며, "정부의 권위를 유지하는데 입으로만 기여했다."304

임시 정부가 강한 권력을 구사하지 못한 이유도 구조적인 문제라고 하기보다는 정부 요원들의 '의지 부족'에 있었다. 임시 정부의 구성원들이 최선을 다하지 않았기 때문에, 군대가 규율을 지키도록 하고, 농민이 개인 토지를 침해하는 것을 멈추게 하며, 소비에트를 원래의 위치로 되돌아가게 하고, 볼세비키 당을 분쇄하는 일에 실패하였다. 5월 초순에 입각한 한 중도 사회주의자는 내각의 구성원들이 "군대의 반란을 적극적으로 부추기고 있다"는 평을 하였다.305

"모든 연합 정당들은 대규모의 토지 개혁이 필요하다는 사실에 원칙적인 합의를 보았다." 그러나 문제는 임시 정부의 내부 분열, 법제적인 면에서의 단견, 그리고 정치적인 어리석음이었다. 장관의 반 이상이 토지 문제는 임시 정부가 해결해야 할 사안이 아니며, 이 문제는 다음에 들어 설 "제헌 의회가 소집될 때까지 기다려야 한다"고 생각하였다. 그 이유는 토지 개혁은 "충분한 민주적인 절차를 거쳐서 인가를 받아야 하는 사유 재산권의 침해"였기 때문이었고, 또한 토지 개혁은 반드시 합법적이고, 질서가 있는 가운데, 조직적인 방법으로 수행되어야 하기 때문이었다. 따라서 정부는 국민들에게 단지 인내와 소망을 촉구하는 공허한 호소를 했을 뿐이었다.306

정부가 좀 더 법제적이고, 정상적이며, 합리적이고, 장기적인 개혁 방안을 구상하였다고 하더라도 문제는 국민들이 인내심을 보이지 않았다는 데 있었다. 특히 노동자들은 정부와 정반대의 입장에서 있었고, 시간이 지날 수록 이들은 더욱 비합리적이고, 더욱 무정부적인 성향을 띠게 되었다. 노동자들은 임금의 대폭적인 인상, 하루 8시간 노동제의 즉각 도입, 그리고 그들이 일하고 있는 공장의 경영권을 그들에게 이전해 줄 것을 요구하였다.307

임시 정부의 또 다른 실책은 제헌 의회를 빨리 소집하지 않은 것이었다. 임시 정부 요원들은 이 의회가 보편 선거, 평등 선거, 직접 선거, 그리고 비밀 투표에 의해서 구성되고, 임시 정부가 명백히 결여하고 있던 정통성을 확실하게 보여줄 수 있을 것으로 기대하였다. 그리고 임시 정부 요원들은 이 의회가 일단 구성되기만 하면, 의원들은 국가의 상당한 권위를 가지고 문제를 해결해 나갈 수 있을 것으로 생각하였다. 그러나 이 의회가 아무리 민주적인 절차를 존중하고 민주적인 요소를 구현할 수 있다고 하더라도, 임시 정부는 이 의회의 소집을 연기했기 때문에, 결국은 "무질서를 배양하였고, 볼셰비키의 쿠데타를 가능하게 만드는 문을 열어 주었다." 10월 혁명이 성공한 후인 1918년 1월에 이 의회가 개최되었을 때, 볼셰비키는 이미 권력을 장악하였고, 이때에는 볼셰비키가 이 의회를 힘으로 해산시킬 수 있는 능력을 가지고 있었다.[308]

전쟁을 계속한다는 임시 정부의 원칙이 반드시 임시 정부의 몰락을 초래한 요소는 아니었다. 역사 전개 과정에는 많은 우연한 요소들이 작용하기 때문에, 원칙 못지 않게 중요한 것은 우연하게 형성된 상황일 것이다. 1917년 러시아에 "만일 나폴레옹과 같은 유능한 장군이나, 혹은 능력 있는 정치가가 출현했다면, ... 결과는 매우 달라질 수도 있었다." 그리고 만일 위의 가정이 러시아의 역사에서 사실로 나타났다면, 임시 정부는 강력한 군사 독재 체제를 갖추게 되었을 것이고, 이런 경우에는 러시아 혁명의 운명도 우리가 알고 있는 것과는 전혀 다르게 전개되었을 것이다.[309]

임시 정부 치하에서 나타난 민족간의 갈등은 결코 계급 투쟁의 성격을 가지고 있지 않았다. 정부의 통제력이 약한 가운데 전개된 민족 운동은 단지 자신들이 전통적으로 가지고 있는 민족성과 민족 문화에 대한 애착심을 표현한 것이었다. 소수 민족 운동에 대한 입헌민주당의 부정적인 반응 또한 러시아 민족주의에 기반을 둔 것이었지, 부르주아의 성격을 나타낸 것이 아니었다. 민족간의 갈등 문제는 임시 정부가 무능해서 해결하지 못한 것은 아니었다. 민족 갈등 문제에 관한 한 그 책임은 임시 정부보다는 제정 러시아가 물려준 부정적인 유산에 있었다. "구 제정 치하에서 발생한 민족간의 충돌은 임시 정부를 약화시킨 중요한 원인 중의 하나였다."
그러나 민족간의 갈등 문제는 매우 짧은 기간만 집권했던 임시 정
부가 해결할 수 있는 성질의 문제가 아니었다. 이 문제는 제정 러
시아도, 그리고 뒤에 철의 정치를 실시한 소련도 근본적으로 해결
하지 못한 상태로 지금의 러시아에 이르고 있다. 민족 갈등의 문제
는 오히려 혁명 이후에 더욱 암적이고, 구조적인 문제로 악화되었
다. 이것은 10월 혁명을 주도한 인사들이 기본적으로 대러시아 국
수주의를 주장하는 사람들이었다는 사실에서 이미 그 결과를 예견
할 수 있었다. "10월 혁명 그 자체는 계급이라는 개념과는 전혀 관
계없이 러시아 전역에서 일어난 대러시아 국수주의자들의 반란" 성
격을 내포하고 있었다.310

　러시아 민족주의는 임시 정부가 전쟁에서 손을 떼는 것을 용납
하지 않았다. 이 전쟁에 러시아의 자존심이 걸려 있었고, 러시아
민족주의자들은 전쟁에서 승리할 때까지, 굴욕적이고 부분적인 협
상 없이, 끝까지 전쟁을 밀고 나가기를 원했으며, 이들의 주장은
당시의 사회 분위기를 압도하였다. 임시 정부 또한 전쟁에서 패배
하여 러시아가 2등 국가로 전락하는 것을 원하지 않았다. 그러나
승리를 향하여, 그리고 초강국 러시아의 입지를 유지하기 위하여
전쟁을 계속해야 한다는 임시 정부의 정당한 '원칙'이 러시아의 역
사를 바꾸어 놓았다. 비록 점진적이지만 좀 더 확고한 민주주의를
이룩하려고 했던 임시 정부의 '원칙'이 결국 사태를 악화시켰듯이,
러시아의 장래를 위해서 전쟁을 계속해야 한다는 정당한 '원칙'이
결국 임시 정부를 침몰하게 만들었다. 임시 정부의 정책이 전쟁 관
리 면에서 실패한 것은 사실이다. 그러나 전쟁을 계속한다는 정책
은 원칙에 의해서 이루어졌다.311 임시 정부가 전쟁 관리에 실패한
것보다는 정당한 '원칙'을 밀고 나간 것이 임시 정부가 저지른 실
수였다.

　자유주의자들은 보수주의자들에 대항하여 혁명을 일으켰다. 그
러나 이들이 황제에게 대항했던 이유는 황제 정부 자체를 전복하
기 위해서가 아니라, 보수주의자나 급진주의자들이 혁명을 일으키

는 것을 원천적으로 봉쇄하기 위해서였다. "애초에, 황제에 대한 공격은, 널리 알려진 바와는 달리, 전쟁에 지쳐서 이루어진 것이 아니라 전쟁을 더욱 효과적으로 수행하려는 욕망에서, 그리고 혁명을 일으키기 위해서가 아니라 혁명을 방지하기 위해서 시작되었다." 1917년 2월에 페트로그라드 수비대가 시민들에게 발포하는 것을 거부하였을 때, 군의 장성들은 발포를 거부한 이유가 전선에서 퍼져나가고 있던 병사들의 반란을 방지하기 위한 것이었다고 니콜라이 2세를 납득시켰다. 그리고 이들은 황제의 퇴위를 얻어내었다. 이때 장성들은 이런 사실에 대하여 의회 정치가들의 동의를 얻은 상태였다. "군사적인 승리를 추구하기 위해서 황제를 퇴위하게 만든 것이 러시아 국가 전체를 몰락하게 만들었다."[312]

주도 이념이 없었던 10월 볼셰비키 혁명

"원론적으로 말하면, 어떤 사람이 러시아 혁명의 진행 과정에 대하여 모르면 모를 수록 마르크시스트 이념이 혁명에 중요한 영향을 주었다고 생각할 것이다."[313] 만일 러시아 혁명을 계도한 기본 이념이 마르크시즘이었다고 한다면, 적어도 이 관점에 있어서는 볼셰비키보다는 멘셰비키가 더 훌륭한 마르크시스트라고 할 수 있다. 멘셰비키는 마르크스의 이론을 철저하게 추구하려고 노력하였다. 그들의 실책은 단지 마르크시즘을 정치적인 면에 적용하는 데 실패한 것이었다.[314] 또한 이들이 정치적인 운동에서 실패한 이유도 그들 자신의 문제라고 하기보다는 급진주의를 추구하였던 인텔리겐치아의 문제 때문이었다. 이들 급진주의자들은 공적인 업무를 맡아본 경험이 없었고 민중을 실제적으로 조종해 본 경험도 없었다. 그러나 이런 약점에도 불구하고 정치적인 무정부 상태에서 인텔리겐치아의 세력은 급격하게 부상하였다.[315]

급진 세력이 민중들의 각광을 받았던 원인 중의 하나는, 러시아 민중들의 문제를 의회가 실제적으로 해결할 수 있다는 기대를 민중들이 아직 충분하게 가지지 못하였기 때문이었다. 이런 수준에서 "자유주의적인 헌정주의는 존립하기 어려웠다."316 이와 같은 1900년대 초의 상황을 고려할 때 당시에 러시아 사람들이 가질 수 있었던 최선의 개혁안은, 러시아 혁명을 일으킨 사람들이 근본적으로 그 가치를 부정하고 있는, 스톨리핀의 개혁안이었다. 그의 보수주의적인 개혁은 민주적인 권위주의와 어느 정도의 압제를 균형 있게 갖추고 있었다. 그러나 당시에, 심지어 보수주의자들조차도 그의 개혁안을 지지하지 않았고, 결국 그는 1911년에 암살당했다.317

혁명이 일어나기 전에 러시아의 인텔리겐치아가 꿈꾸었던 유토피아는 사회주의 사회였다. 그런데 만일 이들이 꿈꾸었던 사회주의가 러시아 혁명을 일으킨 원동력 중의 하나였다고 한다면, 러시아 혁명은 "한낮의 꿈"에서 비롯된 것이었다. 러시아 인텔리겐치아에게는 사회주의가 실현되는 꿈을 꾸는 것 자체가 그들의 직업이었다. 또한 이 꿈은 단지 인텔리겐치아 계층의 문화 범주 내에서만 존립할 수 있었다. 인텔리겐치아는 주로 농민, 노동자 그리고 빈민들로 구성된 나로드(narod; 인민)를 그들의 영웅으로 숭상하였지만, 나로드는 인텔리겐치아의 생각과는 정반대로 인텔리겐치아를 도외시하였다. 이런 상황에서 인텔리겐치아는 그들의 이념이 '꿈'이라는 현실을 인정하기 이전에, 낙후된 러시아의 사회 구조를 비난하였다. 그들이 멋지게 이론화한 이념은 부분적으로는 서구에서 수입된 것이었다. 그들은 사회 정의가 있고 생존이 가능한 경제 조직이 존재하는 유토피아를 꿈꾸었고, 사회주의라는 그들의 유토피아에 맞는 이념 쪽으로만 자신들을 밀고 나아갔다.318

하부 계층의 사람들이 가지고 있던 유토피아와 인텔리겐치아의 유토피아와는 아주 달랐다. 농민들의 유토피아는 속박 받지 않는 자유, 마을의 질서, 혹은 종교적인 지배가 혼합된 사회였으며, 이런 사회는 사회주의가 중심이 된 인텔리겐치아의 유토피아와는 거리가 멀었다. 사회주의자들이나 국가의 지배자들이 자신들의 유토피아를 강조하고 그들의 유토피아를 현실화하려고 할 때, 농민들은 이에 대하여 공포심을 가졌고, 농민들이 공포를 느끼면 느낄 수록 농민들 자신들의 질서가 지켜질 수 있는 그들의 유토피아에 더욱 애착심을 가졌다. 한편 도시나 산업체가 집중되어 있는 지역에서 추구된 유토피아도 농민들의 것과는 매우 달랐다. 이들 지역에 거주하는 사람들이 가지고 있던 유토피아는 그 성격이 농촌적인 것에서 도시적인 것으로, 그리고 농민적인 것에서 프롤레타리아적인 것으로 빠른 속도로 바뀌었다. 그 결과 새로운 형태의 유토피아가 모습을 드러냈다. 이 유토피아에는 강한 힘을 소유한 위대한 국가가 존재하였다. 이런 유토피아의 모습도 인텔리겐치아가 꿈꾸던 유토피아는 아니었다. 러시아의 현실과 각양 각색의 유토피아를 결부시켜 볼 때, 10월 혁명 이전 시대에 러시아 사람들이 꿈꾸었던 유토피아는 "별을 바라보는 것" 혹은 이상 세계를 추구하는 "한낮의 꿈" 정도에 불과하였다.319 그러나 혁명 이전에 러시아인들이 가지고 있던 유토피아가 어떤 것이든 간에, "유토피아적인 이념은 러시아 혁명을 일으킨 원동력 중의 하나였고, 혁명 당시에 나타난 중요한 목소리 가운데 하나였다."320

　현실에 근거하지 않고 공상에 가까운 이론들이 러시아 혁명을 일으키고 또한 전개시키는데 상당한 영향을 미쳤다. 이 이론들 중의 하나가 마르크시스트의 '계급 투쟁 이론'이었다. 물론 '계급 투쟁 이론'은 혁명을 이끈 원동력이 될 수는 없었다. 정확하게 말하면 '계급 투쟁'이라는 이론 자체는 틀린 이론이었으며, 이 이론은 너무 단순하여 당시 러시아에 존재하는 다양한 그룹을 모두 포함할 수 없었다. 마르크시스트의 분석에서 "그처럼 사랑 받는 계급들은 동질적인 [집단]이 아니었고, 명료하게 정의될 수도 없었다." 같은 노동자 계층에서도 교육을 잘 받고 기술이 있으며 높은 급료를 받는 노동자들이 있었는가 하면, 반대로 문맹이고 기술도 없으며 실업 상태에 있는 노동자들도 있었다. 이 두 집단의 노동자 사이에는 큰 차이가 있었음에도 불구하고, 마르크시스트의 계급 분류에는 이런 차이점이 전혀 반영되어 있지 않았다. 진보적인 생각을 가지고 있는 전문가들은 부르주아 산업가들과는 그 성격이 완전히 달랐지만, 이 두 집단도 마르크시스트들에 의하여 같은 계급으로 분류되었다.

농민의 경우를 살펴보면, 식량이 부족한 지역의 농민들과 잉여 식량을 생산해 온 지역 농민들의 입장은 서로 달랐다. 토지를 소유하지 못한 농촌의 노동자들과 도시의 무산 계층은 마르크시스트에 의하여 같은 프롤레타리아로 분류되었지만, 이들은 견주지 못할 정도로 완전히 다른 성격을 소유한 집단들이었다. 이러한 각 집단들은, 그들이 마르크시스트의 분류에서 같은 계급에 속해 있다고 하더라도, 추구하는 이익이 달랐고, 집단 사이에서도 이익이 상충되어, 한 계급을 단위로 하여 그 계급이 추구해야 할 목표를 설정하는데 합의를 보는 것은 거의 불가능하였다.321

사회·경제적인 면 이외에도 민족적인 문제는 계급의 문제를 한층 더 복잡하고 다양하게 만들었다. 러시아인·우크라이나인·백러시아인·폴란드인·그루지야인·아르메니아인·유대인 등 수백의 민족들은 마르크시스트의 계급적인 동질성과는 전혀 관계없이 민족을 단위로 하여 자신들의 이익을 앞세웠다. 각 민족들, 특히 소수 민족들에게는, 마르크시스트들이 제시한 계급의 이익과 자신이 속한 민족의 이익 사이에는 공통점이 존재하지 않았으며, 각 민족들이 인지한 계급적인 이념은 그 민족의 이념과 비교할 때 중요성이 거의 무시되었다고 해도 과언은 아닐 것이다. 또한 계급 갈등의 이론은 외국의 영향이나 전쟁과 같이 실제로 한 나라의 역사를 바꾸어 놓는 중요한 역사적 사실들이 역사에 미치는 영향력을 전적으로 무시하였다. 외국과의 전쟁 같은 국민의 감정이 개입된 요소는 계급 투쟁의 이슈를 일 순간에 사라지게 할 수 있었으며, 전쟁의 명분 앞에 계급 투쟁의 명분은 초라할 수밖에 없었다. 설혹 러시아에서 계급 투쟁이 전개되었다고 하더라도, 국가가 이 투쟁의 소요를 억제할 수 있는 치안력만 확보하고 있었다면 상황은 매우 달라졌을 것이다.322 계급이라는, 전혀 실체를 규명할 수 없는 개념으로 투쟁이라는 행위를 설명할 때, 논의의 시작에서부터 역사적인 합리성과 설득력은 기대할 수 없을 것이다.

노동자 계급은, 마르크시스트의 주장과는 달리, 다양한 이익을 추구하는 노동자들의 집단들로 구성되어 있었다. 이 노동자들을 하나로 엮은 힘은 계급 투쟁의 이념에서 나오지 않았다. 그리고 노동자 계급의 정치 투쟁은 일부 노동자 집단만의 것이었다. 다양한 노동자들 중에서 가장 많은 불만을 토로하고 전쟁 체제에 저항하였던 집단은, 임금을 적게 받던 하층 노동자가 아니라, 노동자 중에서도 가장 임금을 많이 받던 엘리트 장인 계층이었다. 전쟁으로 물가가 상승하고, 이에 따라서 하층 노동자들의 임금이 상승하자, 엘리트 노동자 계층의 임금은 상대적으로 감소하였다. 따라서 이들은 종전에 자신들이 누리고 있던 특권을 잃기 시작하였고, 이런 점에서 위기를 느꼈다. 또한 제정 말기부터 대량 생산 체제가 많이 보급되어 이 엘리트 노동자들이 가지고 있던 기술의 중요성도 감소하였다. 계급의 문제가 아닌 이런 위기 의식에서 이 특정 집단은 노동 세력으로서는 가장 정치적인 집단을 형성하였다. 그렇다고 해서 이들은 사회주의 이념을 관철하기 위한 저항 세력의 첨병이 되지도 않았다. 이 집단은 단지 공장 방어대를 조직하고, 부르주아 계층 전체가 아닌, 공장주와 공장의 관리 계층에 저항하였다. 이런 저항 운동을 전개한 데에는 또 다른 이유가 개재되어 있었다. 이들은 전통적으로 작업을 감독하던 계층이었지, 공장을 관리하던 계층이 아니었다. 대량 생산과 상대적인 임금 하락의 위기에서 이들이 찾을 수 있었던 돌파구는 관리 계층으로 지위를 격상시키는 길뿐이었다. 그리하여 이들은 과격한 저항 세력이 될 수 있었다. 이와 같이 이들은 마르크시스트의 이념으로 무장한 급진 좌익 세력이 아니었으며, 단지 좌익 세력과 공조를 하였을 뿐이었다. 또한 이들은, 노동자 전반을 대표하는 세력이 아닌, 자신들의 특정 집단의 이익만을 추구하는 세력이었다. 이런 배경으로 그들은 1917년 여름에 공장의 관리 계층과 충돌을 일으키게 되었다.[323] 그러나 이들의 투쟁에서 이념적인 투쟁이나 계급적인 투쟁의 면모는 찾아보기 어려웠다.

*   *   *

지금까지 러시아 혁명에 관하여 수 없이 많은 책들이 쓰여졌지만,

이 연구물들은 거의 모두 "일반적인 연구, 당시의 고위 정책적인 면을 다룬 연구, 혹은 혁명 정당과 그 지도자들에 관한 단행본들이 었다."324 그러나 이런 연구물들에서 사용된 연구 방법을 조금만 바꾼다면, 10월 혁명에 대하여 역사가들은 새롭게 인식을 할 수 있을 것이다. 예를 들면 이들 연구물들에서 사용된 큰 주제보다는 작은 주제를 가지고, 긴 기간보다는 짧은 기간을, 러시아 전체보다는 제한된 지역을, 그리고 큰 이념보다는 구체적인 현상을 연구해 보면, 역사가들은 10월 혁명의 원인에 대하여 좀 더 올바른 견해를 가질 수 있을 것이다. 실제로 근자에 이르러서 새로운 연구 방법에 의하여 진행된 연구물들은 한결 같이 소비에트 견해와는 다른 역사적 사실들을 제시하였다. 페트로그라드의 노동 계급의 구성원들은 "기술을 가지고 있는 남성 노동자들"이었으며, 그 규모는 "현저하게 작은 소수 집단"이었고, 이 지역에서 "정치화"된 노동자 집단은 바로 이 집단 하나밖에 없었다.325 그리고 볼셰비키를 포함하여 당시 러시아에 존재하였던 모든 혁명적인 정당들은 페트로그라드의 노동자들에게서 도외시되어, 이 정당들은 노동자들을 이용하여 혁명을 일으킬 수 있는 능력이 없었다. 새로운 연구에 의하면 볼셰비키나 멘셰비키는 노동자 조직들과 연결하여 당시의 사태를 주도하지 못하였다. 지금까지 전해지고 있는 전설과는 달리, 레닌을 포함하여 외국에 나가 있던 급진주의자들은 러시아에 사상적인 영향을 주지 못하였고, 사태의 진전에도 중요한 영향을 미치지 못했다.326 급진 세력과 정당들이 페트로그라드의 노동 계급에 미친 이념적인 영향은 거의 무시될 정도였다. 이들에게 가장 큰 영향을 미쳤던 것은 급진 이념이 아니라 전쟁이었다. 만일 전쟁이 노동 계급, 중산층, 그리고 페트로그라드의 병사들에게 경제적이고 사회적인 영향을 주지 않았다면, 제정 체제는 적어도 단기적으로는 수도에서 존립할 수 있었을 것이다.327

전쟁으로 러시아의 수도 페트로그라드는 많은 변화를 겪게 되었다. 단기적으로는 전쟁 덕분에 수도의 경제가 전반적으로 좋아졌고, 이에 따라서 산업가와 노동자들이 상당한 혜택을 입었다. 군수 산업 생산이 수도 주변에 집중되어 있어서 수도에서는 전쟁 특수가 발생하였고, 이런 이유에서 고용주나 노동자 모두 점차 정부가 나누어 줄 수 있는 이익 배분에 의존하게 되었다. 전쟁은 이런 면에서 수도의 경제 및 노동 상황을 급격하게 바꾸어 놓았다.328 수도에서 노동자가 많이 필요하게 되자, 농촌에서 기술이 없는 젊은 남성들이 수도로 몰려들었으며, 이런 현상으로 전쟁 이전부터 수도에서 노동에 종사하던 노동자들과 기술을 가지고 있던 전래의 노동자들은 노동자 집단에서 소수로 전락하였다. 그런데 혁명을 일으키는데 결정적인 역할을 한 사람들은 바로 이 새로 수도에 유입된 노동자들이었다. 그러나 이들은 마르크스주의적인 의미에서 말하는 프롤레타리아는 아니었으며, 1914년 이전부터 수도에서 일하던 노동자들도 마르크스주의자가 지칭하는 프롤레타리아는 아니었다. 소비에트 해석에서 매우 중요하게 인식되고 있는 프롤레타리아 계층은 러시아 역사에서 실제적으로 존재한 노동자 집단과는 그 구성과 성격이 달랐다. 소비에트 해석에서는 프롤레타리아가 혁명 과정에서 결정적인 역할을 하였다고 주장하였다. 그러나 이 해석에서 말하는 프롤레타리아는 러시아 역사에서 실재한 특정 집단의 노동자들을 지칭하는 용어로는 받아들일 수 없는 것이었다.329

한때는 페트로그라드 노동자들이 '장기적'으로 외부의 영향을 받아서 마르크스주의와 혁명 이념을 학습해 왔다고 믿었다. 그러나 이런 견해는 사실과는 다르다. 페트로그라드 노동자들은 매우 '단기적'으로 혁명 사상을 습득하였으며, 이 학습 또한 외부의 영향에 의해서 이루어진 것이 아니라 노동자들 사이에서 자생적으로 이루어졌다. 페트로그라드에서 은밀하게 진행된 노동 운동을 지도했던 사람들은 중앙 차원이 아닌 지방 차원의 행동주의자들이었다. 이들은 하위 엘리트 계층 출신이었으며, 대부분은 노동자나 노동자-지식인들이었고, 직장에서는 보스에 이어서 두 번째 서열에 속해 있었다. 이들은 자신들의 조직 밖에서 결정된 사항을 그대로 집행만 한 집단은 아니었다. 이 노동자 계급은 자신들만의 자생 조직을 가지려 했고, 지식인들이 노동자들을 조종하는 것을 원하지 않았다.330 이 노동자 조직은 기존의 소비에트 해석에서 제시되었던 노동자의 성격과는 정반대의 성격을 가지고 있었다.

　1917년에 페트로그라드에서 전개되었던 노동자들의 파업을 과대 평가해서는 안 될 것이다. 이때의 파업은 지역별, 분파별, 그리고 직종별로 나뉘어져서 진행된 매우 제한적인 파업이었다. 서비스 · 통신 · 건설 부분에서는 파업이 전혀 일어나지 않았으며, 제조업 · 경공업 · 인쇄업 · 화학 및 광물을 취급하는 분야에서 일어난 파업들은 중공업 분야에서 일어난 파업보다 정치적 · 경제적인 면에서 파급 효과가 매우 적었다. 1912~17년에 일어났던 파업들은 정치적인 이유에서 발생하였다. 그러나 한가지 특기할 사항은 이 파업에서 구체적인 정치적 요구 사항이 나타나지 않았다는 사실이다. 그리고 이 기간 동안에 나타났던 파업에서 대부분의 노동자들은 특정 혁명 정당이나 혹은 특정 집단의 정책을 지지하지도 않았다. "1917년 말에, 노동자들은 구제도의 종식과 정치적인 변화를 몹시 갈구하고 있었지만, 그들의 의식 속에서는 사회주의자들이 대안으로 제시한 어떤 정치 철학의 일부분도 받아들여지지 않았다."331 1917년에 제시된 혁명적인 정책들은 볼셰비키, 멘셰비키 그리고 사회혁명당이 권력을 장악하기 위하여 서로 경쟁적으로 제시한 것들이었다. 민중들은, 과거에 제시된 이론과는 달리, 불과 몇 달이라는 매우 짧은 기간에 사회주의에 관심을 가지게 되었다. 그리고 민중들이 특정 사회주의 정당이나 정치 철학에 몰입하여 혁명 의식을 발전시킨 이유는 그들이 경제적으로 매우 절박한 상황에 처해 있었기 때문이다. 2월 혁명으로 제정이 붕괴된 다음에 어떤 체제가 러시아를 꾸려나갈 것인가에 대하여 민중들은 관심을 가질 수밖에 없었다. "민중들의 진지한 정치화는 [불과] 몇 달 동안에 나타난 현상이었다."332 혁명의 발원지였던 러시아의 수도 페트로그라드에서의 민중 운동은 이처럼 매우 짧은 기간에 급진적으로 이루어졌다.

　혁명 직전에 프롤레타리아의 숫자가 증가하였다는 사실을 가지고 이념적인 계급 투쟁의 당위성을 증명할 수는 없다. 한 통계에 의하면 1차 세계대전 동안에 페트로그라드에서 프롤레타리아의 숫자는 24만 명에서 40만 명으로 증가하였다. 마르크시스트들은 이 통계를 혁명의 당위성과 연결시킬지 모르지만, 이런 시도는 상황을 제대로 파악하지 못한 결과에서 나온 것이었다. 전쟁으로 남자들이 징집되자, 이 공간은 여자와 아이들로 채워졌다. 농촌에서 올라온 이들은 프롤레타리아로 분류될 수는 있다고 하더라도, 성격상 매우 비정치적이었다.[333] 이 아이들과 여자들이 1917년 10월 혁명에서 계급 투쟁의 주역으로 등장할 수는 없었다.

러시아 혁명은 프롤레타리아 혁명이 아니었다. 프롤레타리아라는 한 계층으로 국한하여 볼셰비키 혁명의 주도 세력을 표현하는 것은 올바르지 못한 견해다. 그 이유는 프롤레타리아 모두가 그들의 이념에 근거하여 볼셰비키 혁명을 지지하지 않았고, 또한 부르주아 모두가, 역시 그들의 이념에 따라서, 혁명을 반대하지도 않았기 때문이다. 볼셰비키 혁명은 어떤 특정 계급의 이름을 붙일 수 없는 매우 다양한 사람들이, 그들의 계급이 가지고 있던 이념이 아니라, 개개인이 생각했던 바대로 혁명을 지지하고 또한 반대하였다. 지식인·상인, 그리고 민중이라고 불려지는 병사·수병·노동자·농민 등 범위가 매우 넓고 다양한 집단과 사회 세력들이 개인의 성향에 따라서 볼셰비키를 지지하고 반대하였다.[334]

*　　*　　*

만일 레닌이 러시아 혁명의 이념을 제공하였고, 이 이념을 바탕으로 하여 러시아 혁명이 성공할 수 있었다면, 러시아 혁명은 처음부터 잘못된 곳에서 출발하였다. 레닌이 가지고 있던 이념은 마르크시즘을 제대로 반영했다고 하기보다는 정치적인 탐욕을 정당화하기 위한 이론을 반영한 것이었다. "레닌의 책략은 마르크시즘에서 나온 것이 거의 없었으며, 모든 것이 권력을 향한 끝없는 탐욕에 근거하였다." 레닌은 "마르크시즘의 가장 기본이 되는 원칙들을 포기하였다." 레닌은 "발전된 자본주의 사회에서만 사회주의를 이룰 수 있는 경제·사회적인 여건이 형성된다는 마르크스의 가장 기본적인 생각을 무시하였다." 레닌뿐만 아니라 볼셰비키 당도 민중을 선동하기 위해서, 자신들이 정권을 잡는데 도움이 될 만한 것이라면, 이곳 저곳에서 갖가지 이론들을 도입하였다. 예를 들면, "급진 사회혁명당의 이론을 훔쳐서 그들[볼셰비키]은 귀족에게서 토지를 빼앗아 농민들에게 주었다." 소수 민족들 사이에서 인기를 얻기 위하여 볼셰비키는 자신들을 각 민족의 자결권을 옹호하는 사람들로 묘사하였으며, 노동 계급의 급진주의를 고무하기 위하여, 볼셰비키는 노동자가 사태를 관장하는 것을 옹호하였다. 그리고 "'모든 권력은 소비에트로!'라는 [볼셰비키의] 구호는 반(半) 무정부주의자의 대중 봉기를 호소하기 위하여 만들어졌다."335 이 모든 볼셰비키의 구호와 정책들은 레닌과 볼셰비키가 그들의 정치적인 야욕을 채우기 위하여 임기응변식으로 만든 것들이었다. 이런 볼셰비키의 선전 구호들은 러시아 혁명을 이끄는 근본적인 이념이 될 수 없었다.

레닌의 4월 테제가 러시아 혁명과 소련의 장래에 매우 중요한 영향을 끼쳤다면, 레닌의 유토피아가 러시아 역사를 바꾸어 놓았다는 생각을 하게 될 것이다. 레닌의 테제에서 나타난 "예상 밖의 제안은 볼셰비키를 포함하여 모든 사람을 놀라게 하였다." 《프라우다》는 레닌의 테제를 4월 7일 자 신문에 게재하였다. 그리고 바로 다음 날 이 신문은 레닌의 테제를 다음과 같이 사설로 다루었다. "레닌 동지의 계획과 관련하여, 우리는 그 계획을 용납할 수 없음을 알게 되었다. 그 이유는 [레닌의] 계획은, 부르주아 민주주의 혁명이 이미 완성되었고 조만간 이 혁명이 사회주의 혁명으로 전환될 것이라는 전제를 하고 있기 때문이다."336

레닌의 4월 테제를 분석해 보면 그 내용을 실현 가능한 것과 유토피아적인 것의 두 부류로 나눌 수 있었다. 제국주의 전쟁 종식, 적과의 우호 관계 성립, 대규모 토지 보유자로부터 토지 몰수, 모든 토지의 국유화는 실현이 가능한 부분이었다. 그러나 경찰과 군대 그리고 공무원 제도 폐지, 언제든지 소환할 수 있고 월급이 노동자의 평균 임금 수준을 넘지 않는 공직자 선출은 순수하게 유토피아적 이상에 지나지 않았다. 레닌의 제안을 종합적으로 검토해

볼 때, 이것은 "적나라한 급진주의"와 "원시적인 민중 선동" 이상
이 되지 못하였다. 그러나 문제는, 이런 이론적인 비판과 관계없이,
대부분의 민중들은 레닌의 제안을 환영하였다는 사실이다. 그 이유
는 간단하였다. 그의 제안이 비록 유토피아적이었다고 하더라도,
그는 평화와 토지를 약속하였기 때문이다. 이런 유토피아적이고,
실현 불가능하며, 선동적인 약속이 현실적으로 민중의 지지를 얻었
다는 사실을 고려할 때, 이런 분위기에 의해서 뒤에 탄생한 소련의
장래는 예견될 수 있었다. 우리는 "1917년 4월이 어쩌면 소련의 이
념이 태어난 시기라고 간주할 수 있으며, ... [레닌의 4월 테제는]
국가의 운명에 영향을 주었다"고 말할 수 있을 것이다.337 물론 부
정적인 의미에서 영향을 주었다.

레닌이 혁명 직전에 시민들에게 약속했던 것은 진정한 의미에서
의 프로그램이 아니라 권력을 잡기 위한 선동 구호의 나열이었다.
레닌의 "전술은 불만을 품고 있던 모든 집단들이 원하는 모든 것을
약속하는 것으로 구성되어 있었다. 즉, 농민에게는 토지를, 병사에
게는 평화를, 노동자에게는 공장을, 소수 민족에게는 독립을 약속
하는 것이었다. [그러나] 이들 중에 볼셰비키의 프로그램에 들어가
있었던 사항은 하나도 없었고," 볼셰비키가 집권만 하면 약속은 즉
시 파기될 것들이었다. 그러나 이 약속들은 "집단을 정부로부터 이
질화시키는 목적으로는 그 역할을 훌륭하게 수행하였다."338

레닌의 제국주의에 관한 이론은 러시아 혁명의 향방을 결정하는
데 매우 중요한 요소 중의 하나였다고 과거에 일부 학자들이 주장
했지만, 레닌의 제국주의 이론은 독창성이 결여되어 있었다. 레닌
은 제국주의를 자본주의가 최고로 발전한 단계에서 나타나는 것이라
고 주장했다. 그러나 이 이론은 힐퍼딩(Hilferding)과 홉슨(Hobson)
의 이론에서 연유한 것이었다.339

제국주의에 관한 이론을 깊이 있게 연구해 보면, '제국주의'라는
용어의 정의는 아직까지 제대로 정립되어 있지 않고, 앞으로도 이
용어를 정의하는 것이 거의 불가능하다는 사실을 발견하게 될 것
이다. 제국주의가 세계 역사에 언제 처음으로 출현했는가도 분명하

지 않으며, 제국주의의 기반이 되는 자본주의 또한 정의가 제대로
되어 있지 않은 것은 물론이고, 자본주의가 인류 역사상 언제 처음
으로 등장하였는가에 대해서도 학자들은 잘 모르고 있다. 이 주제
에 관하여 학자들은 개인의 믿음을 피력하고 논쟁을 하고 있을 뿐,
확고한 논리로 결론을 내리는 것은 불가능하다고 해도 과언이 아
니며, 또한 앞으로도 이런 형이상학적인 문제에 관한 학자들의 일
치된 견해는 영원히 나오지 않을 것이다. 어쩌면 자본주의나 제국
주의는 모두 인간이 가지고 있는 원초적인 본능을 묘사한 용어일
지 모른다. 이런 원천적인 문제를 가지고 있는 '자본주의' 혹은 '제
국주의'라는 용어와 개념을 사용하여, 심오한 단계에 이르는 정치
적인 논의를 벌이는 것 자체가 논리의 모순이다. 이런 모순이 있는
한 '이념'이 러시아 혁명을 주도하였다고 하기보다는, 논리를 가장
한 '신념' 혹은 유토피아적 '몽상'이 러시아 혁명을 주도했다고 하는
편이 더 올바른 표현일 것이다. 반제국주의적인 명분도 혁명의 이
념이 될 수 없었다.

제정 말기의 건실한 경제 성장

지금까지 러시아 혁명에 대해 소련 측의 해석에 익숙해 있는 사람
들은 러시아 혁명이 경제적인 원인에 의하여 일어났다고 생각하기
쉽다. 그러나 이것은 잘못된 생각이다. 러시아 혁명이 발생하기 이
전에 러시아의 경제가 낙후, 침체, 혹은 왜곡되었다고 생각하는 것
은 구소련 정부의 일방적인 선전 때문이었다. 혁명 이전의 러시아
경제는, 단기적으로는 문제가 있었던 때가 있었지만, 일반적으로
매우 건실하게 성장하고 있었다.
  러시아의 산업이 빠르게 성장하기 시작한 것은 농노제도가 폐지
된 1860년대부터였고, 1890년대에 이르러서 산업은 더욱 빠른 속도
로 성장하였다. 이 기간에 러시아의 산업화에 근간을 이루는 철도,
중공업 등의 국가 기간 산업이 크게 발전하였다. 이 시기 이후의

경제 발전 속도는 잠시 늦어졌으나, 1905년 전쟁 이후에 다시 빠른 속도로 발전이 이루어졌다. 제정 말기의 러시아는 급속도로 산업 국가로 전환되고 있었다. 1908~12년의 5년을 그 이전 5년과 비교하여 보면, 석탄 생산은 79.3%, 철 생산은 24.8%, 강철과 금속 생산은 45.9%가 증가하였다. 1900년부터 1913년 사이에 중공업 분야의 생산은 인플레이션을 감안하고도 74.1%가 증가하였으며, 1890년부터 1915년 사이에 철도의 길이는 24,400km에서 61,000km로 증가하였다. 자본의 구성 면에서도, 소비에트 해석과는 달리, 러시아 측에 유리하게 진전되고 있었다. 소련의 공식적인 대학 교재에는 1913년에 러시아 경제에서 외국 자본이 차지하는 비율이 47%였다고 하였으나, 실제로는 1904~5년에 외국 자본 구성 비율의 50%가 감소하였고, 1913년에 이르러서는 외국 자본이 12.5%에 불과하였다. 농업 분야에서 1908~12년 사이를 그 이전의 5년과 비교하여 보면, 밀 생산은 37.5%, 호밀은 2.4%, 보리는 62.2%, 귀리는 20.9%, 옥수수는 44.8%가 증가하였다. 러시아의 농업사에서 이와 같은 생산량 증가는 획기적인 것이었다. 이 기간 동안에 생산된 곡물량은 러시아의 소비량을 초과하여 러시아는, 뒤에 20세기의 소련에서는 상상하기도 어렵지만, 잉여 농산물을 외국에 수출하였다. 이 당시에 러시아의 곡물 수출량은 대단하여 1909년과 1910년 작황이 좋았을 때에는 러시아가 수출한 밀이 전 세계 밀 수출량의 40%를 차지했으며, 흉년이 든 1908년과 1912년에도 전 세계 수출량의 11.5%를 차지하였다.340 1913년과 1914년 이후에도, 한 편에서는 전쟁을 하고 있었음에도 불구하고, 경제적인 상황은 매우 낙관적이었다. 경제 성장률을 1913년을 100으로 볼 때, 1914년에는 101.2, 1915년에는 113.7, 그리고 1916년에는 121.5에 이르렀다.341

　　제정 러시아 말기의 경제적인 성장은 실로 눈부신 바가 있었다. 특히 농업 분야에서의 성장은 괄목할 만하였다. 농업 분야는 다른 산업 분야와는 달리 급격한 생산 증가가 매우 어려운 경제 부문이다. 제정 러시아에서 있었던 농업 분야의 통계는 매우 인상적이어서, 혁명 이후에 끊임없이 나타난 소련에서의 식량 부족 현상과는 크게 대비된다.

우연하게 발생한 쿠데타

제정 러시아에서는 혁명이 일어날 수밖에 없는 필연성을 도저히 찾아 볼 수 없다. 영국 혁명, 프랑스 혁명, 그리고 러시아 혁명과 같이 세계를 움직인 중대한 사건들 뒤에는 반드시 위대한 원인이 있었을 것이라고 생각하던 시기는 이미 지나갔다. 법조계에 널리 알려져 있는 한 격언은 역사 연구에 좋은 비유가 될 수 있다. 이 격언을 역사 연구에 적용해 보면, 심리적으로 볼 때, "사건이 일어난 것 그 자체가 역사적인 합리화의 9/10를 제공한다"고 말할 수 있다.342

제정 러시아는 산업·농업·교육·노동 등의 여러 분야에서 상당한 발전을 이룩하였으며, 믿을 수 있고 교육된 시민들은 점차 정부의 정책에 기여할 수 있는 건설적인 참여자로 성장해 가고 있었다. 이 모든 요소들은 "의식 혹은 무의식적으로 완전한 의회주의 정부를 이루는 방향으로 움직여 가고 있었다. 이 당시에 필요한 것은 단지 시간뿐이었다." 그러나 불행하게도 "전쟁과 이에 수반된 어려움과 긴장이 이런 [올바른 방향의] 노력들을 좌절시켰고, 헌정체제를 추구하려는 희망에 쐐기를 박았다."343

러시아 제정은 갑자기, 그리고 우연하게 붕괴되었다. 혁명이 가능하게 된 이유 중의 하나는 정부 자체의 문제가 아니라, 경찰력이 약하였기 때문이었다. 치안이 잘 이루어지고 있던 영국과 비교해 보면, 인구 비례로 계산할 때, 러시아 경찰의 숫자는 영국의 1/7에 지나지 않았다.344 그러나 치안 확보가 어려웠던 것이 곧 혁명을 의미하지는 않았다. 왜냐하면, 혁명을 성공시킨 마르크시스트의 숫자가 1906년에서 1910년에 이르는 동안에 15만에서 단 1만 명으로 줄어들었기 때문이다.345 사회주의자들의 세력 증가는, 종전의 해석과는 달리, 매우 갑작스럽게 나타났다. 예를 들면, 1917년 2월 이전에 마르크시스트의 주류를 이루었던 멘셰비키의 숫자는 단 몇천 명이었으나, 그 해 가을에 와서는 20만 명이 되었다.346 볼셰비키의 숫자도 2월에는 단 몇천 명이었으나, 늦은 여름에는, 물론 과장된 숫자이지만, 25만 명이었다고 볼셰비키 당은 주장하였다.347

1917년의 2월 혁명이 없었다면 10월 혁명은 일어나지 않았을 것이다. 그런데 2월 혁명의 가장 특이한 양상 중의 하나는 혁명이 갑작스럽게 일어났다는 사실이다. 이와 같은 사실은 10월 혁명의 성격을 이해하는 데에도 매우 시사적일 수 있다. 2월 혁명으로 정부는 놀라울 정도의 빠른 속도로 무너져 내렸다. 황제는 즉석에서 퇴위하였고, 모든 국가 조직이 즉시 붕괴되었다. 2월 사건으로 거대한 러시아 정부가 거의 순간적으로 붕괴된 것을 보고 케렌스키는 2월 혁명에 "혁명이란 단어를 붙이는 것이 매우 부적절"하다고 말하였다. 로자노프(Rozanov)에 의하면 "러시아는 단 이틀만에 시들었다. 길어 봐야 사흘이었다."348

2월 혁명 이후에 볼셰비키의 선전 또한 갑작스럽게 증가하였다. 볼셰비키의 선전이 병사들 사이에 눈에 띄게 증가한 것은 5월 이후였다. 그러던 것이 다음 달 6월 중순에 이르러서는, 한 목격자의 말에 의하면, 볼셰비키의 깃발이 시위에서 바다를 이루었다.349

장기적이고 구조적인 여건 속에서 인간이 지속적인 노력을 기울여 역사적인 사건을 이룩했을 때 우리는 이 사건에 관하여 역사적인 분석을 하고 인과 관계를 유추할 수 있다. 그러나 제정 러시아 정부의 붕괴는 너무나 빨리, 그리고 사람들이 기대하지 않았던 시기에 갑자기 이루어졌다. 그래서 사람들은 이를 '기적'과 같다고 하였다. 이 기적이라는 표현을 사용한 사람은 다름 아닌 바로 레닌 자신이었다. 1917년 1월에 취리히에서 사회주의를 신봉하는 소년들이 집회를 가졌다. 이 집회에서 레닌은 유럽에서 궁극적으로 혁명이 일어나는 것은 피할 수 없지만, "우리 같이 나이 많은 사람들은 어쩌면 혁명이 이루어지는 결정적인 전투를 볼 때까지 살지 못할 것이다"라고 연설을 하였다. 레닌은 제정이 붕괴되기 8주일 전에 이 말을 하였다.350

2월 혁명과 10월 혁명이 갑작스럽게 그리고 기대하지 않은 가운데 일어났다는 사실은, 두 혁명이 모두 역사의 논리적인 필연성보다는 우연성을 더 많이 가지고 있었음을 의미한다. 그런데 역사에서 우연성이 가장 많이 나타나는 부분은 정치 분야이다. 러시아 혁명은 정치 권력을 지향하는 소수의 엘리트들이 정치적인 상황을 잘 이용하여 그들의 목적을 신속하게 달성한 정치적인 사건이었다. 혁명은, 러시아 사회의 구조적인 모순과는 관계없이, 갑작스럽게 돌변하는 정치적인 상황에 의해서 일어난 돌발적인 사건이었다.

러시아 혁명은 파멸적인 전쟁, 절망적인 제정주의자의 지도력, 그리고 자유주의자들의 어리석음이 우연하게 동시에 나타난 상황에서 성공할 수 있었다. 볼셰비키의 주장들은 대중의 진정한 소망을 대표한 것이 아니라, 근본적으로 오류가 있는 그들의 오만한 '환상'을 표현한 것이었다. 러시아 혁명은 소수의 광적인 혁명 분자로 구성된 엘리트 무리가 불안정한 정치 상황을 요리하여 얻어낸 산물이었다.[351]

볼셰비키가 주장했던 바와는 전혀 다르게 1905년 이후에 러시아의 도시와 농촌은 모두 안정적으로 발전해 나가고 있었다. 1905년 이후에 시작된 개혁들은 농촌의 가난과 토지 기근 문제를 해결해줄 것을 약속하였고, "농민들이 내야할 돈과 세금 부담이 면제되어 농민들은 생활에서 긴박하게 느끼던 압박감이 해소되었다." 농민들이 보유한 토지 면적은 증가하고 있었으며, "귀족들이 소유하고 있던 토지가 급속하게 줄어드는 추세가 계속되어, 1914년에 이르러서는 귀족들이 소유한 토지가 1861년에 소유했던 토지의 1/3 이하가 되었다." 또한 유럽에 인접한 지역에서 살고 있던 농민들을 시베리아로 이주시켜서 정부는 농민의 문제에서 나올 수 있는 부담을 더욱 줄일 수 있었다. "무엇보다도 농민들의 꿈뮤을 없애려는 스톨리핀의 토지 개혁은 농업 생산의 지속적인 증가세를 유지하는데 낙관적인 전망을 보여 주었다."[352]

농업 개혁 분야에서는 개인적으로 농업 경영을 하고 있던 사람들이 가장 앞서 나가고 있었다. 이들의 주도 하에 낡은 농업 기술과 삼포(三圃)제도가 근대적인 기술, 비료, 그리고 개량된 작물로 대치되었다. 농업 분야에서의 이러한 혁신을 따라갈 수 없던 농민들은 꼼뮨 내에 가지고 있던 자신들의 몫을 매각한 뒤에 꼼뮨에서 뛰쳐나왔다. 그리하여 농촌의 인구 과잉 현상이 어느 정도 완화되었다. 뿐만 아니라 꼼뮨에서 이탈한 농민들은 농업과 산업 분야에서 필요로 하는 노동력을 제공해 주었다. 귀족들이 소유하고 있던 많은 농장에서도 이미 자본주의적인 농업 경영 방식이 채택되었고, 이런 경영 방식은 러시아에서 확산되는 추세에 있었다. 이런 여러 가지 이유로 1차 세계대전이 일어나기 전까지 농민들의 소요는 급격하게 줄어들었다. 이 사실은 농촌이 평화스럽게, 점진적으로, 그리고 바람직한 방향으로 발전해 나가고 있었음을 증명하고 있다.[353]

도시의 상황도 1905년을 전환점으로 하여 호전되었다. 인텔리겐치아의 선동은 별 효과를 거두지 못하였고, 노사 관계도 점차 개선되는 추세를 보였다. 산업 생산이 증대되어 노동자의 임금과 생활 환경이 개선되었으며, 특히 '노동자 귀족'이라고 불려지는 기술이 있고 처우를 잘 받던 노동자들은 혁명에 전혀 관심을 보이지 않았다. 노동계가 안정을 찾을 수 있었던 데에는 노동 조합과 보험 제도가 많은 기여를 하였다. 노동 조합을 합법화하려는 노력이 시작되었고, 1912년에는 사고와 질병에 대한 보험 법안이 통과되었다. 이렇게 1905년 이후에 자유주의적인 개혁 추세는 계속되었다. 그리고 도시에서는 비교적 중도 노선의 노동자 세력이 자유주의적인 개혁을 시행하라는 압력을 행사하였다.[354]

중산 계층은 자유주의적인 개혁을 지지하였고, 전문인 계층은 젬스트보(Zemstvos)에 참여하여 정치 활동을 하였다. 산업 부문에서의 중산층과 상업 부문에서의 중산층 사이에 존재하던 간격은 좁혀지고 있었으며, 교육의 질이 개선되고 있었고, 이에 따라서 급진적인 인텔리겐치아는 그들의 기반을 잃어가고 있었다. 정치 분야에서도 헌정 체제를 구축하기 위한 지속적인 개혁이 이루어지고 있었다. 국가 차원에서는 두마가 성립되었고, 병사들 사이에는 전문가적인 직업 의식이 자리를 잡아가고 있었다. 사법 분야에서도 개혁이 이루어지고 있었으며, 지방의 젬스트보와 도시의 두마가 서로 협조하는 분위기가 조성되었다. 언론과 집회의 자유도 개선되었고, 정치 분야에서의 발전도 바람직한 방향으로 나가고 있었으며, 정부의 권력을 유지하는데 충분한 군대의 힘도 갖추고 있었다.[355]

지방과 농촌에서는 자영 농민(yeoman) 계층이, 프랑스의 제 3공화국에서와 같이, 자유 민주주의를 진전시키는데 가장 큰 지지 세력이 되었다. 의사·교사·산파·농업 전문가 등도 젬스트보를 중심으로 활동하였으며, 그 결과 헌정 체제를 중심으로 하는 자유주의적인 개혁 기운은 자연스럽게 고조되고 있었다.[356]

1905년 혁명 이후에 국가의 체제는 분명히 자유주의적이고 헌정 중심의 노선을 따라서 움직여 가고 있었다. 국가의 두마는 넓은 폭으로 정당들을 포함하였고, 러시아의 사회적인 갈등은 평화스러운 방법으로 토론을 통하여 해결될 수 있는 분위기가 형성되었다. 군대에서는 완고하고 과거 지향적인 장교들마저 병사가 전문 인력으로 성장할 수 있게 물꼬를 터 주었으며, 사법 제도는 유럽의 관습을 흡수하는 방향으로 개혁되고 있었다. 농촌의 젬스트보와 도시의 두마는 국민들이 교육받을 수 있는 기회를 확대해 주었고, 의료 혜택의 범위도 확대하였다. 이런 자유주의적인 개혁은 여론의 지지를 얻고 있었다. 자유 민주주의의 원칙은 당시까지 권위주의 체제 하에서만 살아 온 러시아 사람들에게는 다소 생소하였지만, 이 원칙에 따라서 사회·정치·경제적인 발전이 꾸준하게 이루어지고 있었다. 니콜라이 황제도 평화적인 헌정 체제 확립을 위하여 긍정적으로 대처하였고, 스톨리핀 또한 질서를 유지하기 위해 권위와 능력을 효율적으로 사용하였다. 또한 서구에서 이미 시행중에 있던 민중 주도의 정치 체제를 러시아에서 구축해 나가는 과정에서 발생할지 모르는 무질서 사태는 군대가 개입하여 해결할 수 있었다. 그러나 스톨리핀은 개인적인 실책을 범하였다. 그는 전혀 적절하기 못한 사람들로 각료를 구성하였고, 그의 히스테리컬한 부인 때문에, 라스푸친이 부패를 일삼는 것을 제어하지 못하였다. 1905년 이후에 러시아에서 불안정과 소요의 요소가 잔존했다고 한다면, 그것은 주

로 황제, 스톨리핀, 혹은 라스푸친과 같은 개인적이고 정치적인 문
제에서 발생한 것이었지, 사회의 구조적인 문제에서 연유한 것은
아니었다.

모든 것이, 러시아의 장래에 관하여 장기적인 시각에서 볼 때,
매우 낙관적이고 긍정적으로 움직여 가고 있었다. 1905년 이후의
상황에서 나타난 몇몇의 부정적인 요소가 있었다면, 그것은 주로
개인적인 문제에서 비롯되었다. 황비가 외국인이라는 점과, 라스푸
친과 부적절한 장관들이 문제를 일으켰다는 사실들이 이런 유에
속했다. 그러면 이와 같이 러시아의 미래에 바람직한 상황들이 전
개되고 있는 가운데 어떻게 해서 10월 혁명과 같은 파멸적인 사건
이 갑자기 발생할 수 있었는가? 이에 대한 대답은 매우 간단하였
다. 마른 하늘에 번개와 같이, 우연히 일어났던 사건은 바로 1차
세계대전이었다.[357] "1914년에 무시무시한 재앙이 천둥 번개 같이
다가와서 [당시까지 이룩한] 발전에 파멸을 안겨 주었다."[358]

*　　　*　　　*

1917년 10월에 혁명이 발생한 뒤에 서유럽으로 이주해 간 러시아
이민들의 기록과 서양 학자들의 연구에 의하면 "전쟁에서 야기된
혼란과 어려움이 없었다면 볼셰비키가 [혁명을 일으킬 수 있는] 기
회는 없었을 것이다." 이와 같은 견해는 레닌의 혁명 발생에 대한
비관론과 일치되는 것이다.[359] 레닌은 늦게는 1917년 가을까지도 비
관적이었다. 이 당시에 러시아에서 혁명 운동은 내리막길을 걷고
있었고, 이 운동은 무정부주의 운동으로 바뀌거나 아니면 운동 자
체가 와해될 상황에 놓여 있었다. "10월에 여러 볼셰비키 지도자들
은 지방 소비에트를 통제할 수 있는 힘을 잃고 있다고 생각했다."
심지어 "10월 23일 중앙 위원회에서 레닌은 위원들의 결석과 민중
의 무관심을 분명하게 언급하였다." 이 당시까지도 볼셰비키의 혁
명 이념이 현실화되는 것은 예상하기 어려웠고, 무정부주의가 곳곳
에서 득세하였다. 한 지역의 보고에 의하면 볼셰비키 봉기가 인기

를 얻지 못했던 집단은 부르주아가 아니라 금속 노동 조합이었다. 러시아 혁명은 이와 같이 혁명이 발생하는 것이 도무지 기대되지 않았던 상황에서 일어났다. 볼셰비키 혁명은 죽어가고 있던 사회주의가 무정부 혼돈 상황을 맞아서 기사회생한 사건이었다.360

1917년 2월 혁명 직후에 구성된 임시 정부가 약체였던 것은 사실이다. 그러나 이 사실이 곧 혁명을 의미하지는 않았다. 임시 정부는 국면을 유리하게 이끌 수 있는 유리한 여건도 많이 가지고 있었다. 예를 들면, 레닌은 1917년 4월에 단 7만 7천 명의 추종자만을 거느리고 있었다. 이 숫자는 러시아의 인구에 비하면 거의 무시할 수 있을 정도로 소수였다. 그리고 어떤 종류의 혁명 조류도 러시아에서는 흐르지 않았으며, 볼셰비키 혁명의 가능성은 더욱 존재하지 않았고, 단지 맹목적인 폭동만 있을 뿐이었다. 이런 현실에서 혁명의 기반을 닦아 놓았다고 생각했던 지식인들은 당황할 수밖에 없었다. 그리고 이 지식인들은 자신들이 혁명을 일으킬 수 있는 기회를 의외의 단체였던 볼셰비키에게 빼앗겼다. 이 당시에 지식인의 한 사람이었던 고르키(Maxim Gorky)는 예상하지 못한 가운데 갑자기 볼셰비키가 나타나서 혁명을 가로채 갔다는 기록을 남겼다. 그는 일기에 "우리는 마치 낭만적인 연인과 같이 혁명을 숭상하였다. 그러나 철면피 짐승들[볼셰비키]이 나타나서 우리들의 사랑을 받고 있던 [혁명]을 짓밟았다"고 기록하였다. 지식인들은 혁명을 일으킬 수 있는 기회와 혁명에 대한 낭만 모두를 볼셰비키에게 빼앗겼다. 레닌은 혁명을 일으키는데 말만 가지고 봉사했다. 7월 4일 현재, 레닌은 핀란드에 도피해 있었다. "그가 이 당시에 권력을 잡을 수 없었다는 점은 명확하였다." 10월 혁명 직전에 "볼셰비키가 시위를 계획했는지 혹은 하지 않았는지는 여전히 알 수 없다. 심지어 소련 공산당의 공식 역사가들도 확실한 결론을 내리지 못하였다."361

1917년 2월 혁명은 우연하게 일어났고, 그 결과로 생성된 10월 혁명도 같은 의미에서 매우 우연하게 발생하였다. 2월 혁명으로 황제가 권력을 포기하여 제정 러시아의 종지부를 찍은 사건은 대제국 러시아의 멸망 장면을 묘사하기에는 너무나 적절하지 못했다. 러시아 제국이 붕괴되는데 걸린 시일은 단 10일이었다. 2월 혁명 주도 세력은 제국을 붕괴시킬 아무런 계획도 가지고 있지 않았고, 그 누구도 대제국의 붕괴를 지휘하지 않았으며, "물론 어떤 정당도 혁명을 기획하지 않았다." 다만 혁명에 참가했던 사람 중의 몇 명 이 정당원이었고, 그 중에서 일부가 볼셰비키였을 뿐이었다. 러시 아 제국이 그렇게 쉽고 빠르게 무너질 것이라고 예상한 사람은 아 무도 없었다. 러시아 제국이 붕괴된 원인의 일부는 어이없게도 풍 문에 있었다. 수도에서 밀가루와 빵이 부족하여, 배급제를 실시한 다는 확인되지 않은 풍문이 떠돌았던 것이다.362 대러시아 제국의 몰락에는 풍문 이외에도 또 다른 우연한 사건이 개입되어 있었다. 황제가 열차로 여행을 하는 도중에, 일단의 사람들이 그의 열차를 세웠고, 그에게 권력을 포기할 것을 요구하였다. 이에 황제는 퇴위 하였다. 이렇듯이 대제국을 뒤집어 엎은 2월 혁명은 전혀 극적이지 못했다. 2월 혁명에서는 단 169명이 사망하였고, 1천 명 이내의 사 람들이 다쳤다. 레닌의 눈에도 2월 혁명은 혁명답지 않았다. 그에 게 이 사건은 영국, 프랑스 제국주의자들의 음모로 보였다.363

2월 혁명이 일어나야만 했던 필연적인 원인은 찾기가 어렵다. 1880~1914년 사이에 연 평균 경제 성장률은 5~6%였고, "산업의 연 평균 성장은 5.7%로 미국을 포함하여 어떤 다른 산업 국가보다 높았다."364 러시아의 체제를 다른 나라와 견주어 보아도 러시아의 체제 자체에서 혁명을 일으킬 만한 심각한 모순을 찾아 볼 수 없 었다. 많은 다른 나라들, 예를 들면 독일이나 일본 같은 나라들도, 러시아 못지 않은 권위주의 황제 체제를 가지고 있었지만, 러시아 가 경험했던 그런 식의 체제 도전은 받지 않았다. 현재 서구에서 시행되고 있는 민주주의의 입장에서 본다면 러시아의 체제가 분명 히 구체제의 모순을 가지고 있었을지 모르지만, 이런 식의 해석은 시대착오주의에서 나온 것이다. 프랑스, 영국, 독일, 미국도 오늘날 의 관점에서 본다면 19세기 후반과 20세기 초반에 모두 구체제를 가지고 있었다. 예를 들면 독일에서 사회-민주주의자들의 단체는

1890년까지 불법 조직으로 분류되어 있었고, 미국에서도 1930년대까지 일부 고용주들이 사회주의자들을 폭력으로 몰아냈다.[365] 러시아의 상태는 다른 나라와 견주어 볼 때 특별하게 혁명이 일어나야 할 부정적인 구체제의 성격을 내포하고 있지 않았다.

어떤 역사적인 사건의 원인과 결과를 논리적으로 연결해 보려는 인간의 노력에는 한계가 있다. 특히 우연하게 나타난 자연 현상과 이에서 연유된 역사적인 사건은 역사가들의 논리적인 추적을 무력하게 만든다. 그런데 우연하게 발생한 자연 현상과 러시아 혁명은 매우 밀접한 관계를 가지고 있었다. 1916년에서 1917년으로 넘어오던 해의 겨울은 너무나 추워서 기온이 평년을 크게 밑돌았다. 1917년 1월부터 3월까지 페트로그라드의 평균 기온은 섭씨 영하 12.1도였는데, 1년 전의 같은 기간에는 영상 4.4도였다. 1917년 2월에는 지독한 혹한이 닥쳐와서 평균 기온이 영하 14.5도였다. 모스크바는 페트로그라드보다 더 추워서 2월의 평균 기온이 영하 16.7도였다. 혹한으로 2월 20일 경에는 열차가 멈춰 섰고, 물자 공급이 되지 않았다. 밀가루 잔여분은 충분했으나, 문제는 빵을 만들 연료 부족이었다. 이런 가운데 식량 배급이나 혹은 식량의 제한 공급이 실시될 것이라는 풍문이 떠돌았고, 그 결과 빵집의 선반은 비게 되었다. 연료 부족으로 공장은 문을 닫았으며, 심지어 경찰까지 가족에게 식량을 대기가 어렵다는 불평을 하였다. 그리하여 수천 명의 실직자들이 거리로 몰려 나왔다.[366] 만일 2월의 기온이 온화했었다면, 위에 언급한 사건의 연결 관계는 성립되지 않았을 것이다. 그러면 2월 혁명도 없었을지 모른다. 2월 혁명이 없었다면 10월 혁명도 그 이름을 들어보지 못했을 것이다.

어떤 역사가는 1917년 2월에 날씨가 춥지 않았어도 식량이 부족했을 것이라고 주장하였다. 이것은 사실이 아니다. "전시에 거둔 수확량은 전쟁이 일어나기 이전보다 많았다." 또 어떤 역사가는 곡식이 농촌에는 풍부하게 있었으나, 러시아는 이를 수송할 기본 여건을 갖추지 못했기 때문에, 식량 기근은 어쩔 수 없이 일어날 수밖에 없었다고 주장하였다. 이것도 사실이 아니다. 당시에 러시아는 식량 운송에 적절한 철도 시설을 갖추고 있었다. 2월 혁명이 일어나리라고는 아무도 예상하지 못했다. 이런 상황을 보고 레닌은 좌절감을 표현하였다. 그가 생전에 혁명을 못 볼 것으로 비관했던 것은 당연한 일이었다.[367]

자연 못지 않게 역사가들의 논리적 유추를 무력하게 만드는 것은 인간의 심리 변화이다. 특히 힘과 권력을 보유하고 있는 정치가들의 심리 상태는 수 없이 많은 사람들의 생사를 결정하였고 심지어 국운을 좌우하였다. 러시아 혁명과 같이 하루 앞을 예측할 수 없는 사건에서 혁명 영웅의 심리 상태는 매우 중요하였다. 가장 쉬운 예는 트로츠키의 경우에서 찾아 볼 수 있다. 트로츠키는 레닌과 달리 최고 권력을 추구하지 않았다. 트로츠키는 그저 그가 생각하는 바에 따라서 최고 권력을 추구하지 않았을 뿐이었다. 물론 그가 유대인이라는 사실이 그를 심리적으로 그렇게 만들었을 수는 있다. 그러나 만일 트로츠키가 최고권을 놓고 레닌과 경쟁을 하기로 마음을 먹었다면, 그가 레닌과의 권력 투쟁에서 승리했든 혹은 실패했든 간에 러시아 혁명은 우리가 알고 있는 것과는 완전히 다른 방향으로 전개되었을 것이다.[368] 또한 만일 트로츠키가 레닌과의 권력 투쟁에서 이겼다면, 스탈린의 이름 또한 우리는 듣지 못했을 것이다. 그런데 중요한 사실은, 만일 트로츠키가 레닌을 압도할 마음만 먹었다면, 당시의 상황으로 볼 때, 승리의 확률은 레닌이 아닌 트로츠키에 있었다는 점이다.

전쟁이 일어나는 원인에도 우연성이 많이 개입되어 있지만, 전쟁이 전개되는 과정에는 우연성이 더욱 많이 개입되어 있다. 만일 1차 세계대전이 일어나지 않았고, 전쟁이 일어났다고 하더라도 전투 양상이 러시아에 유리하게 돌아갔다면, 러시아의 역사는 완전히 달라졌을 것이다. 일반적으로 전쟁은 많은 나라에서 집권자의 권력을 강화시켰는데, 러시아에서는 전쟁의 영향으로 제정이 붕괴되었다. 전쟁 발발과 진행, 그리고 전쟁의 정치적인 결과는 역사가들의 논리와는 관계없이 전개되었다.

1915년에 러시아 군대는 후퇴를 거듭하였고, 1916년에도 패배는 계속되었다. 당시에 약 1,500만 명이 육군과 해군에 종사하였다. 이 숫자만을 보아도 전쟁이 러시아에 어떠한 영향을 주었던가는 쉽게 짐작할 수 있다. 전쟁은 경제적인 상황을 악화시켰다. 생필품은 품귀 상태에 있었고, 물가는 올라갔으며, 이에 따라서 농민들은 자신들의 농작물을 파는 것을 주저하였다. 또한 전쟁 이후에 농업 생산은 전쟁 전에 비하여 15%가 줄어들었다. 따라서 농민들의 구매력도 줄어들 수밖에 없었다. 여기에다 철도 시설이 제대로 가동되지 않았다. 그리하여 도시와 농촌과의 연결 통로가 와해되었다. 350만 명의 공장 노동자들 중에서 1/4이 징집되었음에도 불구하고, 군수 산업은 급격하게 팽창하였다. 근로자들은 장시간 동안 일을 했으며, 노동자들의 생활 환경은 악화되었다. 전쟁으로 러시아의 산업 구조가 비정상적으로 바뀌고 있었다. 예를 들면, 1916년에 기계 제조 산업의 78%가 군수품을 생산하였다. 그 결과 시민들을 위한 소비재 생산은 위축되었다. 생활 환경이 어려워지는 것에 대한 비난의 화살은 독일 출신 황후와 라스푸친에게 돌아갔다. 1917년 2월 23일, '국제 여성의 날'을 즈음하여 벌어진 방직 공장 여성 노동자 파업을 시작으로 하여, 금속 산업 노동자, 일반 노동자, 사무에 종사하는 사람들, 학생들, 심지어 교사들도 파업에 참여하였다. 이 무렵에 이르러 이미 약해질 대로 약해진 정부는 상황을 통제하지 못하였다. 군인들은 명령에 복종하지 않았고, 결국 제정은 붕괴되었다.369 전쟁이 없었으면 이런 상황은 전개되지 않았거나, 혹은 전개되었어도 국가의 전면적인 위기로 연결되지는 않았을 것이다. "만일 러시아가 1차 세계대전에 개입하지 않았다면, … 만일 니콜라이 2세가 좀 더 강하고, 좀 더 미래를 내다볼 수 있었다면, … 만일 황제 정부의 지도자들이 변화에 좀 더 잘 적응하고, 만일 그 체제가 그렇게 경직되지 않았었다면, … 혁명은 없었을 것이다."370

　　1914년에 러시아의 참전이 결정된 것은 황제의 실수만은 아니었다. 이 결정은 그 자체로는 러시아 국민들의 환영을 받았고, 러시아 애국주의를 신봉하는 국민들의 확고한 지지를 얻었다. 러시아의 참전은 오히려 지루하게 전개되고 있던 시위와 파업을 포기하도록 만들었다. 전쟁 초기에는 낙관론이 팽배하였고, 초기의 전투에서 "러시아 군대는 한때 우리가 알고 있던 바와는 달리 임전 태세가 그토록 형편없지는 않았다."[371] 문제는 전쟁이 장기화되고, 러시아 군대가 패배를 계속한 데 있었다. 러시아의 전쟁에 대한 정책이 어떠했든 간에, 만일 연합군의 세력이 신속하게 전쟁을 끝낼 수 있었거나, 혹은 전쟁 참여 국가들의 수뇌들이 신속하게 종전 합의를 보았다면, 러시아의 1차 세계대전 참전은 황제 정부의 입장을 강화시켰을 것이고, 우리가 알고 있는 1917년 혁명은 역사상에 존재하지 않았을 것이다.

1905년 당시에는 매우 보수적이었던 농민들과 병사들을 1917년에 이르러서 폭동을 주도하는 세력으로 만든 주범은 전쟁이었다. "1917년에 이르러서, 3년간의 전쟁을 경험한 뒤에, 병사·노동자·농민들은 1905년의 상황을 능가하는 몹시 열광적인 흥분 상태에 있었다."[372] 1905년 혁명에서 이들은 무정부와 무질서 상태를 경험하였고, 이 혁명의 결과로 이들은 과대한 기대치를 갖게 되었다. 이 점도 1917년에 이르러 이들이 1905년과는 다르게 행동한 원인이 되었다. 러시아가 1차 세계대전에 참여했던 것은 20세기 러시아 역사를 바꾸어 놓았다. 20세기의 소련에서 나타났던 어려움은 레닌과 볼셰비키의 독재 체제에서 비롯되었고, 이 독재 체제가 성립될 수 있었던 계기는 바로 러시아가 1차 세계대전에 참여한 것에서 비롯되었다.[373]

군인들의 반란은 러시아에서 혁명이 일어나는데 결정적인 역할을 담당하였다. 그런데 러시아가 1차 세계대전에 개입하지 않았다면, 그처럼 많은 숫자의 병사가 징집되지 않았을 것이고, 수백만 명의 징병된 병사들이 반란에 가담하지도 않았을 것이다.[374] 1차 세계대전의 발발은 노동 운동과도 밀접한 관계를 가지고 있었다. 노동 조합은 1905년에 합법화되었고, 이후에 파업을 무기로 하는 노동 조합 운동은 활발해졌다. 파업 횟수는 1907~12년에 감소했다가, 1912년에 다시 증가하였고, 1914년 여름에 이르러서는 1907년 이후에 최고 횟수를 기록하였다. 이런 파업 횟수의 증감은 산업 사회에서 노동 운동이 정착되는 과정에서 항상 나타나는 것으로 지극히 정상적인 과정의 일환이었다.[375] 그런데 문제는 노동 조합 운동과 파업의 관행이 러시아에서 정착되기 이전에, 그리고 파업 횟수가 최고에 이른 바로 그 시점에, 1차 세계대전이 발생한 것이었다. 이렇게 노동 운동이 최고조에 이른 시점과 전쟁 발발 시점이 시기적으로 일치한 것은 단지 '우연적'으로 나타난 것이었다. 두 가지의 위기가 우연하게 함께 나타나지만 않았다면 러시아 혁명은 발생하지 않았을 것이다.

"서양의 거의 모든 학자들은 볼셰비키 혁명이 소수당이 일으킨 하나의 쿠데타였다는 점에 동의하고 있다."[376] 볼셰비키가 1917년에 쿠데타를 성공시켰다는 점은 부정할 수 없는 역사적인 사실이다. 그러나 쿠데타 성취가 곧 러시아 지배를 의미하는 것은 아니었다. 볼셰비키는 이 해에 전면적인 승리를 거두지 못했다. 워낙 우연하고, 갑자기, 그리고 민중적인 지지 기반이 없는 가운데 이루어진 쿠데타였기 때문에, 볼셰비키가 최종적인 정치적 승리를 선포하는 데에는 쿠데타를 이룬 뒤에도 약 4년이 더 필요하였다. 볼셰비키가 최종으로 승리를 거둔 해는 1921년이었다.[377]

러시아 혁명은 우연하고, 갑작스럽게, 그리고 대중적인 기반 없이 발생하였다. 엥겔스는 이런 혁명답지 못한 혁명의 운명을 마치 예언이나 하듯이 혁명에 관한 진실을 담담하게 기술하였다.

> 어떤 혁명을 성공시켰다고 자랑하는 사람들은 혁명 바로 다음 날이 되면 무엇을 해야할지 모르게 되며, 그들이 성취한 혁명은 그들이 희망하였던 것과는 조금도 닮지 않았다고 생각할 것이다.[378]

러시아 혁명에 관한 역사적인 사실을 올바르게 이해하고 있는 사람들은 엥겔스의 말에 얼마나 많은 진실이 내포되어 있는가를 알고 있을 것이다. 엥겔스의 말은 러시아 혁명뿐만 아니라 혁명을 이상으로 생각하는 모든 사람들에게 들려주는 경고일 것이다.

2. 볼셰비키가 주도한 위로부터의 정치적 쿠데타

민중의 볼셰비키 반대

볼셰비키는 혁명 이전에도 그리고 이후에도 민중의 지지를 한 번도 받아 본 적이 없었다. 이들은 혁명을 이룬 순간부터 독재 집단의 성격을 유감없이 발휘하였다. 혁명 이후에 나타난 러시아의 비참한 현실을 살펴보면, 혁명 이후에 민중들이 볼셰비키를 지지하지 않았다는 사실을 잘 이해할 수 있을 것이다. 혁명 직후에 경제가 몰락하여 시민들이 고통을 당하였고, 산업은 거의 완전하게 정지되었다. 그리하여 "1918년 중반에 이르러서는 수도에서 60% 이상의 노동력이 실직 상태에 있었다." 도시와 농촌간의 교역 관계는 와해되었고, 우크라이나는 독일 영토로 넘어갔다. 식량 문제는 여전히 심각하였으며, 노동자·군인·농민 사이의 연대도 붕괴되었다. 이 문제들 중에서도 "가장 불길했던 징조는 도시와 농촌 사이에서 유발된 상호 적대 감정이었다." 루블화의 가치는 거의 모두 상실되었고, 노동자들은 농민들에게서 강제로 식량을 빼앗는 방법에 의존하여 기아를 면할 수 있었다. 도시 노동자들은 식량을 구할 수 없어서 결국 도시를 떠났으며, 그 결과 10월 혁명이 일어난 지 단 6개월이 지났을 때 수도의 인구는 1백만 명 이상이 감소하였다. 10월 혁명과 함께 "볼셰비키의 지역구 [즉, 혁명 지지 기반이었던 수도]는 산산조각이 났다."379

볼셰비키는 이러한 문제들을 해결할 수 있는 능력이 없었다. 그들은 1918년까지도 내부적으로 심하게 분열되어 있었고, 당내에서

의견의 일치를 볼 수 없었으며, 브레스트-리토브스크(Brest-Litovsk) 조약은 내부적인 갈등을 더욱 심화시켰다. 중앙에서부터 시달된 명령은 권위가 없었으며, 토지 문제에 관한 중앙 정부와 지방 정부의 갈등에서 결국 지방의 현실을 반영하는 의견은 무시되었다. 행정 체계에서도 질서가 없었고, 군대는 규율을 지키지 않았다. 이런 상황이라면 볼셰비키 세력은 와해되어 정권을 잃는 것이 어쩌면 당연한 일이었을 것이다. 그러나 볼셰비키는 계속해서 권력을 잡을 수 있었다. 그 이유는 볼셰비키 이외의 집단은 볼셰비키보다 더 심하게 분열되어 있었고, 볼셰비키의 가장 큰 장점이었던 정치적인 수완이 그 힘을 발휘하였기 때문이다. 또한 볼셰비키는 민중 운동을 일으킬 가능성이 있는 집단들을 모두 분해시켜 놓았기 때문에 볼셰비키에 대항해서 일관성 있는 민중 운동을 일으키는 것은 원천적으로 봉쇄되었다. 볼셰비키에게는 노동자와 농민들도 문제가 되지 않았다. 노동자와 농민은 서로 적대적이었기 때문에, 두 세력이 서로 맞부딪칠 경우에, 두 세력 모두 볼셰비키의 도움을 각각 요청하였기 때문이다. 볼셰비키는 지방에 산재한 다양한 집단들 사이에서 발생한 불화에 끼여들 때마다 그 지방에서 세력을 조금씩 구축해 나아갔다. 볼셰비키는 민중의 힘에 의존하였던 것이 아니라, 이와는 반대로 분열된 집단의 일부를 집중적으로 후원하여 그들의 힘을 키워 갔다. 1918년 여름부터 시작된 내전 덕분에 볼셰비키는 "결정적인 열쇠를 쥘 수 있었다." 그 이유는 농민들이 두 개의 악(惡), 즉 백군(白軍)과 적군(赤軍) 사이에서, 백군을 더 혐오하였기 때문이었다.380

볼셰비키는 사회 문제를 근본적으로 해결할 수 있는 능력과 조직이 없었다. 이런 한계에도 불구하고 볼셰비키가 계속해서 권력을 장악하는 데에는 막대한 대가를 지불해야만 하였다. 그 대가는 소련의 사회·경제 구조를 왜곡시킨 것이었고, 이 결과는 이후 소련의 앞날에 비극을 초래하였다. 도시에서의 식량 위기를 해결하기 위하여 농촌으로부터 강제로 곡물을 징발하였다. 노동자들의 파업을 막고, 이들을 체제에 순응시키기 위해서 강압적인 방법이 사용

되었으며, 그 수단으로 대대적인 언론 검열이 이루어졌다. "1918년
에는 혁명이 진행될 당시에 존중되었던 민중 조직의 독자성과 민
주적인 절차가 점차 붕괴되었다." 당 중앙 위원회와 측근 각료들은
중앙으로부터 지방의 소비에트로 지시 사항을 일방적으로 전달했
고, "노동자들의 민중 조직은 관료들이 수적으로 압도하였다." 비밀
경찰과 적군, 그리고 중앙의 관료 조직이 과거의 민중 조직을 대표
하는 가장 중요한 조직으로 등장하였으며, 풀뿌리 민중 조직과 민
중의 대표들은 자취를 감추었다. 정치적인 논의는 억제되었고, 조
직의 핵심적인 직위는 밑으로부터의 선거가 아닌 위로부터의 임명
에 의존하게 되었다.[381]

　볼셰비키는 원래부터 대중의 인기를 배경으로 하여 성장한 집단
이 아니었다. 볼셰비키는 1905년 혁명을 일으키는데 "단지 보조적
인 역할"을 수행하였을 뿐이었다.[382] 볼셰비키 당의 역사에서 민중
의 지지를 단 한 번이라도 받은 적이 있었다면, 그것은 아마 1917
년 10월을 전후한 아주 짧은 기간이었을 것이다. 이 해에, 당시까
지의 당의 역사에서, 당원수가 가장 많이 증가하였다.[383] 그러나
1918년에 이르러서 볼셰비키 당의 고립은 심화되었고, 이들은 다른
사회주의자들로부터도 호응을 얻지 못하였다. "볼셰비키는 어떤 대
가를 지불해서라도 도시에 기반을 두어 권력을 장악하려는 혁명가
들이었다."[384] 이들은 러시아 인구의 절대 다수를 형성하고 있는 농
촌 사람들 사이에서, 1917년 10월을 포함하여, 한 번도 뿌리를 내
린 적이 없었다. 볼셰비키는 소수의, 다양한 성격을 가지고 있었던,
그리고 정부의 권력을 이어 받을 준비가 되어 있지 않았던 단체였
다. 이들의 숫자는 1917년 1월에 단 2만 명에 불과하였다. 1917년
한 해에 당원은 10만 명을 상회하였지만, 새로 가입한 당원들은 정
치 감각을 가지고 있지 않은 사람들이었다.[385]

볼셰비키에 이용당한 민중

볼셰비키의 승리는 민중의 지지에 의해서 이루어지지 않았을 뿐만 아니라 그 승리 과정도 전혀 민주적이지 못하였다. 볼셰비키 당은 주로 지식인들로 구성된 행동주의자 당원이 주류를 이루었고, 이들은 "소수의 음모자"에 불과하였다. 볼셰비키의 승리는 고도로 중앙 집중화된 "혁명 전문가"들의 월등한 조직력에 의하여 이루어질 수 있었다. 그러나 소수의 무자비한 당원들이 권력을 잡을 수 있었던 비결은 그들 자신의 능력에 있었다고 하기보다는 2월 혁명 후에 나타난 사회의 혼란에 있었다. 국가는 무정부 상태에 있었으며, 노동자들은 현실성이 전혀 없는 요구를 하였다. 농민들은 귀족의 토지를 조금씩 불법으로 점령해 가고 있었고, 육군과 해군에는 패배주의가 만연하였다. 장교들은 사적으로 구타를 당했으며, 군대 규율은 와해되어 있었다. 따라서 당시의 사회를 주도할 수 있는 힘은, 민중의 지지와는 관계없이, 확고한 신념을 가지고 있던 사람들로 조직화된 집단이 가지고 있었다.[386]

볼셰비키 당은 전국적인 차원에서 보거나 지방적인 차원에서 볼 때 결코 인기가 없었다. 당은 단지 수도에서, 그것도 아주 짧은 기간만 비교적 많은 수의 추종자를 거느렸다. 수도는 어떤 면에서 보아도 전국의 기준으로는 비전형적인 지역이었다. 2월 혁명에서 10월 혁명에 이르는 동안 수도에서 전개되었던 상황은 전국의 다른 지역에서 일어났던 상황과는 전혀 달랐다. 볼셰비키에 대한 군대의 지지는 "부분적이었고, 일시적이었다." 볼셰비키는 농민들과의 관계에서 "의미 있는 진전을 보인 적이 결코 없었으며," 농민들은 혁명 이후에도 사회혁명당의 강한 충성 세력으로 남아 있었다. 볼셰비키 당은 민중의 지지를 얻은 것처럼 선전하였지만, 이것은 사실이 아니었다. 볼셰비키는 "음모, 협잡, 잠입" 수단을 동원하여 민중의 지지를 얻은 것으로 위장하였다. 볼셰비키의 가장 중요한 민중 조직은 공장 위원회, 노동자들의 방위군, 노동 조합, 병사들의 위원회, 그리고 무엇보다 소비에트들이었다. 그러나 이 조직들은 1917년에 들어와서야 비로소 활성화되었으며, 이 해에 이 조직들은 "당의 목표에 맞게 새로이 재단되었다." 더구나 이 조직들의 결정적인 권한은 볼셰비키 당에서 하위 당직을 맡았던 사람들이 장악하였다. 행동주의자였던 이 하부 기간 요원들은 조직을 빠른 속도로 장악해 나아갔다. 민중들은 한때 이들을 추종하였으나 민중들이 이들에게 설득되어 이들을 지지한 것은 아니었다. 민중들은 그저 결속을 이루어야겠다는 막연한 감정에서 이들을 지지하였다. 볼셰비키는 소비에트 대회에서도 절대적인 지지를 얻지 못하였다. 10월 25일에 개최된 제 2차 전 러시아 소비에트 대회에서 볼셰비키는 가까스로 과반수가 넘는 지지 세력을 확보하였다. 그러나 과반수 확보가 국민의 지지를 반영하는 것은 아니었다. 이 회의에는 많은 농민 대표자들이 참석하지 않았고, 또 중도 사회주의자들도 회의에서 투표에 참여하지 않았기 때문에 볼셰비키는 간신히 과반수를 확보할 수 있었다.387

볼셰비키의 성공과 민중들의 지지와는 전혀 관계가 없었다. 왜냐하면 간단하게 말해서 1917년 러시아에는 '민중의 정치 의식'이라는 것이 아예 존재하지 않았기 때문이다. 만일 민중들이 한 순간이라도 볼셰비키를 지지하였다면, 그것은 러시아 군중의 무지와 정치적인 순진성 때문이었다. 혁명이 일어났을 당시에 러시아 "농민들과 병사들의 이념은 마치 어린아이의 것과 같았고 유토피아적이었다." 러시아의 민중들은 "무지했고, 정치적으로 성숙되어 있지 않았으며, 현안 문제에 대한 감각도 가지고 있지 않았다." 그들은 "그 자신들이 가지고 있던 합리적인 목표에 의해서 계도되지 않았고, 엉뚱한 풍문, 오합지중을 흥분시키는 행위, 선전, 그리고 민중 선동에 의해서 이끌려 갔다."388

역사가 전개되고 있는 현장에서 나타났던 군중들의 행동을 살펴보면 러시아 혁명에서 민중들이 차지하였던 역할을 올바로 이해할 수 있을 것이다. 1917년 7월 위기에서 나타났던 군중들의 모습은 매우 시사적이었다. 민중들의 분위기는 2월 혁명 당시나 혹은 그해 봄에 있었던 시위 때와는 매우 달랐다. 민중들은 2월 혁명 때와

는 달리 "기분이 내키지 않았고, 열광적이지 않았으며, 활기에 차
있지도 않았다." 민중들은 오히려 "분노에 가득 차 있었고, 제멋대
로였으며, 폭력 행위를 저지르는 것을 주저하지 않았다." 민중들의
분위기는 의심할 여지없이 그들이 무엇인가 탈취당했다는 감정을
표현하고 있었다. 이런 민중들의 심리는 후속 사태 전개에 많은 영
향을 주었다. 민중들은 2월 혁명 이후에 실제적으로는 아무 것도
얻지 못했음을 인식하였고, 앞으로 다가올지 모르는 또 다른 혁명
에서도 그들이 기대하고 있는 것들을 얻기가 어려울 것이라는 사
실을 알고 있었다. 여기에서 오는 좌절감이 민중들을 더욱 분노하
게 만들었고, 이런 이유에서 민중들의 행동은 더욱 폭력으로 기울
어졌다. 민중들은 좌절감을 느끼고 혁명으로부터 그들의 몫을 늘리
고, 혁명으로부터 기대하는 것을 성취하기 위하여 어떤 행동이든
취하기를 원하였다. 그러나 "그들은 막상 무엇을 해야 할지 몰랐고,
또 어떻게 행동해야 할지도 몰랐다." 그들은 그저 막연하게 그들을
위해서 소비에트는 그 무엇인가를 해 줄 수 있고, 소비에트가 권력
을 장악하면 모든 것이 잘 될 것으로 생각하였다. 민중들은 점차
무정부적인 세력으로 바뀌어 갔다. 7월 시위에서 보여 주었던 그들
의 행동은 해방의 기쁨에서부터 모든 권위의 부정에 이르기까지
혁명이라는 비정상적인 과정에서 맛볼 수 있는 모든 무정부적인
분위기를 연출하였다.389

　　1917년 7월 17일에 민중들이 시위를 벌인 근본적인 원인은 악화
되어 가고 있던 그들의 생활 수준과, 상층 계급에 대한 증오, 그리
고 군대 징집에 대한 반발에 있었다. 민중들은 그들이 세웠던 원래
계획과는 관계없이 매우 폭력적이었고, 질서가 없었다. 또한 민중
들은 그들의 목적을 달성하기 위하여 시위에서 어떤 행동을 해야
할지 몰랐다. 그러나 그들은 어떤 일이든지 저지를 수 있는 힘을
가지고 있었다. 상황은 크론스타트로부터 약 2만 명에 달하는 급진
성향의 수병들이 배로 도착함으로써 더욱 가열되었다. 이런 상황에
서는 "소비에트도, 정부도 모두 속수무책이었다." 시위에 가담하지
않았던 병사들은 자신들이 중립임을 선언하였다. 시위 군중들이 공

언한 시위 목적은 권력을 소비에트로 이양하는 것이었다. 그러나 군중들은 자신들의 시위 목적이 달성되기 어렵다는 사실을 깨달았고, 이후에는 폭력을 사용하기 시작하였다. 이 사태에서 단 하루 동안에 4~5백 명이 살해되었다. 7월 위기는 19일에 크론스타트의 수병들이 자신들의 기지로 돌아감으로써 마감되었다.390

7월 시위에서 민중들은 자신들의 한계를 보여주었다. 크론스타트 수병들의 행위는 잔인하였다. 그들은 건물을 뒤지면서 혐의자를, 죄가 있건 없건 간에, 사살하였다. 수병들은 상점의 유리창을 부수고, 가정집의 찬장을 열어서, 가져갈 만한 것은 다 가져갔다. 어떤 시위 군중은 거리의 전선들을 잘라 갔다. 도시의 교통은 배회하고 있던 군중들이 가로막아서 막혔다. 소비에트 지도자들이 회의를 하였던 장소 자체도 실로 방어 불능 상태에 있었다. 이 회의장 밖에서는 시위 군중들이 모이고, 흩어지고, 다시 무리를 이루었다. 그리고 "거리에 나와 있던 군중들은 그들이 정확하게 무엇을 해야 할지를 몰랐다." 이들의 혼란 상태는 7월 위기를 상징하였다.391

일부 역사학자들은 군중들의 자생적인 이념과 행동이 러시아 혁명을 성공으로 이끄는데 중요한 역할을 하였다고 주장하였지만, 당시의 러시아 군중은 군중이었을 뿐, 확고한 정치 성향을 가지고 있는 민중은 될 수 없었다. 러시아 혁명은 기회주의자들의 성공담에 불과하였다. "볼셰비키는 결코 민주적인 과정을 밟아서 권력을 확보하지 않았다." 볼셰비키 자신들은 "심지어 자신들의 추종자 대부분을 속이고 있었음"을 알고 있었다. 그 결과 볼셰비키가 정권을 잡은 뒤에 국민들이 볼셰비키를 지지하는 열성은 나타나지 않았다. 국민들은 새로운 집권자를 무관심과 냉담으로 대했다. 러시아 혁명에는 민중의 지지도 없었고, 순수한 이념도 없었으며, 정치적인 야욕만 가득하였다. 이런 혁명은 숙명적으로 많은 사람들에게 후회와 회한을 안겨 주었다. 농민들은 그들의 토지가 국영 집단 농장에 귀속되므로 배신감을 맛보아야만 하였다. 병사들은 그들이 혐오하였던, 그래서 혁명을 지지하였던, 관료 체계가 제정 때보다 오히려 더 강화되고 있음을 인식하기 시작하였다. 소수 민족의 자결권은 프롤레타리아의 국제주의에 밀려서 무시당했다. 노동자들은 그들이 작업장을 통제하게 되기는커녕 당의 훈육에 시달리게 되었다. 철도 노동자들이 파업의 목표로 삼았던 '모든 사회주의자들의 연합'은 혁명이 성공함과 동시에 '일당 독재'의 그늘로 사라졌다. 민중들은 혁명을 통하여 이루려고 하였던 그들의 이상이 좌절되었음을 깨달았다. 그러나 그들이 이에 대하여 분노를 느끼기도 전에 민중들 옆에는 그들의 침묵을 차가운 눈초리로 지켜보고 있는 비밀 경찰들이 붙어 다녔다. 러시아 국민들이 밟고 있던 민주화의 과정은 "볼셰비키 햄머의 내리침"과 동시에 산산조각으로 부서졌다. 혁명이 있은 다음 달에 실시된 제헌 의회의 투표에서 새로운 볼셰비키 체제가 패배한 것은 당연한 일이었다. 그러나 이 의회에 존재했던 반대 세력은 무력으로 제압되었고, 의회 자체도 무력에 의해서 해산되었다. 그리고 볼셰비키의 야만적인 독재 시기가 도래했다.392

"제정의 붕괴를 초래했던 것은 압제나 곤궁이 아니라, [1차 세계 대전에 관계되어 나타난] 문화적이고 정치적인 결함들이었다." 경제적이고 사회적인 어려움은 혁명을 일으킬 정도로 위협적인 요소는 아니었다. "민중들은, 상상이나 혹은 실제로, 그들이 어떤 불만을 가지고 있었다고 하더라도, 혁명을 필요로 하지 않았고 또한 혁명을 갈망하지도 않았다. 혁명에 관심이 있었던 단 하나의 집단은 인텔리겐치아였다. 대중적인 불만과 계급 투쟁이 [마치 혁명 이전에 존재했던 것처럼] 주장하는 견해는 실제적인 사실에 기반을 둔 것이 아니라 [사건 발생 이전에] 이미 이념적으로 구상해 놓았던 선입견에서 연유한 것이었다. [올바르지 못한] 견해를 가지고 있던 학자들은 정치적인 발전이 항상, 그리고 어느 곳에서나 사회 경제적인 투쟁에서 연유하였다고 주장하였다. ... 그러나 이런 견해는 이미 신뢰를 상실하였다."393

민중의 입장에서 본다면, 10월 혁명이 아닌 2월 혁명이야말로 진정한 러시아 혁명이었다. "10월 혁명은 혁명의 본질을 부정하는 전형적인 쿠데타였다." 반면에 2월 혁명은 민중들에 의하여 수행되었기 때문에 전형적인 혁명이었다. 볼셰비키의 잘못은 그들이 권력

을 잡았다는 점에 있었다고 하기보다는 그들이 권력을 독식하였다는 점에 있었다.394

볼셰비키는 그들이 내건 정책에 "교묘하게 대중의 열망을 반영하였고, 대중들의 목표에 걸맞은 내용으로 그들의 구호를 [재빠르게] 재편성하였다." 그리하여 대중들은 볼셰비키에 "속아서" 그들을 지지하게 되었다. 볼셰비키는 공장 위원회와 노동자들의 공장 지배를 환호하였다. 볼셰비키는 토지를 즉시 농민들에게 이전하는 안을 옹호하였으며, 전쟁을 끝내는 것, 군대에서 전통적이고 관료적인 권위 체계를 없애는 것, 그리고 부르주아 국가를 종식시키는 것을 주장하였다. 그러나 이것은 이들의 구호였고, 실제 그들의 생각은 구호와는 전혀 달랐다. "볼셰비키의 이념에는 엘리트주의와 권위주의가 가득 차 있었다. 볼셰비키 정신의 가장 기본적인 성격이 민중과 프롤레타리아를 불신하는 데 있었다는 점은 사실이었다. 볼셰비키의 가슴 속에는 인민에 대한 신뢰가 없었고, 인민들이 창의적으로 사태를 주도해 나가는 데에도 신뢰가 없었다." 정확하게 말하면, 볼셰비키는 "프롤레타리아의 이익이 아니라 인텔리겐치아의 이익을 대표하였다." 민중들이 가지고 있던 목표와 볼셰비키가 가지고 있던 목표는 근본적으로 달랐다. "레닌과 볼셰비키는 노동자들이, 자신들이 일하던 공장에서, 스스로 그 공장들을 운영하는 것을 결코 생각한 바가 없었다." 왜냐하면, 볼셰비키에게 사회주의란 사유 재산의 국영화를 의미하였고, 그 재산의 관리는 볼셰비키가 임명하는 사람에 의해서 이루어져야만 했기 때문이다.395

소련 측의 입장에 동조하여 쓰여진 러시아 혁명사는 마치 몇 개의 대도시가 모든 러시아 지역을 대표할 수 있고, 몇 개 도시의 노동자들이 마치 러시아 국민 모두를 대표하였던 것처럼 기술하였다. 그러나 혁명 당시의 러시아에서 도시 노동자는 전체 인구의 매우 적은 부분만을 차지하고 있었다. 제정 러시아 말기에 전체 노동 인구의 75%는 농민이었고, 16%는 서비스 관계의 일에 종사하였으며, 볼셰비키를 지지해서 혁명을 성공시켰다고 주장하는 산업체와 건설 노동자들은 단 9%에 불과하였다.396 도시의 전형적인 노동자들은 전체 러시아 인구의 10%가 되지 않는 매우 적은 수의 집단이었고, 러시아를 대표하는 노동 세력은 도시의 노동자가 아닌 농민들이었다. 그런데 농민들은 결코 볼셰비키의 충성스런 지지자가 될 수 없었다.

제정 말기의 농민들은 지금까지 역사학자들이 생각해 왔던 것보다 훨씬 덜 종교적이었고, 덜 전통적이었다. 글자를 읽을 수 있는 농민의 숫자도 과거에 연구되었던 것보다 많아서 1897년 당시에 글자를 읽을 수 있던 농민은 전체 러시아 농민의 21%에 이르렀다. 10~25세의 젊은 남성 농민들은 45%가 글을 읽을 수 있었고, 혁명으로 이런 대세는 단절되었지만, 당시의 추세가 지속되었다면 1925년에는 100%의 농민이 글을 읽을 수 있었을 것으로 예측되었다.[397] 제정 러시아 말기에 살았던 농민들의 생활상은 소련 측에서 주장한 것보다는 훨씬 좋았다. 1914년까지도 농민들은 혁명적인 집단이 아니었으며, 자영 농민층을 확대하려는 스톨리핀 개혁의 성패와 관계없이, 농민들은 반란 집단이 아니었다.[398]

10월 혁명에 즈음하여 일어난 농민들의 폭동은 "임시 정부가 농업 개혁을 서둘러 실시하기만 했다면 피할 수 있었던 일"이었다. 농민들은 2월 혁명 때까지도 과격하지 않았다. 그들은 2월 혁명에 직접 참여하지 않았고, 2월 혁명이 있은 뒤 처음 몇 달 동안은 폭력을 사용하는 시위에 가담하지도 않았다. 그러나 2월 혁명 이후에 농민들은 경작할 수 있는 토지를 그들 사이에서 나누어 가지려는 희망을 잠재적으로 키워가고 있었다. 이런 상황에서 "농민들은 대규모의 농장을 탈취하여 분할할 수 있는 권리가 있다"는 레닌의 말은 농민들을 자극하였다. 그 결과 농민들은 토지 탈취와 토지 분할 같은 극단적인 행동을 하기 시작하였다. 농민들이 이와 같이 과격한 행동을 하기 시작한 이후에 농민들의 폭력 사용 횟수는 크게 증가하였다. 그리고 농민들은 자신들의 폭력 행위를 정당한 것으로 인식하게 되었다.[399] 이와 같은 농민들의 의식은 또 다른 폭력, 즉 볼셰비키의 독재에 의해서만 압제될 수 있었다.

1917년 9월에 이르러 "농민들의 폭동은 넓은 지역에서 일어났고 더 폭력화되었다." 가옥들이 파괴되고, 지주들이 살해되었으며, 특히 우크라이나와 볼가 지역에서 이와 같은 폭력 행위가 가장 심하게 나타났다. 농민들은 토지를 분할하여 각자 나누어 가졌다. 그리하여 농민들은 아무런 제약 없이 그들 스스로 그들의 오래 된 꿈이었던 '토지 균등 분할'을 실행에 옮길 수 있었다. 이에 대하여 레닌은 매우 현실적인 반응을 보였다. 그는 이런 농민들의 행동을 멈추게 할 수 없음을 알았을 뿐만 아니라, 볼셰비키가 이런 농민의 행동을 이용하면 상당한 이익을 얻을 수 있음도 알고 있었다. 그러나 "농촌에서 일어나고 있던 일들이 레닌이 원하지 않았던 것이었음은 분명했다."[400]

레닌에 관한 전설과 실제

레닌이 없는 러시아 혁명을 생각할 수 없다면, 레닌의 개인적인 도덕성과 정당성은 러시아 혁명을 평가하는데 중요한 요소로 작용할 수밖에 없을 것이다. 레닌은 10월 혁명이 일어날 즈음에 많은 의혹을 받던 인사였다. 우선 레닌의 혁명 자금은 제국주의의 온상이었던 독일로부터 공급되어, 스칸디나비아를 통하여 조달되었다는 의혹이 제기되었다. 이 의혹은, 소비에트 견해에서는 부정하고 있지만, 의혹 정도가 아니라 엄연한 사실이었다. 이 사실은 당시에 외국에 도피해 있으면서 독일 정부와 공조하고 있던 급진주의자 파르부스(Parvus)와 레닌의 심복이었던 하네키(Hanecki)의 행적을 면밀히 추적해 보면 잘 알 수 있다. 레닌은 파르부스 조직을 통하여 하네키로부터 자금을 받았으며, 어떤 경우에는 하네키에게 일정 액수를 송금해 줄 것을 직접 요구하기도 하였다. 물론 돈의 원래 출처는 독일이었다. 1917년 3월에 레닌이 가능하면 러시아로 빨리 돌아가기로 결정하였을 때, 그는 다시 하네키에게 자문을 청했다. 이에 하네키는 독일 정부의 인정 하에 독일을 통하여 행로를 잡을 것을 제안하였다. 레닌은 결국 하네키의 제안대로 움직였다. 레닌

198 러시아 혁명의 환상과 현실

주의자들은 정권을 잡는 것과 같은 거사를 할 때에는 수단과 방법을 가리지 않아도 된다는 명분으로 이 사실을 정당화하였다. 레닌이 제국주의자 독일의 도움을 받았다는 문헌적인 증거는 이외에도 많이 남아 있다. 불과 몇년 전에 독일에서 처음 발견된 문서에 의하면, 레닌의 여행에 가장 열의를 보였던 사람은 다름 아닌 독일 황제 자신이었다. "4월 12일. 만일 스웨덴이 이 여행을 허가하지 않는다면, 레닌과 그의 동료들은 독일 참호를 거쳐서 전선을 통하여 직접 러시아로 돌아가게 될 수 있을 것이라고 빌헬름 2세는 분명히 밝혔다." 레닌이 스웨덴에서 하네키를 만났을 때 레닌은 그를 따뜻하게 맞아 주었다. 그러나 레닌은 그를 둘러 싼 의혹을 제거하기 위하여 파르부스를 만나는 것은 거부하였다.401

레닌은 그의 자금 출처, 특히 외국으로부터의 자금 출처를 밝히지 않기 위해서 매우 조심하였다. 예를 들면, 그는 러시아인에게는 재정을 맡기지 않았고, 러시아인 대신에 폴란드인들을 기용하였다. "1917년 7월 봉기가 실패로 끝난 뒤에, 페트로그라드의 신문들은 레닌이 하네키를 중개자로 하여 독일로부터 돈을 받았다는 사실을 확인하였다고 보도하였다. 이 폭로 기사는 여론에 진정으로 상당한 파문을 가져 와서, 결국 레닌을 도주하게 만들었고, 레닌은 [10월 혁명 때까지] 숨어서 지낼 수밖에 없었다." 레닌이 정권을 잡은 뒤에 그는 하네키의 공로에 대하여 충분한 보상을 해 주었다. "레닌이 죽을 때까지, 그는 하네키에게 진 신세를 기억하였고, 얼마나 하네키가 고마웠던가를 표현하였다. 볼셰비키 당원들에 대한 최초의 숙청이 있었을 때, 레닌은 개인적으로 하네키를 위해서 발언도 해 주었다." 그리고 레닌은 뒤에 하네키를 소련 은행의 총재로 선정해 주었다.402

독일 외무 장관 퀼만(Richard von Kuehlmann)은 1917년 9월 29일자 메시지에서 "볼셰비키 운동은 우리의 지속적인 지원이 없었다면 아마 오늘날과 같이 규모가 크고 영향력 있는 운동이 될 수 없었을 것이다"라고 분명히 밝혔다. 그 뒤, 12월 3일자 메시지에서, 그는 독일의 정치적인 의도를 재천명했고, 레닌에게 보내 준 지원금이 얼마나 큰 규모였는가를 기록하였다. 볼셰비키가 정권을 잡은 뒤에까지 독일이 재정을 돌보아 주었다는 사실은 놀라운 일이 아니었다. 독일 외무부의 러시아 담당 책임자였던 베르겐(Diego von Bergen)은 1917년 11월 28일에 베른(Bern) 주재 독일 공사관에서 전문을 보냈다. 이 전문에는 "여기에서 입수한 정보에 의하면, 페트로그라드 정부는 심각한 재정적인 어려움과 싸우고 있다. 따라서 그들에게 돈을 보내 주는 것이 절실히 요망된다"는 내용을 담고 있었다. 독일 사람들은 소비에트 권력이 존립하는 것이 그들의 이익에 최선이었음을 알고 있었다.403

위에서 언급한 바와 같이 독일 정부는 1915년부터 러시아 혁명운동을 은밀하게 재정적으로 지원해 주었다. 그 이유는 러시아 제국을 불안정하게 만들고 러시아 황제가 평화 쪽으로 기울어지게 압력을 가하기 위해서였다. 이런 목적으로 1917년 3월에서 4월에 이르는 동안 독일 정부는 레닌과 스위스에 거주하고 있던 다른 볼셰비키 지도자들이 독일을 통하여 귀국하는 것을 도와주었다. 그들이 비록 적성 국가의 시민들이었지만, 볼셰비키들은 특별 기차 편으로 독일을 가로질러서 귀국하는 것이 허락되었다.404

지하 반정부 운동을 할 당시의 레닌에 대하여 많은 의혹이 제기되었지만, 이에 못지 않게 혁명이 일어난 시점에서 레닌이 담당하였던 역할에 대해서도 많은 의혹이 제기되었다. 과연 그가 혁명을 진두 지휘하였는가? 겨울 궁전을 함락시킨 날인 1917년 10월 24일 늦은 오후에도 레닌은 포파노바(M. V. Fofanova)의 아파트에 숨어 있었고, 그는 그 날 어떤 상황이 전개되고 있었는지를 몰랐다. "봉기가 이미 진행되고 있었다는 사실을 모른 채, 레닌은 그가 상황을 파악하지 못하고 있었다는 점과 그가 극도로 흥분된 상태였다는 것을 모두 노출시키는 감동적인 편지 한 통을 썼다." 그는 이 편지에서, 거의 정신병적으로, "무장 봉기에서 폭력을 감소시키지 말기"를 요구하였다.405 이런 증거로 미루어 볼 때 레닌이 혁명을 진두 지휘하지 않았다는 점은 분명하다.

레닌에 관하여 쓰여진 전기는 중세의 성자 이야기를 연상하게 한다. 레닌의 공식적인 전기는 1920년대부터 형태가 잡히기 시작하였다. 이 전기의 체제는 기본적으로 예수의 생애를 모델로 한 것으로, 레닌에게는 그가 태어난 날부터 혁명가의 운명이 점지되어 있었다. 레닌의 공식적인 전기에 의하면 레닌은 생애 동안 한 번도 이념을 바꾼 적이 없었으며, 정치에 관여하기 시작한 순간부터 정통 마르크시즘에 몰두하였다. 그러나 요즈음의 역사가들은 그가 믿었던 것이 정통 마르크시즘이 아니었다는 사실을 잘 알고 있다.406

　19세기 후반에 러시아에는 크게 두 부류의 마르크시즘이 존재하였다. 하나는 고전적 마르크시즘으로 자본주의가 성숙한 국가에 적용되는 이론이었고, 또 다른 하나는 러시아 급진주의자들이 신봉하고 있던 "다른 길"로 러시아는 자본주의가 아직 성숙되지 않았지만 사회 발전 과정에서 한 단계를 건너 뛰어 사회주의로 직접 도약할 수 있다는 이론이었다. 그러나 1887~91년까지 첫 번째 부류의 정통 마르크시즘은 러시아에 잘 알려져 있지 않았다. 따라서 레닌이 신봉했던 마르크시즘은 후자였다. 러시아에서 1880년대 이후에 급속하게 산업화가 이루어지자, 러시아의 마르크시스트들은 관심의 방향을 후자의 이론에서 전자의 고전적 마르크시즘으로 바꾸었다. 이런 증거는 당시 러시아에서 인기가 있었던 사회혁명당원들의 대부분이 이런 흐름을 탔던 것에서 찾아 볼 수 있다. 그러나 레닌은 이런 시대의 흐름에 뒤떨어져 있었다. 그 이유는 그가 비교적 시골이라고 할 수 있는 곳에 살고 있었기 때문이다.407

　레닌은 고향에서 러시아의 현실에서도 낙후된 이념을 탐구하였다. 그리고 새로 러시아에 알려진 고전적 마르크스 이론은 그가 생각했던 경향과 일치하지 않는다고 생각하였다. 사상적인 혼돈을 거듭한 끝에 레닌은 두 이론의 중간을 택하였다. 그런데 이 중간 이론이 성립되려면 러시아는 당시에 이미 자본주의 사회 단계에 진입해 있어야만 하였다. 레닌은 결국 당시의 러시아 사회가 자본주의 사회라고 선언하였다. 이런 과정을 거쳐서 레닌은 그의 사상적인 노선을 정립하였다. 그러나 문제는 이와 같은 레닌의 선언에 뜻을 함께 한 사람이 당시의 러시아에는 아무도 없었다는 사실이다.

그러나 이런 사실에 레닌은 좌절하지 않았다.408

레닌은 그의 특이한 이론의 근거를 찾기 시작하였고, 드디어 그 근거를 찾는데 성공하였다. 그가 찾은 근거는 러시아의 현실과는 전혀 관계가 없던 독일 농촌이었고, 구체적으로는 엥겔스가 말했던 독일 농민의 상황이었다. 레닌은 러시아 농민이 소수의 소부르주아와 다수의 프롤레타리아로 구성되어 있다고 주장했으며, 러시아 농촌 인구의 약 20%가 부르주아에 해당된다는 결론을 내렸다. 레닌은 "기본적으로 서구 유럽과 [러시아의] 질서는 다르지 않다"고 전제하였다. 이런 전제가 옳다는 가정 하에 서구의 정통 마르크시즘과 러시아의 특성이 결합될 수 있었다.409

레닌의 이론은 10월 혁명 이전의 러시아 사회에 별다른 영향을 미치지 않았고, 또한 그의 이념은 혁명이 성공하는 데에 중요한 요인이 될 수 없었다. 그렇다고 해서 레닌을 추종했던 볼셰비키가 승리할 수 있었던 원인이 그들 자신의 뛰어난 능력에 있지도 않았다. 볼셰비키가 승리했던 원인은 간단히 말해서 볼셰비키의 적대 조직이 약화되었다는 데 있었다. 여기에다 볼셰비키가 러시아 혁명을 성공으로 이끌 수 있었던 근본적인 원인을 한 가지만 더 추가한다면, 그것은 볼셰비키가 성공을 위해서라면 어떤 것도 가리지 않았던 그들의 무차별적인 선전과 선동에 있었다. 특히 볼셰비키의 선전 중에서 가장 힘이 있었던 것은 토지의 무상 분배였다. "토지 재분배라는 유혹에 병사들은 강하게 영향을 받았고, 이에 대규모의 병영 이탈 현상이 나타났다."410 병사들뿐만 아니라 일반 농민들도 볼셰비키의 약속에 환호성을 질렀다. 그러나 토지 재분배는, 뒤에 살펴보겠지만, 농민들의 뜻과는 완전히 다르게 이루어졌고, 결국 소련의 장래에 매우 부정적인 요소를 가져다 주었다.

이와 같은 볼셰비키의 적극적인 선전 공세에도 불구하고 멘셰비키와 사회혁명당은 지식인들만 음미할 수 있었던 교과서적인 마르크스주의 혁명 이론에 집착하고 있었다. 이들은, 고전적인 법칙에 따라서, 자본주의 정부가 러시아에 먼저 들어선 이후에나 사회주의 혁명이 가능하다고 믿었다. 이들은 혁명을 일으킬 태세가 되어 있지 않았으며, 이들의 조직은 좌익, 중도, 그리고 우익으로 심각하게 분열되어 있었다. 그리고 이들 온건 사회주의자들은 영국과 프랑스 혁명의 교훈을 상기하여, 혁명 후에 부상할지 모르는 군대의 반혁 명 사태를 우려하였다. 그리하여 이들은 국민들에게 혁명 대신 인 내를 요청하였다. 그러나 "이들이 인내를 강조하면 할 수록, 그들의 영향력은 줄어들었다." 그 결과 이들은 민중과 군대의 지지를 상실 하였다.411

이와 같은 상황이 러시아 혁명의 필연성이나 혹은 볼셰비키 등 장의 필연성을 의미하지는 않았다. 당시의 상황이 반드시 온건 사 회주의자들에게 절망적인 것만도 아니었다. 2월 혁명 이후에 파업 의 숫자는 급격히 줄어들었고, "노동자들은 고용주들이 받아들일 수 있는 것 이상의 요구 사항을 제시하지 않았다." 병사들은 3월 말까지도 애국심에 근거하여 기꺼이 전선을 고수하려는 의지를 보 였다. 농민들의 봉기도 점차 낮은 수준으로 떨어지고 있었고, 이들 은 질서가 지켜지는 가운데 진행되는 토지 이전을 기다리고 있었 다.412 목적이 달성된 뒤에 어떤 일이 벌어지든 간에 권력 장악만을 염두에 두었던 볼셰비키의 비현실적인 선동만 없었다면 러시아는 2월 혁명 이후에 나타났던 위기 상황을 평화스럽게 극복할 수도 있었다.

소련 정부의 공식적인 해석에 의하면 레닌이 없는 러시아 혁명 은 존재할 수 없었다. 그러나 좀 더 러시아 혁명을 깊이 연구해 보 면 트로츠키가 없는 혁명은 더 불가능하였다는 사실을 이해하게 될 것이다. 트로츠키는 뒤에 스탈린과의 정치적 투쟁에서 패배하였 고, 스탈린이 정권을 잡은 다음에는 트로츠키가 혁명 과정에서 공 헌한 사실들이 소련의 공식적인 역사 서적에 등장하지 않았다. 러 시아 혁명을 올바르게 이해하기 위해서는 트로츠키에 대한 정당한 역사적 해석이 먼저 내려져야 할 것이다. 트로츠키는 26세 약관의 나이로 1905년 혁명을 주도하였다. "1905년과 1917년 [혁명에서] 소 비에트 이념의 주역은, 레닌이 아닌, 트로츠키였다." 소비에트의 역 할이 없었더라면 러시아 혁명은 성공할 수 없었고, 이런 인과 관계에서 트로츠키의 역할은 러시아 혁명 전개 과정에서 결정적이었다. 그러나 트로츠키는 1917년에 들어와서야 볼셰비키가 되었다. 그는 10월 혁명 때 페트로그라드 소비에트와 이 조직의 군사 혁명 위원회(MRC: Military-Revolutionary Committee)의 의장이었고, "임시 정부의 명령을 공개적으로 무시하는 지시 사항들을 실제적으로 준비하였다."[413] 러시아 혁명의 실제적인 거사는 레닌이 아닌 트로츠키가 수행하였다.

트로츠키는 마르크스가 한 말을 빌어서 "중단 없는 혁명" 즉, "영원한 혁명"(permanent revolution) 이론을 제시하였다.[414] 트로츠키는 이 혁명 이론에서 마르크스의 이론과 러시아의 특수한 상황을 결합하였으며, 이 혁명 이론은 레닌에게 많은 영향을 주어서, "레닌의 유명한 1917년 4월 테제에 초석을 놓아주었다."[415] 혁명이 성공한 후에도 트로츠키는 레닌에게 많은 영향을 미쳤고, 레닌이 그의 체제를 유지하는데 결정적인 도움을 주었다. 10월 혁명이 성공한 직후에 혁명 정부가 직면했던 최초의 그리고 최대의 위기 상황이었던 러시아의 내전에서도 트로츠키의 역할은 결정적이었다. 그는 소비에트의 조직과 군사 작전을 지휘하였을 뿐만 아니라, 적군(赤軍)을 조직하여 혁명 체제를 수호하였다. 그는 레닌의 가장 긍정적인 업적 중의 하나라고 평가받고 있는 '신경제 정책'(NEP)의 윤곽을 제시하였고, 1920년대의 전반적인 국가 체제를 기획하는데 매우 중요한 역할을 담당했으며, 세계 혁명 이론을 구체화했다.[416]

러시아 혁명에서 트로츠키가 차지하였던 역할이 강조될 수록, 레닌의 신성불가침한 위치는 격하될 것이다. 소비에트 해석에서는 레닌 혼자서 혁명을 계획했고, 레닌 혼자 혁명을 주도하였으며, 레닌 혼자서 혁명의 이념을 제공하였다고 주장하면서 레닌을 중심으로 하는 일사불란한 볼셰비키 혁명 과정을 설명하였다. 따라서 트로츠키가 혁명 과정에서 차지하였던 역할이 증대될 수록 소비에트 견해는 그 기반을 상실하게 될 것이다. 그런데 요즈음 러시아에서는 레닌에 대한 부정적인 평가 작업이 많이 이루어지고 있으며, 이와는 반대로 트로츠키에 대한 평가는 더욱 긍정적으로 나타나고 있다.

10월 혁명을 일으켰을 당시에 트로츠키는 30대 후반이었고, 대부분의 다른 과격 혁명가들도 20~30대였다. 러시아 혁명은 당시의 젊은 세대가 자신들의 세대만을 위해서 전개하였던 젊은이들의 정치 운동이었다. 실제로 이들 젊은이들이, 뒤에 숙청 대상자가 되지만 않았다면, 정치 권력을 세계의 어느 정치가들보다 오랜 기간 유지할 수 있었을 것이다. 러시아 혁명 1세대가 약 반 세기 이상 소련을 지배하였다는 것은 주지의 사실이다. 이 혁명가들은 10대 혹은 20대에 혁명의 꿈에 젖어서 혁명에 가담하였다. 혁명을 성공시켰을 때 이들은 20~30대의 젊은이들이었으며, 소련의 지배자가 되었다. 젊은 급진 혁명가들은 레닌을 "그 노인"이라고 불렀다. '그 노인'이 이승을 떠날 때에 그의 나이는 불과 52세였다.[417] 그러나 혁명 1세대에게는 레닌이 분명히 노인으로 보였을 것이다.

'혁명'이 아닌 정치적인 '쿠데타'

일반적으로 어떤 혁명이 발생하기 직전의 사회를 심하게 비판하면 할 수록 그 혁명의 정당성은 더욱 돋보일 것이다. 혁명을 일으킨 사람들은 혁명 이후에 설립된 체제의 지배자가 되고, 이들은 항상 일방적으로 혁명 이전의 체제를 비방하였다. 이 과정에서 그들의 정통성이 인정될 수 있기 때문이다. 물론 러시아 혁명의 경우에도 예외는 아니었다.

혁명 이전의 제정과 임시 정부 체제는, 러시아 혁명 주도 세력의 선전과는 전혀 달리, 그토록 비난을 받을 정도로 나쁜 체제는 아니었다. 오히려 혁명 이전의 체제는 러시아 역사상 보기 드문 민주적인 체제였다. 볼셰비키의 집중적인 비난을 받았던 입헌민주당은, 볼셰비키 낭과는 비교할 수 없을 정도로, 국민들을 대표할 수 있는 정당이었다. 이들은 특정 집단이 아닌 '러시아'를 위한 정책 수립에 최우선 순위를 두었고, 이들이 추구하였던 원칙은 어느 누구도 예외 없이 법의 지배에 복종하는 것이었다. 이들은 모든 시민의 기본권 보장, 하루 8시간 노동제, 노동 조합의 권리, 그리고 국가에 의해서 지불되는 강제적인 의료 보험, 노후 보험 등을 주장하였다. 입헌민주당은 지방 정부를 대표한 젬스트보와도 연결되어 있었다. 반면에 볼셰비키 조직은 두마 속에서만 활동한 혁명주의자들의 작은 조직에 불과하였고, 이들은 1908~9년 사이에는 페트로그라드에서도 전혀 힘을 쓰지 못하였다.418 볼셰비키는 이와 같은 사실을 왜곡해서 선전하였다. 볼셰비키는 케렌스키가 무능하고, 국민의 지지를 받지 못했다고 선전하였지만, 그는 볼셰비키의 선전과는 전혀 달리 국민들 사이에서 인기가 있는 정치가였다. 볼셰비키가 사회주의자였던 케렌스키를 공격한 이유는 그가 무능해서가 아니라 그가 볼셰비키와 경쟁을 하였던 사회혁명당의 우익을 대표했기 때문이었다.419

코르닐로프 사건은 볼셰비키가 혁명을 성공시키는데 매우 중요한 계기를 마련하였다. 그런데 이 사건에는 아무런 사회, 경제, 혹은 계급적인 투쟁 요소가 개입되어 있지 않았고, 단순히 케렌스키와 코르닐로프와의 "개인적인 권력 다툼"에 불과하였다. 코르닐로프가 반란을 일으킨 근본적인 목적은 해체되고 있던 러시아 군대에서 질서를 회복시키려는 것이었으며, 이 면에서는 케렌스키도 코르닐로프와 의견을 같이 하였다. 그러나 두 사람은 군대 개혁에 대한 구체적인 방법과 정치적인 극단 세력에 대한 대처 방법이 서로 달랐다. 자신의 개혁 방법이 관철될 수 없음을 알고, 코르닐로프는 군사 쿠데타를 도모하였으나 결국 실패로 끝났다. 이런 친정부 세력간의 갈등에서 이익을 챙긴 유일한 집단은 볼셰비키였다. 볼셰비키는 이 기회를 철저하게 이용하였고, 결국 코르닐로프 사건은 볼셰비키가 10월 혁명을 성공시키는데 매우 중요한 단서를 제공해주었다.420 볼셰비키는 우연히 발생한 정치적인 갈등 속에서 어부지리를 얻었기 때문에 혁명에서 승리할 수 있었다.

볼셰비키의 10월 혁명은 성공이 예상된 혁명이었다기보다는, 오히려 결과를 예측하지 못할 "정치적인 도박"에 속했다. 레닌이 마르크스의 이론을 믿고 실천에 옮겼다면, 마르크스의 법칙에 의하여 혁명의 성공은 예상되었을지 모른다. 그러나 레닌은 역사적인 법칙이 실현될 가능성을 배제하였고 마르크스의 능력을 과소평가했기 때문에 10월 혁명은 정치적인 도박에 불과할 수밖에 없었다. 볼셰비키의 행동은 10월 24~25일에만 있었고, 임시 정부의 군대는 볼셰비키의 매우 적은 수의 병력에도 저항할 능력이 없었다. 10월 혁명을 가능하게 만들었던 것은 볼셰비키의 강한 힘이 아니라, 이미 약화될 대로 약화된 임시 정부였다.421 이렇게 약체였던 정부는 러시아의 임시 정부를 제외하고는 아마 다른 나라의 역사에서 찾아보기 어려울 것이다. 어떻든 볼셰비키는 도박에서 승리했다.

대부분의 학자들은 정부가 급진 세력을 잘 견제하지 못해서 혁명이 일어났다고 주장하였지만, 사실 혁명은 정부가, 급진 세력이 아닌, 보수 세력을 정치적으로 잘 관리하지 못해서 발생하였다. 러시아에는 토지에 기반을 둔 많은 보수주의자들이 있었다. 그러나 정부의 산업화 정책은 "러시아의 보수주의를 붕괴시켰다." 정부는 빠른 시일 내에 산업화를 이루기 위하여 보수주의 세력을 외면하였고, 그 결과 러시아에서는 급진 세력을 견제할 만한 보수 세력이 형성되어 있지 않았다. 이런 가운데 1917년 사태가 벌어졌고, 보수 세력이 결정적으로 필요했던 이 시점에서 그들은 정부에 대한 지원을 외면하였다.422 보수 세력이 급진 세력을 견제할 의지가 없는 상황에서 볼셰비키의 쿠데타는 성공할 수 있었다.

제정 말기의 러시아는 당시의 아시아 국가들처럼 낙후되어 있지 않았다. 일련의 자유주의적인 개혁과 교육 기회의 확대로 혁명이 일어날 당시에 러시아는 이미 "교육이 잘 된 사회"가 되어 있었다. 이런 사회에서는 민권이 지켜져야 국가 체제가 신뢰성을 유지할 수 있었다. 그러나 제정 말기에 민권 문제는 정부와 사회의 간격을 넓혀 놓았다. 자유 출판이 이루어지고 있는 사회 분위기에서 많은 인쇄물들이 출판되었는데, 이 인쇄물들은 공직자들, 특히 치안에 관계된 공직자들이 법을 준수해야 한다고 주장하였다. 이런 주장은 제정 러시아 말기에 여론화되었으며, 여론을 대표하는 기구의 힘이 국가 조직에서 더욱 확대되어야 한다는 주장이 제기되었다. 여기에다 선거권 확대 압력, 교육받은 젠트리 계층으로의 권력 이전 요구 등과 같은 사항이 정부를 더욱 압박하였다. 그리하여 러시아에서 전통적으로 지켜져 온 치안 체제가 도전을 받았고 권위주의적인 관료 행정도 여론의 지탄을 받았다. 국가 권력이 점진적으로 후퇴하고 러시아 사회에서 자유가 증가되는 상황은 혁명적 사회주의가 활동할 수 있는 여지를 증대시킬 것이라는 당시의 견해는 올바른 것이었다.423

제정 말기에 러시아는 자유주의적인 개혁이 어느 정도 가시적인 성과를 거두고 있었다. 바로 이 점이 오히려 정치적인 불안 요소를 가중시켰다. 그러나 이때 등장한 문제들은 '정치적'으로 얼마든지 해결될 수 있었다. 그렇지만 문제는 황제를 중심으로 한 자문 기구들과 자문관들이 상황에 맞게 정치적인 역할을 수행하지 못하였던 데 있었다. 마침내 정치적인 위기가 나타났고, 이 정치적인 위기가 혁명의 주요 원인이 되었다.

어느 사회에서나 보수 세력의 아성은 교회일 것이다. 그런데 제정 러시아 정부는 교회를 완전히 장악하지 못했고, 또한 러시아는 서양에서 있었던 것과 같은 종교 개혁도 경험하지 못하였다. 교회는 8천만 러시아 사람들의 문화적인 연결 고리로 작용해야만 했지만, 제정 말기에 이르러서 많은 러시아 사람들이 러시아 교회밖에 머물러 있었다. "황제는 교회의 교리와 의식에 관하여 말할 수 없었기 때문에, 그의 [교회 내에서의] 권한은 교회의 행정에 국한되었다." 따라서 황제가 교회를 완벽하게 장악하여, 교회를 중심으로 한 보수 세력을 구축하기에는 근본적인 한계가 있었다. 그렇지만 교회는 교육 분야에서 많은 역할을 담당하였다. 급진주의자들의 소요가 있은 후 10여 년이 지난 1880년대부터 교회는 러시아인을 교육하는데 더욱 중요한 역할을 담당하게 되었고, 그 결과 교회는 급진주의자들의 선전과 일부 급진 성향의 교사들의 영향에 맞설 수 있었다. 그러나 교회 자체는 여전히 개혁되지 않았고, 성직자의 숫자는 증가하였으며, 교회는 황제와 너무 가깝게 밀착되어 있었다. 급진주의자들은 이런 상태에 있는 교회를 비난하였다. 결국 20세기 초에 이르러서도 러시아에 거주하고 있던 사람들의 약 1/4이 공식적인 러시아 교회의 밖에 있었다.424 7세기 이래 러시아에서 보수적인 체제의 골격을 제공해 왔던 교회의 기능은 제정 말기에 이르러서 위기에 봉착하였다. 볼셰비키의 쿠데타와 같은 사건이 발생했을 때에도 교회는 볼셰비키를 견제하는데 실효성이 있는 역할을 수행할 수 없었다. 결국 혁명으로 러시아 교회는 완전히 붕괴되었다.

제정 말기에 러시아에서 보수 세력이 결집력을 상실하고 있었음에도 불구하고, "러시아에서의 급진주의는 니콜라이 2세 재위 기간에 단지 피상적인 성공만을 거두었다." 이때, 급진주의가 실제적으로 러시아 사회에 미친 영향은 거의 없었다고 하더라도, 어떻든 그 인기와 영향력은 러시아 역사에서 최고조에 이르렀다. 그리고는 곧 급진주의는 하향 시기를 맞았다. "급진적인 구호와 프로그램은 러시아 사회의 대다수 국민들의 관심을 끌지 못했으며, 1905년 이후에 급진주의자들은 좌절감을 맛보아야 했다." 급진주의자들은, 무정부주의자들과 비교해도, 제정을 몰락시키는데 매우 미미한 역할을 담당하였다. 그러나 1917년에 무정부주의자들의 세력이 약화되었을 때 급진주의자들은 이들이 차지하였던 자리에 대신 들어앉았다.425

제정 러시아가 몰락했던 원인은 정치적인 문제에 있었다. 정치는 위대한 정치가가 출현하면 신속하게 문제가 해결되는 특성을 가지고 있으므로, 제정 체제에서 정치적인 문제 해결은 황제 자신의 자질과 깊은 관련이 있었다. 그런데, 러시아 국민의 의사와 관계없이, 1917년에 황제 자리에 있던 사람은 니콜라이 2세였고, 그는 정치적으로 결코 유능한 인물이 아니었다. 만일 니콜라이 2세가 정치적으로 유능한 황제였다면, 어쩌면 혁명은 일어나지 않았을 것이다. 왜냐하면 2월 혁명이 일어날 수 있었던 가장 기본적인 원인은 네 가지가 있었는데, 이 4대 원인 모두 정치적인 것이었기 때문이다. 2월 혁명이 발생한 첫째 원인은, 황제가 러시아의 권위주의 체제를 의회 중심의 체제로 바꿀 수 있는 기회가 여러 번 있었지만, 이를 실행에 옮기지 않았다는 점이다. 둘째 원인은 황제가 무모하게 러시아의 민족주의를 추구했다는 것이고, 셋째 원인은 정상적인 입헌 군주 체제에서는 황제의 역할을 훌륭하게 수행할 수 있었을 니콜라이 2세가 불행하게도 급진주의가 성행하는 격동의 시기에 집권하게 되었다는 점이다. 그리고 넷째 원인은 이와 같은 결점들을 치유하는 과정을 1차 세계대전이 일어나기 직전까지도 밟지 않았다는 점이다.426 만일 1910년대에 니콜라이 2세가 아닌 다른 유능한 황제가 집권을 했다면, 러시아의 역사는, 볼셰비키가 주장하고 있는 혁명의 필연성과는 전혀 관계없이, 영원히 달라졌을 것이다. 이와 같이 2월 혁명은 "기본적으로 정치적인 갈등"의 결과였다. 2월 혁명의 결과로 성립된 임시 정부도 정치적인 문제를 해결하는데 유능하지 못하였다. 임시 정부는 전쟁 수행에만 집착하여 러시아가 당면한 국내 문제를 도외시하였고, 특히 개혁 요구를 외면하였다.427 러시아가 위기를 맞았을 때 정치적인 능력을 보유하지 못한 황제와 임시 정부의 요원들이 러시아를 지배했다는 사실이 결국 1917년 10월의 비극을 초래하였다.

20세기가 시작될 때부터 정치적으로 활발하게 움직이고 있던 지식인들은 러시아 사회의 전면적인 변화를 요구하였다. 그런데 이들의 상당 부분은 정치적인 폭력에 의존하여 개혁을 하려는 "전문 혁명가들"이었다.428 다시 말하면 이들의 직업은 혁명을 일으키는 일 그 자체였다. 인텔리겐치아라고 불렸던 이 지식인들을 정의하기는 쉽지 않다. 교육 정도는 그 자체로 인텔리겐치아를 분류하는 기준이 될 수 없었다. 대학 교육을 받은 직장인이나 관료들이 모두 인텔리겐치아로 분류될 수는 없었다. 그러나 글을 간신히 읽을 수 있는 노동자 혹은 농민이라고 하더라도, 그가 공공의 이익에 몰두하고 있다는 것이 인정되면 인텔리겐치아가 될 수 있었다. 따라서 인텔리겐치아는 "실제적으로 언론인·학자·작가, 그리고 전문 혁명가"를 포함하고 있었다.429

러시아의 인텔리겐치아는 매우 정치 지향적이었다. 이들의 이상은 사회적인 현상을 반영하기보다는 "자신들의 심리적인 요구"를 반영하였다. 따라서 대중들로부터 고립되어 있었고, 이런 이유로 대중적인 불만을 대표할 수 없었다. 이들은 대중적인 지지를 얻을 수 없었기 때문에, 민중을 동원할 때에는 항상 음모와 속임수에 의한 조종에 의존할 수밖에 없었다. 인텔리겐치아가 민중들을 대한 태도는 "비하적이었고, 고압적이었으며, 궁극적으로 독재적"이었다. 그러나 이들은 민중의 이름으로 테러에 의존하는 음모를 꾸몄다. 이들에게는 강압적이었던 제정 체제에 대한 반감과, 서구의 낭만주의, 그리고 서구의 사회주의의 이상이 혼재되어 있었다. 이들은 혁명가가 되기에 매우 적합한 사람들이었다. 왜냐하면 혁명가들은 일반적으로 "정상적인 직업을 가지기 어렵고, 정상적인 생활을 할 수 없는 사람들로부터 나오는 경향"이 있었기 때문이다. 이들은 자신들의 사회적인 부적응을 사랑, 친우애, 인간성에 대한 애착으로 보상을 받으려고 하였다. 그런데 불행하게도 이들 "광신자들은 후세에 영웅으로 추앙될 운명을 가지고 있었다." 예를 든다면, 벨린스키(V. G. Belinsky), 체르니셰프스키(N. G. Chernyshevsky), 도브롤리우보프(N. A. Dobroliubov), 그리고 조금 후세의 레닌은 "차갑고 남의 감정을 상하게 하는 사람들이었으며, 이들은 남자나 여자나 어느 성과도 건전한 친우 관계를 맺을 수 없는" 사람들이었다. 이들은 "개인적인 좌절감 때문에 자신들을 속이는 황당한 유혹 속으로 몰입하였고, 가장 극단적이고 환상적인 이념들을 광신적으로 믿게 되었다." 레닌도 이런 예에 속하였다. 레닌의 몸은 그가 추구하는 이념을 물질 세계로 옮기는 도구에 불과하였다. "레닌 속에 자아는 존재하지 않았고 ... 교리적인 체제가 [레닌의 자아를] 완벽하게 대치하였다." 사회적으로 도저히 적응하지 못할 이들 인텔리겐치아는 그 수가 많은 적이 없었다. 그러나 이들은 소수였음에도 불구하고 지하 조직을 구성하기에는 충분한 인원을 가지고 있었다.[430]

사회에 적응하지 못하는 사람들이 혁명가가 되는 데에는 교육을 맡았던 정부도 상당 부분에서 책임이 있었다. 정부는 저항 세력에 가담한 학생들을 선도하지 못했고, 오히려 그들을 혁명가로 바꾸어 놓는데 기여하였다. 정부는 젊은이들이 잠시 동안 이상주의를 신봉하는 일반적인 현상에 대하여 너무 지나친 반응을 보였으며 이 젊은이들이 한때 보인 반항 행위를 "사회 질서에 대한 도덕적인 위협"이라고까지 해석하였다. 정부가 1905년 이후에 급진 학생들에 대하여 합리적인 정책을 수립했을 때, 지하에서 급진주의 성향의 학생들을 양성하고 있던 세력들은 치명타를 입었으며, 그 결과 정부는 "광신자 공급"을 말려버릴 수 있었다. 그리하여 1914년에 이르기까지 레닌과 같이 민중들이 맹목적으로 급진주의를 따르기를 원하였던 사람들은 무정부주의에 귀의할 정도가 되었다.431

그러나 잔존한 급진주의자들은 여전히 복잡한 사회 관계를 흑백, 선악, 친구와 적의 개념으로 해석하였으며, 혁명을 위한 혁명을 이룩하기 위하여 물불을 가리지 않고 헌신하는 태도를 포기하지 않았다. 급진주의자들은 자신들이 대중의 지지를 얻지 못하면 못할수록, 그들의 꿈이 현실에서 멀어져 가면 갈 수록, 그들의 이상을 구현하기 위하여 폭력에 더욱 의존하였다. 급진 성향의 인텔리겐치아는 러시아 사회를 파괴할 수 있는 힘을 보유하고 있는 민중들과 긴밀한 연대를 맺은 뒤에 농민 사회주의가 실현될 유토피아를 이루는 꿈을 꾸었다. 그러나 그들이 목격한 현실은 매우 실망적이었다. 농민들은 "황제를 신뢰하였고, 사회주의는 그들에게 아무 것도 의미하지 않았다." 이런 좌절감에서 인텔리겐치아는 분열되었다. 어떤 인텔리겐치아 집단은, 비관적인 현실과는 상관없이, "농민을 기반으로 하여 [러시아를] 사회주의로 직접 변환시키겠다는 사라져가고 있는 꿈"에 여전히 집착해 있었고, 어떤 집단은 교조주의적이고, 총괄적이며, 비과학적이지만, 궁극적인 승리를 약속하고 있는 마르크시즘에 심취해 있었다. 두 집단에서 보다 현실적인 감각을 지니고 있던 집단은 후자였다. 드디어 인텔리겐치아는 결국 농민이 아닌 노동자들을 중심으로 하고, 경제적인 투쟁이 아닌 정치적인 투쟁으로, 그들의 투쟁 방향을 바꾸었다.432

레닌은 당시의 전형적인 인텔리겐치아 중의 한 사람이었으며, 당시의 인텔리겐치아가 전형적으로 그러하였듯이 매우 교조적이었다. 레닌을 움직인 가장 큰 동기는 개인의 권력에 대한 열망이었다. 레닌과 마찬가지로 볼셰비즘의 핵심적인 믿음도 '강한 독재주의'에 있었으며, 이런 배경으로 볼셰비즘은 본질적으로 '민중 운동을 불신'하였다.433 물론 민중들은 이와 같은 태도를 가지고 있는 볼셰비키를 지지하지 않았다. 민중들뿐만 아니라 당시에 교육을 잘 받은 진보 성향의 인사들도 볼셰비키의 '선동적인 선언'과 그들의 '테러와 폭력에 의존'하는 방법을 외면하였다. 그 결과 1906년 경에 이르러서는 사회혁명당원과 사회민주당원들 모두 그 숫자가 대폭 감소하였다. 볼셰비키가 속해 있던 사회민주당원 숫자는 과거에 15만 명이었으나 이 무렵에는 단지 1만 명이 남아 있었다. 이러한 정치적인 상황과 급진주의자들의 몰락 과정을 살펴보면, 급진주의자들이 활동할 수 있었던 계기는 오로지 1차 세계대전 참전에서 비롯된 사회적인 혼란에 있었음을 잘 이해할 수 있다.434

1917년 10월의 사태는 '10월 혁명'이라고 하기보다는 '10월 쿠데타'라고435 표현하는 것이 더 적절할 것이다. 레닌은 혁명의 기술을 발전시킨 것이 아니라 실제적으로는 "근대에서 일어난 쿠데타의 최고 수준의 기술"을 발전시켰고, 실제로 그는 이 기술을 창조해 낸 "발명가"였다.436 사람들은 보통 1917년 2월과 10월에 두 차례의 러시아 혁명이 있었다고 말하지만, '혁명'이라는 이름에 걸맞은 것은 단지 2월 혁명뿐이었다. "임시 정부를 전복시킨 [10월] 사건은 자생적이지 못했고, 치밀하게 계획된 음모 사건이었을 뿐이었다. 이 음모자들은 [쿠데타가 성공한 이후에] 3년 동안 내전을 치렀고 무차별적 테러를 사용하여 인구의 대부분을 순응시켰다. 10월 [사건]은 소수의 사람들이 정부의 권력을 포획한 고전적인 쿠데타였다. ... 레닌이 핀란드에서 경찰의 눈을 피해 숨어 있을 때, 레닌의 책임을 대신 맡았던 트로츠키는 거리에서 시위를 벌이는 것을 피하였다. 그 대신 그는 사이비였고 정통성이 없는 소비에트 대회의 뒷면에서 볼셰비키 쿠데타를 위장했고, 정부의 중추 신경을 장악하기 위해서 [무력은] 특별 타격대에 의존하였다."437

10월 혁명이라고 불려지는 사건의 중요 순간, 예를 들면 대규모의 군중 집회와 같은 순간을 포착한 '위대한 10월 혁명의 사진'은 현재 남아 있는 것이 없다. 이런 순간은 역사상에 존재하지 않았기 때문에 사진도 존재할 수 없는 것이다. 10월 혁명에서 민중들이 깃발을 들고 겨울 궁전으로 노도와 같이 질주하는 사진이 역사책에 흔히 등장한다. 그러나 이 사진은 역사 현장을 찍은 사진이 아니라, 오래 전에 촬영된 아이젠슈타인(Eisenstein)의 영화 《10월》에서 복사하여 게재한 것이다. 민중이 참여한 사진이 존재하지 않는 것은 민중이 이 사건에 직접 참여하지 않았기 때문이고, 또한 거의 모든 음모 사건이 그렇듯이, 10월 사건 역시 밤에 이루어졌기 때문이다.438 "만일 어떤 사람이 지금도 여전히 [10월 혁명]에 관한 아이젠슈타인의 ... 선전을 믿고 있다면, [최근에] 피지스가 이를 냉정하게 바로 잡았다." 10월 봉기를 일으킨 사람들은 겨울 궁전에서 많은 포도주를 찾아내었고, 적위군은 몇 주일에 걸쳐서 "사상 최대의 숙취"를 경험하였다.439

10월 쿠데타는 "10월 10일 죽은 듯이 고요한 밤에 계획되었고, 2주일 후, 역시 밤에(10월 24일: 신력으로는 11월 6일) 실행에 옮겨졌다." 민중들은 쿠데타 상황이 완료된 후에나 통보를 받았다. 트로츠키가 주모하였던 이 권력 장악 사건은 "국가의 가장 중요한 기관을 치명적으로 공격했던 ... 전형적인 쿠데타였다. 이 쿠데타는 너무나 성공적으로 위장되었기 때문에 ... 볼셰비키 당에서 지위 고하를 막론하고 실제로 어떤 일이 일어났는지 아는 사람은 거의 없었다." 새로운 체제가 사회주의를 노선으로 하고 있다는 사실도 쿠데타가 성공한 이후에 즉시 민중에게 통보되지 않았다. "새로 들어선 체제가 사회주의 체제라는 사실을 언급하는 볼셰비키의 최초 공식 문서는 [그들이 권력을 장악하고] 일 주일이 지난 이후에나 발표되었다."440

"민중의 분노가 폭발한 가운데 볼셰비키가 권좌에 올라서게 되었다는 것은 신화"일 뿐이다. 10월 사건과 관계하여 "당시의 문서에는 어떠한 종류의 민중의 분노에 관한 기록도 나타나 있지 않았다." 지금까지 대부분의 사람들, 특히 대학 교육을 받은 사람들은, 사회-경제적인 역사 해석을 많이 접하였다. 어떤 커다란 역사적인 사건이 벌어졌을 때, 대규모의 사람들이 원인과 결과를 만드는데 참여하였고, 이렇게 하여 일어난 사건이 수백만의 사람들에게 영향을 준다는 것을 이 지식인들은 배웠다. 그러나 밑으로부터의 혁명이 일어날 수밖에 없는 위대한 이유가 위대한 사건 뒤에는 항상 함께 하리라고 생각하는 것은 망상에 불과하다. 가장 좋은 예로 1차 세계대전 발발이나 유대인 학살과 같은 사건들을 들 수 있다. 1천만 명의 목숨을 빼앗아 간 1차 세계대전은 대단한 사건이기에, 상당한 숫자의 민중들이 개입했을 것으로 착각하기 쉽지만, 사실 대전은 "몇몇 정치가의 결정"으로 발생하였다. 따라서 전쟁 발생과 관계되어 민중의 입장을 표현했던 문서는 존재할 리가 없었다. 6백만 유대인을 죽음으로 몰아 넣은 학살은 단 한 사람의 지시로 이루어졌다. 이 지시는 너무나 비밀이어서 오늘날까지 그 명령을 문서로 증명하여 밝히려는 노력은 실패하였다. "민중이 이끌었던 위대한 10월 [혁명]은 공산당의 필독 [서적]에서나 발견할 수 있는 전설이었다. 볼셰비키는 ... 전통에 의해서도, 또한 민중의 요구에 의해서도 정당화될 수 없었다." 그들의 권위를 정당화하는 것은 계급 없는 사회 건설이라는 명분뿐이었다. 10월에 노동자와 농민들이 자발적으로 사태에 개입하였고, 또한 이 사태에서 그들의 분노가 폭발하였다는 사례는 보고된 바 없었다. 민중들은 10월 사태를 "이끈 것이 아니라 따라 다녔을 뿐이다."441

"트로츠키는 볼셰비키가 권력을 장악한 사실을 마치 소비에트에게 권력이 이양된 것처럼 속이는데 빛나는 성공을 거두었다." 트로츠키가 이렇게 속임수를 써야만 했던 이유는 볼셰비키의 권력 장악 사실에 대한 민중의 반응에 대하여 자신이 없었기 때문이다. 따라서 그는 쿠데타의 목적이 사회주의 체제 건설이었다는 사실도 민중들에게 숨겼고, "새로운 체제가 성립된 첫 한 주 동안에도 아무런 공식 문서를 발표하지 않았다." 왜냐하면 이 당시에도 그들은 "여전히 사회주의라는 단어를 사용하는데 확신을 가지지 못했기" 때문이었다. 레닌은 사회주의라는 단어를 사용하는 것을 매우 신중하게 심사숙고했던 흔적이 문서로 남아 있다. "10월 25일에 임시 정부가 붕괴되었다는 내용의 공식 발표문 초고에 레닌은 '사회주의여, 영원하라!'라는 구호를 적어 넣었다. 그러나 이에 관하여 좀 더 생각해 보고는, 이 구호를 삭제하였다. 레닌이 작성한 문서에서 사회주의라는 단어가 처음으로 사용된 것은 11월 2일이었다." 혁명 정부가 사회주의 혁명이 성공하였다고 공식적으로 선포한 뒤에도 시민들은 충격을 받지 않았다. 시정의 사람들은 누가 집권을 하든 간에 차이를 느끼지 못했던 것으로 보였다. 왜냐하면 상황이 그보다 더 나빠질 수 없었기 때문이었다. 주식 시장에서도 이 사건은 "전혀 인상적이지 못하였다." 한 가지 영향이 있었다면 루블화의 가치가 하락한 것뿐이었다. 임시 정부의 몰락은 그 누구의 후회를 자아내지도 못하였다. 정부의 몰락 사실은 국민들에게 그저 지나칠 수 있는 사건이었다.442

1960년대 이후에 역사의 사회사적인 해석이 유행함에 따라서 '수정주의'라는 불명확한 태도를 견지하고 있는 학자들의 견해가 미국과 영국의 대학에서 인기를 끌었다. 이들은 "1917년 10월 사건이 쿠데타였다는 서구에서 널리 알려져 있는 견해를 포기하고 소련의 공식적인 입장에 접근해 갔다. 이 견해는 서구에서 역사를 연구할 때에만 수정주의적이었을 뿐, 소련에서 연구할 때에는 소련에 흔히 존재하는 정통적인 해석이었다." 서구의 수정주의자들은, 소련의 역사가들과는 달리, 레닌의 말 이외에도 트로츠키, 부하린, 그리고 멘셰비키의 말들을 이용하였다. 그러나 이 수정주의자들의 해석은 소련의 검열을 통과한 연구물과 내용이 비슷하였다. 즉, 10월 혁명은 밑으로부터 올라온 진정한 민중 혁명이라는 해석이었다. 이런 견해를 지지하기 위하여 많은 책들이 서양에서 출판되었지만, 이 책들은 한결 같이 주제와는 관계가 적은 불분명한 통계들로 메워져 있었고, 정치와 이념에 대해서는 언급을 하지 않았다. 그리고 이런 견해는 근본적으로 잘못된 것이었으며, "최근에 이 연구물들의 위치는 심하게 흔들리고 있다. [그 이유는] 프랑스에서 정착된 학문 연구 경향, 즉 1789년 [프랑스 혁명]이 성장하고 있던 부르주아와 몰락하고 있던 귀족간의 계급 투쟁이었다는 견해를 주장한 마르크시스트 학자들이 그들의 참호에서 쫓겨났기 때문이다. 프랑스 혁명의 역사에서는 정치와 사상이 이제 적절하게 제자리를 되찾았다." 러시아 혁명 연구 분야에서 수정주의자들의 장래는 더욱 어려운 방향으로 전개될 것이다. "앞으로 소련의 문서 창고가 공개되면, 수정주의 역사가들은 그들의 견해를 어쩔 수 없이 수정해야 할 것이다." 1922년에 소련의 수도 페트로그라드는 공산당이 지배하고 있었고, 이 도시에서 많아야 2~3% 정도의 산업 노동자들이 볼셰비키 당의 지배에 참여하였다. 이와 같은 "소련 정부가 노동자의 정부였다고 누가 주장할 수 있겠는가?" 러시아에서 공산주의의 몰락은 수정주의자들에게 적지 않은 불길한 징조를 보여주었다. 소련이 쿠데타로 그렇게 갑작스럽게 성립되었듯이, 그 붕괴도 빨랐다. 소련이 해체된 이후에 러시아에서 검열은 사라졌다. 러시아 사람들은 서구의 수정주의적인 연구에 대하여, 소련의 공식적인 역사 연구 못지 않게, 신뢰와 흥미를 잃었다. 수정주의 학자들은 "조만간에 소련 치하에서 주류를 이루었던 역사가들과 같은 운명에 놓이게 될 것이다."443

"10월의 쿠데타는 소수의 광적인 인텔리겐치아의 집단에 의해서 수행되었다. ... 우리가 이들을 유토피아를 추구한 사람들이었다고 부르는 것은 적절하지 않다. 왜냐하면 유토피아적인 사회를 건설하려고 했던 사람들은 [그들의 꿈을 이루기 위하여] 전적으로 설득에 의존했지만, 이들 [쿠데타 세력은] 주로 폭력에 의존하였다." 쿠데타의 주동자들은 정당하지 못했고 야망에 차 있었으며 매우 소수였다. 이들이 일으킨 정치 쿠데타의 결과는 집권한 직후부터 비극적으로 나타났다. 그것은 내전, 대량 학살, 기아, 비밀 경찰의 횡포 등과 같은 재앙들이었다.444

전쟁에서의 패배가 쿠데타의 원인

앞에서 살펴본 바와 같이 러시아 혁명은 밑으로부터의 혁명이 아니었다. 이른바 10월 혁명은 위로부터의 쿠데타였다. 볼셰비키는

"당내에서조차 민주적인 형태로 [당원들의] 인준을 받지 않고" 쿠데타를 감행하였다. 볼셰비키, 특히 트로츠키와 스탈린은 "동료 사회주의자들을 의식적으로 기만하였다." 이들은 볼셰비키 대표들의 회의에서 말한 것과는 정반대로 행동하였다. 혁명은 "볼셰비키 당의 정치적인 위선이었다."445

제정 러시아 말기에 민중들은 매우 우매했고 선동에 쉽게 빠져들어간 집단이었다. 소비에트 견해나 수정주의 견해에서 민중들을 마치 오늘날의 민주적인 시민 집단과 같이 취급하는 것은 매우 잘못된 것이다. 볼셰비키가 민중의 의사를 존중하지 않았던 데에는 이유가 있었다. 이들은 민중을 어떤 의사를 제시할 수 있는 집단으로 보지 않았고, 그저 복종만 하는 집단으로 보았기 때문이다. 후기 제정 러시아와 같이 낙후되고, 문맹률이 높았던 사회에서 민중들은 "무지했고, 정치적으로 미숙했으며, 당시에 진정한 문제가 무엇이었는가를 감지하지 못했다." 이 당시의 민중들은 "자신들이 설정한 합리적인 목표에 의해서 인도된 것이 아니라, 당시에 떠돌아다니던 풍문, 상대방 정치 지도자의 기술, 민중 선동, 그리고 선전에 의해서 인도되었다." 볼셰비키의 승리는 무질서를 최대한으로 그리고 기술적으로 이용했던 점으로 설명되어야 한다. 이미 반 세기 전에 패어즈(Bernard Pares)는 러시아 "황제가 몰락한 원인은 밑으로부터 나오지 않았고, 반대로 위로부터 나왔다"고 말하였다. 역사학자들은 이 견해를 경청해야 할 것이다.446

트로츠키의 말에 의하면 "페트로그라드의 10월 혁명은 많아야 2만 5천 내지 3만 명에 의하여 성취되었다." 이 숫자는, 1억 5천만의 러시아 인구와 비교해 볼 때, 0.017% 내지 0.02%에 해당되는 극소수였다. 페트로그라드만 해도 40만의 노동자와 20만의 병사들이 있었음을 상기할 때 혁명을 일으킨 사람의 숫자가 얼마나 적었던가는 실감할 수 있다.447 "어떤 경우든 간에, 민중 전체에 의하여 조직된 민중 봉기는 존재하지 않았다. 단지 소수만 직접적으로 참여했을 뿐이다." 10월 혁명이 성공한 뒤에도 민중들은 혁명을 지지하지 않았다. 노동자들도 폭력에 의존하여 문제를 해결하는 데에는

열의를 보이지 않았다.448 볼셰비키 혁명은 결코 노동자들의 혁명이
아니었다. "러시아의 산업 노동자들이 혁명에서 주요 역할을 하기
에는 수적으로 너무 적었다. 많아야 3백만 정도였던 노동자들은
(이들 중에 많은 숫자는 계절적으로 고용되는 농민들이었다) 전체
인구의 단 2%에 불과하였다."449 10월 혁명은 소수가 일으킨 쿠데
타였으며, 그들이 내 걸었던 정책에 있어서도, 농민이라는 다수를
제외하고, 노동자라는 소수만을 고려하였다. 볼셰비키는 민중들을
상대로 하여 그들이 결코 해결할 수 없는 문제들을 당의 정책으로
약속하였다. 이들이 해결할 수 없는 문제 중의 하나는 농민과 노동
자의 요구를 한꺼번에 들어주겠다는 정책이었다. 그 이유는 원래
노동자와 농민이라는 두 사회적인 집단은 본질적으로 조화를 이룰
수 없었기 때문이다. 진정으로 훌륭한 정책은 두 집단 모두를 대상
으로 하여 만들어져야 하지만, 볼셰비키가 실제적으로 구상했던 정
책은, 그들의 공약과는 달리, 오로지 노동자만을 위한 것이었다.450
　　과거에는 가장 가난한 노동자 계층과 농촌에서 도시의 공장으로
갓 옮겨간 '거친 젊은이'들이 러시아 혁명을 일으켰다고 생각하였
다. 물론 이것은 사실이 아니었다. 진실은 이와는 정반대였다. 혁명
을 주도한 사람들은 기술을 가지고 있어서 비교적 대우를 잘 받고,
이미 도시 생활에 익숙해져 있던 노동자들이었다. 러시아의 공장
근로자들의 대부분은 실제로 가난하게 살았으며, 런던이나 독일의
노동자들보다 훨씬 더 가난하였다. 그러나 이 경우에 비교 대상 국
가는 영국이나 독일과 같이 당시에 세계에서 가장 잘 살고 있는
국가들이었다. 이 두 나라와는 달리 이탈리아의 밀라노에서 일하는
노동자와 러시아 노동자들을 비교하면 두 집단의 생활 수준은 비
슷하였고, 19세기 말과 20세기 초의 유럽 전체 노동자들과 비교해
보면 러시아의 상황은 보통이었다. 러시아에서 노동자들이 가난했
기 때문에 혁명을 일으켰다고 한다면, 다른 지역에서도 혁명이 일
어났어야만 했다. 그러나 러시아의 경우에만 혁명을 경험하였다.
농민들의 경우에도 상황이 그렇게 비관적인 것만은 아니었다. 러시
아 농민들의 대부분은 꼼뮨에서 살고 있었고, 꼼뮨에서 생활하는

데에는 돈이 많이 들지 않았다. 러시아 농민들의 생활은 유럽의 시각에서는 가난하였다. 그러나 인디아의 농민과 같이 처참하지는 않았다.451 설혹 페트로그라드에서 민중들이 불만을 가지고 혁명을 일으켰다고 하더라고 이것은 러시아 전체의 현상이 아니었다. 페트로그라드는 러시아에서 예외적인 도시였다. 페트로그라드만 산업화되었고 서구화되었으며, 이 도시에만 예외적으로 많은 프롤레타리아가 살고 있었다. 페트로그라드는 결코 러시아의 전형적인 도시가 아니었다.452

황제 정부가 전복된 가장 큰 이유 중의 하나는 1차 세계대전 당시에 계속되는 군사적인 패배였다. 황제 정부는 결코 밑으로부터의 압력에 의해서 붕괴되지 않았다. 러시아 혁명의 발생 원인은 자본주의나 혹은 민중으로부터 찾을 수 없다. 그 원인은 1차 세계대전, 즉 산업화된 국가 사이에서 벌어졌던 전쟁에서, 비교적 덜 산업화된 러시아가 패전을 거듭한 데 있었다. 덜 산업화된 러시아가 군사적인 패배를 당하였다는 사실은 어쩌면 당연한 일일 것이다. 산업화가 뒤떨어진 사회는 사회 조직 면에서 그리고 군대 장비 면에서 고도로 산업화된 사회의 군대를 결코 이길 수 없었다. 러시아는 이미 산업화가 많이 이루어진 독일의 상대가 될 수 없었다. 이리하여 거의 숙명적으로 나타났던 러시아의 군사적인 패배는 결국 볼세비키의 쿠데타로 이어졌다. "우리는 1917년 사건이, 변증법적인 역사 발전 원칙이 정해준 과정에 따라서, 프롤레타리아 민중이 오랫 동안 자본주의 체제 전복을 위협해 왔기 때문에 발생했다고 생각해서는 안 된다. 오히려 이 사건은 산업화된 사회 사이에서 벌어진 전쟁이 후진 사회에 부과했던 강한 압박으로 [러시아] 사회가 붕괴된 것으로 보아야 할 것이다."453

3. 혁명의 비극적인 결과

실패한 '소련의 실험'

러시아 혁명은 마르크스-레닌주의가 현실에서 어느 정도 적용될 수 있는가를 보여 준 일종의 실험이었다. '소련의 실험'(Soviet Experiment) 과정에서 유럽의 땅에서는 과거에 해 보지 못했던 많은 실험들이 이루어졌다. 서구 역사에서 프롤레타리아 독재는 이론적으로는 존재하였어도, 실제적으로 현실에서 나타난 적은 없었다. 이와 같이 그 적절성이 한 번도 실험되지 않은 위험한 이념이 현실 적용 실험을 거칠 수 있었던 곳은 볼셰비키와 같은 엉뚱한 집단이 지배하는 소련밖에 없었다. 물론 소련의 실험은 실패로 끝났다. 그리고 이 과정에서 수천만 명이 살해되었으며, 전래의 러시아 사회 체제는 완전히 왜곡되었다. 소련의 실험이 남긴 후유증은 21세기에도 나타날 것이다.

소련의 실험에서 경험한 프롤레타리아 당의 독재는 서양 역사에서 나타났던 어떤 독재와도 상이했다는 사실이 증명되었다. 볼셰비키의 이론이 러시아에서 현실화되자마자, 이들의 이론은 누구도 감히 도전할 수 없는 도그마로 변하였다. 각 실험 단계에서 이념의 현실화가 실패할 때마다, 공산당은 원래의 이론을 다시 해석함으로써, 실패한 실험을 정당화하였다. 서양의 역사에서 존재하였던 모든 독재자들은 그들의 독재를 정당화할 수 있는 이론적인 근거를 항상 가지고 있었다. 그리고 러시아 혁명, 레닌, 그리고 스탈린 모두 한때는 각종 이론으로 정당화된 적이 있었다. 그러나, 서양 역사에서 독재자가 몰락한 뒤에는, 한때 합리화되었던 이론들의 제 모습이 드러나듯이, 소련이 해체된 1990년대에 들어와서 과거에 러시아 혁명과 소련 체제를 정당화시켰던 각종 이론들의 원래 모습이 드러났다. 지금 우리는 소련의 실험이 완전히 실패로 끝났다는 사실을 알고 있다. 그리고 우리는 소련의 실험이 남긴 결과가, 실험실에서 이루어진 실험의 실패와는 달리, 러시아와 인류 사회 모두에게 너무 비극적이었다는 사실도 잘 알고 있다.

소련의 실험이 실패로 끝날 수밖에 없다는 예측은 러시아 혁명이 시작될 때부터 제기되었다. 수단과 방법을 가리지 않고 목적만을 성취하려고 했던 혁명 주역들의 사고 방식은 혁명의 부정적인 결과를 예시하고 있었다. 러시아 "혁명은, [혁명의] 목표를 추구하는 과정에서 사용했던 수단 때문에, 내부로부터 썩어 가고 있었다. 사악한 수단이 가져온 영향은 매우 좋지 않았다. 이것이 공산주의의 운명이었다. 왜냐하면 [혁명 과정에서] 수단이 목적을 대치했고, 그리고는 수단이 목적 그 자체가 되었기 때문이다."454

소련의 실험 과정에서 소련의 시민만 몇천만 명이 희생되었다. 뿐만 아니라 러시아 혁명의 부정적인 영향은 세계 각국에서 나타났다. 대한민국도 이에서 예외가 될 수는 없었다. 소련은 러시아 혁명의 이상을 수출하였고, 이에 따라서 세계 각국에서 많은 소요가 발생했으며, 헤아릴 수 없이 많은 전쟁이 일어났고, 이런 사건들이 발생할 때마다 수많은 희생자들이 속출하였다. 그러나 실패한 소련의 실험에 관한 실상은 구소련 말기까지 잘 알려지지 않았다. 소련에서 매우 효율적으로 이 사실을 은폐하였기 때문이었다. 이 실상은 1980년대 이후에나 비로소 적절하게 연구되기 시작하였다.

소련의 실험이 실패하고 있다는 소식은 1930년대부터 서방의 학자들에게 알려졌다. 물론 소련 정부는 이런 사실을 강력하게 부정하였다. 그러나 소문대로 만일 소련의 실험이 실패했다면 당시 서양의 지식인들은 사상적으로 많은 충격을 받을 수밖에 없었다. 왜냐하면 러시아 혁명은, 사상사적으로 볼 때, 발전론과 역사 전개와의 상관 관계를 현실적으로 증명해 보려는 실험이었기 때문이다.

발전론의 개념은 그리스 시대부터 시작되었다. 발전론은 계몽 사상 시기와 프랑스 혁명 시기를 거친 이후에 진보에 관계된 일반적인 인식으로 자리잡게 되었고, 러시아 혁명은 진보의 연장선상에 있었던 것으로 생각하였다. 서양의 지식인들은 그리스에서 러시아 혁명에 이르는 서양 역사의 발전 선상에서 역사와 발전론을 연결시켰다. 이 견해에 의하면 "첫째, 역사는 인간을 합리적이고 과학적으로 자연을 잘 이해할 수 있도록 계도하며, 둘째, 역사는 합리적이고 평등한 사회로 향하여 나아가고 있다." 따라서 러시아 혁명은, 적어도 당시까지는, 진보의 논리가 최대한으로 축적되어 인류의 역사에서 가장 발전된 형태의 혁명으로 전개되었다고 생각하였다. 그러나 소련의 실험이 실패로 끝나자 "이런 생각은 환상이었던 것으로 판명되었다."455

혁명은 소련이라는 매우 부정적인 체제를 탄생시켰다. 소련의 집권당은 무자비했고, 세계 질서를 전복하기 위한 음모의 온상이 되었다. 소련은 저개발국에 혁명을 수출하였고, 집단 농장화와 산업화의 과정에서 야만적인 테러를 자행하였다. 소련이라는 체제에서 역사상 유례를 찾아볼 수 없는 대기근이 발생하였고, 노동자와 농민들도 전례 없이 착취당했다. 스탈린의 테러, 한반도를 공산화하기 위한 남한 침입, 그리고 비민주적인 정부도 소련이 가지고 있던 부정적인 인상으로 남아 있다.456

러시아 혁명은 개인이 국가의 독재에 완전히 압도되는 시발점이 되었다. 혁명으로 인하여 "사회 민주주의로 향한 약속은 좌절되었고, 밝은 미래로 향한 길에서 이탈하였으며, 러시아 혁명의 성공은 자유주의로의 발전이 [궤도에서] 탈선한 것을 의미하였다."457 한때는 이러한 비극적인 결과를 초래한 러시아 혁명 기념일을 '위대한 10월 사회주의 혁명 기념일'로 생각하여 세계 사람들이 경축했던 적도 있었다. 그러나 이제는 더 이상 아무도 혁명 기념일에 경의를 표하지 않고 있다. "러시아에서는 물론이고, 대부분의 사람들이 이제 혁명을 70년간의 방황이 시작된 사건으로 보고 있으며, 서양에서도 [혁명 기념일에 대하여 더 이상] 관심을 두지 않고 있다." 러

시아 정부가 공산당을 범죄자 조직으로 규정하여 공산당의 정치
활동을 금지시키고 있는 상황에서 10월 사태를 프롤레타리아 혁명
으로 보느냐 혹은 쿠데타로 보느냐는 이미 낡은 토론이 되었고, 이
토론은 그 의의를 대부분 상실하였다. "러시아 혁명은 분명히 쿠데
타였다." 이념을 현실화해 보려고 했던 "최초의 실험"은 분명히 실
패했을 뿐만 아니라 러시아의 공동 사회를 황폐화시켰다.458

마르크스주의 이념을 배반한 볼셰비키 체제

사회를 개조하는 것은 인간 자신을 개조하는 것을 의미하였다. 따
라서 사회주의에 맞게 인간을 개조하는 것은, 인간이 아무리 이념
을 철저하게 학습한다고 하더라도, 러시아 혁명과 같이 갑작스럽게
발생한 사건이 계기가 되어 이루어질 수는 없었다. 마르크스도 이
점을 시인하였다. 1850년에 마르크스는 "당신들 노동자들이 이 사
회의 조직을 개조하고, 당신들 자신을 개조하며, 또한 정치적인 최
고권을 구사할 능력을 갖추기 위해서, 당신들은 20년, 30년, 50년
동안 내전을 치르면서 살아야만 할지 모른다"고 말하였다.459
  러시아 혁명을 주도한 볼셰비키 자신들조차 혁명을 일으킬 당시
에 사회주의로 개조되었던 사람들이 아니었다. 이들은 오히려 제정
러시아의 부정적인 면들을 그대로 계승한 구세대 사람들이었다. 이
들은 구제도의 계층적, 강제적 통제를 이어 받았고, 적군 또한 제
정 러시아 군대의 전통을 이어 받았다. 혁명 정부는 러시아의 구제
도를 그대로 사용하였으며, 혁명 이후에 변화가 있었다면 그것은
사람들만 볼셰비키로 교체된 것이었다. 혁명 정부는 물려받은 구제
도 체제를 그대로 사용하지도 않았다. 이들은 구제도의 정책들을
집권자의 이익에 맞게 더 부정적으로 사용하였다. 볼셰비키는, 구
제도 당시와는 달리, 노동자의 몫도 국가로 귀속시켰고, 볼셰비키
가 대외적으로 내걸었던 정책과는 정반대로, '지적인 노동자'들의
세력만을 대변하였다.460

볼셰비키는 자신들을 마르크스주의자라고 주장하였지만, 실은 이들은 마르크스주의자가 아니라 볼셰비키주의자였다. 그들이 가지고 있던 조직의 기본적인 성격은 "프롤레타리아 독재도 아니었고, 프롤레타리아 민주주의도 아니었다." 간단히 말해서, 볼셰비키 체제는 당시까지 존재했던 어떤 모델과도 달랐다. "소비에트의 사회-정치적인 조직은 마르크스주의에서 제시된 그런 종류의 조직이 아니었다." 볼셰비키 체제는 계급 없는 공산주의 체제의 성격을 갖추고 있지 않았다. 이 체제 하에서 계급은 엄연히 존재했으며, 이 계급은 "생산 수단에 관계된 것이 아니라, 전능한 국가에 관계"된 것이었다. 즉, 소련에서의 계급은 재산에 관계된 것이 아니라, 생산 수단과 인민을 통제하는 권력과 관계된 것이었다. 그리하여 새로운 계급이 공산당과 관련되어 형성되었다. 러시아는 사회주의를 수용할 준비가 되어 있지 않은 상태에서 볼셰비키 혁명을 경험하였다. 따라서 볼셰비키 체제는 사회주의 체제를 건설할 수 없었다. 사회주의는 노동자들을 가난으로부터 해방시켜 주어야만 하였다. 그러나 볼셰비키는 이와 같은 기본 조건을 충족시켜 줄 수 없었다. 오히려 "소련에서는 사회주의를 건설한다는 명분으로 심지어 노동자들의 기본적인 자유마저 박탈했다."461

볼셰비키는 쿠데타를 성취하여 비록 정권은 잡았지만 그들이 약속했던 진정한 사회주의 체제는 만들 수 없었다. 사회주의를 건설한다는 입장에서 본다면 멘셰비키의 이론이 볼셰비키의 이론보다 훨씬 더 적절하였다. 그러나 멘셰비키는 단기적인 정책면에서 실패하였다. 그렇지만 멘셰비키의 정책이 실패한 원인은 멘셰비키 자신들에게만 있는 것은 아니었다. 멘셰비키가 단기 정책에서 실패한 가장 근본적인 원인은 "불가능한 것을 가능한 것으로 만든" 볼셰비키의 무모한 공약 때문이었다. 멘셰비키는 혁명 이후에 당연히 비판받아 마땅한 볼셰비키를 비판함으로써, 잘못한 일도 없이, 값비싼 대가를 치렀다. 수천 명의 멘셰비키가, 정치적인 신념 때문에, 집단 수용소에서 죄수 생활을 하였다. 그러나 멘셰비키는 "소련을 비판한 제 1세대"였다. 그리고 이들은 "마르크스가 틀렸다는 것을

볼셰비키가 증명했다"는 사실을 목격하고 기록으로 남긴 최초의 집단이었다.462

정확한 의미에서 본다면, 혁명 당시에는 하나로 통일된 볼셰비키의 이념이라는 것이 존재하지 않았다. 혁명 이전에는, 이념적인 측면에서 볼 때, 볼셰비키 당은 결코 획일적이지 않았다. 따라서 혁명을 주도할 수 있는 단일 이념은 존재할 수 없었다. 혁명 이전의 "볼셰비키 당은 보통 생각하는 것보다 그 성격이 훨씬 더 다양하였다." 볼셰비키 당은 "협상으로 맺어진 연맹체 이상의 집단은 아니었다."463

볼셰비키 당원의 다양성은 구성원의 교육적인 배경에서도 잘 나타나 있었다. 볼셰비키 당의 지도자들은 상당수가 인텔리겐치아 출신이었기 때문에 고학력 출신자들이 많았다. 그러나 일반 당원의 경우에는 교육 수준이 상당히 낮아서, 당원의 대부분이 아니라, 거의 전부가 문맹 혹은 반 문맹에 가까웠다. 볼셰비키 당원 중에서 1922년 당시에 단 0.6%(2,316명)만 고등 교육을 마친 사람들이었고, 6.4%(24,318명)가 중등 교육의 졸업장을 가지고 있었다. 한 러시아 역사가에 의하면, 이 당시에 92.7%의 당원이 기능적으로 반 문맹 상태에 있었고, 18,000명 즉 4.7%는 완전한 문맹이었다.464 이런 상태에서, 이 당시의 시민이나 당원들에게, 공산주의 혹은 볼셰비키 이념이 진정으로 의미했던 것은, 당의 선전 문구에서 나타났던 구절 이상은 아니었을 것이다.

볼셰비키 당은 지금까지 자신들에게 유리한 사료만을 근거로 하여 자신들의 입장을 옹호하여 왔다. 물론 이들의 주장은 설득력이 없었다. 볼셰비키는 1917년 10월부터 1918년 7월에 이르는 기간에 300종의 정기 간행물을 폐간시켰고, 이후에도 독자적으로 발행된 인쇄물들을 탄압하였다. 1918년 7월 이후에는 볼셰비키의 신문이 아닌 것으로 전 러시아 영토에서 발간된 신문은 단 2~3종이었으며, 이들도 모두 비정치적인 신문들이었다. 볼셰비키는 언론 매체에 대하여 세계의 어떤 정부와 비교가 되지 않는 심한 탄압을 가하였다. 따라서 혁명 직후에 쓰여진 언론 자료로써 현존하는 것들은 모두 볼세비키의 자료이다. 볼세비키 신문들은 물론 기사를 공정하게 다루지 않았다. 그들이 사용한 용어들은 사실을 왜곡하였다. 예를 들면, 볼세비키는 농민의 반란을 쿨락의 음모로 표현하였고, 적군 병사의 반란을 왕당주의자들의 반동적 음모라고 불렀으며, 노동자의 파업을 멘셰비키와 사회혁명주의자들의 음모라고 지칭하였다. 역사가들이 이런 볼세비키의 용어를 쓰는 이상 볼세비키가 남긴 역사 왜곡 현상은 극복할 수 없을 것이다.[465]

볼세비키는 언론뿐만 아니라 사상계 전반에 심한 탄압을 가하였다. 이 중에서 가장 대표적인 예는 도서관 자료에 대한 통제일 것이다. 1920년에 역사 문서에 대한 숙청 작업이 이루어졌다. 이때 소련의 모든 도서관에 보관되어 있던 서방의 "낡은 서적들이 숙청" 당하였다. 숙청 대상이 된 94명의 저자들 중에는 플라톤, 데까르뜨, 칸트, 쇼펜하우어, 허버트 스펜서, 니체, 톨스토이, 그리고 크로포트킨 등이 들어 있었다.[466]

볼세비키 체제 하에서 "문자로 쓰여진 모든 것은 반드시 프롤레타리아 명분의 일부가 되어야만 하였다." 이 정책은 부르주아 지식인이나 이들의 개인주의, 혹은 귀족의 무정부주의를 탄압하기 위하여 수립된 것이 아니었다. 볼세비키의 사상적인 통제는, 정확하게 말하면, 이념을 통제하는 것이 아니었으며, 당의 입장과 다른 견해를 일소하려는 것이었다.[467]

혁명을 전후하여 혁명을 이끌었던 단일 이념은 존재하지 않았다. 마르크스의 이념도 혁명의 이념은 아니었다. 따라서 혁명을 성취한 이후에 이들은 새롭고 또한 통일된 이념을 창출해서 이를 국민들에게 강제해야 할 필요성을 느꼈다. 그래서 새로운 연구 기관들이 조직되었다. 이 기관들 중에서 대표적인 것들은 '적색 교수 연구소'(Institute of Red Professors), 공산주의자 대학들, '공산주의자 아카데미'(Communist Academy) 등이었다. "소비에트가 지배한 첫 10년 동안에 마르크시스트 역사가들은 거의 없어졌다. 따라서 소비에트의 견해를 가지고 있던 대표적인 역사가들은 대부분 비마르크시스트였다."[468] 혁명이 끝난 10여 년 후에도 볼세비키의 이념은 정립되지 않았다.

1920년대 말부터 당은 볼셰비키의 교조적인 이념을 지식인, 정치가 그리고 모든 국민들에게 강요하기 시작하였다. 당의 압력 하에 지식인들은 중립을 지킬 수 없었고, 학자들은 독자성을 잃었다. 지식인 집단들은 모두 당의 공식적인 조직의 일부로 귀속되었으며, 특히 스탈린의 1차 5개년 계획이 진행될 무렵에 지식인에 대한 탄압은 최고조에 이르렀다.[469] 지식인을 억압하는 것과 때를 같이 하여 소련의 역사 연구는 정치적인 색채를 띠기 시작하였다. 이때부터 소련에서 역사는 모든 과학 중에서 가장 정치적인 학문이 되었다. 역사 연구는 당시의 현안 정치 문제를 호도하고 당의 입장을 변호하기 위하여 이루어졌다. 이런 상황에서 서양의 역사가들과 성격을 같이 하는 역사 연구자들은 소련에서 생존할 수 없었다. 원래 마르크시스트의 이론에서 역사는 매우 중요한 역할을 하였다. "마르크스에게 있어서 지적인 추구 과정에서 부여되는 근본적인 과제는 사회 변화의 과정을 이해하는 것이었고, 이에는 역사 연구가 열쇠를 쥐고 있었다."[470]

소련에서의 역사 연구는, 역사의 진실을 밝히는 것과는 전혀 상관없이, 당의 노선을 충실하게 따라 가고 있었다. "당 정책의 모든 면모는 역사를 통해서 올바르게 기술되어야만 했다." 이런 입장에서 당의 공식 역사를 대변하는 서적이 1938년에 출판되었다. 《소련 공산당사 개요》(*History of the Communist Party of the Soviet Union (Bolsheviks): Short Course*)라는 제목의 역사책은 스탈린 체제에서 교과서로 쓰여졌다. 물론 이 책은 당의 노선에 조금이라도 배치되는 역사적 사실은 전혀 언급하지 않았다.[471]

1920년대 후반에는 공산당이 지식인을 장악하였고, 이후에 지식인들의 모든 활동은 마르크스-레닌주의에 의해서만 정당화될 수 있었다. 비마르크스적인 이론은 당연히 정통성을 잃었으며, 부르주아 지식인들은 지적인 잘못을 저질렀다는 죄목으로 고발되었다. 1930년에 한 잡지는 "우리와 함께 하지 않는 사람은 우리에게 반대하는 것이다"라고 선언하였다. "비마르크스적인 교수들은 이제 과

학 [분야의] 쿨락"이었으며, 이들 교수들에게 붙여진 가장 보편적인
죄목은 주로 자유주의 숭상, 정치에 대한 무관심, 투쟁성 결핍, 부
르주아와의 타협 등이었다. 반면에 지배자는 사상 분야에서도 학자
들과 비교될 수 없는 능력을 가지고 있었다. 레닌이 집권하였을 때
에는 레닌 자신이 이념의 창권자였고, 스탈린이 집권하였을 때 "스
탈린은 이론 분야에서 천재로 올라섰다." 1931년 이후에 스탈린은
지적인 분야에서 충격적인 결정을 내렸다. 이 결정으로 고전적인
철학과 헤겔 및 칸트 등에 관한 연구는 소련에서 사라졌고, 그 대
신에 '응용 변증법'과 스탈린의 연설 분석이 빈자리에 들어섰다.472
역사 연구 분야에서 실제적인 토론이 사라졌으며, 진정한 의미에서
역사를 연구하는 기관들은 쇠퇴하였다. 많은 역사가들이 1930년대
에 숙청되었고, 살아 남을 수 있었던 비마르크시스트 역사가들은
공산당의 이념에 맞게 재교육되었다.473

볼셰비키는 혁명 이후에 마르크스-레닌주의와 프롤레타리아 윤
리 등을 사회의 지도 이념으로 삼았다. 그러나 이들은 한 편에서는
새로운 프롤레타리아의 가치관을 주장하면서, 다른 한 편에서는 그
들의 주장과 정반대가 되는 정책을 수행하였다. 혁명이 발생한지
불과 만 5년이 되기 전에, 그리고 내전이 끝난 지 1년도 채 안 된
1922년 7월에 볼셰비키 중앙위원회의 조직국(Orgburo)은 "활성 당
원 노동자들의 생활 수준을 개선"한다는 명목으로 한 규정을 통과
시켰다. 이 규정에 의하여 당의 직책 보유자들의 월급은 수백 루블
에 이르게 되었다. 그런데 이때 산업 노동자들의 평균 월급은 10루
블이었다. 고위 당간부들은 후한 월급 이외에도 국가로부터 무상으
로 지급되는 것이 많았고, 식량 배급, 주택, 의복, 의료, 운전사가
딸린 승용차 등의 혜택이 주어졌다. 이들은 특별하게 제작된 사치
스런 객차로 여행을 하였고, 이와 반대로 일반 시민들은 3등칸이나
화물칸에 탈 수 있는 기차표를 얻는 것으로 만족해야 하였다. 최고
위 당간부들은 외국의 요양소에서 일 년에 한 달 정도를 보낼 수
있는 권리가 있었고, 이때 드는 비용은 당이 부담하였다. 당의 고
위 간부들은 독일에 가서 병을 치료하였으며, 어떤 간부는 독일에

서 치질 수술을 받았다. 1922년 여름 현재 이와 같은 특별 대우를 받을 수 있는 당원의 숫자는 17,000명이었고, 그 해 9월에는 6만 명으로 증가되었다. 당의 간부는 특별한 공관을 가지고 있었다. 레닌, 트로츠키, 스탈린 등의 간부들은 제정 러시아 당시의 귀족이나 부유한 실업가들이 살던 집들을 차지하였다. 이들이 연극이나 오페라에 가면 황제 특별석에 앉았다. "이 간부들은 공적인 면에서 [볼 때] 어떤 것이든 마르크시즘과 관계되는 것이 아무 것도 없었고, 이들은 [제정] 러시아의 정치적인 전통을 대부분 이어 받았다."474

공산주의 이념을 현실에 적용하는 데에는 많은 비용이 필요하였다. 소련에서는 이 비용 지출이 상상을 초월하게 많이 들었으며, 이런 막대한 재정 지출은 결국 비생산적인 체제와 관료주의로 나타났다. "1917년에서 1921년 중반에 이르는 동안에 정부가 고용했던 사람의 숫자는 57만 6천 명에서 240만 명이 되어 거의 5배로 증가하였다. 이 시점에 이르러 러시아 전체 관리의 숫자는 전체 노동자 숫자의 두 배를 넘었다."475 혁명 직후부터 시작된 소련의 악명 높은 관료주의와 비효율성은 소련이 해체된 이후에도 러시아에서 암적인 존재로 존속하고 있다.

프롤레타리아가 '아닌' 프롤레타리아

러시아 혁명은 결과적으로 볼 때에도 프롤레타리아를 위한 혁명이 아니었다. "혁명이 일어난 지 6개월 이내에 프롤레타리아의 상당수가 볼셰비키의 집권에 반대하기 시작하였다. 따라서 볼셰비키는, 부르주아는 물론이고, 근로자와 농민들도 강제할 수밖에 없었다." 혁명 직후에 도시에서 프롤레타리아의 숫자가 줄어들었다. "1920년까지 프롤레타리아의 숫자는 혁명 전의 1/2로 감소하였다." 페트로그라드는 1918년까지 약 60%의 근로자들을 잃었고, 러시아 전체로 볼 때 도시 프롤레타리아 숫자는 1917년 1월에는 360만이었으나 2년 후에는 140만으로 줄어들었다. 노동자의 숫자가 감소한 이유는 매우 단순하였다. 식량 기근과 실직으로 도시 노동자들은 그들의 마을로 돌아갔고, 때로는 적군에 가담하기 위하여 노동자 대열에서 떨어져 나갔다. 근로자, 농민, 그리고 부르주아 모두 볼셰비키에 반대하였으며, 내전 중에도 노동 조합의 90%가 멘셰비키를 지지하였다.476 1920년 무렵부터 노동자들은 프롤레타리아 국가에서 새로운 역할을 찾아냈다. 그것은 "프롤레타리아 선봉대에게 복종하는 추종자가 되는 것"이었다.477

혁명과 내전, 그리고 기아로 수많은 사람들이 사망하였고, 이런 격동기를 거치는 동안 프롤레타리아의 구성원은 그 모습이 바뀌어졌다. "신경제 계획이 진행될 당시에 러시아에서 가장 바람직했던 계급은 프롤레타리아였다." 볼셰비키 당은 그 자신이 프롤레타리아 당으로 정의하였고, 10월의 일들은 프롤레타리아 혁명으로 규정하였다. 산업 분야의 노동 계급은 대부분 볼셰비키 혁명을 지지하였다. 이리하여 볼셰비키는 이 계급들이, 새로운 혁명 체제인 프롤레타리아 독재 체제가 필요로 하는 사회적인 지지를 해 줄 것으로 생각하였다. 그러나 문제는 누가 프롤레타리아였던가에 있었다. 산업 분야에서의 노동 계급은 혁명 이후부터 1921년에 이르는 동안에 해체되었고, 노동 계급의 잔여 구성원들도 볼셰비키 당으로부터 도외시되었다. 또한 1921년에 페트로그라드에서 발생한 파업과 크론스타트 폭동으로 프롤레타리아가 볼셰비키 체제를 지지한다는 확신도 사라지게 되었다. 그렇지만 당은 프롤레타리아와의 관계를 단절할 수 없었다. 당의 권력을 잡고 있던 사람들의 경우에는 프롤레타리아 의식이 있었을지 모르지만, 여기에서 말하는 프롤레타리아는 마르크시즘에서 규정하고 있는 프롤레타리아는 아니었으며, 마르크스주의에 근거한 프롤레타리아 의식도 가지고 있지 않았다. 전형적인 프롤레타리아는 그 계급 자체가 혁명 이후에 붕괴되었기 때문이다.478

이때 당을 이론적으로 구원해 줄 수 있었던 것은 프롤레타리아라는 집단의 범주를 다시 정의하는 것이었다. 이런 작업은 1924년부터 시작되었다. 이때부터 "볼셰비키에게 의미하였던 프롤레타리아라는 단어는 단순하게 노동 계급의 동의어는 아니었다." 소련 공산당은 막연하게 "프롤레타리아 의식을 가지고 있는 사람만이 진정한 프롤레타리아"가 될 수 있다고 규정하였다. 이와 같이 프롤레타리아의 범주를 다시 정해야만 했던 이유는 10월 혁명 당시에 혁명에 참여하였던 계층이 누구였던가를 명확하게 만들기 위해서였다. 왜냐하면 혁명 당시에 프롤레타리아 계급의 범주에 들어갈 수 있는 노동 계급 출신으로 혁명에 참여했던 사람들은 별로 없었기 때문이다. 마침내 새로운 프롤레타리아의 개념이 만들어졌다. 이번에 새롭게 만들어진 개념에 의하면 혁명 '이후'에 볼셰비키를 도운 집단이 프롤레타리아 계급이었다. 물론 이 계급에는 적군과 당의 통제 위원들이 포함되어 있었다. 그러나 이들도 마르크시즘에서 말하는 전형적인 프롤레타리아는 아니었다. 479

프롤레타리아 계급에는 다른 성격이 부여되었다. 이 과정에서 '정치적인 경향'은 프롤레타리아로 규정하는데 매우 중요한 요소가 되었다. 이런 면에서, 혁명 '이전'의 태도는 혁명 '이후'의 태도와는 비교할 수 없이 중요하게 다루어졌다. 그러나 혁명 이전에 사회적인 출신으로서의 프롤레타리아와 혁명 과정에서 프롤레타리아의 경향을 보였던 프롤레타리아는 실제로 구별하기가 어려웠다. 그래서 다시 한번 새로운 척도가 추가되었다. 이번에는 "건설적인 프롤레타리아 경험"이라는 척도가 판별의 관건이 되었다. 예를 들면, 적군에 가담한 경험이 있는 사람들이 이 범주에 들어갔다. 이제 사회적인 출신 성분은 프롤레타리아가 되는데 2차적인 요소에 불과하였다.480

바람직한 프롤레타리아를 선별하기 위해서는 '건설적인 경험'을 했다는 증거 자료가 필요하였다. 그런데 어떤 사람이 자신의 계급을 판별받기 위하여 제출한 증거 자료는 그 자신이 직접 "지방 소비에트나 고용주로부터" 발급 받은 것들이 대부분이었다. 따라서 대부분의 증명서는 "당사자 개인이 자신에 관한 진술"에 근거하여 만들어졌다. 혁명과 내전을 거치는 동안에 하부 계층 시민들의 신상에 관한 증빙 자료가 존재하기 어렵다는 사실은 쉽게 이해될 수 있었다. 그러나 경위야 어떻든 간에, 이런 상황에서 많은 사람들이 프롤레타리아로 분류되기 위하여 가난한 농민을 가장하였고, 이런 과정을 통하여 그들이 원하는 프롤레타리아의 위치를 얻은 경우가 많았다.481

소련에서는 노동 계급 출신도 아니고, 노동으로 생계를 유지하지 않으면서도 가장 바람직한 프롤레타리아가 될 수 있었다. 가장 대표적인 경우는 볼셰비키 당의 관료들이었다. 이들은 혁명 이전에는 결코 전형적인 프롤레타리아 계급에 속해 있던 사람들이 아니었다. 그러나 이들이 가지고 있던 사상과 행동을 살펴보면 이들은 가장 바람직한 프롤레타리아였다. 그리하여 이들은 프롤레타리아 혁명의 주역이 되었다. 따라서 이들은 가장 바람직한 프롤레타리아였음이 분명하였다. 그런데 문제는 어느 정도 객관적으로 판별할 수 있는 출신 성분이 아니라 아주 주관적인 판별에 의존할 수밖에 없는 사상과 행동이 프롤레타리아를 분류하는 기준이 되었다는 데 있었다. 결국 주관적인 판단 없이는 프롤레타리아와 프롤레타리아의 적(敵)을 판명하기 어려웠다. 이런 상황에서 가장 권위 있는 계급 판별 기준은 집권 당 관료들에게서 나왔다. 이들의 계급에 대한 정치적인 해석은 한 개인의 생과 사를 가름할 수 있었다. 이런 권한을 보유한 사람들이 신경제 정책이 펼쳐진 소련 사회를 주도하였다.

증오의 대상이 된 볼셰비키

볼셰비키는 타격대를 이용하여 권력 그 자체만을 힘으로 추구하였다. 반면에 혁명으로 권력에서 물러앉게 된 멘셰비키는 민주적인 투표 과정을 통하여 재집권할 것을 기대하였다. 멘셰비키는 볼셰비키가 산업체와 은행을 국유화하면 결국 경제적인 파탄이 나타날 것이고, 그 결과 볼셰비키 정부는 사임하고 제헌 의회를 소집할 수밖에 없을 것이라고 예측하였다.482 멘셰비키는 권력을 잃은 후에도

매우 민주적이었지만, 볼셰비키가 권력을 장악한 근본적인 원인은
이해하지 못하고 있었다.

볼셰비키의 민중에 대한 탄압은 1918년 말 이후에 더욱 가속화
되었고, 이에 대한 사회적인 비판도 거세졌다. 예를 들면, 《프라우
다》는 니즈니 노브고로드(Nizhnii Novgorod) 지역에서 벌어졌던
한 사태에 대하여 기사를 실었다. 이 신문에 의하면, "이곳에서는
징발을 가장하여 지역의 담당자가 농민들이 개인적으로 소유하고
있던 물건, 옷, 사모바르(차 끓이는 주전자) 등을 빼앗아 갔다. 농
민들이 이에 저항을 하자 그 담당자는 이들의 저항을 쿨락의 폭동
으로 보고하여 부대를 파견해 줄 것을 요청하였다." 이어서 《프라
우다》는 "부대가 도착하여, 지역의 당 조직 요원이 지적한 사람들
을 처형하였다. ... 한 마을에서는 이런 식으로 50명이 처형되었다"
고 보도하였다.483

중앙당 위원회에도 당원들이 저지른 술주정, 부패, 불법적 물자
탈취, 계급 투쟁을 가장한 개인적인 싸움 등의 공포를 자아내는 사
실들이 끝없이 접수되었다. 페트로그라드 당 책임자 지노비에프는
일부 지역에서 공산당 통제 위원들이 인민의 증오를 받고 있다고
보고하였다. 심지어 1919년 3월의 전당 대회에서도 모스크바에 있
는 한 공산당 간부의 술주정, 방탕, 수뢰, 도둑질, 무모한 행동이 비
난을 받았다. "다른 지역에서도 공산주의자들은 심한 증오에 둘러
싸여 있었다."484 볼셰비키는 혁명 이후에 민중의 인기를 얻기는커
녕 오히려 증오의 대상이 되었다.

1918년에서 1919년 후반 사이에 쓰여진 한 문서에 의하면, "체카
(비밀경찰)는, 공산주의에 반대하는 반체제 인사들을 포함하여, 누
구든지 그들이 원하면 처형하였다." 이들의 잔학무도한 행위와 자
의적인 총살 집행은, 이 문서를 작성했던 사람의 말을 빌리면, 과
거에 "들어보지 못했던 현상"이었다. 레닌의 경제 정책도 일관성이
없었고 과격하였다. 볼셰비키의 강경한 정책 때문에 백군의 병사로
지원하는 사람들이 증가하였다.485 "1918년 여름에 여러 도시에서
폭동이 발생하였다. 폭동에 가담했던 사람들 중에는 구제도를 지지

하는 사람들뿐만 아니라 철도 노동자, 인쇄공, 금속 산업 노동자 등과 같이 가장 정치적으로 민감한 노동자 계급의 사람들도 있었다.” 볼셰비키가 민중의 지지를 받지 못했다는 또 하나의 증거는 투표에서 나타났다. 1918년 5월 말에 있었던 이즈프스크(Izhevsk) 소비에트의 선거에서 볼셰비키 당은 170의석 중에서 단 22석만을 차지하였다.486 러시아의 정치 무대에서 오랫 동안 잊혀져 왔던 시베리아 지역에서도 볼셰비키에 대한 반대는 강하였다. 이 지역에서 발견된 거의 모든 문서마다 이 지역 사람들은 볼셰비키와 정치적으로 결코 화합할 수 없다고 기술하였다. 1918년 5월과 6월에 시베리아에서 소비에트 정권이 무너지자, 단 수 주일 이내에 19개의 각기 다른 정부가 볼가에서 태평양에 이르는 시베리아 지역에 세워졌다.487

볼셰비키 반대 운동은 사회주의 혁명의 첨병으로 일컬어졌던 적군에서도 나타났다. 적군의 병사들은, 소비에트 해석에서 제시된 바와는 달리, 대규모로 병영을 이탈하였다. 모스크바에 가까이 있던 한 지역에서만도 54,697명의 탈영병이 발생하였다. 실은 백군의 대대수가 적군에서 탈영해 온 사람들이었다. 전체 탈영자의 숫자는 어떤 학자는 1919년 한 해에 100만 명을 상회하였을 것으로 추산하였고,488 또 다른 학자는 같은 해에 176만 명의 적군이 탈영했다고 주장하였다.489 적군의 사기는 분명히 떨어지고 있었으며, 탈영병들은 볼셰비키를 증오하였다. 만일 이들이 페트로그라드를 점령했다면, 공산당에 대한 학살이 이루어졌을 것이다. 적군에서 탈영한 일부 병사들은 자신들의 군대를 다시 결성하여 ‘녹색군’이라고 불렀다. 이들은 적군과 백군 모두에게 대항하여 싸웠으며, 그 결과 특히 백군의 전투력을 약화시켰다.490

볼셰비키는 적군의 탈영 문제를 무력으로 해결할 수 있었다. 그들은 이탈자를 사살했고, 이들의 군복무를 보장하기 위하여 인질 제도(hostage system)를 채택했으며, 아울러 자진해서 귀대하는 탈영자에게 면죄를 보장하여 주는 회유책을 썼다. 대부분의 젊은이들은 그들의 사회주의 이념을 실현하기 위하여 자원해서 적군에 입대하지 않았다. 그들이 입대한 동기는 간단했다. 볼셰비키의 군대 자원 권고를 따르지 않으면 사살되었기 때문이다. 또한 인질 제도에 의해 잡혀간 가족들을 구하기 위하여 젊은이들은 적군에 들어가야만 했다. 어떤 경우에는 몰수된 재산을 돌려 받기 위해서 적군에 입대했다. 적군의 숫자가 증가했다는 사실이 볼셰비키 노선을 지지했던 사람들의 숫자가 증가했음을 의미하지는 않았다.491

볼셰비키가 자랑하던 적군은 과연 마르크스-레닌주의나 혹은 볼셰비키 이념에 투철하였는가? "한 소련의 언어학자는 많은 적군 병사들이 그들의 정부가 사용하는 용어가 어떤 의미를 가지고 있는지를 몰랐다는 사실을 발견하였다. '계급의 적'이라는 용어도 그 중의 하나였다."492 적군의 사상적인 면은 일반인과 별로 다를 바가 없었다. 오히려 어떤 경우에는 적군 병사들이 일반 시민들보다 더 강하게 볼셰비키 사상에 반대하였다. 특히 제정 당시에 장교로 있다가 혁명 이후에 적군에 자원해 들어간 사람들은 강한 반볼셰비키 사상을 가지고 있었다. 그 이유는 이들의 지원 동기를 살펴보면 잘 알 수 있다. "1918년 7월 29일, 트로츠키는 만일 제정 당시에 장교였던 사람이 적군에 가담하기를 거부하면 모두 집단 수용소로 보내겠다고 선언하였다. 9월 30일에는 두 번째의 명령이 발효되었는데, 이에 의하면 [볼셰비키 체제를 위하여] 봉사하기를 거부하는 전직 장교의 가족들은 인질로 잡혀가게 되었다." 적군에 가입한 전직 장교 중에서 과연 얼마나 많은 숫자가 자진해서 적군에 가담했는가는 의문으로 남을 수밖에 없다. 어떻든 1920년 8월까지 제정 당시의 장교들 중에서 4만 8천 명이 적군에 가담하였다.493

볼셰비키에 대한 저항은, 소비에트 역사가들은 이에 대하여 침묵을 지키고 있지만, 그 횟수가 1919년 봄에 우랄(Ural) 지역에서만도 10만 건 이상이 발생하였다.494 1919년 2월과 3월에 많은 도시에서 파업이 여러 차례 발생하여 심각한 상태에 이르렀다. 체카는 이들 파업 가담자들을 살해하였다. 브리얀스크(Bryansk)에서는 심지어 적군 병사들까지도 파업에 연관된 소요에 가담하였다.495 당시에 페트로그라드의 한 작업장에서 일하였던 노동자는 파업 진압 상황을 다음과 같이 기록하였다.

> 파업 노동자와 적군 병사 사이에 싸움이 일어났고, 총격전으로
> 여러 명이 부상을 입었다. 파업은 진압되었고, 체카가 그들의 일
> 을 시작하여, 즉결 재판이 열렸다. 사형이 많이 언도되었고, 이들
> 은 슐우셀부르그(Schlusselburg) 삼림 근처에 있는 이리오노프카
> (Irionovka)라는 외딴 곳으로 옮겨졌다. 희생자들은 줄을 서서 벽
> 을 바라보게 하였고, 머리를 가린 후, 기관총으로 처형하였다. 어
> 떤 경우에는 집단적으로 사살하였다.496

볼셰비키가 집권한 다음부터 "파업은 파괴 행위, 노동 유기, 혹
은 반역으로 인식되었다. 따라서 파업에 대한 처벌은 면직, 추방,
혹은 징역이었다." 노동 문제로 상부에 항의하는 것은 식량 배급의
감소나 혹은 짧은 기간 동안 감옥 생활을 하는 것을 의미하였다.
폴란드와의 전쟁 당시에 파업을 했을 경우에는, 비상시에 조국에
대해 반역했던 것으로 간주되어, 더욱 심하게 처벌을 받았다. "저항
은 단지 반혁명 분자, 백군, 외국 자본주의자들의 앞잡이, 숨어 있
는 멘셰비키, 쿨락, 혹은 인민의 적에게서만 나올 수 있었다." 한
공산주의자는 파업은 "반드시 끝장을 내야 한다. 노동자들은 맹종
해야만 하고, 소비에트 권력이 요구하는 모든 것에 복종하는 것이
반드시 필요하다"고 말하였다. 일반적으로 파업에는 많은 사람들이
참가하였다. 따라서 일단 파업이 벌어지면 언제나 대규모의 체포,
이송, 그리고 추방이 뒤따랐다.497
　파업에 가담한 사람들이 일반적으로 반발했던 것은 불공평한 식
량 분배, 공산주의자들의 특권, 독립적인 노동 조합의 말살, 그리고
독재적이고 자의적인 공산당 지부의 지배 등이었다. 이들은 소비에
트의 자유 선거, 모든 정치범 석방, 그리고 멘셰비키와 사회혁명당
의 정치 행동의 자유를 요구하였으며, "체카 요원이 입고 있는 가
죽 상의를 아이들 신발을 만드는데 헌납하라"는 특이한 요구도 하
였다. 파업에 대한 볼셰비키의 진압은 "강제, 위협, 체포"로 일관하
였다. 대부분의 경우에 파업 가담자들은 모두 체포되었고, 이들에
관계된 사람들은 인질로 잡혀갔으며, 파업을 벌였던 작업장은 폐쇄

되었다.498

1920년과 1921년 사이의 겨울에 크론스타트의 폭동을 정점으로
하여 파업과 시위는 극에 이르렀다. 크론스타트의 폭동은 역사적으
로 중요한 의미를 지니고 있었다. 이 지역의 수병들은 볼셰비키 혁
명을 일으키는데 가장 앞장을 섰다. 트로츠키의 말에 의하면 크론
스타트의 수병들은 "혁명의 아름다움과 자랑"이었다.499 한때는 볼
셰비키 혁명의 총아였던 이들이, 볼셰비키의 실상을 파악하고는,
볼셰비키에 대항하여 반란을 일으켰다. 이런 점에서 이들의 반란은
볼셰비키 혁명의 올바른 성격을 이해하는데 시사하는 바가 컸다.
혁명을 성공시키는데 결정적인 공헌을 하였던 크론스타트 수병들
도 반란군으로서는 볼셰비키의 평균적인 대접을 받았다. 그것은 상
상을 초월하는 무자비한 진압이었다. 그런데 매우 아이러니컬하게
도 이 폭동에서 수병들이 공개적으로 요구한 것은 1917년에 자유
가 있었던 소비에트 시절로 되돌아가자는 것이었다. 크론스타트 폭
동이 진압된 이후부터 그 해 말에 이르기까지 거의 모든 폭동은
물리적으로 진압되었다.500

혁명 직후에 볼셰비키의 인기를 측정해 볼 수 있는 한 증거는
선거 결과에서 찾아 볼 수 있다. 혁명 직후인 1917년 11월 25일부
터 27일까지 선거가 진행되었다. "이 선거는 소련의 역사에서 처음
이자 마지막으로 [후보자끼리] 자유롭게 경쟁을 한 선거였다."501
이 선거 이후에는 실제로 자유롭게 치러진 선거는 소련에서 존재
하지 않았다. 이 선거에서 볼셰비키는 25%의 득표를 하였으며, 볼
셰비키의 본거지였던 페트로그라드와 모스크바에서는 각각 45%와
48%의 지지를 받았다. 한편 농촌 지역에서는 사회혁명당이 38%라
는 높은 득표율을 보였다. 상당수의 농민들이 이들을 지지하였기
때문이었다. 어떤 농촌 지역에서는 사회혁명당이 75% 이상의 득표
를 하였다.502 이리하여 1918년 1월에 모인 제헌 의회에서는 사회혁
명당이 가장 많은 의석을 확보하였다. 707명의 대표자 중에서 410
명이 사회혁명당원이었고, 볼셰비키는 175석만을 차지하였다.503 사
회혁명당이 선거에서 승리하였다는 사실은 놀랄 만한 사건이 아니

었다. 왜냐하면 투표자의 대부분이 농민들이었기 때문이다. 볼셰비키는 소수 정당이었음에도 불구하고, 그들이 제헌 의회를 대하는 태도는 명확하였다. 만일 의회가 볼셰비키의 프로그램을 지지한다면 볼셰비키는 의회를 지지할 것이고, 그렇지 않다면 의회를 해산시키는 것이 볼셰비키의 확고한 정책이었다. 의회는 볼셰비키가 원하는 것을 들어주지 않았다. 의회는 날로 심해져 가는 볼셰비키의 독재를 비난하였고, "볼셰비키 프로그램 지지를 거부하였다." 이에 볼셰비키는 무장 군인을 동원하여 의회를 해산시켰다. 제헌 의회는 별다른 저항을 해 보지 못하고 해산되었다.504 볼셰비키는 투표 결과로 볼 때 분명히 다수 정당이 아니었다. 혁명 직후에 대부분의 국민들은 볼셰비키를 지지하지 않았다.

이와 같이 볼셰비키는 선거 결과에 승복하지 않았을 뿐만 아니라, 선거 결과를 받아들이기를 거부하였다. 볼셰비키는 연립 정부 수립도 시도하지 않았다. 볼셰비키의 선거 결과에 대한 대처는 그들 방식대로 진행되었다. 그들은 시민들에게 공포심을 주기 위하여 폭력을 구사하였고, 대규모의 체포 선풍이 선거의 뒤를 이었다. 바로 이 무렵에 비밀 경찰, 즉 체카가 조직되었다. 체카는 "반혁명과 사보타주를 말살시키려는 목적"으로 만들어졌고, 체카에게는 "증거를 수집하고 선고를 하는 과정에서 법적인 절차를 따를 필요가 없는" 특권이 주어졌다. 체카의 성립은 악명 높은 소련의 인권 탄압이 시작되었음을 의미하였다. 제헌 의회가 강제로 해산된 뒤에, 십여 명의 시위자가 사살되었다. 시간이 지나감에 따라서 경제 상황은 더욱 악화되었고, 볼셰비키의 자의적인 폭력에 대한 시민들의 불만은 증대되었다. "1918년 봄에, 볼셰비키는 중앙 러시아의 몇몇 도시에서 거행된 소비에트 선거에서 패배하였다. 이 선거 결과는 다시 한번 무효로 선언되었다." 볼셰비키에 대한 항거는 더욱 증가하였다. 페트로그라드에서는 수천 명의 반볼셰비키 노동자들이 자신들의 회의 기구를 설립하였다. 그러나 이 조직들도 역시 볼셰비키의 무력으로 와해되었다. 볼셰비키는 도시 노동자 사이에서마저 지지 세력을 잃고 있었다.505

설혹 볼셰비키가 민중의 지지를 받은 적이 역사상에 한 번이라도 있었다고 가정하더라도, 혁명 이후에는 노동자들 사이에서조차도 "볼셰비키의 인기가 절정기를 지나갔다"는 점은 분명하였다. 1918년 전반기 동안 노동자들의 불만은 더욱 증가하였다. 새롭게 작업장에 등장한 보스들은 모두 볼셰비키였고, 이 보스들은 몇 달 전만 하더라도 그들과 같이 작업장에서 일하던 동료들이었다. 또한 노동자들의 새로운 보스들은 정당한 과정을 거쳐서 선출된 노동자들의 대표가 아니었다. 볼셰비키의 선전에 의하면 모든 권력은 투표에 의하여 선출된 소비에트가 가지고 있어야만 하였다. 그러나 실제적으로 노동자의 대표들은 볼셰비키 스스로가 볼셰비키 사이에서만 임명하였다. 이와 같은 볼셰비키의 관행은 이미 혁명 이전부터 예상된 것이었다. 노동자들의 새로운 보스들은 어저께까지만 해도 행동주의자들이었고, 이들의 관념에 선거라는 것은 존재하지 않았다. 따라서 이들은 선거를 실시하는 것 자체를 거부하였다. 선거가 설혹 실시된다고 하더라도, 이들은 선거 과정에서 "압력과 협박을 가하였고, 선거 결과를 조작하였다. 또한 다른 선택이 없을 경우에는 새로 선출된 소비에트를 해산하였다." 지방 도시에서는 멘셰비키와 사회혁명당이 투표에서 항상 승리했지만 선거를 통하여 "새롭게 선출된 소비에트를 볼셰비키는 조직적으로 해산시켰다." 야로슬라블(Yaroslavl)의 경우에, 볼셰비키는 "소비에트를 해산한 뒤에 다시 선거를 실시하였다. 그러나 이번에도 볼셰비키가 패배하자, 새로 성립된 소비에트는 다시 한번 해산되었다."506

볼셰비키가 집권한 이후에 볼셰비키의 행위를 직접 목격했거나 들어 본 노동자들은 볼셰비키를 지지하기가 어려웠다. "모스크바를 위해서 프롤레타리아 독재를 관장하고 있던 그 사람들[볼셰비키]은 지방의 도시에서 부르주아를 제거한다는 미명 하에 가장 좋은 집들을 빼앗았고, 자신들만을 위해서 특별하게 식량 배급을 하였다. 특히 무엇보다 중요한 것은, 그들이 과거의 자본주의자 보스들보다 노동자들을 더 학대했다는 사실이다. 새롭게 얻은 권력에 도취되어 그들은 무도하였고, 언제라도 사람을 죽일 준비가 되어 있었다. 코브로프

(Kovrov)와 베레조프스키(Berezovskii) 공장에서 자행했던 바와 같이, 이들은 심지어 노동자들을 사살할 준비도 되어 있었다."507

민중의 지지를 받지 못하던 볼셰비키 정부가 계속해서 존립할 수 있었던 이유는 그들의 무차별적인 무력 사용에 있었다. 무력 이외에 그들의 체제를 유지할 수 있었던 방법이 하나 더 있었다. 그것은 혁명 이후에 계속해서 만들어진 새로운 직책들을, 혁명 이전에는 이 직위에 오르는 것을 감히 꿈도 꾸지 못했던 사람들에게, 선물로 안겨 주는 것이었다. 과거에 공장에서 일했던 노동자들이 고위 공직에 올랐고, 노동자 출신들이 특권을 가지고 있는 공산당원이 되었다. 이들의 볼셰비키에 대한 충성도는 설명할 필요가 없을 것이다. 극도로 좋지 않았던 경제 상황도 거꾸로 볼셰비키의 존립을 도왔다. "기근, 실직, 그리고 도시로부터의 도피는 조직적인 저항이 이루어질 수 있는 가능성을 제거해 주었다."508

볼셰비키 혁명에 반대하여 외국으로 이민 길을 떠났던 사람들의 일부가 내전이 끝난 몇 년 뒤에는 소련을 지지하는 방향으로 돌아섰다. 이 사실은 언뜻 보면 소련 체제의 우월성을 시사하는 것 같지만, 그 내막을 알아 보면 그렇지 않음을 곧 알 수 있다. 러시아 혁명이 발생한 후 일 주일 동안 법률가·의사·교사·공무원 등의 전문가들 집단과 종교 단체는 새로운 지배자에 대항하여 보이코트를 시행할 것을 선언하였다. 이들 중 몇몇 집단은 1918년에도 보이코트를 계속하였다. 러시아 과학 아카데미 회원들도 1917년 11월 말에 새로운 지배자들을 "침탈자"라고 규정하였고, 1918년 초에도 지식인들은 볼셰비키에 대항하기 위하여 여러 단체를 구성하였다. 그러나 1918년 초부터 많은 지식인들이 볼셰비키 체제에 협조하는 경향으로 기울어졌다.509 볼셰비키를 피하기 위하여 외국으로 이주했던 러시아 이민자들도 1920년 경부터 볼셰비키를 지지하는 방향으로 선회하였다. 1920년에 들어와서 백군의 패배가 거의 확실해지고, 외국으로 이민을 떠난 사람의 숫자도 크게 증가하여, 1921년 말에는 이들의 숫자가 거의 1백만 명에 육박하였다.510 이민자들이 러시아를 떠날 때에는 볼셰비키 체제에 대하여 모두 비판적인 시각을 가지고 있었다. 그러나 내전이 볼셰비키의 승리로 끝나가고, 그들의 체제가 굳어짐에 따라, 이민자들 사이에는 볼셰비키의 체제를 인정하려는 기운이 나타났다.

러시아 밖으로 이주한 이민자들 중에서 특히 지식인들은 1920~21년부터 볼셰비키를 긍정적으로 보는 지식인과, 부정적으로 보는 지식인의 두 갈래로 나뉘어졌다. 볼셰비키를 지지하는 경향으로 선회한 이주자들은 러시아 밖에서 출판된 인쇄 매체를 통하여 볼셰비키를 지지한다는 그들의 견해를 피력하였다. 이들이 볼셰비키를 지지하는 방향으로 선회한 이유는 여러 가지가 있었다. 어떤 이들은 볼셰비키를 지지하는 것이 러시아와 러시아 국민들을 위하여 최선이라고 생각하였고, 볼셰비키 체제의 어두운 면을 강조하면 할수록 러시아에서 혼돈이 야기되며, 볼셰비키는 이 혼돈 상황을 정당화하기 위하여 테러를 강화할 것이라고 생각하였다. 또한 어떤 이들은 러시아 밖에서 반볼셰비키 투쟁을 가속화할 수록 러시아 내에서 탄압이 증가될 것이기 때문에, 더 이상의 파괴와 더 이상의 사람들이 고통을 당하는 것을 방지하기 위하여 볼셰비키에 동조하였다. 또 다른 한 편에서는 볼셰비키 체제를 그대로 홀로 놓아두면, 뒤에는 용인할 수 있을 정도의 형태로 개선될 것이라고 믿기 때문에 볼셰비키 체제를 지지하는 방향으로 기울어진 지식인들도 있었다. 그러나 일부 지식인들은 볼셰비키가 위대한 러시아를 건설하는데 매우 긍정적인 역할을 할 것으로 기대하고 이들을 지지하였다. 이들 부류에 속한 지식인들은 볼셰비키가 막강한 “대러시아”를 창조하여, 궁극적으로 “인류의 단결”을 가져 올 것으로 기대하였다. 러시아 외부에서 살고 있던 많은 이민자들은 특히 레닌의 신경제정책 이후에 볼셰비키를 지지하는 경향으로 기울어졌으며, 이들은 볼셰비키를 지지하는 것이 현실적으로 건설적인 행동이라고 생각하였다. 비록 일부이기는 하지만, 러시아 밖에서 볼셰비키를 혐오하여 러시아를 떠났던 지식인들이 볼셰비키를 지지하는 운동을 벌였을 때, 볼셰비키는 물론 이들의 태도에 대하여 찬사를 보냈다.511

볼셰비키를 지지했던 이민 집단과 반대했던 이민 집단 가운데 어느 집단이 더 정당한 견해를 가지고 있었던가는 소련이 해체된 이후에 확실하게 판명되었다. 결론은 후자, 즉 러시아 혁명에 대하여 자유주의적인 견해를 가지고 있던 지식인들이 더 정당하였다는 것으로 낙착되었다. 요즈음에는 후자가 혁명 직후부터 줄기차게 주장하였던 반볼셰비키적인 견해가 올바르다는 사실을 누구나 다 알게 되었다. 소련이 해체된 뒤에 사람들은 러시아 혁명에 대하여 비교적 객관적으로 혁명의 역사적 의의를 논의할 수 있게 되었다. 소련이 지배했던 지난 70여 년 간, 위대한 러시아를 구현하기 위하여 볼셰비키를 지지하였던 이민자들의 희망은 러시아가 초강대국으로 등장한 것과 동시에 현실로 이루어졌다. 그러나 소련의 해체기에 이르러서 밝혀지기 시작한 새로운 역사적인 사실들은 소련이 간직하고 있던 초강대국의 모습이 내실이 없는 허상에 불과했고, 소련 체제는 역사에서 씻을 수 없는 오류를 저질렀다는 사실을 증명해 주었다. 러시아 혁명과 같이 급진적 정치 행위로 러시아를 단시일 내에 산업화한다는 것은 불가능하였다. 그리고 1930년대에 진행된 것과 같은 집단화를 통하여 인류가 소망하는 이상 사회를 건설하겠다는 꿈은 이제 완전히 사라졌다. "인류 통합의 원형"을 이룩하겠다던 볼셰비키의 '다민족 공존론'도 환상에 불과하였다는 사실이 소련의 실험에서 증명되었다. 또한 평화와 정의를 구현하는 진정한 민주주의를 추구하겠다는 러시아 혁명의 꿈도 소련의 해체와 함께 영원히 사라졌다. 이 모든 결과는 한때 소련을 지지하는 방향으로 선회하였던 러시아 이민자들의 꿈도 빼앗아 갔다. 이들이 한때 그들의 이상을 볼셰비키에게 걸었던 것은 한낱 부질없는 환상이었음이 증명되었다.[512]

노동자와 농민을 배반한 볼셰비키

러시아 혁명은 볼셰비키가 민중들을 '볼셰비키화'하는 가운데 진행되었다. 이런 점에서만 본다면 혁명은 민중 사이에서 '자생'된 것이었다. "1917년 여름과 가을의 짧은 기간에 중앙의 소비에트 집행 기구들은 일반 민중들이 가지고 있던 수백, 수천 가지의 열망을 [모두] 구현하고 있었다." 물론 대부분의 민중들은, 정치를 포함하여, 공공의 일에는 전혀 경험이 없는 사람들이었다. 소비에트는 이 민중들을 동원하여, 민중 운동의 절정을 이루게 하였다. 그러나 문제는 어떤 목적으로 민중을 동원하는가에 있었다. 온건 사회주의자들은 민중을 동원하는데 성공적이지 못하였다. 왜냐하면 이들 집단의 지도자들은 애매모호하고 상충되는 견해와 태도를 가지고 있었기 때문이었다. "단지 볼셰비키만이 조직을 장악하고 운영하는 조종 기술을 습득했고, 이들만이 어느 정도 그들이 성취하기를 원하는 것이 무엇인가를 알고 있었다." 또한 볼셰비키만이 자신들의 당이 설정했던 목표를 성취하기 위하여 민중을 동원하는 일에 온갖 힘을 기울였다. 이런 태도는 사태를 완전히 바꾸어 놓을 수 있는 중요한 요인들이 되었다. 볼셰비키는 "쿠데타"를 성공시킨 직후에 자신들의 독재를 정당화하기 위한 수단으로 소비에트를 이용하였고, 민중 조직들도 당의 목적을 성취하는 도구로 이용하였다. 따라서 볼셰비키가 일단 목적을 달성하고, 소비에트와 민중 조직들을 더 이상 동원할 필요성을 느끼지 않았을 때, 볼셰비키는 이 조직들을 해산시켰다. 1918년 봄에 이르러 민중 조직은 거의 와해되었고, 공산주의자들은 당의 결정 사항을 전달하는 기능만을 가지고 있는 사이비 민중 조직을 새롭게 구성하여 원래의 민중 조직에 대치시켰다. 공산당은 이 사이비 민중 조직을 전국적인 차원에서 구성하여 이 조직들끼리 전국적인 유대망을 갖게 만들었으며, 이 조직들은 새로운 공산 체제를 정립하는데 매우 중요한 역할을 수행하였다.513 이것이 러시아 혁명을 일으켰던 민중 조직의 말로였다.

10월 혁명 직후부터 볼셰비키는 "노동자들을 겨냥하여 자신들의 [노동자 통제] 수단으로 폭력을 사용하는 것을 주저하지 않았다." 2월 혁명 이후부터 노동자들은 자신들이 일하는 공장들을 통제하고 있었기 때문에, 10월 혁명을 성취함과 동시에 노골적으로 나타난 볼셰비키의 폭력적인 태도에 그대로 있을 수가 없었다. 그러나 이미 혁명이 이루어진 상황이어서 노동자들은 볼셰비키에 대하여 정면으로 공격을 하기보다는 도피의 길을 선택하였다. 농촌과 긴밀한 관계를 가지고 있던 공장 노동자들은 혁명 이후에 자신들의 근거지였던 농촌으로 서둘러 돌아갔다. "어떤 노동자는 토지 재분배에서 유리한 입장을 차지하려고, 또 어떤 노동자는 도시에서의 식량 기근을 피하기 위하여 그들의 마을로 돌아갔다."514

설령 볼셰비키가 1917년 여름부터 그 해 말까지 민중적인 소망과 기대를 정확하게 반영하였다고 하더라도, 그들이 "일단 권력을 잡은 다음에는 소비에트를 민중들의 손에 돌려주지는 않았다." 볼셰비키는 혁명 이후에 소비에트의 형태를 그대로 유지하였다. 그러나 소비에트의 "핵심은 당이 장악하고 있었다." 볼셰비키의 지도자들은 새로운 소비에트 정부의 형태나 구성 혹은 독일과 개별적으로 평화 조약을 맺을 것인가와 같은 중요한 문제들에 대하여 민중들이 결정하도록 놓아 둘 의사가 없었다.515

볼셰비키가 1918년 1월에 제헌 의회를 해산시키는 장면은 당시 사람들에게 분노를 일으키고 좌절감을 안겨 주기에 충분하였다. 당시의 기록에 의하면, 혁명군의 핵심을 자처하는 수병과 병사들이 만취한 상태에서 볼셰비키의 지시에 따라서 의회를 해산시켰다. 이 폭도들은 볼셰비키를 제치고 선거에서 절대 다수를 차지한 멘셰비키와 사회혁명당이 주도하던 의회를 힘으로 해산시켰다. 이로써 몇 십 년 동안 사회주의자들이 추구해왔던 목표가 한 순간에 파괴되었다.516

볼셰비키는 모든 것을 모든 사람에게, 그것도 즉시 이루어 줄 것을 약속하였다. 그리하여 볼셰비키는 쉽게 승리할 수 있었다. 이들은 당시의 현실에서 가장 시급하게 해결해야만 하였던 "평화, 토지 그리고 빵"을 모든 러시아 사람들에게 약속하였다. 그러나 볼셰비키가 현실적으로 러시아 사람들에게 주었던 것은 "강제 식량 공출, 기근, 그리고 전대 미문의 테러였다." 프롤레타리아 혁명 다음에 등장해야 할 유토피아에서는, 레닌이 묘사한 바에 의하면, "더 이상 군대나 경찰이 없고, 모든 관료는 선출되며, 국가의 행정 기능은 너무 단순하여 조리사나 가정부와 같은 사람들도 그 기능을 이해할 수 있고, 정부의 관리는 기능공 이상의 대우를 받지 않는다"는 것이었다. 그러나 레닌이 현실적으로 당면했던 문제는 유토피아를 성취하는 것이 아니라 전쟁을 수습하는 일이었다. 레닌은 "수치스러운 평화"라고 스스로 평가했던 독일과의 브레스트-리토브스크 조약을 1918년 3월 3일에 체결하였다. 이 조약에서 소련은 독일이 발틱 국가들, 벨로루시의 일부, 그리고 우크라이나 전체를 점령하는 것에 동의하였다.517 이 조약으로 소련은 인구의 1/4을 잃었고, 산업의 1/3을 잃었다. 이 평화 조약으로 "당분간은 혁명을 보존할 수 있었고, 볼셰비키는 권력을 유지할 수 있었다. 그러나 그 대가는 너무나 컸다."518 레닌은 이 조약에 대하여 "권력은 투쟁할 가치가 있지만, 영토나 혹은 낙후된 생각과 같은 것은 투쟁할 가치가 없다"고 자신을 합리화하였다. 이 조약으로 소련의 국론은 양분되었다. 사병들과 농민들은 비교적 조약에 긍정적이었지만 나머지 국민들은 이 조약에 대하여 부정적이었다. 그러나 중요한 사실은 레닌이 여전히 권좌에 머물러 있을 수 있었다는 점이다.519

농민들은 레닌의 토지 문제 해결에 많은 기대를 걸고 있었다. 그러나 혁명은 토지 문제를 해결해 주지 못하였다. 농민들은 물려받은 가난에서 벗어날 수 없었으며, 토지 기근 현상은 여전히 사라지지 않았다. 과거에 귀족들이 보유했던 토지는 1917~18년에 농민들이 몰수하였지만, 이 토지는 "여러 해 동안 다시 농민들에게 대여되어 경작되었다." 농민들은 토지 이외에도 여러 가지 경제 문제로 어려움을 겪었다. 시장에서는 공산품 품귀 현상이 나타났고, 인플레이션 때문에 농민들은 물건을 구입하기 어려웠다. 국가는 병사와 노동자에게 식량을 공급해야만 하였지만, 농민들은 인플레이션을 의식하여 곡물 출하를 기피하였다. 대신 불법적인 물물교환이 성행하였고, 결국 혁명이 일어난 그 해 겨울에 병사와 노동자의 숫자는 급격하게 줄어들었다. 이런 위급한 현실에서 볼셰비키가 제시한 이념적인 것은 문제 해결에 전혀 도움이 되지 않았다. 단지 볼셰비키의 무력만이 사태를 해결할 수 있었다. 마침내 볼셰비키는

1918년 초에 군대를 동원하여 곡물을 강제로 공출하기 시작하였다. 식량을 공출하려는 정부 파견군과 농민 사이에 충돌이 발생하는 것은 피할 수 없는 일이었다.[520]

혁명이 일단 성공한 뒤에는, "이론만을 가지고 이야기한다면, 볼셰비키는 토지를 국유화하고, 곧 [이어서 그들의 주도 하에] 대규모의 집단 경작을 실시하기 위한 준비를 해야만 하였다. 그러나 현실적으로 볼셰비키는 농민들이 원하는 것을 농민들이 하는 대로 놓아둘 수밖에 없었다. 레닌이 이끄는 당은 당시에 진행되고 있던 상황에 대하여 실제적으로 아무런 통제를 할 수 없었다." 수천 개의 농민 마을에서 농민들은 몰수한 토지를, 볼셰비키의 간섭 없이, 자신들이 원하는 대로 분배하였다. 혁명 이후에 농민들에 의하여 몰수된 토지는, 볼셰비키가 아닌, 좌익 사회혁명당원들이 주장해 왔던 방식대로 농민들 사이에서 그리고 농민들에 의하여 분배되었다. 볼셰비키는 혁명 직후에 그들의 농업 프로그램을 포기하였다.[521]

소비에트 대회에서는 공개적으로 "농민들 자신이 토지를 분배하고 있다는 사실을 확인"하였다. 볼셰비키는 당시의 상황을 통제할 수 있는 능력이 없었기 때문에 농민들 스스로가 토지를 분배하는 것을 방관하였다. 그러나 이들이 방관했던 이유의 이면에는, 언제나 그렇듯이, 그들의 계산된 정치적 이유가 있었다. 볼셰비키는 상황을 방관함으로써 어려운 내전 속에서 "농민들을 중립화"시킬 수 있었고, 이런 정책은 정치적으로는 볼셰비키에게 매우 유리한 여건을 마련해 주었다. 그러나 그 결과 볼셰비키의 이념은 크게 왜곡될 수밖에 없었다. 원래 볼셰비키가 원했던 것은 국가가 토지를 소유하고 경작하며, 대규모의 토지는 분할하지 않고, 마을의 꼼뮨도 국가의 관할 하에 두는 것이었다. 그러나 이런 원칙은 볼셰비키의 정치적인 편의성에 의하여 파괴되었다. 레닌과 볼셰비키는 농민과 토지 문제에 관한 한 무력하였다. 볼셰비키가 가지고 있던 토지와 농민에 관한 이론은 레닌 당시에는 실행되지 못하였다. 이 이론은 마침내 스탈린의 집단 농장화 정책으로 현실에 옮겨졌다. 그러나 이 이론을 실천에 옮기는 과정에서 수백만의 목숨이 희생되었다. 그리

고 이런 극한 상황에서도 집단 농장화는 결국 성공을 거둘 수 없
었다.522

볼셰비키의 농민에 대한 정책은 분명히 실패하였다. 농민들은
"마을의 승자였다." 그러나 이 승자들도 무력을 동반한 식량 공출
앞에서는 많은 고통을 당해야만 하였다. 물론 농민들은 식량 공출
에 반대하여 완강하게 저항하였고, 이 저항은 어느 정도의 성과를
거두었다. "온갖 노력과 야만적인 행위--기관총을 발포하는 군대,
격렬한 전투, 사형 선고를 받아 놓은 인질들--에도 불구하고, [식
량 공출 실적은] 수확량의 1%에 지나지 않았다." 완강한 농민들을
지배하기 위해서는 농민들을 분열시켜야만 하였다. 드디어 쿨락이
라는 상상으로만 존재할 수 있는 농민의 적이 볼셰비키에 의하여
창조되었다. 물론 쿨락은, 소련 측의 주장과는 달리, 농민의 적이
아닌 농민의 동지였다. 볼셰비키는 농민 사회를 분열시키기 위하여
인위적으로 농민들을 상·중·하의 계급으로 나누었다. 그러나 이
런 계급 분화는 농민 마을에서 현실적으로 아무런 의미를 가지고
있지 않았다. 볼셰비키 "체제는 마을에서 계급 전쟁을 조장하는 데
에도 실패하였다. 소수의 부유한 농민들과 역시 소수인 가난한 농
민들은 바다와 같이 넓은 중간 농민들 사이로 빨려들어 갔고, 세
계층 모두 서로 동지를 죽이는 전쟁으로 끌려들어 가는 것을 거부
하였다. 한 역사가의 말대로 쿨락은 마을을 대표했고, 마을은 쿨락
을 대표하였다."523

혁명 과정에서 농민들은 토지는 원하였으나 세금은 원하지 않았
다. 농민들은 혁명 이후에 자신들에게 떨어진 부담을 보고 불만을
제기하였다. "실제로 공산당 체제 하에서 [농민들의] 의무는 제정
때보다 훨씬 더 무거웠다. 공산주의 학자들의 계산에 의하면 아무
리 적어도 두 배는 되었다. 왜냐하면 농민들에게는 세금뿐만 아니
라 강제 노역과 기타 다른 의무가 있었기 때문이다. 이 기타 의무
중에서 목재를 베고 수송하는 것이 가장 부담이 되었다." 이런 상
황은 농민들이 혁명을 통하여 얻으려고 했던 것과는 전혀 달랐다.
농민들은 자신들이 먹고 남을 정도의 곡물을 생산하여도 아무런

혜택이 돌아오지 않았다. 따라서 농민들은 생산을 줄였고, 그 결과 식량 생산이 감소하였으며, 기근 현상은 피할 수 없었다.524 농민들이 볼셰비키에 실망하기 시작한 때로부터 약 70년 후에 옐친은 다음과 같이 말하였다. "우리나라는 행운이 없었다. … 마르크시스트의 실험이 우리나라에서 이루어졌다. 우리는 이 이념에 맞는 곳은 어디에도 없다는 사실을 증명하였다." 이와 거의 비슷한 시기에 《이즈베스치아》에서는 더욱 심한 어조로 다음과 같은 논평을 하였다. "공산당은 하나의 당이 아니었다. 범죄 음모 조직이었다."525

요즈음의 역사가들은 혁명이 농민들에게 어떤 보상을 해 주었는가를 잘 알고 있다. 이 보상은 한 마디로 분노를 느끼게 할 뿐이었다. 1952년에 농민들이 국가에 곡물을 양도하고 받은 액수는 1940년의 액수에 미치지 못하였다. "국가가 감자 값으로 지불한 액수는 운송비보다 적었다." 집단 농장의 한 농부가 1kg의 버터를 사려면 60일 동안 일을 해야 했고, 농민이 필요로 하는 검소한 옷을 사기 위해서 농민들은 일 년 수입을 다 써야만 했다. "많은 집단 농장의 농부들은 굶주렸으며 다른 농부들은 영양 실조로 고생을 하였다. 농부가 개인적으로 경작하던 좁은 토지가 그들을 살려줄 수 있었다."526 이런 상태가 러시아 혁명 당시 농민에게 약속하였던 볼셰비키의 유토피아였다.

러시아 혁명은 노동자 위주의 혁명이었지 결코 농민 위주의 혁명이 될 수는 없었다. 농민들은 그 본질상 볼셰비키의 핵심 세력이 될 수 없었다. 1917년 10월 26일에 토지가 농민들에게 무상으로 분배될 것이라는 선언이 있었다. 이 선언이 발효된 뒤 "농민들은 그들이 원했던 것을 얻고는, 혁명이 끝난 것으로 생각하였다. 그렇지만 프롤레타리아 당은, 농민들이 더 이상 원하지 않았던 혁명을 계속 진전시키기 위해서, 농민들에게 곡물을 제공할 것과 군에 입대할 것을 요구하였다. 그리하여 [혁명 세력과 농민 간의] 갈등은 필연적인 것이 되었다." 농민들은 가능하면 어느 누구의 지배도 받지 않고 살기를 원하였다. 농민들은 혁명이 그들에게 자유를 가져다 줄 것으로 믿고 있었다. 농민들은 고대 러시아에서부터 내려온 속박이 전혀 없는 자유의 이상이 러시아에서 구현되기를 원하였다. 농민들이 기대한 농민들의 소비에트는 볼셰비키가 생각한 것과 전혀 달랐다. 혁명 이전에 농민들은 "소비에트를, 부담을 많이 안겨주는 도시 사람들의 지배로부터 자신들을 자유롭게 해 주는, 농촌에서의 자치 정부로 생각하였다." 그러나 혁명 이후에 도시의 반응은 농촌에 대한 전쟁 선포로 나타났다. 도시는 농촌에서 곡물을 탈취하기 위해서 '식량 군대'(food army)를 조직하였다. 도시와 농촌의 투쟁은 이런 상황에서 필연적이었다. 이 투쟁은 결국 러시아 혁명 이후에 가장 많은 희생자를 낸 농민 전쟁으로 발전하였다.527

곡물을 가장 많이 탈취 당한 지역은 대도시와 인접해 있는 농촌 지역이었고, 이런 농촌 지역이 많았던 지역은 중앙 러시아와 우크라이나였으며, 이 지역에서 농민들의 반란이 가장 거세었다. 한 소비에트 역사가에 의하면 "1919년 중반까지 우크라이나에서는 모든 농민들이, 그리고 모든 지역의 농민들이, 소비에트 권력에 반대하였다." 볼셰비키는 농민들의 불만을 어떤 경우이든 간에 '쿨락의 짓'이라고 이름 붙였다. 그러나 쿨락이라는 단어는, 이 당시에는 물론이고 지금까지 한 번도 명확하게 정의된 적이 없었다. 어떤 경우에 "쿨락은 적"을 의미하였고, 또 어떤 경우에는 "적은 쿨락"이라고 지칭되었다. 혁명 직후부터 볼셰비키에 대하여 "러시아 농민 전체가 저항을 하였다." 그러나 1918~1920년의 농민 전쟁은 지금까지 그 참상이 역사가들에게 제대로 알려지지 않았다. 그 이유는 같은 시기에 진행된 적군과 백군의 싸움에 농민 전쟁이 가려져 왔기 때문이다. 농민들은 적군 편도, 백군 편도 아니었다. 적군과 백군의 내전은 1920년 말에 끝이 났지만 농민 전쟁은 1921년에도 계속되었고, 농민 폭동은 지역적으로 그리고 숫자적으로 확산되어 "진정한 민중 운동"이 되었다. 1921년 1월에만도 우크라이나의 몇몇 지역에서 농민 폭동에 참여한 농민들의 숫자는 5만 명이었고, 서부 시베리아의 한 지역에서는 6만 명의 농민이 반란을 일으켰다. 이 숫자는 각 지역에서 산발적으로 전쟁을 하였던 백군의 평균 숫자와 거의 필적하는 것이었다.528

1920년과 1921년 사이에 많은 지역의 농민들이 공산당에 반대하는 입장을 표명했다. 우크라이나의 한 지역(Tambov in Ukraine)에서 개최된 농민 회의에서 '소비에트 권력을 전복하고 공산당을 파괴하자'는 안이 채택되었다. 볼가의 동부 지역에서는 소비에트 권력을 제헌 의회로 바꿀 것, 보편 선거 실시, 토지의 국유화 폐지, 곡물 공출 금지, 자유 교역 실시, 집단 농장 폐지, 근로자에게 해를 주는 볼셰비키 당의 모든 기구 해체 등을 요구하였다. 또 다른 폭동에서는 "소비에트 권력이여, 영원하라! 공산당을 없애자! 민중의 완전한 자유여, 영원하라!"는 구호를 내 걸었다.529 이와 같은 사실들이 러시아 혁명이 일어난 직후에 나타났던 농민들의 반응이었다. 물론 소비에트적 해석에서는 이런 사실들이 지금까지 모두 은폐되어 왔다.

볼셰비키의 독재와 크론스타트 폭동

레닌은 '독재'를 통하여 체제를 안정시킬 수 있었다. 그러나 그가 생각했던 "독재에 대한 과학적인 정의는, 어떠한 법이나 규정에 의해서 제한이나 속박을 받지 않고, 힘에 직접적인 기반을 둔 것이었다." 프롤레타리아는 독재를 할 수 있었다. 따라서 프롤레타리아 당이었던 볼셰비키 당도 독재를 할 수 있었다. 독재는 레닌이 권력을 확보하는데 절대적으로 필요한 것이었다. 레닌은 "당의 독재! 우리는 당의 독재로 설 수 있고, 당의 독재 없이는 설 수 없다"고 말하였다. 레닌에게 "주먹의 힘"은 매우 중요하였다. 이리하여 20세기에 "힘의 철학"이 탄생하였다. 이 철학은 스탈린과 히틀러에게 전수되었다.530

1920년대에 소수의 프롤레타리아 당이 정권을 유지하기 위해서는 독재가 절대적으로 필요하였다. "프롤레타리아의 이름으로 권력을 행사하는 것은 소수가 다수를 지배하는 것이었다. 러시아 프롤레타리아의 독재는 근본적으로 소수의 독재를 의미하였다. [그러나]

문제를 더욱 복잡하게 만든 것은 산업 노동자 계급 자체가 정치 노선에서 분열되어 있었다는 점이었다. 이들 중에서 대부분은 볼셰비키의 지도에 따랐지만, 나머지 사람들은 멘셰비키에 충성을 바쳤고, 심지어 어떤 사람들은 농민들 사이에서 강세였던 사회혁명당에 충성을 바치기도 하였다."531 역사상 나타났던 많은 독재 가운데 공산당 독재는 그 유례가 없었다. 다만 프랑스 혁명 당시에 실시되었던 쟈코뱅의 독재가 공산당 독재에 근접하였다. 실제로 쟈코뱅의 독재는 공산당 독재의 "원형을 제공했고, 볼셰비키는 러시아의 독재주의 전통에 편승하여 이를 완성시켰다."532

구제도 하에서 사회주의자들은 그들의 목적을 달성하기 위해서 테러를 수단으로 사용했고, 레닌은 이 전통을 이어받았다. 그러나 사회주의자들과 레닌이 표적으로 삼았던 테러의 대상은 각기 달랐다. 사회주의자들이 테러의 주요 대상으로 삼았던 계층은 지주와 자본가들이었으나, 레닌과 볼셰비키의 대상은, 부르주아나 집권자가 아닌, 바로 노동자와 농민이었다. 레닌 치하에서 민중들은 대량으로 감옥에 수용되었다. 레닌은 1902년에 89,889명의 죄수가 황제 치하에서 신음하고 있다고 하면서 제정의 비인간적인 면을 개탄하였다. 그러나 레닌이 죽은 바로 다음 해인 1925년에 러시아의 감옥에는 144,000명의 죄수가 있었다. 이 중에서 40% 이상이 노동자와 농민들이었고, 이들의 숫자는 더욱 증가하고 있었다.533

테러는 1921년에 페트로그라드를 휩쓸었던 파업과 시위 때부터 볼셰비키의 중요 통제 수단으로 부각되기 시작하였다.534 그런데 이때 전개된 파업과 시위는 혁명 정부의 운명을 바꾸어 놓을 수 있을 정도로 심각하지는 않았다. "농민 전쟁도 도시의 중심부에 위협을 주지 못하였다. [정부는] 고립되어 있던 이들 [농민들]의 근거지를 하나씩 하나씩 제거해 나가면 이 문제는 해결될 수 있을 것으로 보았다." 파업, 시위, 그리고 농민 전쟁은 혁명 정부에게 심각한 위협이 될 수 없었고, 이들을 제압하기 위하여 테러를 사용할 필요도 없었다. 그러나 심대한 문제는 크론스타트 수병들의 반란이었다. "크론스타트 수병들의 반란은, 레닌이 표현한 바와 같이, 마치 번개 불과 같이 현실을 비추어 주고 있었다."535

크론스타트의 수병들은 소비에트 권력이 성립되는데 결정적인 수훈을 세웠고, 볼셰비키 당에 충성을 바쳤던 집단으로 알려져 있다. 이들은 자신들이 구성한 소비에트에서 자신들의 민주주의가 시행되는 것을 꿈꾸었으며, 이런 이유에서 볼셰비키가 주도했던 혁명을 지원하였다. 그러나 "소비에트 민주주의를 향한 크론스타트의 실험은 1918년 7월에 볼셰비키의 지배가 성립된 후에 끝을 맺게 되었다." 물론 많은 크론스타트의 지도자들이 당에 가입하였고, 내전 동안에 크론스타트가 볼셰비키를 지지하였다는 점은 부정할 수 없을 것이다. 그러나 1921년 3월에 크론스타트의 운명을 결정짓는 일이 벌어졌다. 이때부터 "크론스타트는 공개적으로 '모든 권력은 당이 아닌 소비에트로'라는 1917년의 프로그램으로 복귀하였다." 이 달에 크론스타트에서 개최된 대규모의 회의에서 이들은 노동 조합의 독자성, 언론의 자유, 복수 정당이 참여하는 비밀 선거, 체카 폐지, 공산당 직속 군대 폐지 등을 요구하였다. 이렇게 시작된 크론스타트 폭동에 참여한 사람들은 레닌을 황제(Tsar)라고 부르기도 했으며, "1917년 10월의 진정한 소비에트 혁명은 일당 독재에 의하여 탈취당했다"고 주장하였다. 레닌은 개인적으로는 크론스타트가 혁명에서 차지하였던 의미를 잘 알고 있었다. 크론스타트는 혁명의 상징 중의 하나였기 때문이었다. 그러나 레닌은 공적으로는 이 폭동을 "백군" 혹은 "사회혁명당과 반혁명분자"의 폭동으로 묘사했다. 만일 볼셰비키가 크론스타트의 요구를 받아들인다면, 그것은 곧 일당 독재의 종말을 의미하였다. 3월 18일 폭동은 강제로 진압되었고, 수백 명이 처형되었다.536 "트로츠키는 실전에 참여하지는 않았지만, 그는 군사 참모들과 함께, 만일 필요하다면 폭도들에게 독가스를 사용할 계획을 세웠다." 그러나 독가스는 사용되지 않았다. 그 이유는 트로츠키가 관대해서가 아니었다. 진짜 이유는 가스로부터 적군을 확실하게 보호할 수 없었기 때문이었다.537 러시아 혁명 정신을 가장 잘 구현했고, 실제적인 전투에서 가장 앞장을 섰던 크론스타트 수병들의 말로는 비참했다.

러시아 역사에서 가장 파괴적이었던 내전

"거의 3년 동안 러시아를 산산조각으로 찢어 놓은 내전은 13세기의 몽골 침입 이후로 러시아 역사에서 가장 파괴적인 사건이었다." 내전이 끝난 직후에 있었던 수백만 명의 목숨을 빼앗아 간 기근도, 역시 당시까지는, 러시아 역사상 가장 참혹한 것이었다.[538] 내전의 직접적인 원인은 볼셰비키 혁명에 있었다. 소비에트 역사가들은 내전을 간단하게 반혁명 세력과 제국주의자들의 음모였다고 일축하면서 내전의 참상에 대해서는 거의 언급하지 않았다. 그러나 혁명 바로 다음 해부터 벌어진 내전은 수 없이 많은 사람의 목숨을 빼앗아 갔으며, 특히 가장 많은 희생자를 낸 계층은 바로 프롤레타리아였고, 프롤레타리아 중에서도 정치 성향이 전혀 없는 무고한 농민들이었다. 물론 이런 사실에 대해서도 소비에트 역사가들은 언급을 회피하였다.

볼셰비키에 가장 먼저 무력으로 저항했던 세력은 군의 장교들과 코자크(Cossacks)였다. 이 백군들은 1918년 첫 두 달 동안 벌어진 전투에서 패배하고 남부 러시아로 근거지를 옮겼다. 그러나 1918년 1월에 있었던 우크라이나 정부군과 볼셰비키와의 전투에서는 볼셰비키가 패배하였다. 이것이 모스크바 볼셰비키와 우크라이나 사이에 있었던 최초의 교전이었다. 또한 1918년 말에는 우랄(Ural)과 시베리아에서 백군이 권력을 장악하였다. 그러나 무엇보다도 중요했던 것은 농민의 반란이었다. 뒤에 '녹색군'이라고 불려진 이 농민 군대는 1917년에는 존재하지 않았다. 1918년에 농민들은 볼셰비키의 압박, 공출, 그리고 탄압적인 정책에 대항하여 무장 봉기를 일으켰다.[539] 볼셰비키에 대한 항거는 러시아의 각 사회 계층과 각 조직에서 모두 나타났다. 1918년 여름에 노동자들은 그들 나름대로 볼셰비키에 저항하였고, 적군 병사들도 소비에트 권력에 대항하여 폭동을 일으켰으며, 농민들은 자신들 지역에서 활동하고 있던 볼셰비키를 공격하였다. 한편 백군 장교들은 자신들의 지역에서 지배권을 확보하였고, 어떤 지역에서는 노동자들이 백군과 함께 볼셰비키에 반대하여 싸웠다. 이 당시 볼셰비키에 대한 저항은 다양하였다. 그러나 백군에게 매우 불리했던 점은 이 저항 세력들 사이에 어떠한 공조 체제도 갖추지 못했다는 사실이었다. 이것이 이 저항 세력들의 치명적인 약점이었다.540

1918년부터 시작된 내전은 다양한 세력 사이에서, 그리고 서로 다른 시기와 지역에서 다발적으로 발생했기 때문에 그 양상을 일목요연하게 정리하는 것은 매우 어려운 일이다. 내전은 적군과 백군 사이에서만 일어나지 않았다. 내전은 이른바 해방된 프롤레타리아와 패배한 유산 계급 사이에, 다양한 정치 세력 사이에, 지방과 지방 사이에, 중앙 정부와 지방 정부 사이에, 혹은 경제·종교·이념이 다른 집단과 중앙 및 지방 정부 사이에서 벌어졌다. 또한 내전 기간에 어느 지역은 볼셰비키의 확고한 지배 하에 있었고, 어떤 지역은 적군과 백군이 여러 번 교차하면서 통치를 하였다. 어떤 때에는 내전이 여러 곳에서 동시 다발적으로 일어났고, 어떤 때는 소련의 한 지역에서만 내전이 전개되었다. 따라서 내전은 정확하게 언제 시작되었고, 정확하게 언제 끝났는지를 규정하기 어려운 속성을 가지고 있었다. 혁명 정부는 1920년 말에 공식적인 발표를 통하여 내전이 끝났음을 선언하였다. 그러나 공식적으로 발표된 이 연도는 정확한 것이 아니었다. 왜냐하면, 근자에 이루어진 연구 결과에 의하면, 농민들의 반란은 1921년에도 많은 희생자를 내면서 매우 격렬하게 계속되었기 때문이다.541

내전에 참가하였던 각 집단은 서로 다른 목적을 가지고 있었다. 볼셰비키는 프롤레타리아의 독재를 위해서, 멘셰비키와 사회혁명당은 민주 절차에 의한 사회주의 건설을 위해서, 백군은 구체제 하에서 존재하였던 법과 질서를 회복하기 위해서, 녹색 농민군은 볼셰비키의 징병과 곡물 수탈에 대항하기 위해서, 코자크는 자신들의 전통적인 삶과 토지를 위해서, 우크라이나 국민군은 독립을 위해서, 그리고 소수 민족은 민족적인 독자성 찾기 위해서 각각 내전을 일으켰다.542 이와 같이 각 집단들이 볼셰비키에 대항해서 내전을 일으킨 이유는 매우 다양하였다. 그러나 이들 집단들이 내전을 일으킨 공통적인 원인도 있었다. 그것은 볼셰비키의 잔학했던 행위에서 형성되었다. 예를 들면, 우랄 지방의 퍼름(Perm)이라는 도시에서는 "2천명 이상의 농민들과 소규모 상점 소유주 등을 비롯한 많은 남녀 시민들이 재판이나 경고도 없이 잔인하게 살해되었고, 어떤 사람의 몸은 죽기 전에 무시무시하게 잘려져 있었던 것이 목격되었다." 영국 의회의 한 보고서에 의하면, 어느 공장에서는 100명의 파업 참가자가 처형되었고, 다른 도시에서는 사망자가 너무 많아서 그 숫자를 셀 수가 없었다. 그리고 두 개의 도시에서 적어도 7천명 이상이 살해된 경우도 있었다. 일반적으로 볼셰비키의 학살이 많았던 곳은 볼셰비키에 대한 저항이 거셌던 곳이었고, 백군의 저항 또한 이런 지역에서 매우 강하였다.543

내전은 러시아 국민들에게는 비극을 안겨 주었지만, 볼셰비키에게는 행운을 안겨 주었다. "내전은 볼셰비키가 투표에서 패배한 것을 군사적인 승리로 만회할 수 있는 기회를 주었다." "볼셰비키는 이 당시에 내전을 필요로 하고 있었고 또 내전을 원하고 있었다. 그 이유는 일반적인 파업 진압에서보다는 공개적으로 나타난 반란 상태에서 [볼셰비키가] 무력을 사용하기가 훨씬 용이하였기 때문이다." 국민들은 내전을 진압하기 위하여 볼셰비키가 사용한 강력한 조치들을 허용하였고, 반란 세력과의 전쟁은 볼셰비키 당의 내부적 단결에 결정적인 도움을 주었다. 내전이라는 명분 하에 볼셰비키는 모든 계파가 당에 완전하게 복종할 것을 요구했고, 볼셰비키 집단 내부에서 당의 명령에 복종하지 않았던 인사는 내전 기간에 과감하게 제거되었다. 멘셰비키와 사회혁명당 성향의 인사들을 볼셰비키에서 추방하는 작업도 내전 중에 이루어질 수 있었다.544

노동자들은 도시에서 볼셰비키에 반대하여 시위와 폭동을 일으켰다. 그러나 대규모의 공장들은 체카가 장악하고 있었고, 이들의 공작으로 노동자들은 자신들의 조직을 형성하거나 혹은 유지할 수 없었다. 볼셰비키는 노동자들의 조직에 반대하는 '위대한' 이념도 가지고 있었다. "프롤레타리아 국가는 노동자들의 파업을 관용할 수 없으므로, 오늘의 파업은 내일의 실직을 의미하였다." 1918년에는, 매

우 역설적으로, "소비에트의 권력을 살리기 위하여, 볼셰비키는 소
비에트들을 해산시켜야만 했다." 그러나 이런 논리와 탄압에도 불구
하고 "노동자들은 저항 집회, 시위, 일부 파업, 혹은 연대 파업으로
볼셰비키에 맞섰다. 어떤 도시에서는 노동자들이 볼셰비키에 대항하
여 공개적으로 폭동을 일으켰다. 1918년 7월에 이르러서 지방 노동
자들의 반 볼셰비키 [투쟁은] 내전 상태에까지 이르렀다."[545]

농민들이 일으킨 내전에서는 도시에서의 내전과 같이 특별한 전
선이 형성되지 않았다. 전투는 모든 지방과 모든 마을에서 벌어졌
다. "농민들은 도시의 [노동자]들보다 훨씬 더 강력하였다."[546] 그러
나 도시의 노동자와 농촌의 농민들은 연대 세력을 형성하지 못했
고, 볼셰비키의 이간책에 의하여, 서로 적대 감정을 가지고 있었다.
농민들은 국가가 정한 고정 가격으로 곡물을 출하해야만 하였다.
아니면 곡물은 강제로 공출되었다. 그런데 볼셰비키는 곡물을 공출
할 인력이 부족해서 자신들을 겨냥하여 폭동을 일으키고 있는 노
동자와 농민 두 세력을 서로 적대 세력으로 만들 필요가 있었다.
마침내 볼셰비키는 자신들의 존립을 위해서 매우 교묘한 방안을
마련하였다. 이 방안은 도시의 노동자들에게 '식량 조달 군대'라는
이름을 주어서 이 군대가 농민들의 곡식을 빼앗아 오게 하는 것이
었다.[547]

"굶주린 도시의 노동자들은, 이들 중에 많은 사람들이 볼셰비키
에 반대표를 던졌음에도 불구하고, 이제 소부르주아라고 불리는 농
민들에게 프롤레타리아 독재를 강제할 것을 사주 받게 되었다." 노
동자들의 부대가 농촌으로 몰려가서 곡식을 공출하였고, 그 결과
볼셰비키는 그들과 노동자들 사이에서 벌어진 내전을 노동자와 농
민간의 내전으로 그 양상을 바꾸어 놓을 수 있었다. 도시의 '빈민
위원회'도 농민의 '잉여' 곡식을 빼앗아 갔다. 이 위원회는 자신들이
농민에게서 빼앗은 곡물을 자신들의 약탈물로 소유하였고, 이들은
'잉여' 농산물뿐만 아니라 그들이 발견하는 것은 무엇이든지 탈취
해 갔다. 성난 농민들은 볼셰비키 간부와 식량 약탈군을 대거 살해
하였다. 이런 농민들의 저항은 볼셰비키의 또 다른 복수를 유발해

서 농민들의 마을들이 불태워졌다. 볼셰비키는 이제 불태워진 마을을 "반혁명 분자들의 근거지"라고 지칭했고, 반혁명 분자를 말살하기 위하여 마을 사람들을 인질로 잡아가거나 혹은 대량으로 처형하였다. 이런 분위기에서 농민들은 중앙에서 마을에 파견된 사람이라고 하면 그 누구라도, 그가 볼셰비키든 아니든 간에, 모두 의심하였다. 농민들이 도시 노동자들에 대하여 가지고 있던 적대 감정은 내전 이후에 더욱 증대되었으며, 이로부터 농민들은 국가의 정치와 시장 경제 모두에서 물러서게 되었다. 이것은, 장기적인 시각에서 본다면 소련 사회에 비극적인 요소가 탄생한 것이고, 단기적으로 본다면 볼셰비키가 내전에서 승리하는 것을 약속해 주는 것이었다.548

우크라이나는 농민들의 폭동이 가장 격렬하게 일어난 지역 중의 하나였다. 1919년 4월 단 한 달 동안에 주로 농만들이 중심이 되어서 93차례의 무장 폭동이 이 지역에서 일어났다. 볼셰비키가 불과 몇 달만에 우크라이나를 통치했다는 점을 고려할 때, 이 지역에서 발생한 반 볼셰비키 폭동 회수는 매우 많았음을 알 수 있다. 그러나 "1919년 봄에 볼셰비키가 실시한 작전 중에서 가장 악명 높은 것은 아마 코자크 지역에서 전개되었던 비 코자크화 작전이었을 것이다." 이 작전에서 중앙당 위원회는 마지막 "한 사람까지 말살"하라는 최후의 명령을 하달하였다. 이것은 프랑스 혁명 당시에 방데(Vandée) 지방에서 일어난 학살을 연상하게 하는 명령이었다. 당시의 목격자에 의하면 체포된 사람을 심판하는 데에는 단 몇 분 정도만 할애되었고, "선고는 거의 똑 같이 총살이었다." 볼셰비키의 이와 같은 무차별적인 학살은 하나의 사회 계급을 대상으로 한 것이 아니었고, 여자들을 포함한 전체 주민을 대상으로 하였다. 몇몇 마을에서 자행된 집단 학살 흔적이 대규모의 묘지에서 발견되었다. "공산주의자들은 그들의 권력 장악 상태가 불안할 수록, 폭력과 처형에 더욱 더 의존하였다."549 그렇지만 이와 같은 볼셰비키의 거친 진압 노력에도 불구하고 농민들의 내전은, 1920년에 내전이 종결되었다는 정부의 공식적인 발표와는 달리, 1922년까지 계속되었다.

긴 내전 기간에 사망자 숫자로 따진다면 농민의 희생자가 어떤 다른 집단의 희생자들보다 월등하게 많았다.

내전에서 볼셰비키가 승리할 수 있었던 원인은 볼셰비키가 국민의 지지를 얻어서도 아니었고, 볼셰비키의 힘이 강해서도 아니었다. 그 원인은 내전을 일으킨 집단들이 희망이 없을 정도로 분열되어 있었고, 반란군이 실책을 거듭하였기 때문이다. 백군의 경우에는 지휘 체계가 워낙 잡혀 있지 않아서 백군과 도적떼를 구별하기 어려운 경우도 있었다. 또한 백군의 목표는 자신들의 지역에서 볼셰비키를 몰아내는 것이었지, 모스크바에서 볼셰비키를 몰아내는 것도 아니었다. 1919년 11월에 백군은 절망적인 패배를 하기에 이르렀다.550

*　　*　　*

1921년에 씨앗이 파종된 농토의 총 면적은 1913년과 비교할 때 적어도 16%가 감소하였다. "도시에서 소모되는 식량 중의 대략 반정도는, 농촌에서 식량을 [불법적으로] 구입해서 암시장에 파는 보따리 장수들(sack-men)을 통하여 조달되었다." 물론 식량을 시장에서 매매하는 것은 불법이었다. 적군 병사들은 내전 기간에 백만 명 정도가 탈영하였고, 모스크바와 페트로그라드에서는 내전 중에도 여러 차례의 파업이 발생하였다. 오히려 내전 기간에 파업 운동은 정점에 달해 있었고, 크론스타트의 수병들은 1921년 2월에 반란이 일어나기 일 보 직전에 있었다. 소련의 공식적인 통계에서도 1919년 중반까지 농촌에서 344건의 농민 폭동이 있었음을 시인하였다. 물론 이 숫자는 크게 축소된 것이었다. 농민 반란군, 파업 노동자, 폭동을 일으킨 수병 모두 한결 같이 "식량 몰수 제도를 폐지할 것, 식량 공급을 늘릴 것, 정당의 자유로운 경쟁 체제를 다시 도입할 것을 요구하였다."551 내전 중에 러시아는 매우 혼란한 상태에 있었다. 소수가 일으킨 쿠데타는 값비싼 대가를 치러야만 했던 것이다.

"내전으로 러시아의 경제는 실질적으로 완전하게 파괴되었다." 도이쳐(Issac Deutscher)가 이미 제시하였듯이, 내전이 종식되었을 때 러시아의 국민 소득은 1913년의 1/3이었고, 산업 생산은 전쟁 전의 1/5이었으며, 석탄은 1/10 이하, 철 주조물 생산은 정상 생산량의 1/40 이하였다. 페트로그라드의 인구는 1914년과 비교할 때 200만 명에서 60만 명으로, 새로 수도가 된 모스크바는 150만 명에서 90만 명으로 감소하였다.552

내전은 경제를 파국으로 이끌었을 뿐만 아니라 수많은 사람의 목숨을 빼앗아 갔다. 내전 중에 희생된 사람들의 숫자를 헤아리는 것은 거의 불가능한 작업일 것이다. "최근에 공개된 적군 문서 보관소의 한 자료는 1918년에서 1920년 사이에, 실종자와 포로가 된 후에 생사를 모르는 사람들을 제외하고, 전투에서 사망한 [적군 숫자만도] 701,847명이라고 밝히고 있다." 적군 병사 이외에도 수 없이 많은 농민들이 사망하였다. 백군 희생자의 숫자는 적군의 경우보다 더욱 추측하기가 어려웠다. 한 러시아 인구 학자는 127,000명의 백군이 죽은 것으로 계산하였다. 이외에도 전쟁과 함께 퍼진 전염병으로 2백만 명이 사망하였으며, 그밖에 영양 실조, 추위, 자살 등으로 수 없이 많은 사람들이 희생되었다. 그런데 전체 사망자 중에 91%는 민간인이었다. 한편, 독일·프랑스·중국으로 약 90만 명이 도피하였다. 이민들은 러시아의 엘리트 계층 출신이 많았으며, 전직관료·전문가·사업가·지식인들이었다. 이들은 뒤에 러시아로 귀환하지 않아서 러시아는 심각한 두뇌 유출 현상을 경험하게 되었다.553

소련의 인구는 1918년에서 1923년에 이르는 동안, 전투에서 사망한 사람보다 질병으로 죽은 사람이 더 많아서, 인구가 자연적인 추세로 증가하기는커녕 오히려 7백만 명이 줄어들었다.554 많은 사람들이 죽임을 당하였다. "말살"을 하라는 공산당 상부의 명령으로 돈 코자크(the Don Cossacks)의 70%가 죽임을 당하였다.555 농민들이 절대 다수를 이루었던 코자크 주민 중에서 약 10만 명이 적군을 피하여 대탈출을 하였고, 이 피난민 행렬은, 한 영국 조종사가 목격한 바에 의하면, 그 길이가 100킬로미터에 달했다. 항구에 이르러서 배를 타지 못한 사람들은 죽음을 예감했다. "한 노인이 무릎을 꿇고, 울면서, [승선] 담당자에게 가족과 함께 태워달라고 애원했으나, 그의 승선은 결국 허락되지 않았다. 볼셰비키가 도착하면 승선 거부가 죽음을 의미한다고 하더라도." 이때 18,000명 이상의 사람들이 승선을 하지 못했다. 이들은 결국 적군에 의하여 처형되었을 것이다.556

내전이 러시아의 모든 남·녀에게 고통을 주었지만, 남·녀 가운데, 특히 젊은 남성이 많이 목숨을 잃었다. 이리하여 남·녀 구성 비율 자체가 내전 이후에 바뀌게 되었다. 예를 들면, 10월 혁명과 내전이 끝난 뒤에 모스크바에 거주하던 시민의 남·녀 성비와 연령에 관한 통계는 이 사건들이 빚어낸 참상을 여실히 보여주었다. 남편을 잃은 많은 여성들이 생계 수단을 찾기 위하여 도시로 몰려들었다. 이런 현상도 모스크바의 남·녀 성 비율을 크게 바꾸어 놓았다. 1897년에는 모스크바 시민의 남·녀 비율은 132：100이었지만 1926년에는 이 비율이 95：100이었다. 15~19세의 남·녀 성 비율은 194：100에서 87：100으로, 20~29세는 170：100에서 95：100으로 되었다.557

내전에서부터 1930년대까지는 분명한 연속성이 존재하였다. 내전으로 중앙당의 통제가 강화되었고, 이런 추세는 1930년대에도 계속되었다. 당의 통제는 날이 갈 수록 더욱 심해져서, 결국 당은 국민들의 세세한 사생활까지 통제하게 되었다. 당의 통제는 처음에는 계급의 적과 계급의 적에 관련된 사람들을 제거하는 것으로 시작되었다. 다음 단계에서는 적과 관계가 멀었던 사람들, 각종의 주류 이탈자들, 이단자들, 그리고 과거에 전쟁 포로였던 사람들을 제거하였다. 이 과정이 끝난 뒤에 당의 통제는 더욱 걷잡을 수 없이 강화되어 국민들의 사생활에 이르기까지 깊숙이 파고 들었다. 당은 "심지어 머리카락의 길이나 바지폭 넓이, 그리고 ... 한 방울의 술을 마시는 것"도 통제하였다. 이런 상황에서 국민들은 사소한 위반에도 처벌을 당하는 극한 상태에서 살게 되었다. 당의 통제는 내전과 함께 시작되었다. 레닌에 대한 평가는 내전에 대한 평가를 수반하

지 않고서는 바르게 내려질 수 없을 것이다.558

내전과 함께 새로운 공포가 시민들을 엄습하였다. 체카는 중앙
과 지방을 막론하고, 원하면 언제든지 국민들을 처형할 수 있었
다.559 볼셰비키는 1917년 쿠데타로 권력을 장악할 수 없었고, 이들
이 권력을 장악하는 데에는 3년이라는 긴 세월 동안의 내전 과정
이 필요하였다.560 볼셰비키가 승리한 해는 1917년이 아니라, 실제
적으로는 내전이 공식적으로 종료되었다고 선언된 1921년이었다.561
볼셰비키가 권력을 장악하는 데에는 300만 명 이상의 목숨이 필요
하였고, 고대 러시아로부터 전래되어 온 사회·정치·경제·문화
등의 모든 조직을 왜곡해야만 하였다. 소련이 해체된 이후에 러시
아에서 벌어지고 있는 러시아의 전통 부활은 볼셰비키가 왜곡했던
사항을 원래의 것으로 되돌리려는 시도이다.

내전이 종료된 이후에는 정치적인 소요가 감소하였다. 반혁명
세력은 말살되었거나 혹은 외국으로 도피하였다. 이때 외국으로 이
민을 간 사람들은 주로 중·상 계층 출신이었으며, 이들의 숫자는
약 1~3백만 명이었다. 러시아 내에 존재했던 반공 세력은 체카가
매우 효과적으로 제거하였으며, 러시아에는 정치적인 자유라는 것
이 존재하지 않았기 때문에 정치 집단간에 발생할 수 있는 정치
투쟁 요소도 근본적으로 제거되었다. 결국 소련의 체제는 거부할
수 없는 현실이 되었고, 이에 따라서 비 볼셰비키 계열의 전문가들
이 점차 공산 정권에 참여하였으며, 비 러시아 계열의 민족을 회유
하기 위한 정책도 제시되었다. 드디어 1924년에는 소련(蘇聯: the
Union of Soviet Socialist Republics)이 공식적으로 출범하였다.562

'전시 공산주의' 체제의 모순

내전이 계속되는 동안에 러시아의 경제는 '전시 공산주의'(War
Communism) 체제에 의해서 유지되었다. 볼셰비키는 '전시 공산주
의'와 '신경제 정책'을 브레스트-리토브스크 조약에 비유하였다. 이

조약으로 러시아는 잠시 전략상으로 후퇴를 하였지만, 결국 잃었던 영토를 회복하였다. 전시 공산주의와 신경제 정책 또한 전술적인 것이고 한시적인 것이었기 때문에 궁극적으로 볼셰비키의 이념은 구현될 것이라고 공산당은 선전하였다.563 그러나 역사적인 사실을 검토해 보면 전시 공산주의와 신경제 정책은 결코 전술적인 후퇴나 혹은 일시적인 정책이 아니었으며, 이 정책들에서 나타났던 부정적인 요소는 소련이 해체될 때까지 지속되었다.

  10월 혁명으로 볼셰비키는 권력을 장악했으나, 이 권력을 실제로 구사할 수는 없었다. 볼셰비키는 자신들이 획득한 권력을 현실에 적용하여 그들이 구상했던 새로운 질서를 정립시킬 수 있는가를 실험해 보았다. 이 실험은 1918년과 1921년 사이에 내전을 치르고 전시 공산주의 체제를 실시하는 가운데 이루어졌다.564

  전시 공산주의 체제는 모든 경제를 국가, 정확하게 말하면 공산당 밑에 두고, 공산당이 생각하는 대로 '논리적'으로 경제를 운영하기 위한 것이었다. 이 논리의 기본 전제는, 모든 생산 체제를 국유화하고, 개인의 상거래를 없애며, 정부가 분배 조직을 통제하고, 화폐를 교환 수단에서 제거한 뒤에, 국가가 통제하는 물물교환 제도를 실시하는 것이었다. 아울러 국가는 장기 경제 계획을 수립하고, 신체 건강한 성인 남자 모두와 때로는 여성·아이·노인들도 강제로 노동에 참여시키는 것도 전시 공산주의 체제의 기본 구상이었다. 그러나 볼셰비키가 이런 조치들을 독창적으로 고안한 것은 아니었다. 이미 독일에서 국가가 생산·분배를 통제하는 이른바 '전시 사회주의'(War Socialism)를 1차 세계대전 당시에 도입했고, 러시아 역사에서도 중세 시기에 이와 비슷한 제도가 존재했었다. 외양으로는 전시 공산주의 체제가 국가의 경제를 완전히 통제할 수 있을 것으로 보였지만, 실제로는 그렇지 못했다. 국가가 강제하는 법과 현실적인 상황은 상당히 달랐다. 몇 가지 예를 든다면, 전시 공산주의 체제가 엄연히 시행되는 가운데서도, 화폐는 여전히 통용되었고, 식량도 여전히 시장에서 매매되었으며, 암시장은 오히려 더욱 확대되었다. 전시 공산주의 체제 하에서 국가의 경제는 1차 세계대전 이전보다 악화되었다. 1920년에 러시아의 국민 소득은 1913년에 비하여 33~40% 수준에 불과하였고, 노동자의 생활 수준도 같은 시기와 비교할 때 1/3에 지나지 않았다. 전시 공산주의는 곧 닥칠 기근에 직면해 있었다. "본질적으로 전시 공산주의 아래에서 볼셰비키는 러시아의 부르주아가 축적해 놓았던 인적이고 물질적인 자원을 먹고 살았다." 1920년의 한 주요 경제 신문은 "우리는 러시아 자본주의자들이 우리에게 유산으로 남겨 준 주요 자원과 원자재를 이제 완전히 소진했다"는 보도를 하였다.565

전시 공산주의 체제는 모든 경제를 중앙 집중화하고, 군사화하며, 식량을 공출하는 것을 핵심으로 하였다.566 이 체제는 '내전 대응 체제'(the Civil War System)를 의미했으며, 이 체제를 통하여 모스크바에서 러시아의 경제를 확고하게 통제하는 것을 목표로 삼았다. 이에 따라서 산업체는 국영화되었고, 2천만 농민 가구는 자신들의 가족 농장을 경작할 수는 있었으나, 국가가 원하면 이들이 생산한 농작물은 언제든지 공출될 수 있었다. 공산당과 체카는 이 체제를 실행에 옮기기 위하여 무자비하게 독재권을 사용했다.567

전시 공산주의 체제는 매우 억압적이었고, 농민들과 노동자들은 볼셰비키의 억압 정책에 정면으로 맞섰으며,568 1920년에 이르러서 국민들의 저항은 극에 달했다. 그러나 볼셰비키의 무력에 의해 저항은 결국 실패했다. 저항에 한계를 느낀 프롤레타리아는 결국 전시 공산 체제에 무조건적인 복종을 하게 되었고, "1917년에 볼셰비키에게 그처럼 대단한 인기를 가져다 주었던 하루 8시간 노동, 독립적인 노동 조합, 노동자의 통제와 같은 개념은 [이들 사이에서] 잊혀졌다." 새로운 윤리와 정신이 소련 사회에서 나타나기 시작하였다. "볼셰비키는 이제 사회적이고 정치적인 문제를 전쟁과 연관시켜서 인식하였다." 모든 것은 전쟁과 관련이 있었다. 산업 전선, 식량 공급 전선, 수송 전선, 이념 전선 등의 용어들이 볼셰비키가 창조한 새로운 사회적인 분위기를 대변하였다. 그러나 임시 변통으로 만들어진 전투와 전선의 개념은 평화 시대가 왔음에도 불구하고 공산당에 의해서 계속해서 사용되어 소련에서 이후 몇십 년간

264 러시아 혁명의 환상과 현실

확고하게 자리를 잡게 되었다.569

　전시 공산주의 체제가 반드시 내전에서 비롯된 것은 아니었다. 공산당은 식량을 공적인 물건으로 인식하였다. 이 개념에 근거하여 전시 공산주의 체제 하에서는 개인이 곡물을 재어 놓는 것을 금지하였고, 식량을 거래하는 자는 "인민의 적"으로 규정되었으며, 이런 이유에서 이들을 총살시킬 수 있었다. 곡물에 관한 이런 가혹한 조처들은 내전에 대처하기 위하여 볼셰비키가 구상한 것이 아니었다. 이 조처는 내전이 발생하기 이전인 1917년 11월 10일부터 이미 존재하였다. 공산당은 이런 조처들을 실시하기 위하여 내전이라는 명분을 이용했을 뿐이며, 실제적으로는 내전의 발발과 이런 조처의 당위성은 서로 연관이 없었다. 또한 이런 억압적인 조처가 흉작과 기근에 때문에 나타난 것도 아니었다. "기근으로 식량 공출이 이루어진 것이 아니라, 식량 공출이 기근을 야기시켰다는 것이 더 적절할 것이다." 1921년에 발생한 심한 흉작은 자연 재해였으며, 상당 부분에서 전시 공산주의를 실험한 결과로 나타난 것이기도 하였다. 전시 체제를 실시하기 위하여 이 체제에 순응하지 않은 국민들에게는 체벌이 가해졌다. 레닌이 구상한 처벌 수단이 바로 악명 높은 강제 수용소였으며, 이 탄압 기구는 뒤에 전개된 소련의 역사를 매우 암울하게 만들었다.570

　전시 공산주의 체제는 군사, 정치 그리고 경제적인 면을 결합하였다. 정확하게 말하면, 경제와 정치적인 면이 군사적인 면에 흡수되었다. 그러나 전시 공산주의 체제는 볼셰비키가 위기에 처한 자신들의 체제를 구하기 위해 내세운 '군사적인 비상 사태'의 일환에 불과하였다. 혁명 당시부터 볼셰비키 체제가 정착된 1921년까지 볼셰비키는 당과 소비에트와의 이중 권력 구조를 형성하였으며, 체카의 일반적인 사찰 활동을 이용했고, 중앙 집중적인 경제 계획 및 농업의 집단화 등을 실시하였다. 이 정책들은 모두 '군사적인 비상 사태'에 대처하는 기능적인 논리에서 성립되었다. 소련에서는 이런 '군사적인 비상 사태'를 정치와 사회의 모든 면에까지 연장시켜서 사회를 통제하는 수단으로 삼았다. 이런 관행은 혁명이 발생할 당시에 시작되어 페레스트로이카에 이르기까지 소련 체제 속에서 지속되었다.[571] 소련에서 이와 같은 군사적인 성격을 기본으로 한 체제가 성립된 것은 결코 우연한 일이 아니었다. 러시아 혁명이 소련 체제에 그러한 성격을 부여했기 때문이다.

신경제 정책은 '경제'가 아닌 '정치'적인 정책

신경제 정책은 소비에트 역사가들이 주장하는 것과는 달리 성공하지 못하였다. 신경제 정책이 실시된 이후에도 "농업과 산업에서 1927년까지는 전쟁 이전의 수준을 회복하지 못하였다." 신경제 정책은 과거에 생각되었던 바와는 달리 일사불란하게 소련에서 실시되지 못하였다. 이 기간 동안에 심한 흉작이 들었고 심각한 농민 폭동도 일어났다. 그러나 이런 사실은 1987년에나 처음 본격적으로 연구되기 시작하였다. 신경제 정책이 시행되던 기간에 경이적인 속도로 농업이 성장하였다는 전통적인 견해는 정확한 것이 아니었다. 농업 성장이 그렇게 높았다면, 왜 1927년 수확 이후에 식량 위기가 있었겠는가? 신경제 정책이 실패한 근본적인 원인은 산업화가 지나치게 빨리 이루어진 데 있었다. 산업가들은 급속도로 이루어진 산업화 과정에서 이득을 보지 못하였기 때문에 산업 생산물의 가격을 인상해야만 했지만, 신경제 정책 하에서 이런 것은 불가능하였다. 따라서 급격한 산업화는 부정적인 결과를 가져왔다. 소련과 같이 낙후된 산업 생산 체제를 가지고, 발전된 서구의 산업과 경쟁을 하려면 엄청난 비용과 함께 국가의 모든 힘을 극도로 집중시키는 작업이 필요했다. 그런데 이 작업을 하려면 국가의 모든 자원과 재원이 한 곳에 집중되어야 하고, 자의적인 권력 행사가 동반되어야 하며, 국민들은 피동적으로 움직여 져야만 하였다. 이런 상황 속에서 정부의 권력 남용은 필연적인 결과로 나타났고, 소련은 제정 러시아에서부터 전해 내려오는 독재 전통에 의존하였다. 소련의 갑작스런 대규모의 산업화는 어쩔 수 없이 독재를 불러올 수밖에

없었다.572

　신경제 체제 하에서 노동자들은 식량을 배급받았다. 1921년의 작황은 너무 좋지 않아서 "볼가 지역에서 수백, 수천의 농민들이 굶어 죽었다." 1922년에 제노바에서 개최된 국제 회의에서 영국과 프랑스는 소련을 국제 교역 대상국에 넣어 달라는 소련의 요청을 거부하였다. "농민들은 1923년에 도시에서 생산된 물건들을 1913년 당시보다 실질 가격에서 3배 이상을 더 주고 구입하였다. 농민들은 이에 대한 대응으로 그들의 곡물 거래를 중단하였다."573 1926년의 금속 제련 산업의 생산량은 1913년의 반도 되지 못하였고, 소련과 서구 자본주의 국가와의 기술적인 격차는 더욱 넓어졌으며, 특히 공작 기계의 경우에 이 문제는 매우 심각하였다.574

　신경제 정책이 실시될 무렵에는 내전으로 인한 상처가 어느 정도는 아물었고, 소련 사회는 거의 정상적인 상태로 회복되었다. 신경제 체제 하에서 노동자들은 자신의 신변을 위협할 만한 행위는 하지 않았다. 그러나 노동자들은 신변이 안전했던 대신 물질적으로는 가난하게 살았다. 반면에 농민, 네프맨(Nepmen), 지식인들은 신경제 체제 하에서 물질적으로는 안락함을 느꼈다. 그렇지만 이들은 자신들의 경제 행위가 신경제의 질서 속에서 법적으로 애매모호하여 항상 공포를 느끼며 살았다.575 따라서 신경제 정책은 그 어느 사회 계층도 만족시킬 수 없었다. 레닌은 신경제 정책을 "일시적 후퇴"(temporary retreat)라고 말하였다.576 그 이유는 자신이 원하지 않았던 자본주의적인 색채를 신경제 정책에 도입했기 때문일 것이다.

　1920년대 중반부터, 신경제 정책이 진전됨과 동시에, 러시아 혁명 이전의 관습이 조금씩 부활되었다. 이것은 원래 볼셰비키가 원했던 것이 아니었다. 네프맨은 이 시기의 특징을 가장 잘 대변하였다. 이들은 자본주의자들의 한 부류였지만, 정치적인 권리가 용납되지 않은 상태에서, 소련 정부의 공식적인 인정을 받았다. 그런데 제정 당시의 관습이 소련에서 부활되기 시작한 것은 바로 이들에 의해서였다.577

신경제 정책의 경제적인 파급 효과가 어떠했든 간에, 이 정책 하에서 레닌 체제의 탄압은 더욱 가속화되었다. 예를 들면, 집단 수용소는 1920년 후반에 84개가 존재하였는데 신경제 정책이 진행 중이던 1923년 10월에는 315개로 증가하였다.578 이 당시의 경제 상황이 긍정적이든 혹은 부정적이든 간에 집단 수용소에서는 수만 명이 학대와 질병으로 죽어가고 있었다. 피상적으로 보면 신경제 정책 하에서 러시아의 문화 생활이 향상되었다는 인상을 받기 쉽지만, 실은 이 기간 동안에 스탈린 시대를 뒤덮을 먹구름이 형성되고 있었다. 스탈린 시대의 특징인 무모한 획일주의는 신경제 정책 시대부터 성장하였다. 신경제 정책이 실시될 당시에 "문화는 당에게 봉사하기 위한 것이고, 문화의 기능은 공산주의 사회를 창조하는데 도움을 주기 위한 것이라는 원칙이 세워졌다." 이 원칙이 만들어진 뒤에, 이 원칙을 관철하기 위하여 문화계에 검열 선풍이 불어 닥쳤고, 당의 문화가 소련의 문화계를 독점하였다. 이리하여 신경제 정책 당시부터 문화는 정치의 시녀로 전락하였다.579

신경제 정책은 '경제'적인 정책이라고 하기보다는 '정치'적인 정책이었다. "당은 신경제 정책을 경제 발전을 이룩하기 위해서 수립하지 않았다. 이 정책은 단지 사회주의로 향한 '전술' 중의 하나였을 뿐이다. 따라서 신경제 계획의 목적이 달성되는 시점이 바로 이 계획을 폐기할 시점이었다."580 신경제 정책을 경제적인 차원에서만 이해하는 것은 커다란 오류임에 틀림없다.

신경제 정책 시대에 소련의 사회와 문화의 저변에 깔려 있던 것은 볼셰비키가 사회주의 질서를 성립시키는데 반드시 필요하다고 주장한 근대적인 요소들이 아니라, 러시아에서 전통적으로 전해 내려온 혁명 이전의 구조였다. 예를 들면 신경제 정책 시기의 가족 관계, 산업 생산의 유형, 경찰과 국가의 행정, 의식, 심지어 실직자의 문제에서도 기본적인 형태는 혁명 이전부터 전래되어 온 것이었다. 신경제 정책을 통하여 사회와 문화를 바꾸어 보려던 볼셰비키의 정책은 완전히 실패로 끝났다. 혁명이라는 전환기와 테러를 동반한 볼셰비키의 의식 개혁 요구에도 불구하고 소련의 사회와 문화는 근본적으로 변화된 것이 거의 없었다. 신경제 정책의 강압에도 불구하고, 전통적인 남성 지배 사회, 국가에 대한 저항감, 자신의 문제를 독립적으로 해결하려는 욕구, 남성과 여성의 관계, 관리자와 노동자와의 관계 등에서 전통적인 질서는 거의 바뀌어지지 않았다.581 혁명 이전의 황제도, 혁명 이후의 볼셰비키도 전통적인 질서를 완전히 바꿀 수는 없었다. 공산 혁명 이후에도 "국가는 간단히 말해서 [농촌] 마을을 관리할 수 없었다. 또 국가는 작업장이나 [노동자] 가족들을 관리할 수 없었다."582 신경제 정책으로 소련 사회는 근본적으로 바뀌지 않았다. 볼셰비키가 이상으로 생각하였던 사회 구조를 구현하기 위하여 사회 통제를 인위적으로 해 보겠다는 생각은 그들의 환상에 불과했다.

실패한 스탈린의 경제 정책

앞에서 살펴 본 바와 같이 소련의 급진적이고 대대적인 산업화는 많은 부정적인 요소를 만들어 내었다. 스탈린 치하에서는 많은 노동자들이 집단으로 강제 노동을 하였다. 스탈린은 강제 노동 수용소를 신속하게 확장하였고, 이 캠프 안에서 "수백만 명의 소련 국민들이 감옥 생활을 하였다." 1929년 말부터 농민들은 집단 농장으로 대거 이주되었고, 비쿨락화 운동이 거세게 진행되었다. 산업화 이후에 팽창해 가고 있던 도시에 식량을 공급하고, 산업화에 필요한 외화를 곡물 수출로 벌어들이기 위하여 더 많은 양의 곡물이 농촌에서 탈취되었다. 그 결과 "수백만 명이 1932~33년 사이에 기아로 사망하였다."583 소련 체제 하에서 노동 조합은 필연적으로 사회주의 국가의 기관으로 변모되었다. 노동 조합은 산업화에 필요한 노동력을 동원하는데 쓰여졌을 뿐만 아니라, 내전에서 병사를 동원하는데 사용되었다. 전시 공산주의 체제는 노동자를 "노동 군대"로 만들었고, 만약 이들이 노동 군대의 대열에서 탈퇴하거나 혹은 지시 받은 임무를 수행하지 못하면 "노동 탈영병"으로 처벌을 받았다. 신경제 정책으로 노동 조합에 대한 대우는 어느 정도 달라졌으나, 결코 완전하게 국가의 앞잡이 역할에서 벗어나지는 못하였다. 1930년대에도 역시 노동 조합은 독립성을 찾을 수 없었다.584

신경제 정책에 인도주의를 포함시킬 수 있었던 기회도 부하린의 몰락과 함께 사라졌다. 스탈린은 더 빠른 속도로 산업화를 진전시키기 위하여 1928년부터 실시할 '5개년 계획'을 발표했다. 5개년 계획은 산업화된 도시가 더욱 팽창하는 것을 의미하였고, 도시의 팽창은 농촌에서 더 많은 식량이 공출되어야 하는 것을 의미하였다. 그리고 농민들의 불만과 산업 분야에서 나올 수 있었던 비판은 인민 재판으로 간단하게 잠재워 졌다. 작업 달성 목표는 더욱 높이, 그리고 더욱 빠른 속도로 설정되었다. 식량 공급을 늘리기 위하여 농민들은 집단 농장에 강제 수용되었으며, 산업화에 필요한 외국의 기술은 식량을 수출하여 마련된 외화로 도입되었다. 시베리아를 개발하기 위하여 수 없이 많은 사람들이 강제로 이주되었고, 1932년의 처참했던 기아 상태에서 살아 남은 수백만 명의 농민들은 식량을 찾아서 자신의 농토를 떠났다.585

제 1차 5개년 계획은 실패로 끝났다. 1933년에 스탈린은 "5개년 계획이 4년 3개월만에 끝났다"고 주장했지만, 그것은 사실이 아니었다. 선철 생산은 목표의 1/3을 조금 넘었고, 강철은 1/2, 전기 생산은 3/5, 소비재 분야에서 면직은 1/2, 모직은 1/3, 린넨은 1/4, 농업 분야에서는 실적이 더욱 저조해서 광물 비료는 1/8, 트랙터는 1/3에 불과하였다. 5개년 계획으로 국민의 생활 수준은 더욱 악화되었다. "1930년대 말에 이르러서 소련의 보통 시민들은 혁명 이전보다 더 못 살았다." 이들은 곡물·육류·우유 제품을 혁명 전보다 덜 소비하였다. 예를 들면, 1890년대에 일반적인 농업 노동자는 419.3kg의 곡물을 소비했으나, 1935년에는 261.6kg으로 줄어들었다. 국영 농장은, 그 강제성에도 불구하고, 생산량이 매우 저조하였다. 예를 들면, 1938년에 개인이 농사를 지은 땅은 전체 경작 토지의 단 3%에 불과했는데, 여기에서 생산된 수확량은 전체 소련 농업 생산의 21.5%를 차지하였다. 농업의 집단화와 국영화는 실패하였다. 1953년의 공식 보고에 의하면 일인당 곡물 생산은 제정 러시아 당시보다 더 낮았다. 스탈린 시대에 정부에 보고되고, 또한 정부에서 발표한 통계는 거짓으로 가득 차 있었다.[586]

"탄압으로 산업체는 관리자, 주요 기술자, 과학자, 그리고 기능공들을 잃었을 뿐만 아니라, 탄압은 공포와 불안의 씨앗을 뿌렸다." 새롭게 임명된 관리자들은 종종 기술적인 개선을 선호하지 않았다. 그 이유는 기술적인 개선의 효과가 즉시 나타나기 어려웠기 때문이었다. 5개년 계획에서 붐을 이루었던 것은 단지 군수 산업뿐이었다. 국방 예산은 1차에서 3차 5개년 계획 기간 동안 대략 25% 정도씩 상승하였다.[587]

1931~32년의 농업 생산은 1928년과 비교할 때, 소련의 공식적인 통계에서도, 생산량 자체가 5% 감소한 것으로 공포되었다. 혁명 전과 비교할 때, 1933년의 전체 농업 생산은 같은 수준이었고, 가축에서 생산된 것은 오히려 35%가 감소하였다.[588] 집단 농장화 계획은 실패로 끝났다. 집단 농장에서 기계·비료 그밖의 다른 발전된 것들을 이용하였지만, 파종량 대 수확량의 비율(yield)은 1913년보다 낮아서 약 8.5%가 감소하였다. 일인당 농업 생산도 1913년보다 13.2~10%가 낮았다.[589]

1930년대 이후에 소련 사람들의 생활이 어려웠다는 사실은 다음의 통계를 보면 잘 알 수 있다. 인플레이션을 감안하고서도, 1928년을 100으로 할 경우에, 생활 비용은 1937년에 478, 1940년에 679, 1944년에 952, 그리고 1948년에 1,565가 되었다. "스탈린 말기에 이르러서 생활비는 집단 농장 시대 이전에 비하여 9~10배가 증가되었다."[590]

러시아 혁명에 기인하여 혁명 이전에 수 세기 동안 발전해 왔던 러시아의 시장 경제 체제가 와해되었다. 혁명 이후의 왜곡된 경제 현실을 돌이켜 볼 때, 1906년부터 1911년까지 수상직에 있었던 스톨리핀의 정책은 매우 적절한 것이었다. "스톨리핀은 농민들의 꿈뮨을 없애고 자본주의적인 농업으로 전환시키려고 노력하였다. 그는 탁월한 정치가였다." 스톨리핀의 대안을 충실하게 실행에 옮겼다면 러시아는 어쩌면 혁명에서 비롯된 소요와 희생을 막을 수 있었을 것이고, 러시아의 경제도 건실하게 발전하였을 것이다. 공산주의자들은 사회주의화와 집단화 등을 강압적으로 실천에 옮겨 보았지만 이들의 모든 노력은 결국 실패로 끝났다. 레닌의 전시 경제 체제와 스탈린의 경제 정책은 반드시 국가의 강제성을 필요로 하였다. 이리하여 소련의 경제 정책은 국가 강제라는 위험한 길로 들어서게 되었다.[591]

이념과 정치에 수렴된 문화

혁명 직후부터 1921년까지 실현이 불가능했던 유토피아적인 이상이 러시아 사회를 지배하였다. 부하린은 혁명이 이룩한 공산주의 사회에서 "인류의 문화는 지금까지 성취하지 못했던 새로운 정점으로 올라서게 될 것"이라고 말하였다. 사회주의 혁명 이후에 소련에서 존재한 모든 예술은, 예술 그 자체를 위한 것이 아니라, 모두 사회주의를 위한 것이었다. 예술을 위한 예술은 19세기 말에 정점에 도달했다가 사회주의 혁명 이후로는 사회주의를 위한 예술로 전락했다. 부하린은 그의 《공산주의 기초》(*ABC of Communism*)에서 집단이나 혹은 계급에 반대하는 어떤 개인적인 권리도 존재할 수 없다고 말하였다. "소설의 영웅들은 공장을 다시 건설하는 노동자들이었다." 공산주의자들이 가지고 있던 건설 지상주의 구도 속에서 모든 전통적인 예술은 부르주아의 것이라고 하여 매도되었다. 소련에서는 모든 예술이 건설적이어야만 하였다. 축제도 건설적이어야 하기 때문에 공산주의 사상을 선전하는 건설적인 목적으로만 축제가 거행될 수 있었다. 레닌은 개인적으로는 고전 연구를 반대하지 않았다. 그러나 그의 공적인 입장은 분명히 모든 문화가 당을 위한 것이어야만 하였다. 당은 신문, 영화 등의 모든 형태의 언론과 문화를 통제하였다. 살아 있는 혁명가들도, 레닌을 제외하고는, 숭배 대상이 될 수 없었다. 그러나 비록 마르크시스트는 아

니었지만 당똥·로베스삐에르·바쿠닌 등은 소련에서 존경의 대상이었다.592

볼세비키는 체제 선전을 새로운 차원으로 올려놓았다. 효과적으로 체제를 선전하는 방법은 볼세비키에 의해서 창안된 것은 아니었다. 그것은 카톨릭 교회, 러시아의 캐더린 2세, 프랑스의 나폴레옹이 효과적으로 시행했던 체제 선전 방법을 본뜬 것이었다. 그러나 "볼세비키가 했던 일 중에서 중요한 것은, 선전을 소련 생활의 중심부로 가져다 놓았다는 사실이다. 과거에 [존재했던 체제 선전은] 사실을 단순하게 미화하거나 왜곡하는 수준이었다. 그러나 소련 공산 사회에서 이루어진 선전은 현실을 대신하는 것이었다." 또한 당이 정보와 견해를 독점하고 있었기 때문에 당의 선전은 주효하였고, 소련 시민들은 선전의 내용을 현실로 착각하기에 이르렀다.593

"새로운 상징주의와 의식들이 혁명적인 것들로 대체되어 발전하였다." 예를 들면, 붉은 깃발, 5월 1일과 같이 사회주의에 부합되는 공휴일이 사회의 상징이 되었고, 레닌(Lenin)의 이름을 거꾸로 적은 니넬(Ninel)이라는 이름은 당시 소련에서 선호된 소녀의 이름이 되었다. 공산당은 여러 가지 혁명적인 사회 관습을 소련 사회에 적용하려고 하였으나 대부분 실패하였다. 예를 들면, 핵가족을 폐지하고 공동으로 생활하게 하려던 공산당의 시도는 실패했고, 공동 취사, 법적인 결혼과 간단한 이혼, 혼외 출산 금지, 새로운 사회에서의 해방된 여성의 역할 강조 등의 관행도 사회적인 파급 효과가 거의 없었다.594

혁명 이후에 시각적인 선전이 강조되었다. 이것은 시민 가운데 반이 문맹인 사회에서 일반 대중을 대상으로 한 것이기 때문이었다. 시각적인 선전의 일환으로 포스터가 어디에나 나붙었다. 대규모의 야외 집단 행사가 내전 기간에 보편적으로 거행되었고 이런 행사는 인기가 있었다. 새로운 기념일도 만들어졌다. 빠리 꼼뮨, 18세기의 한 농민 반란, 겨울 궁전 공격, 일련의 민중 폭동, 그리고 프랑스 혁명이 발생한 날에 기념식이 매년 거행되었다. 대규모의 사람들이 참여한 행렬이 자주 거리에 등장하였다. 이들 행사와 기념식들은 모두 혁명을 기리려는 목적을 가지고 있었고, 내전과 계급 투쟁의 의미를 국민들에게 각성시켜 주기 위한 것이었다. 역사적인 사건은 흑백으로 명백하게 나뉘어 져서 기술되었다. 음악당과 곡예단의 전통도 혁명 사상을 알려 주는데 사용되었다. 배우와 곡예사는 국가 정책으로 양성되었고, 순회 공연단은 반종교적이고 반쿨락적인 코미디와 단막극을 공연하였다. 볼셰비키 지도자들의 동상이 새롭게 건립되었으며, 레닌은 민중 예술과 민중 숭배의 대상이 되었다. 그러나 이와 같은 예술의 형태를 이용한 공산주의 선전은 매우 제한적인 성공만을 거두었다. 가장 큰 이유는 이들 예술들이 지식인들에 의하여 만들어졌고, 이런 형태의 예술은 지적인 것과는 거리가 멀었던 민중들에게 호소력이 없었기 때문이다.595

볼셰비키는 혁명 이후에 마르크시즘에서 제시된 이상 사회를 건설하려고 인위적인 노력을 많이 하였다. 이 노력 가운데에는 가정과 가족의 근본 구조를 바꾸려는 시도가 포함되어 있었다. 엥겔스의 견해에 따라서 볼셰비키 정부는 전통적인 일부일처제에 대한 근본적인 의문을 제기했고, 아이 양육 자체를 사회적이고 공적인 것으로 전환시키려고 했다. 여성 볼셰비키였던 콜론타이(Kollontai)는 《자유로운 사랑》이라는 제목의 소설을 썼고, 성문제를 아예 전래의 부부 관계에서 해방하여, 성문제에 관한 근본적인 죄악의 개념 자체를 없애자는 견해를 제시하였다. 그러나 러시아 사람들은, 이 이론들이 가지고 있는 합리성과는 관계없이, 전통적인 성윤리와 가족 관계를 원하였다. 결국 공산주의자들이 혁명적으로 가족 관계를 재구성하려는 시도는 실패로 끝났다.596

공산주의자들은 프롤레타리아 문화가 소련의 문화를 주도해야 한다고 생각하였다. 이유는 프롤레타리아 혁명 정신을 계승하기 위해서였다. 그러나 문제는 프롤레타리아 문화를 정의하는 것이 불가능했고, 프롤레타리아만으로 프롤레타리아 문화를 유지해 나가는 것도 역시 불가능했다는 데 있었다. 1920년대에 프롤레타리아 문화를 형성하겠다는 운동은 "핵심적으로, 평민 운동이었지 프롤레타리아 운동이 아니었다." 이 운동에는 구체제 하에서 활동했던 지식인들과 문화 인사들이 대거 참여하였고, 계급적인 구분도 강조되지 않았다. 이 운동은 일종의 사회적인 연대 세력을 형성하려는 운동에 불과하였다. 프롤레타리아 문화를 형성하겠다는 생각은 처음부터 실현이 불가능했다. 이런 양상은 1917년에 페트로그라드에서 시작되어 1932년까지 전개된 프로레트쿨트(Proletkult: 프롤레타리아 문화-교육 조직의 약칭) 운동에 그대로 나타나 있었다.[597]

악화된 민족 문제

20세기로 바뀔 즈음에 제정 러시아 인구의 55%는 러시아 민족이 아니었다. 한 연구에 의하면 1917년에 제정 러시아에는 100개 이상의 민족들이 살고 있었고, 이 통계보다 더 자세하게 연구된 1926년의 인구 조사에 의하면, 1926년 경에 소련 내에는 194개의 민족이 거주하였다.[598] 이 민족들 중에서 러시아 민족을 제외하고 인구가 가장 많았던 민족은 우크라이나 민족으로 그 숫자가 1897년에 이미 2,200만 명을 상회하였다.[599] 1917년 12월에 볼셰비키는 러시아 전체 인구의 반 이상을 차지하고 있는 러시아 민족 이외의 민족들에 대하여 독자성을 보장한다는 선언을 하였다. 그러나 실제로 이 선언은 선언 이상의 의미가 없었다. 혁명 이후에 각 민족의 권리는 프롤레타리아의 이름으로 거부되었다. 예를 들면 볼셰비키는 "우크라이나 사람들을 지지할 수 없다"고 선언하였다. 그 이유는 우크라이나 사람들의 "운동은 프롤레타리아에게 좋은 것을 예시하지 않았기 때문이다." 결국 우크라이나 민족은 프롤레타리아의 이름으로 민족의 독자성을 박탈당하였다. 어떤 민족이 독립을 선언하였을 때, 그 민족의 독립 운동은 예외 없이 무력으로 진압되었다.[600]

러시아 혁명은 러시아 내의 일부 민족 국가의 뜻과는 전혀 관계없이 이루어졌다. 10월 혁명 당시에 아슈하바드(Ashkhabad)에는 볼셰비키가 30명밖에 없었고, 카자흐스탄(Kazakhstan)에는 약 100

명의 볼셰비키가 있었으며, 베르니(Verny)에는 볼셰비키 조직이 아
예 형성되어 있지 않았다. 그러나 혁명 이후에 이 지역들은 모두
볼셰비키 체제를 따라야만 했다. 트랜스코카시아(Transcaucasia)
지방의 주민 중에서 단 4.6%만 볼셰비키를 지지했지만, 혁명 이후
에 이 지방도 역시 볼셰비키의 체제를 따라야만 했다. 서부 지역에
서는 핀란드(Finland) · 리투아니아(Lithuania) · 라트비아(Latvia) ·
에스토니아(Estonia)가 혁명 직후에 독립을 선언하였다. 그러나 이
지역들은, 레닌의 개인적인 지지를 받은 핀란드를 제외하고는, 독
립이 허용되지 않았다. 내전은 볼셰비키와 반대 세력간의 갈등만을
의미하지는 않았다. 러시아 혁명은 러시아 내에서 살고 있던 다양
한 민족들의 운명을 결정하였고, 더 나아가서 소련이 미래에 취할
주변 약소 국가들에 대한 정책을 예시해 주었다.[601]

　혁명 이후 내전 과정에서 독립을 하는데 실패한 소수 민족 국가
들은 1991년에 소련이 해체된 이후에나 그들이 가지고 있던 독립
의 꿈을 실현할 수 있었다. 가장 최근에 러시아 혁명을 연구하는
학자들은 러시아 혁명을 러시아 민족과 비러시아 민족간에 벌어졌
던 갈등으로 해석하고 있다. 이 견해는 매우 설득력 있는 것임에
틀림없다.

　레닌은 강하고, 중앙 집권적이며, 열렬한 애국심이 넘치는 국가
를 건설하기를 희망하였다. 그러나 그는 다른 한 편에서는 국가가
존재하지 않는 세계 사회주의 혁명을 주장하였다. 몇몇 공산주의
지도자들은 특정 국가의 "독립과 독자성에 관한 모든 것을 포기하
기를 요구하였다. 그 이유는 이런 성격이 부르주아 속성의 범주 안
에 있기 때문이었다." 레닌과 그의 추종자들은 자신들이 필요할 때
면 즉시 사용하고 있는 용어의 '범주'를 바꾸었다. 중국의 현인 "공
자(孔子)에게 어떻게 지배를 할 것인가를 물었을 때, 그는 단어들
에 진정한 의미를 부여하는 것으로 시작하겠다고 말하였다. 그러나
레닌은 단어의 뜻을 빼앗는 것으로 지배를 시작하였다. 그는 단어
의 뜻을 순간적인 요구에 의해서 부여하였고, 청중에 따라서 단어
의 뜻을 바꾸었다." 볼셰비키 당은 각 국가의 자결권은 독립을 포

함하여 당사자들이 결정할 문제라고 하면서 내전을 치렀다. 그러나 볼셰비키 당은 이런 말을 하는 다른 한 편에서는 자결의 원칙은 사회주의를 위한 투쟁의 도구가 되어야만 하고, 사회주의 원칙에 복종하는 상황에서만 인정될 수 있음을 강조하였다.602

1917년에 볼셰비키가 민족 자결 원칙을 약속하였을 때, 이 약속은 각 민족 사이에서 대단히 인기가 있었다. 이어서 스탈린이 민족 문제를 해결하기 위한 위원회의 임원으로 임명되었을 때, 민족 문제 해결 전망은 밝은 듯이 보였다. 그러나 비러시아 민족들은 볼셰비키가 이런 약속을 결코 지키지 않으리라는 사실을 곧 예감하였다. 그 이유는 볼셰비키가 코카서스와 우크라이나의 민족 문제를 해결하는 과정을 이들은 지켜보았고, 또한 볼셰비키가 의미하는 민족 자결은 볼셰비키 당의 계획과 요구에 맞을 때에만 존립할 수 있음을 체험하였기 때문이다.603

러시아 혁명은 러시아를 "보수적인 민족주의"로 되돌려 놓았다. 그리고 러시아 혁명은 볼셰비키의 이념을 러시아 민족을 중심으로 하는 "민족주의적 볼셰비즘"으로 바꾸어 놓았다. 러시아 혁명은 기본적으로 러시아 민족주의의 산물이었다. 1930년대를 휩쓸었던 스탈린의 '위로부터의 혁명'은 러시아의 위대함을 부활하려는 운동이었다. 여기에서 말하는 '러시아'는 '러시아 민족의 러시아'를 의미하였다. 러시아 '혁명'으로 러시아는, 진정한 사회주의 이념이 아니고 그렇다고 해서 전형적인 민족주의 이념도 아닌, 아무도 이해할 수 없는 "소비에트 민족주의적 사회주의"(Soviet National Socialism)가 지배하는 국가가 되었다.604

볼셰비키가 숭상하였던 마르크시즘이 러시아 제국의 수명을 70년 이상, 즉 소련의 존립 기간만큼 연장하였다면 매우 기이하게 들릴 것이다. 그러나 이것은 분명한 사실이다. 제정 러시아와 볼셰비키의 공통점은 끈질긴 '러시아화'(Russification) 정책에 있었다. 만일 둘 사이에서 다른 점이 하나라도 존재했다면, 황제는 자신을 중심으로 하여 러시아화를 하려 했고, 볼셰비키는 마르크시즘을 중심으로 하여 러시아화를 했다는 점일 것이다. 공산주의자들은 마르크시즘에 기반을 두고 민족의 평등과 자결 원칙을 선언하였지만, 이들은 다른 한 편에서는 모든 민족의 모든 노동자들이 '러시아의 애국주의자'가 되어야 한다고 주장하였다. 레닌의 측근인 라데크는 "러시아는 노동자 계급이 권력을 장악한 유일한 국가이다. 따라서 전 세계의 노동자들은 이제 러시아의 애국자가 되어야 한다"고 주장하였다. 볼세비키는 혁명 직후부터 즉시 러시아화 정책을 강하게 밀고 나갈 수는 없었다. 1930년대까지는 각 민족이 각기 다른 언어를 사용하는 것이 허용되었다. 그러나 1930년대를 전환점으로 하여 이 정책은 바뀌었다. 새로 수립된 언어 정책의 논리는 간단하였다. 세계를 움직일 모든 정책은 '러시아 사람'에 의하여 수립되고 있기 때문에, 모든 사람들이 사용해야 할 언어는 '러시아어'가 되어야 한다고 하였다. 각 민족의 독자성을 강조하는 사람들은 "민주주의적 부르주아"로 낙인 찍혀서 소련 사회에서 살아갈 수 없었다.605

　　1930년대 이후에 나타난 소련의 민족 정책은 제정 러시아 시대의 소수 민족 탄압을 훨씬 능가하는 것이었다. 제정 시대에는 각 민족과 민족 사이에 관습적인 경계선만이 존재하였다. 그러나 공산주의자들은 각 민족 사이에 국경선을 그려 주었다. 이때부터 소련 내의 민족들은 이 국경선을 경계로 하여 자신들만의 민족 국가 개념을 키우게 되었다. 소련의 공산주의자들은 이와 같은 민족 국가의 개념을 러시아 내에서만이 아니라 세계에 확대하여, 러시아 민족을 정점으로 하는 세계 공산주의 체제를 꿈꾸었다. 이렇듯이 러시아 혁명은 민족 사이에 갈등이 일어날 수 있는 소지를 마련해 주었고, 민족주의는 "공산주의자들에 의하여 육성되었다." 실제로 공산주의자들이 소련을 지배하는 동안에 민족 문제는 제정 당시보다 훨씬 더 악화되었다. 비러시아 민족들은 러시아 민족을 '점령자'로 생각했다. 그러나 러시아 민족은 자신들이 점령자라는 사실을 인식하지 못하였다. 민족주의와 관계하여 생각해 볼 때, 제정 러시아가 몰락한 원인은 황제 정부가 러시아 민족의 정통 문화보다는 서양의 문물을 강조한 데 있었다. 황제는 산업화와 서구화를 통하여 러시아 민족의 전통적인 삶의 방식을 위협하는 정책을 폈다. 이에 대항하여 러시아 민족은 폭동을 일으켰고, 이 폭동은 성공하였다. 이것이 프롤레타리아 혁명이라는 이름으로 발생하였던 1917년 볼셰비키 혁명이었다.606 러시아 혁명은 러시아 민족을 위한, 그리고 러시아 민족주의를 위한 혁명에 불과하였다.

지금까지 러시아 혁명과 민족 문제와의 관계는 학자들 사이에서 간과되어 온 주제 중의 하나였다. 여기에는 많은 이유가 있었지만, 그 중에서 가장 중요했던 이유 중의 하나는 당시에 다양한 민족들이 사용하던 다양한 언어를 이해하여 이들이 남긴 원문서를 읽을 수 있는 학자가 거의 없었다는 것이었다. 요즈음의 학자들은 이제 민족에 관한 연구가 적절하게 이루어지지 않고서는 러시아 혁명을 올바르게 이해할 수 없다는 사실을 인식하고 있다. 최근에 이르러서 서구 및 러시아 학자들이 민족 문제를 진지하게 연구하기 시작하였다. 이것은 매우 긍정적인 연구 경향임에 틀림없다. 민족이라는 주제를 중심으로 하여 러시아 혁명을 연구하면, 지난날에 이루어졌던 연구들은 혁명의 핵심을 파악한 것들이 아니었음을 이해하게 될 것이다. 많은 소수 민족들에게는 볼셰비키 혁명이 위대한 이념에 의한, 그리고 위대한 사회주의 국가를 건설하기 위한 혁명으로는 보이지 않았다. 그들에게 혁명이 의미했던 것은 러시아 민족의 압제와 민족 자결권 박탈, 그리고 러시아 민족의 무력만을 강화시켜 주는 러시아 군대로의 징집에 불과하였을 것이다.

소련이 몰락하기 이전에 서방 역사학자들의 주요 관심은 "공산주의, 혁명 이전 시대의 공산주의의 기원, 그리고 소련에서의 공산주의 전개에 있었다. [그러나] 소련이 멸망한 이후에는 학자들의 초점이 구소련 치하에 있었던 소수 민족의 민족주의와 러시아 민족의 민족주의에 맞추어졌다." 이렇게 학자들의 관심이 바뀐 이유는 세계 최초의 사회주의 국가가 추락하는 과정이 너무나 고통스러웠기 때문이다. 특히 서방의 좌익 학자들은 "세계 최초의 사회주의 사회가 처참하게 몰락하였다는 사실에 직면하여 매우 고통스러워했다. 그리하여 이들은 연구 주제를 민족주의로 바꾸었다."607

사라진 유토피아 건설의 꿈

러시아 혁명 이후에 소련이 걸었던 길은 과연 숙명적으로 가야만
했던 길이었는가? 그 길 이외의 대안은 없었는가? 1938년에 숙청
된 부하린은 스탈린의 정책과는 다른 대안을 제시하였다. 부하린은
"좀 더 합의에 바탕을 둔 사회와 좀 더 인도적인 사회주의"를 주장
하였다. 레닌이 사망한 뒤에 만일 스탈린의 안 대신에 부하린의 안
이 채택되었다면, 스탈린 이후에 나타났던 참혹한 혁명의 결과는
어쩌면 소련에서 나타나지 않았을지 모른다.608

　　스탈린 집권 시절에는 부하린의 대안에 관하여 언급하는 것이
금지되어 있었다. 1960년대 이후에야 비로소 스탈린 안 이외에 부
하린의 대안이 있었다는 사실을 언급하는 것이 가능했고, 1970년대
중반에 와서 부하린의 대안에 관한 논의가 활성화되었다. 요즈음에
이르러서는 스탈린의 정책 이외에는 대안이 없었다고 믿고 있는 학
자들은, 소비에트 학자들을 포함하여, 거의 존재하지 않게 되었다.
만일 부하린의 안이 소련의 정책에서 채택되었다면, 소련은 근대화
와 사회주의로 향한 길에서 좀 더 회유적이고 발전적인 길을 걸었
을 것이다.609 "부하린은 페레스트로이카와 함께 지옥에서부터 구출
되어 성자의 대열에 올라서게 되었다. 가장 큰 이유는 그가 신경제
정책과 시장 경제를 옹호한 핵심적인 인물이었기 때문이다."610 고
르바초프는 부하린을 소련에서 인기 있는 사람으로 만들었다. 그는
부하린의 사상적인 후계자가 되고 싶었기 때문이었다.611 그러나 전
형적인 공산주의자였던 부하린의 안도 결코 민주적인 성격을 가지
고 있지는 못하였다. 소련의 해체와 함께 부하린의 대안 역시 역사
적 중요성을 상실하였다.

　　볼셰비키는 혁명 과정에서 도저히 이루지 못할 꿈에 기반을 둔
유토피아 건설을 혁명의 목표로 제시하였다. 그리하여 러시아 혁명
은 시작 단계에서부터 근본적인 한계를 내포하고 있었다. 노동자와
농민의 두 이질적인 집단은 러시아의 현실에서 결코 조화될 수 없
었다. 러시아 전체로 볼 때 두 집단을 모두 고려한 정책이 수립되

어야 했지만, 볼셰비키는 대다수의 농민들을 무시하고 소수의 노동자만을 대상으로 한 정책을 수립할 수밖에 없었다. 볼셰비키의 혁명 이론에도 한계가 있었다. 볼셰비키는 '밑으로부터의 혁명'을 강조하는 것이 자신들에게 유리하면 '밑으로부터의 혁명'을 강조하였고, '위로부터의 혁명'이 필요하면 또한 이를 강조하였다.612

러시아 혁명에서 두 가지의 유토피아가 필연적으로 충돌할 수밖에 없었다. 하나는 이상적인 도시화, 기계화, 산업화, 노동자의 조직 건설 등을 꿈꾸는 도시의 유토피아였고, 다른 하나는 지방의 자유, 도시로부터의 탈피, 개인의 자유, 이상적인 전원 건설을 꿈으로 삼은 농촌의 유토피아였다. 이 두 유토피아는 공산주의 체제 하에서 결코 혼합될 수 없었다.613 1920년대만 하더라도 현실과 이상은 공존할 수 있었다. 당시까지만 해도 볼셰비키의 이상이 아직까지는 환상으로 판명되지 않았기 때문이다. 그러나 공산당을 상징하는 빨간 색은 곧 쇠붙이에 난 녹의 색깔로 퇴조하였다.614 소련 체제는 국민들에게 식량을 제대로 공급할 능력도 없었다. 소련은 원자재를 수출하고 산업 장비를 수입하였으며, 계급 없는 사회를 건설하겠다는 주장과는 달리, 상·하가 분명하게 구별되는 경직된 신분(caste) 조직으로 구성되었다. 그리고 소련은 민족 문제를 전혀 해결하지 못했다. 혁명으로 이룩한 소련이라는 유토피아는 경제·사회·민족 문제 중의 어느 하나도 해결할 수 있는 능력이 없었다.615

볼셰비키 혁명이 성공하자 과거에 혁명을 꿈꾸던 몽상가들과 행동주의자들이 현실적인 집권자로 등장하였다. 이들의 꿈은, 농촌이 아닌, 도시를 중심으로 한 산업 사회 건설과 러시아의 근대화였다. 이들은 혁명 이후에 유토피아를 꿈꾸는 데에도 사상적인 독점을 하였다. 이들은 볼셰비키의 이상과 맞서 있던 옛 인텔리겐치아의 꿈과 민중의 꿈을 탄압하였다. 1920년대에 진행된 내전의 영향으로 러시아의 오래된 꿈인 은퇴, 도피, 도시로부터의 탈피, 농촌의 공동 사회적 이상이 다시 한번 활성화되었다.616 그러나 스탈린이 집권한 이후, 러시아 사람들이 전통적으로 가지고 있던 오래된 꿈은 물론이고 심지어 혁명의 유토피아마저 스탈린이 가지고 있던 유토피아에 의하여 말살당하였다. 혁명에 대한 환상과 사회주의를 이룩하겠다는 꿈은, 아이러니컬하게도, 이런 환상과 꿈을 실현시키기 위하여 일으켰던 러시아 혁명으로 그 종말을 고하게 되었다. 스탈린 이후에 소련에서 존립할 수 있었던 유토피아는 19세기의 몽상가들도, 혁명기의 환상에서도 꿈꾸어 보지 못했던 매우 별난 유토피아였다.617

사람들은 각기 서로 다른 유토피아를 꿈꾸어 왔다. 사회 정의, 공동 사회, 조화, 평화, 세계 국가간의 협조, 지구 환경 보존, 재앙이 없는 사회, 인류의 공통된 문화 형성, 이상적인 근로 환경 등의 각기 다른 유토피아를 사람들은 생각했고, 비록 유토피아가 현실로 옮겨질 수 없다고 하더라도 자신만이 가지고 있는 유토피아를 곱게 간직하여 왔다. 그러나 러시아 혁명은 유토피아를 꿈꾸는 사실 자체를 부정적으로 만들어 놓았다. 러시아 혁명을 일으킨 사람들이 가지고 있던 유토피아를 실현시키는 과정에서 수 없이 많은 사람들이 학살되었고 러시아의 사회 체제 자체가 왜곡되었기 때문이다. 매우 불행하게도 러시아 혁명이 실패로 끝남과 동시에 유토피아를 꿈꾸고 있는 모든 사람들은 조롱의 대상이 되었다.618 이것이 혁명이 미래를 꿈꾸는 사람들에게 안겨 준 선물이었다. 러시아 혁명은 유토피아로 향한 인류의 꿈을 빼앗아 갔다.

러시아 혁명을 일으킨 사람들은 자신들의 "환상"을 계획을 통하여 실현시킬 수 있다고 믿었으며, 그것도 빠른 속도로 현실화할 수 있다고 믿었다. 이들은 "양적인 것에 미쳐 있었고" 이들의 조급한 마음이 모든 국면을 압도하였다. 이들은 독재와 강압적인 행정이 목표를 성취할 수 있는 지름길로 생각했으며, 모든 것을 "바로 당장 실시"할 것을 요구하였다.619 러시아 혁명으로, 한 역사책의 제목으로 사용된 표현인, 《유토피아의 집권》(Heller and Nekrich, *Utopia in Power,* N.Y., 1986)이 현실로 나타났다. 이 집권자들은 그들이 꿈꾸었던 유토피아를 추구하기 위하여 테러를 바탕으로 한 전체주의 국가를 형성했고, 세계 평화를 파괴했으며, 수 없이 많은 사람들을 희생시켰다. 결국 장미빛 유토피아는 러시아 혁명과 함께 시들어 갔다. 1920년대에 소련에서는 인류 역사상 매우 독특했던 상황이 전개되었다. 이 당시 소련에서 살았던 사람들의 마음속에는 이상 세계의 몰락에 대한 커다란 실망과 이상에 대한 지속적인 신념이 묘한 균형을 이루고 있었다.620 혁명을 통하여 유토피아를 건설하려던 꿈은 러시아 혁명을 기점으로 하여 인류 사회에서 사라졌다. 인간에게서 유토피아의 꿈을 빼앗아 간 것은 바로 러시아 혁명이었다.

4. 잔학한 레닌과 스탈린

테러와 학살의 원조 레닌

레닌에 대한 본격적인 비판 작업은 소련이 해체되기 이전까지는 이루어지지 않았다. 레닌이 당의 통합을 위하여 분파 행동을 금지시킨 결과, 소련에서 당에 대한 비판은 실제적으로 금지되었으며, 그 결과 중의 하나가 스탈린의 집권으로 나타났다. 레닌은 관료주의를 억제할 수 있는 궁극적인 방법이 자유 선거였음을 인식하지 못하였다. 이 점에서 레닌, 스탈린, 그리고 히틀러는 같은 무리로 분류될 수 있을 것이다.[621]

레닌은 프랑스 혁명을 주도했던 쟈코뱅이 "가장 진정한 혁명주의자"라고 생각하였다. 위대한 국가 건설을 하기 위한 일이라면 백만 명의 목숨을 바치는 것도 주저하지 않았던 프랑스 혁명가 마라 (Marat)의 사상은 레닌에게 많은 영향을 미쳤다.[622] 레닌 치하에서 소련에서는 일당 독재가 이루어졌고, 식량 공급에서 특권이 존재했으며, 비밀 경찰 조직이 확대되었다. 레닌이 창조한 공개 인민 재판은 뒤에 스탈린 시절에 빈번하게 거행된 공개 재판의 전신이 되었다.[623] 악명 높은 스탈린 체제는 레닌이 만들어 놓은 전시 공산주의 체제를 그대로 계승한 것이었다. "프랑스 혁명과 마찬가지로, 러시아 10월 혁명은 법이 없고, 거친 폭도들의 폭력이 난무하는 시대의 문을 열어 놓았다." 10월 혁명은 러시아의 전통에 기반을 두어서 일어난 것이 아니라, 레닌에 의해서 구체화된 혁명적인 전통에 의해서 일어났다. "러시아는 레닌의 무리에 의하여 정복되었고, 인간 역사의 어느 세기를 막론하고 가장 잔인했던 레닌의 정복에 러시아 사람들은 복종하였다."624

레닌의 정책들은 실패를 거듭하였다. 그의 토지 정책은 농민들을 실망시켰으며, 레닌은 결국 선택의 여지없이 농민과 타협할 수밖에 없었다. 레닌과 볼셰비키가 추구했던 토지 국유화와 토지의 국가 통제는 그들만의 꿈에 불과하였다. 토지에 관한 레닌의 포고령은 "아무 것도 해결하지 못했다."625 레닌과 소비에트 마르크시스트들은 자신들이 이 세상을 떠나기 전에 화폐가 없는 계획 경제 체제가 실현될 수 있을 것으로 믿었다.626 그러나 이것은 환상에 불과하였다. 레닌은 러시아 혁명을 기점으로 하여 세계 혁명을 꿈꾸었으나, 그는 유럽에 혁명의 불길을 일으키지 못하였고, 그가 생존해 있을 때 세계 혁명이 일어날 징조도 보이지 않았다. 레닌은, 그의 말과는 달리, 실제적으로는 일찍이 세계 혁명을 포기하였다. 따라서 그는 세계 혁명이 지연되는데 대하여 걱정을 하지 않았다. 레닌이 원했던 것은 다른 나라에서 형성된 공산당들이 소련의 요구에 순응해 주는 것뿐이었다.627

레닌은 프랑스 혁명사에서 교훈을 받았고, 그 이후에 마르크스에게서 영감을 받아서 광신주의를 믿게 되었다. 마르크스는 지난날의 혁명가들이 구제도를 과감하게 분쇄하지 못한 과오를 저질렀다고 하였는데, 이 충고는 레닌이 그의 정책을 수립하고 시행하는데 많은 영향을 미쳤다. 역사가 가르쳐 준 잘못을 다시는 반복하지 않기 위하여 레닌은 노력하였다. 이 노력의 결과가 레닌의 철저한 파괴 공작으로 나타났다. 레닌에 의하여 실행된 쿨락 학살, 독립적인 언론 매체의 말살, 심리적인 것을 겨냥했던 붉은 테러, 적군에 대한 정치적인 통제, 그밖의 많은 조처들은 레닌이 역사에서 배운 교훈을 현실에 철저하게 적용한 결과였다. 이리하여 레닌은 "근대 전체주의 형성에 초석을 놓았다."628

레닌의 잔인성은 새로 발견된 문서에서 다시 한번 확인되었다. 1918년 8월에 펜자(Penza) 현의 다섯 쿨락 지역에서 곡물 징발에 항의하는 폭동이 발생하였다. 이에 레닌은 다음과 같이 말하였다. "쿨

락, 부유한 자, 흡혈 동물로 밝혀진 사람들을 적어도 백 명 이상 교
수형에 처하라. 반드시 교수형에 처하라. 사람들이 볼 수 있도록. …
그들로부터 모든 식량을 빼앗아라. 인질을 지정하라. … [내가] 지시
한 대로 수행하여 수백 킬로미터 떨어진 지역의 사람들이 흡혈 동
물 쿨락들이 목졸려 죽었다는 사실을 알고, 공포를 느끼고, 또한
부르짖도록 하라."629

레닌은 10월 혁명을 성공시킨 것이 아니라, 내전을 치르면서 러
시아를 무력으로 '정복'하였다. 그러나 레닌의 중요성은 그의 군사
활동보다는 "정치를 군사화"한 데 있었다. 레닌은 정치적인 적을
복종시킨 것이 아니라 말살시켰다. 레닌은 정치를 군사화하고 전쟁
을 정치화하는 과정에서 권력을 잡았고, 또한 이 과정에서 권력을
유지할 수 있었다. 레닌은 모든 정치적인 문제에 "전선"(戰線:
front)의 개념을 부여하여 정치를 군사화했으며, "싸워야 하고 파괴
해야 할 적들을 계속해서 새롭게 만들어 내었다." 레닌이 사망한
이후에 레닌이 창조한 호전적인 이론은 공산 체제에 상존하는 요
소가 되었다. 스탈린의 악명 높았던 투쟁 이론, 즉 공산주의가 승
리의 단계에 임박할 수록 사회 투쟁의 강도는 높아진다는 이론도
레닌의 호전성을 이어 받은 것이었다. 레닌이 시작한 정치의 군사
화는 소련이 해체될 때까지 계속 존재하여 소련 국내는 물론이고
외국에도 많은 어려움을 안겨 주었다.630

"이제야 비로소 우리는 레닌-스탈린주의자들의 전체적인 면을
올바른 관점에서 살펴볼 수 있는 시발점에 도달하였다." 지금까지
일부 서양의 학자들은 소련의 현실보다는 공산주의자들이 사용했
던 환상적인 단어들에 집착해 있었기 때문에 레닌-스탈린주의를
올바르게 이해할 수 없었다. 예를 들면, "웨브 부부(Sidney and
Beatrice Webb)와 그밖의 인사들이 헌법, 선거, 노동 조합, 협동 조
합 등을 [소련에서] 보았고, 이들이 실제적인 기구 혹은 관행이었던
것으로 생각했다." 그러나 그것은, 요즈음의 역사가들은 모두 잘 알
고 있듯이, 잘못된 생각이었다. 레닌은 수많은 사람들의 목숨을 빼
앗아 간 집단 농장화를 시도하였다. 이런 시도는 그 성격상 애초부

터 학살을 동반하지 않고서는 실행이 불가능한 것이었다. 이 점에 대하여 당시에 몰로토프도 분명하게 지적했다. 그에 의하면 "사람들은 레닌이 그처럼 많은 희생자를 내지 않고도 집단 농장화를 시행할 수 있을 것이라고 말하였다. 그러나 어떻게 집단 농장화가 다른 방법으로 가능할 수 있겠는가?" 레닌의 정책은 스탈린의 학살을 예고하였다. 스탈린은 분명히 "무법자"였다. 그러나 스탈린의 무법 행위를 가능하게 만들었던 것은 바로 레닌의 당이었다. "실제적으로 스탈린은 레닌의 원래 계획을 집행했을 뿐이었다."631

만일 인류 사회가 공산주의 사회로 진화할 운명을 가지고 있다고 가정한다면, 레닌은 인류 사회가 공산주의 사회로 진화하는 과정을 멈추게 하였다. 이것이 레닌의 또 다른 죄악이며, 또한 레닌의 유산이었다. 레닌은 자신의 권력을 유지하기 위하여 "항상 폭력을 사용할 준비가 되어 있는 사람들"을 자신의 주변에 두고, 이들을 이용하였다. 레닌은 자신의 목적을 빠른 시일 내에 달성하기 위하여 항상 지름길을 택했다. 물론 폭력을 사용하는 것이 지름길이었다. 그리하여 레닌주의는, 그 전체주의적인 성격 때문에, 러시아 마르크시스트들이 원래 가지고 있던 혁명의 성격을 변화시켰다. 레닌의 러시아 혁명은 러시아 마르크시스트들이 생각했던 혁명과는 전혀 다른 것이었다.632

*　　*　　*

레닌이 제시한 이론이 인류에게 얼마나 완벽한 낙원의 모습을 제시했든 간에 그는 소련에서 공포·테러·파괴를 동반하는 체제를 만든 장본인이었다. 레닌은 체카를 조직했을 뿐만 아니라, 이를 직접 관장하였다. 레닌은 전시 공산주의 체제를 도입하여 그가 전부터 구상해 왔던 공산주의의 모든 특징이 소련 사회에서 나타나게 만들었다. 그러나 그 결과는 매우 부정적이었다. 그는 이 체제를 소련에 적용함으로써 프롤레타리아를 실망시켰고, 도시에서 식량이 사라지게 만들었으며, 시민들은 자신들의 생존을 위해서 비합법적인 방법을 추구해야만 하였다. 레닌 치하에서 이루어진 교육은 당이 완전히 장악하였다. 당이 가지고 있던 가치관으로 국민들을 교육했고 또한 이 가치관만으로 국민들이 교육되었기 때문에 전통 사회의 구조와 윤리적 기반이 개입되었던 행정 구조는 파괴되었다. 레닌이 구상한 모든 제도들은 공산주의의 실현을 명분으로 하고 있었다. 그러나 실제적으로는 레닌 개인과 당의 독재를 수행하기 위한 수단에 불과하였다.633 레닌이 만든 체제가 그의 지배 기간에만 소련에 악영향을 미친 것은 아니었다. 그가 사망한 이후에도 그의 체제는 그대로 지속되었거나 더욱 악화되었다.

레닌은 소련에 악의 씨앗을 뿌렸다. 레닌 이후에 나타난 공산당의 죄악은 레닌이 뿌린 악의 씨앗을 수확한 데 불과하였다. 단순 범죄에 대한 사형 선고 및 중벌 부과는 레닌이 남긴 유산이었고, 기아와 파괴 또한 레닌의 이념이 조장한 것이었다. 스탈린에 의하여 악명이 높아진 집단 수용소도 레닌에 의해서 시작되었고, 처벌 수단으로 사용한 강제 노동을 경제적인 면에 결합시켜서 소련 사회의 경제 구조를 왜곡시킨 사람도 레닌이었다. 레닌은 경제적인 현상을 군대 행정 식으로 처리하는 선례를 남겨서 후세의 소련 사회가 이를 추종하게 만들었으며, 경제 체제를 왜곡시킨 결과 수많은 아사자가 생겼을 뿐만 아니라, 전통적으로 곡식을 수출하던 러시아를 항상 식량 위기에 시달리는 소련으로 바꾸어 놓았다.634 레닌은 스탈린주의자들의 아버지였다. "스탈린주의자들의 독재는, 적어도 그 태아는, 10월 혁명 직후에 잉태되었다."635

전통적인 러시아 사회의 법체계는 레닌의 혁명으로 왜곡되었다. 레닌은 혁명 직후에 비상 조처를 법 대신으로 사용하였다. 그런데 이 비상 조처들이 소련에서 영속적으로 법과 같은 존재로 남게 되었다. 그 이유 중의 하나는 당과 지도자들이 계속해서 새로운 혁명을 창조해 냈기 때문에, 새로운 혁명 과업을 계속해서 수행하기 위해서는 항상 비상 조처가 필요했기 때문이었다. 그래서 비상 조처는 소련에서 정상 조처로 자리를 잡게 되었다.636

레닌은 집권하자마자 대중을 상대로 하여 테러를 자행하였다.

테러는 혁명적 의식을 관철한다는 명분 아래 이루어졌고, 테러를 통하여 전통적인 법 체계는 완전히 붕괴되었으며, 이런 과정에서 테러는 법 그 자체로 소련에서 자리를 잡았다. "소련이 지배했던 러시아는 공식적으로 합법을 불법으로 만들었던 역사상 최초의 나라였다." 이것은 사유 재산에 대한 전통적인 법제를 파괴하는 것을 의미했고, "사유 재산이 사라지는 것은 자동적으로 법이 사라지는 것을 유도할 것"이 분명하였다. 혁명 이후에 법은 혁명 의식과 혁명적인 법적 의미에 배치되지 않을 때에만 법으로 인정되었다. 따라서 레닌의 법은 "인상"과 "상황"에 의하여 죄의 유·무를 결정했던 매우 자의적인 것이었다.637

레닌이 제정 러시아의 지배 계층을 상대로 하여 저지른 테러도 잔인하고 불법적이었지만, 그가 민중을 상대로 하여 자행한 테러는, 근자에 이르러서 처음으로 확인되었지만, 상상을 초월하는 잔인성을 보였고, 사망자 수에 있어서도 레닌 이전의 모든 기록을 갱신하였다. 레닌에 의해서 시작된 체카를 이용한 처형, 비 쿨락화, 비 코자크화, 집단 수용소 등의 탄압 및 처형 방법은 스탈린 테러의 원형을 제공하였다. 기록을 갱신한 레닌 치하에서의 희생자 숫자는 그의 정통 후계자인 스탈린만이 또 다시 갱신할 수 있었다.

레닌의 테러 행위를 가장 잘 설명할 수 있는 기구는 체카일 것이다. 체카에게는 "활성적인 반혁명분자에 대하여는 즉각적으로 보복을 할 수 있는 권한"이 부여되었다. 여기에서 말하는 보복은 처형을 의미하였다. 그런데 체카의 권한 중에서 무엇보다도 무서웠던 것은 조사나 재판 없이 현장에서 사살할 수 있는 권한이었다. 체카는 작전을 할 때 완전히 독립적이었다. 체카는 수색·체포·처형을 할 수 있었고 상부에는 사후에 보고하면 되는 특권이 있었다. 체카는 "오류를 범할 수 없는" 존재로 취급을 받았고, "극도로 어려운 상황에서 업무를 수행하고 있는 이 조직에 대한 비판은 금지되었다."638

레닌이 시행한 '인질 제도'는 러시아 역사상 유례가 없었던 새로운 제도였다. "고위층 사람들, 대토지 소유자, 공장 소유주, 저명한 관리나 학자들, 전에 권력을 가지고 있던 사람들의 친척 등에서 ...

인질을 반드시 확보해야 한다"고 체카의 한 우두머리가 주장하였다. 이와 같은 인질 제도는 레닌 체제의 잔인하고 탄압적인 한 면모를 보여주었다. 레닌은 개인에 대한 테러가 아닌 민중 전체에 대한 테러에 관심이 있었다. 이런 테러는 심한 경우에는 눈을 치우지 않았다는 죄목으로 농민을 총살시키는 상황에까지 이르게 되었다. 제정 러시아에서의 공포는 자신의 의지로 반정부 세력에 가담했던 일부 국민에게만 해당되었다. 그러나 레닌의 새로운 체제 하에서 이루어진 테러는 자신의 의지나, 빈부, 혹은 지위에 관계없이, 모든 국민을 대상으로 하고 있었다.639

레닌은 스탈린에게 당원을 숙청(purge)하는 방법을 가르쳐 주었다. "레닌은 1921년에 대략 1/4 정도의 당원을 숙청하는 것을 지휘하였다." 레닌은 스탈린을 이용하여 트로츠키의 힘을 약화시켰다. 스탈린은 레닌 밑에서 숙청하는 방법을 훌륭하게 습득하였다.640 그러나 레닌과 스탈린의 테러에는 한 가지 분명한 차이점이 있었다. 레닌의 붉은 테러는 공개적으로 이루어졌고 적어도 명분상으로는 "교육적인" 목적을 가지고 이루어졌다. 그러나 스탈린의 테러는 은폐된 곳에서, 예를 들면 집단 수용소와 같은 곳에서 이루어졌다.641

강제 수용소는 소련 역사에만 존재한 것은 아니었다. 19세기에 스페인, 영국, 미국 등이 식민 전쟁을 했을 때 이 국가들은 집단 수용소를 설치하였다. 그러나 이들 나라에서는 강제 수용소를 위기 상황에서만 운용했고, 이 위기 상황이 끝났을 때 강제 수용소들은 더 이상 가동되지 않았다. 레닌은 강제 수용소가 상징하는 바를 잘 이해하고 있었다. 따라서 레닌은 강제 수용소와 관계하여 자신의 이름을 결코 개입시키지 않았다. 강제 수용소에 관한 모든 법은 레닌의 이름으로 공포되지 않았고, 이 수용소와 관계된 모든 죄악은 제르진스키(Dzerzhinskii)가 독자적으로 저지른 것처럼 가장하였다. 그러나 레닌 자신이 붉은 테러를 저지르지 않았다고 "필사적으로" 부정하였음에도 불구하고, 이 테러는 분명히 "레닌이 [탄생시킨] 아이였다." 소련에서 최초의 강제 수용소는 레닌의 명령으로 1918년 8월 8일에 설치되었고, 그가 설치한 강제 수용소는 조직, 운영, 그리고 목적에서 다른 나라에서 존재했던 수용소와는 달랐다. 소련에서의 강제 수용소는, 다른 나라에서 운용했던 강제 수용소와는 달리, 임시가 아닌 영구 조직이었고, 다른 나라의 수용소들이 특정 집단을 구금할 목적으로 설치되었던 반면에 소련의 강제 수용소는 국민 전체를 구금 대상으로 하여 설치되었다.642

직업이 없이 생활하는 신사, 강제성 없이는 일을 할 수 없는 사람, 행정 기구나 법정에서 바람직하지 못한 사람이라고 판결이 난 각종의 사람들, 그리고 반혁명적 계급 전체가 강제 수용소로 보내질 수 있는 주요 후보자들이었다. 강제 수용소는 "노동을 가르치는 학교"의 성격과 "노동력을 보유한 집단"의 성격을 결합한 것이었고, 이 수용소는 완전히 자급자족하는 조직을 이루어서 경제적으로도 정부의 돈을 아낄 수 있었다. 레닌 치하에서 강제 수용소에 감금되었던 죄수의 숫자는 1920년에 약 5만 명, 1923년에 7만 명이었다. 재소자의 생활 조건은 매우 열악했다. 배고픔은 상존하였고, 사소한 위반으로도 총살을 당했으며, 도주를 하다 잡히면 연대 책임이 지워져 다른 죄수 9명이 함께 자동적으로 처형되었다. 거의 틀림없이 "레닌의 명령으로 체카의 문서 창고가 파괴되어" 희생자의 정확한 통계는 알 수 없으나, 말도 안 되게 낮게 추측한 소련의 공식 통계에 의하면 1918~1920년 사이의 붉은 테러에 의하여 12,733명이 처형되었다. 어떤 학자는 같은 기간에 5만 명이 처형되었다고 주장했고, 또 다른 학자는 14만 명의 희생자가 발생했다고 보고하였다.643

레닌과 트로츠키는 새로운 형태의 강제 수용소를 발명하고 창조했다. "스탈린은 단지 기술적으로 이를 조직화하고 발전시켰을 뿐이다. 스탈린주의자들이 운영했던 강제 수용소는, 레닌과 트로츠키의 강제 수용소와 비교할 때, 단지 적용하는 형태에서 규모가 크게 나타났을 뿐이다." 레닌 치하에서의 테러는 잔인했을 뿐만 아니라 무차별적이었다. 무차별적인 테러로 인하여 국민들은 가능하면 자신들이 사회적으로 눈에 띄지 않게 행동하게 되었고, 이와 같은 국민들의 생존 방식으로 국민들은 분자화되었다. 그 결과 국민들은 자신들의 생각을 표현하지 않게 되었으며, 이런 상황에서 정부는 소수로 분열되어 있던 국민들을 철저하게 장악할 수 있었다. 레닌 당시에 서방의 여론은 그가 행한 테러가 "매우 과장되었다"고 생각했다. 체카는 "단지" 5천 명을 처형했으며, "처형은 매우 희귀하였고," 이런 처형도 위기 상황이 해소됨과 동시에 사라졌다는 견해도 제시되었다. 어떤 소르본느의 교수는 1920년에 "테러는 끝났다. ... 사실대로 말하면, 그것은 결코 존재한 적이 없었다"고 주장했으며, 어떤 미국인은 "소련에서 죄수를 다루는 것은 캘리포니아에서 죄수를 다루는 것과 거의 비슷했다"는 평을 하였다. 물론 이런 견해는 모두 당시 소련의 현실과는 달랐다.644

레닌은 혁명 정부를 이끌어 나가기 위해서 테러가 필수 불가결하다고 생각하였다. 그는 실제로 테러를 "예방적으로, 즉 그의 지배에 반대하는 실제적인 [행동이] 없는 가운데" 사용하였다. 레닌은, 로베스삐에르와 마찬가지로, "불량" 시민들을 물리적으로 제거한 뒤에 "선량"한 시민들로 구성된 새로운 집단을 형성하려고 시도했다. 레닌은 불량 시민들을 무자비하게 "박멸할 것"을 강조하였다. 레닌이 했던 말을 그대로 인용하면, 계급의 적은 "흡혈 동물," "거미," "거머리" 등의 비열한 존재들이었다. 그는 "러시아 땅에서 해충, 비열한 벼룩, 빈대" 등을 박멸해야 한다고 주장하였다. 어떤 면에서 본다면, 히틀러는 단순히 레닌을 모방했던 것으로 보인다. 레닌은 "처형 없이 어떻게 혁명을 할 수 있는가?"라고 말하면서 화를 내기도 했고, 죄가 있든 없든 간에 몇 명을 무차별적으로 처형하거나 감옥에 보내는 것이 수천 명의 적군이나 노동자를 희생하여 국민들에게 교훈을 주는 것보다 더 효과적이라는 생각을 가지고 있었다.645 레닌은 사람들을 무자비하게 처형함으로써 자신에게 대항하지 못하도록 국민 모두에게 교훈을 주었다. 교회 문제로 성직자들이 저항했을 때, 그는 성직자들을 무자비하게 처형하였다. 그리고는 "이 무리들은 앞으로 몇 년 동안은 감히 저항할 꿈도 꾸지 못할 교훈을 얻었을 것이다"라고 말하였다.646 한 영국 언론인에 의하면 종교 탄압으로 28명의 주교와 1,215명의 사제가 목숨을 잃었다.

최근에 알려진 증거에 의하면, 레닌이 위와 같은 말을 했던 1922년
한 해에, 교회 재산 몰수와 관계되어 8천 명 이상의 성직자가 살해
되었다.647

"레닌은 자주 화를 냈다. 그가 화를 내면, 인민의 가장 친한 친
구인 레닌은 매우 위험한 인물이 되었다. 이와 같은 사실은 소련의
문서 관리자들이 최대한으로 감추어져야 한다고 생각했던 그의 사
적인 편지에 분명하게 적혀 있었다. 1922년에 레닌은 '반동적인 부
르주아와 성직자를 많이 총살하면 할 수록 더 좋아질 것이다'라고
적었다. 이 말을 한 바로 그 해에 수 천명의 성직자와 신도들이 살
해되었다."648

레닌은 "악"(惡)을 완전히 제거하기를 원했고, 그에게 부르주아
지는 악을 의미하였다. 그런데 그가 부르주아지라고 생각했던 사람
들은 부유한 산업가들과 자신이 경작할 토지 이외에 여분의 토지
를 가지고 있던 사람들이었다. 그러나 그의 부르주아지 개념은 고
정된 것이 아니었다. 그는 어떤 경우에는 경제적인 위치에 관계없
이 볼셰비키 정책에 반대하는 사람들 모두를 부르주아지라고 생각
하였다. 따라서 레닌이 생각했던 '박멸' 대상은 매우 주관적이었다.
레닌 치하에서는 집권자의 주관적인 기준에 의하여 "적의 끄나풀,
투기꾼, 강도, 깡패, 반혁명적 선동자, 독일 첩자" 등이 규정되었으
며, 많은 경우에, 재판도 없이 현장 사형 집행이 이루어졌다. 레닌
이 주창했고 또한 시행했던 테러는 후세의 소련에 크게 두 가지
면에서 심대한 영향을 주었다. 첫째는 레닌이 시작한 테러가 이후
소련 체제의 기본적인 성격이 되었다는 사실이고, 둘째는, 처형 그
자체보다 더 무서웠던 테러 분위기가 이후 소련 국민들의 마음을
지배하게 되었다는 사실이다.649

레닌은 테러를 프랑스 혁명에서 배웠다. 프랑스 혁명은 테러로
최고점에 이르렀고, 프랑스 혁명 당시에 이루어진 테러는 단지 짧
은 기간만 지속되었으며, 테러는 프랑스 혁명의 주요 흐름과는 역
행했던 사건이었다. 그러나 러시아의 경우는 프랑스와 달랐다. 러
시아 혁명은 테러와 함께 시작되었고, "붉은 테러는 그 시작에서부

터 [소련] 체제 존립에 필수 불가결한 요소를 형성하였다."650 러시
아 혁명이 성공함과 동시에 레닌은 인간의 생존에 가장 중요한 식
량을 정치 지배의 수단으로 사용하였다. 1917년 12월부터 시작된
식량 배급은 국민을 4부류로 나누어 '계급 원칙'에 준하여 이루어
졌다. 그리고 정부는 개인의 위치를 결정할 권리를 가지고 있었다.
이리하여 정부는 국민의 일부분, 즉 "하부 계층을 굶어 죽일 수 있
는 선고를 할 수 있는 권리"를 획득하였다.651 이 모든 제도와 구조
는 러시아 혁명을 이끌었던 레닌이 창시하였다.

*　　*　　*

레닌은 1924년 1월 21일에 사망하였고, 곧 신격화되었다. 이 과정
은 고대 로마 제정 당시의 관행과 너무나 흡사하였다. 레닌의 머리
를 "포크트(Vogt)라는 독일 교수가 연구해 본 결과, 그는 제 3층의
이른바 피라미드 세포 구조에서 매우 특이한 점을 찾아냈다. 당시
의 언론들은 레닌의 머리가 특수하다고 보도했다. 이들은 레닌의
머리가 가장 어려운 상황에서 독창적인 생각과 계략을 만들어 낼
수 있었던 원천이라고 보도했다." 레닌의 시신은 모설리엄
(mausoleum: 거대한 무덤)에 영구 보존되었다. 레닌을 성자로 만든
것은 그의 계승자 스탈린에게 많은 도움이 되었다.652

레닌의 '정통' 후계자 스탈린

스탈린은, 과거에 많은 학자들이 생각했던 것과는 정반대로, 결코
지략이 떨어지는 인물이 아니었다. 그가 다른 사람들에게 지략이
떨어지는 인물로 보였던 이유는 그가 너무 현명했기 때문이었다.
스탈린은 그의 권력 야욕을, 다른 사람들과는 달리, 결코 남에게
노출시키지 않았다. 그는 당내의 통합을 제일 중요한 사항으로 내
세웠고, 이를 위해서는 원칙마저 변화시킬 수 있다고 주장하였다.

294 러시아 혁명의 환상과 현실

그는 고위 당직자로서는 유일하게 당내에서 적이 거의 없던 사람이었다. 그 이유 중의 하나는 그가 남에게 특출나게 부각된 인물이 아니었기 때문이었다. 이 점에서도 스탈린은 매우 현명하였다. 트로츠키도 스탈린을 "눈에 띄는 보통 사람"이라고 오판할 정도로 스탈린의 처세는 교묘하였다.653

당내에서 탁월한 능력을 가지고 있는 사람이라면 누구나 기피하던 매우 지루한 문서 관리를 맡은 사람이 바로 스탈린이었다. 이 직책이 당 서기(General Secretary) 자리였으며, 스탈린이 집권하기 전까지 이 직책은 별로 중요하지 않았다. 그러나 당시에, 스탈린을 제외하고는, 그 누구도 이 직책이 가지고 있는 중요성을 인식하지 못했다. 스탈린은 이 직책을 통하여 공산당 정치국(Politburo)의 모든 문서들을 수발하고 관리하였으며, 당의 분열을 막는 일을 관장하였다.654 그런데 레닌은 당의 통합을 무엇보다도 중요하게 생각하였고, 이런 이유에서 레닌은 후계자로 트로츠키보다는 스탈린을 선호하였다. 레닌은 스탈린을 싫어하지 않았다. 과거에 역사가들은, 몇몇 현존하는 문서에 근거하여, 레닌과 그의 부인이 스탈린을 싫어했다고 생각하였다. 그러나 이 문서는 매우 작은 부분만을 묘사했던 것으로 전체적인 현상을 설명한 것은 아니었다. 레닌은 스탈린을 기본적으로 신뢰하였고, 스탈린이 당의 분열을 막을 수 있는 적임자로 생각하였다.655

스탈린은 지혜와 계략으로 모든 사람들을 압도하였다. 스탈린이 레닌의 후계자가 된 것은 우연과 행운에 의해서가 아니라, 주도면밀한 계략 덕분이었다. 레닌은 1923년 3월에 뇌졸증으로 쓰러졌으며, 1924년 1월에 사망하기까지 10개월 동안 언어 구사 능력을 상실하였다. 이때 당 서기였던 스탈린은 레닌을 그의 주거지에 실제적으로 감금하였다.656 이런 상황에서 스탈린은 레닌의 유언을 변조하였다.

레닌이 사망하기 직전에, 레닌이 불러 준 것을 비서가 받아써서 작성하였다는 문서가 변조된 것이라는 의문은 과거에도 여러 차례 제기되었다. 최근에 이르러서 공산당 중앙 위원회의 1급 비밀 문서 보관소가 처음으로 개방된 후에 이 의문은 다시 한번 검토되었다. 최근에 이 문서를 연구한 한 역사학자는 필사본 원본에서 "레닌의 글이 부분적으로 변조되어 있었음을 증명"하였다. 그에 의하면, "변조된 부분이 너무나 기술적으로 이루어져서," 트로츠키도 죽을 때까지 이 문서가 변조되어 있었다는 사실을 인식하지 못했다. 트로츠키는 이 문서를 레닌이 1922년 12월 23일에 구술한 것을 받아 적었던 것으로 생각하였고, 이 문서가 "원본이 아니라 편집된 것"이었다는 사실을 몰랐다. 문서를 "변조하고 틀린 정보를 제공하는데 발휘되었던 스탈린의 기술은 역사가들을 다시 한번 놀라게 하였다."657

레닌의 사망이 임박했을 무렵에 당 서기를 맡고 있던 스탈린은 정치적으로 궁지에 몰려 있었다. 이 당시에 레닌은 스탈린이 "너무 무례하고," "관대하지 못하다"는 평을 하였으며,658 이런 상황에서 스탈린은 돌파구를 찾아야만 했다. 스탈린은 이런 불리한 상황에서 벗어나기 위하여 "1922년 12월 23일자 레닌의 글을 변조하기로 결심했다." 그리하여 변조된 "공식적인" 문서가 원문서를 대신해 당시에 진본으로 사용되었고, 뒤에 《레닌 전집》(*Complete Works*)의 제 45권에 인쇄되었다.659

최근에 출판된 레닌의 주치의가 쓴 일기에 나타나 있듯이, 레닌은 뇌졸중으로 쓰러진 1923년 3월 이후부터 사망할 때까지 정치적인 문제를 관장할 수 있는 육체적이고 정신적인 능력이 없었다.660 이보다 1년 전인 1922년에 레닌은 뇌졸중으로 적어도 두 차례 이상 쓰러져서 제대로 집무하기가 어려웠다. 이런 상황에서 스탈린은 1922년 말부터 1923년 초까지 레닌이 구술한 것을 받아 적은 모든 문서들을 1924년 봄이나 여름 동안에 수집했던 것으로 보이며, 이들을 비밀 문서로 분류하여 대부분의 당원들이 보지 못하도록 만들었다.661 《레닌 전집》에 인쇄되어 있는 이 문서들은 "어떤 부분은 위조되었고, 어떤 부분은 심지어 삭제되었다."662

스탈린이 소련을 지배하던 시절에는 그에 대하여 부정적인 영향을 미칠 가능성이 있는 사항들은 일체 공개되지 않았고, 스탈린의 업적은 일방적으로 미화되었다. 그러나 스탈린이 사망하고 얼마 지나지 않은 1956년부터 스탈린의 범죄는 하나 둘씩 밝혀지기 시작하였다. 그렇지만 이 당시에 권력을 장악했던 흐루시초프는 스탈린의 죄악을 모두 밝히는 것을 주저하였다. 브레즈네프는 오히려 스탈린의 명예를 회복하려고 하였고,663 1970년대에 이르도록 소련에서는 스탈린에 대한 비판이 거의 존재하지 않았다. 이런 현상은 소련에서뿐만 아니라, 서방에서도 마찬가지였다. 요즈음에 와서야 비로소 스탈린의 부정적인 측면이 올바르게 연구되기 시작하였다. 스탈린 치하에서 있었던 기아, 대량 학살, 노동 수용소의 실상 등이 최근에 이르러서야 연구되었다.664

소련에서 페레스트로이카가 선언된 이후에 스탈린을 부정적으로 평가한 서적들이 많은 인기를 끌었다. 리바코프(Rybakov)의 《아르바트의 아이들》은 2백만 부 이상이 판매되었고, "한 사람의 승리가 전체 국민을 비극으로 몰아 넣었다"는 사실을 보여주기 위하여 저술된 스탈린의 전기가 구소련 말기에 널리 읽혀졌다. 스탈린이 얼마나 두려운 존재였던가를 폭로하는 이야기들은 역시 구소련 말기에 사회적인 관심사로 떠올랐다.665

한때는 일부 부르주아 역사가들도 스탈린을 레닌에 이어서 세계 공산주의를 이끌었던 위대한 지도자로 생각하였고, 스탈린이 저지른 과오에 대하여는 크게 문책하지 않았다. 그 이유에는 여러 가지가 있었다. 이들에 의하면, 사회주의 체제는 그 성격상 스탈린의 압제가 없이는 소련에서 실현될 수 없었으며, 스탈린의 정책은 레닌의 방법론과 사회주의를 이어 받았고, 레닌이 혁명을 지도하였듯이, 스탈린은 러시아 혁명의 이념을 실천에 옮기는 것을 지도하였다. 또한 스탈린은 러시아를 막강한 산업력을 보유한 국가로 만들었기 때문에 그는 위대한 지도자였다. 이와 같은 부르주아 역사가들의 주장과 비슷한 견해를 가지고 있는 다른 부류의 역사가들은 스탈린이 낙후된 러시아의 현실에서는 적절한 지도자였고, 그가 비록 "역사에서 최악의 범죄자"였지만, 어떻든 다른 방법으로는 성취할 수 없던 것을 이루었다고 스탈린을 찬양하였다. 그러나 정작 마르크시스트 역사가들은 부르주아 역사가들이 제시했던 이유에 대하여 정면으로 반대하였다. 이들에 의하면, 만일 스탈린이 인텔리겐치아를 말살하지 않았다면, 소련은 더욱 빠른 속도로 변화되었을 것이고, 만일 스탈린이 강제 수용소에 수감되어 있던 죄수들의 노동력을 사용하지 않고 자유 노동력을 사용하였다면, 소련의 발전은 더 효율적으로 이루어졌을 것이다. 마르크시스트 역사가들은 스탈린이 결과적으로 사회주의와 공산주의의 발전을 더디게 만들었다고 주장하였다. 그러나 이 주제를 논의할 때 우리가 반드시 염두에 두어야 할 사항은 스탈린의 행위가 과연 도덕적이었는가를 검토하는 일이다. 스탈린이 남긴 업적이나 과오가 어떠하든 간에 스탈린주의는 기본적으로 마르크시즘-레닌이즘과는 전혀 동떨어진 성격을 가지고 있었다. 스탈린주의는 사이비 사회주의였고, 사이비 공산주의였다.666

스탈린이 자신의 업적을 자랑할 때 사용했던 통계들은 거의 모두 거짓 통계였다. 스탈린에 의하면, 그의 5개년 계획이 성공해서 "노동자들의 임금은 67%가 상승하였고, 노동자와 농민의 물질적인 상황은 해를 거듭하면서 개선되었다." 물론 이 통계는 전혀 믿을 수 없는 것이다. 그러나 이 통계의 진위 여부에 대하여 스탈린 시대에 의문을 제기했던 사람은 한 사람도 없었다. 소비에트 제도에 반대하기로 마음먹은 적(敵)만이 "소련에서 노동자와 농민의 상황이 개선되고 있다는 것에 대하여 의문을 제기할 수 있다"고 스탈린이 선언을 했기 때문이다. 10월 혁명이 있은 지 15년이 지난 뒤에 《프라우다》는 "공산주의자들에게 노동자의 상황이 개선되는 것보다 더 숭고한 과업은 없다"고 주장하였다. 이 주장이 보도된 해인 1932년 가을에 소련에서는 기근과 집단화가 극에 이르렀다. 혁명이 있은 지 17년이 경과되었을 때 스탈린은 "만일 우리가 인민을 위하여 풍족한 생활을 보장하지 못한다면, 1917년 11월에 자본주의를 뒤집어 엎었던 혁명은 아무런 의미가 없을 것이다. 사회주의는 가난과 궁핍을 의미하지 않는다"고 말하였다. 그러나 그의 말과는 정반대로 당시의 소련에서는 가난과 기근이 혁명 이전보다 훨씬 더

심각한 문제로 등장하였다.[667]

5개년 계획의 일환으로 스탈린이 만든 거대한 업적물 중의 하나는 발트해와 백해를 연결하는 운하였다. 1930년부터 공사가 시작된 이 운하는 "노예 인력"을 사용하여 전적으로 OGPU(소련 국가 비밀 경찰)에 의해서 건설되었다. 공사 인력이 많을 때에는 약 30만 명이 동원되었으며, 대부분은 쿨락으로 분류된 사람들이었다. 작업 조건은 매우 열악해서 공사를 하던 중에 많은 희생자를 내었다. 사망한 사람만도 20만 명에 이르렀다. 이렇게 많은 희생자를 내면서 건설된 이 운하는 원래의 목적과는 달리 "실제로는 아무 소용이 없었다."[668]

스탈린은 "환상적인 국가"를 건설하려는 꿈을 꾸었다. 이 국가에는 공산당만이 지배하며, 프롤레타리아는 권위와 특권을 가진 위치에 있고, 국가는 근대화되며, 국가의 안보도 확실하였다. 그러나 신기하게도 "스탈린은 혁명적 유토피아 사상을 매우 혐오하였다." 스탈린은 자신이 생각한 이상 국가에서 아버지·황제·신의 역할을 융합한 그런 역할을 수행하기를 바랐고, 실제로 그는 이와 비슷한 위치에 도달하였다.[669]

최근에 와서 역사가들의 스탈린에 대한 관심은 그가 자행했던 탄압에 집중되었다. 쿨락 일소, 집단 농장 및 강제 수용소에서의 참상, 기아, 그리고 지식인에 대한 탄압 등이 역사가들 사이에서 매우 관심을 끄는 주제로 등장하였다.[670] 그런데 이런 비극적인 일들은 거의 모두 레닌으로부터 시작되었다. 레닌은 이런 조처들을 혁명 직후에나 시행할 수 있는 임시적인 것으로 생각하였다. 스탈린은 이와 같은 성격을 가지고 있던 레닌의 전체주의를 유산으로 물려받았다.[671] 그러나 스탈린은 레닌의 임시 조처를 항구적인 정책으로 만들었고, 이 정책에 수반된 국민 탄압은 그가 사망할 때까지 계속되었다.[672]

스탈린이 국민들을 대상으로 하여 사용했던 기만 행위는 전설적이었다. "1935년 이래 스탈린은 어린아이들의 가장 친한 친구였다. 신문들은 스탈린이 그의 딸 스베틀라나(Svetlana)와 함께 있는 가장 인자한 아버지의 모습을 담은 사진과, 어린 소녀들이 그에게 헌화하는 사진들을 인쇄하였다. 이런 부류의 사진 중에서 특히 널리 알려진 것은 마르키조바(Gelya Markizova)라는 어린 소녀와 함께 찍은 사진이었다. 이 사진은 포스터 형태로 수백만 부가 인쇄되었고, ... 이 포스터는 오랜 세월 동안 소련 시민들에게 기쁨을 안겨주었다." 그러나 포스터의 이면에는 비극이 도사리고 있었다. 마르키조바의 "아버지는 인민의 적으로 총살당했고, 어머니도 체포된 뒤에 자살하였다." 물론 소련 시민들은 이 사실을 전혀 모르고 그 포스터에 나타난 장면만 사랑하였다.673

*   *   *

메드베데프는 1961년에 순수한 의미에서 마르크스주의와 볼셰비키주의를 신봉하였다. 그러나 한때 정통 마르크스주의자였던 메드베데프는 스탈린의 죄악을 알고는 신념을 바꾸었다. 그는 "이제 우리는 스탈린의 죄악이 매우 컸다는 사실을 알았기 때문에 이에 대하여 침묵을 지키는 것은 죄악이다"라고 말하였다. 그러면서 중국의 신문들이 계속해서 스탈린의 봉사를 찬양하고 있음을 개탄하였다. 그렇지만 스탈린의 죄악을 증명하는 것은 매우 어려운 일임을 그는 자인하였다. 그 이유는 그가 스탈린에 대하여 연구할 당시에 소련의 문서 창고에 있던 자료들은 인가받지 못한 역사 연구에는 사용될 수 없었으며 당과 스탈린에 관계된 자료가 많이 파괴되었기 때문이었다. 이런 문서들을 파기하도록 명령한 사람은 바로 스탈린과 그의 심복 베리아(Beria)였다.674

스탈린이 생각했던 조국에 대한 범죄의 유형은 다양하였다. 외국 사람과 편지를 교환하는 것은 첩자 행위가 될 수 있었고, "외국 대사관과 접촉하는 것은 치명적인 결과를 낳았다." 심지어 대사관에 요리사로 응모하는 것도 범죄가 되었다. 중국인들이 집단으로 체포되기도 하였으며, 성직자는 가장 뚜렷한 범죄 용의자로 지목되었다.675 스탈린의 테러는 국민 전체를 대상으로 하여 이루어졌을 뿐만 아니라 "당 자체를 파멸시켰다." 당원의 반이 체포되었으며, 백만 명 이상이 처형되거나 수용소로 보내졌다. 또한 중앙당 위원의 70%가 희생되었다.676 스탈린의 공포 정치에서는 어린아이들도 예외는 아니었다. 심지어 아홉 살 난 아이가 감옥 생활을 하였고, 열두 살 어린이도 어른과 같이 죄인으로 취급되기도 하였다. 기술적인 문제를 야기시킨 기술자는 사보타주를 했던 사람으로 간주되었고, 가축이 죽은 것도 "의식적인 음모 행위"로 분류되기도 하였다. 철도 사고가 자주 일어나면, 철도 업무 종사자가 살해당했으며, 몇 달 사이에 45,000명의 철도 업무 종사자 중에서 1,700명이 체포된 경우도 있었다.677

극히 부분적으로만 남아 있는 한 문서에 의하면, 스탈린은 1937~38년 사이에 4만 명을 처형하는 문서에 직접 서명하였고, 스탈린의 전 집권 기간에 걸쳐서 그가 서명한 처형자의 숫자는 23만 명에 이르렀다. 물론 이 숫자는 스탈린 시대에 희생된 모든 사람의 숫자가 아니었으며, 이 숫자는 처형된 사람들 중의 극히 일부분에 불과하였다.678 스탈린은 처형, 고문, 수용소 감금 실태를 정확하게 파악하고 있었다. 스탈린은 이런 행위에 대한 방관자는 결코 아니었다. 어떤 경우에는 특정인을 구타할 것을 개인적으로 지시하기도 하였다.679 그는 강철과 곡물 생산량뿐만 아니라 처형한 사람들의 숫자 역시 매주 보고받았다.680

스탈린 치하에서 수만, 수십만, 수백만이 아닌, 수천만 명이 불행하게 그리고 천수를 다하지 못하고 사망하였다. 소련의 공식 통계에 의하면 2차 세계대전 중에 사망한 사람은 2,000만 내지 1,900만 명이었다. 이 숫자는 실제보다 적다는 평가를 받았다. 소련의 인구 증감 추세를 연구해 보면, 이 당시 전쟁으로 사망한 사람은 2,600만 내지 2,700만에 이르렀다. 이 사망자들 중에서 600만 명이 포로가 되어 소련과 폴란드의 영토 내에 설치된 나치 수용소에서 사망하였다. 스탈린은 전쟁에서 이와 같이 많은 희생자를 냈지만, 소련 사람들은 스탈린을 승리자로 생각하였다.681 이런 전대 미문의 많은 희생자를 내면서 전쟁에 승리한 사람을 결코 승장이라고 할 수 없을 것이다. 최근에 이르러서 당시에 전투에 참가했던 사람들이 입을 열기 시작하였다. 이들은 "대포알이 터지는 가운데 감행된 전진 공격, 탱크에 대항한 기병들, 적의 화기로부터 자신들을 보호하기 위하여 사람들을 총살한 뒤에 이들의 시체를 [총알받이로] 땅 위에 쌓아 놓았던 사실" 등을 증언하였다. 요즈음에도 스탈린 시대에 만들어진 대규모의 무덤들이 속속 발견되고 있다. 예를 들면, 민스크(Minsk) 근처에서는 25만 명 이상의 시체를 매장했던 무덤이 발견되었다.[682]

*   *   *

스탈린은 여러 면에서 레닌의 훌륭한 후계자였다. 스탈린은 레닌의 구상을 현실로 옮겨 놓았다. 스탈린이 실현해 준 레닌의 소망 중의 하나는 5개년 계획이었다. 1930년대의 5개년 계획에서 구상된 사회주의는 "소련의 실험에서 정점에 자리잡고 있었다." 이 사회주의는 1917년 이후에 볼셰비키가 지속적으로 추구하여 온 이상이 구현된 것이었고, 사회주의 체제는 1991년에 소련이 몰락할 때까지 소련의 근본 조직을 이루었다. 레닌은 미래의 소련이 갖추어야 할 체제를 스케치하였다. 이 스케치는 레닌의 전시 공산주의 정책에서 그 윤곽을 드러냈다. 그리고 레닌이 그린 스케치에 미세한 부분을 완성하고 색깔을 넣는 작업은 스탈린이 수행하였다. 스탈린이 수행했던 작업은 그의 5개년 계획이었다. 1929년에 이르러서 향후에 어떤 식으로 소련의 체제를 만들어야 하는가에 관한 논의는 소련에서 영원히 종지부를 찍었다. 스탈린은 소련의 체제를 완성하였다. 스탈린 이후에 소련의 공산주의자들이 해야 할 일은 스탈린이 만들어 놓은 체제를 경영하는 것뿐이었다.[683]

"스탈린주의자들의 독재는, 사람의 몸과 영혼을 절대적으로 통제하려고 했던 모든 폭군들의 꿈을 현실로 이루어 낸 것이었다. 소련의 조직은 독일의 나치주의나 혹은 다른 파시스트의 어떠한 조직보다 더 완전하고 확고하였다."[684] 최근에 와서야 러시아 사람들은 스탈린에 대한 진실을 이해하기 시작하였다. 1990년에 러시아의 한 라디오 방송은 모스크바 길거리에서 어떤 여자와 인터뷰를 하였다. 리포터가 "12월 21일이라는 날짜가 당신에게 어떤 의미가 있습니까?"라고 묻자, 그 여인은 "아무 의미도 없습니다"라고 대답하였다. 이에 리포터가 "이 날 스탈린이 태어났습니다"라고 말하자, 그 여인은 "태어나지 않았다면 더 좋았을 것입니다"라고 대답하였다.685

레닌이 사망한 해로부터 약 30년 뒤에 스탈린이 세상을 떠났을 때, 그에게는 많은 칭호가 뒤따랐다. 그에게 붙여진 칭호는 매우 거창하였다.

> 세계 노동자들의 지도자이며 스승, 인민의 어버이, 소련 국민의 현명하고 지적인 수령, 모든 시기에서 그리고 모든 인간 중에서 가장 위대한 천재, 모든 시기와 모든 인간 중에서 가장 위대한 군사 지도자, 과학의 지도자(Coryphaeus), 레닌의 충실한 무장 동지, 레닌이 제시한 명분의 헌신적인 계승자, 오늘날의 레닌, 그리고 산의 독수리이며 모든 어린이들이 가장 친한 친구 [스탈린].686

스탈린 장례식 기간의 마지막 날에 모스크바 거리는 무질서가 난무하여 500명 이상의 시민들이 질식하거나 밟혀서 사망하였다. "인간의 피가 인민의 아버지와 함께 무덤으로 향하였다."687

레닌과 스탈린의 전설적인 테러와 탄압

러시아 혁명의 가장 부정적인 국면은 테러에서 나타났다. 러시아 혁명은 인류의 혁명 역사상 가장 많은 희생자를 냈다. 테러와 공포가 국가를 지배했던 것은 레닌 시대나 스탈린 시대나 마찬가지였다. 계급의 적들에 대항하는 방법에 있어서 "테러는 정책의 한 도구라고 레닌은 솔직하게 말하였다." 레닌의 테러는 광범위하게 이루어졌다. 그러나 레닌의 테러는, 스탈린의 테러와는 달리, 폭력이 난무하고, 구체제가 붕괴되며, 식량이 부족하고, 국민들의 생존이 위협을 받는 가운데 이루어졌다. 한편 스탈린의 테러는 레닌의 것과는 전혀 차원이 달랐다. 스탈린의 테러는 "전반적인 상황이 조용하고 [그가] 지배권을 완전히 장악한 상태에서 이루어졌다." 스탈린은 처음에는 농민에 대한 당의 전쟁으로 테러를 시작하였다. 이 테러가 끝난 뒤에 그는 "불쌍한 국민들"을 대상으로 하여 잔인한 '대테러'(the Great Terror)를 자행하였다.688

과거에는 레닌과 스탈린 시절에 테러와 학살이 존재했다고 주장하는 것 자체를 반공주의자들의 음모라고 생각하였고, 소련 정부는 테러가 존재하지 않았다고 주장했다. 그러나 1980년대 이후부터 테러와 학살에 관한 전모가 점차 밝혀지기 시작하였다. 소련이 해체되기 직전부터 소련의 신문들은, 그들의 종전의 관행과는 달리, 테러와 학살에 대하여 솔직하게 보도하기 시작했고, 과거에 공산당의 행동 대원들이었던 사람들이 이에 관하여 증언을 하기 시작하였다. 또한 이 시기부터 이런 문제를 다룬 문서들이 소련의 문서 창고에서 하나 둘씩 공개되었다.689

1930년대에 진행된 숙청은 세계 역사상 유례가 없는 사건이었다. 우선 수백만 명의 사람들이 살해당했다는 사실부터가 유례 없었고, 집권당이 벌린 숙청으로 집권당의 옛 간부들 거의 모두가 죽임을 당했다는 점도 전례가 없었다. 프랑스 혁명에서 나타난 테러는 구제도에 관계된 사람들을 대상으로 하여 이루어졌고, 뒤에는 모든 온건파들을 대상으로 하여 이루어졌다. 히틀러의 테러는 유대인과 그밖의 다른 종족적인 적들을 가능하면 많이 죽일 것을 목표로 하고 이루어졌다. 그러나 스탈린의 테러는 이와 달랐다. 테러가 진행될 당시에 소련 체제는 매우 안정되어 있어서 상상에서 나온 것 이외에는 체제에 대한 어떠한 음모도 없었다. 심지어 "스탈린에 잠재적으로 반대할 세력조차도 존재하지 않았다. 많은, 아마도 대부분의, 희생자들은 스탈린을 지지하고 있던 사람들이었을 것이다." 스탈린이 저지른 테러에 관계된 또 하나의 비극은 "테러 집행에 대하여 어떤 저항 세력도 실제적으로 존재하지 않았다"는 사실이었다.690

구소련 말기에 이루어진 한 연구에 의하면, 스탈린에 의하여 숙청되었다가 1953년에서 1957년 사이에 복권된 사람들의 숫자는, 사망자와 생존자를 합하여 60만 명에 이르렀다. 그러나 이 숫자는 당시까지 공개된 자료들에 의거한 것으로 실제 복권자의 숫자는 이보다 훨씬 더 많았을 것으로 보인다. 소련 해체 시기에 스탈린의 숙청에 관한 새로운 사실들이 계속해서 밝혀졌고, 당시에 자행되었던 고문, 즉결 처형, 새로운 희생자의 명단과 집단 묘지의 위치 등에 관한 사실들이 새롭게 러시아 국민들에게 알려졌다.691 1991년에 소련이 해체된 이후에는 극비 문서들도 공개되기 시작하였다. 드디어 비밀을 담은 판도라의 상자는 열리게 되었다.

*　　*　　*

레닌이 집권할 당시에 황제와 그의 가족들이 살해되었다. 이 사건은 여러 면에서 20세기의 붉은 테러와 대량 학살을 예고하였다. 황제와 그의 가족들은 정당한 재판이나 처형 과정을 거치지 않고 살해되었다. 볼셰비키 체제는 이 살인을 "처음에는 부정하였고, 뒤에는 정당화"하였다.692 근대 유럽에서 발생했던 혁명으로 세 명의 왕이 처형되었다. 영국과 프랑스에서는 왕이 정식 재판 절차와 정식 사형 절차를 밟아서 처형되었고, 이 왕들은 처형 직전에 그들이 하고 싶었던 마지막 말을 청중에게 전할 수 있었다. 세 왕 중에서 단 한 명, 러시아 황제만이 법에 의하여 처형되지 않았고, 불법적으로 살해되었다. "니콜라이 2세는 고발되지 않았고 재판을 받지도 않았다. 소련 정부는 그를 살해할 것을 요구하였고, 결코 [처형에] 관계된 문서를 발표한 적도 없었다. ... 한 밤중에 이루어진 살인은 정식 처형이었다고 하기보다는 갱단의 집단 처형과 흡사하였다."693

레닌 치하에서 자행된 테러와 처형은 비밀 경찰인 체카가 주도하였다. 체카는 소수의 반정부 음모 세력을 찾아내기보다는, 대량 학살을 주요 업무로 삼았다. 1918년에 모스크바에 거주하고 있던 한 역사가는 인쇄 매체에서 보도된 자료만을 가지고 1918년 상반기 동안에 882명이 처형되었고, 1918년 7월 한 달에만 1,115명이 체카에 의하여 처형되었다고 기록하였다. 구체제 하에서 장교였던 사람들은 재판 없이 처형되었고, 체카는 죄수는 물론이고 단순히 의심이 가는 사람들도 총살할 수 있는 권리가 있었다. 레닌은 1918 년 8월 경에 수백 명의 창녀, 술 취한 병사, 전직 장교, 그리고 "기타"에 대한 테러, 처형, 강제 이주를 즉시 시행할 것을 지시하였다. 이 지시에서 가장 중요했던 범주는 "기타"였다. 바로 이 해에 레닌 은 소비에트 체제가 "너무 부드러워서" "철권"이 필요하다고 말하 였다. 테러는 농촌으로 퍼져 나갔다. 그래서 농촌 마을과의 전쟁이 시작되었다. 레닌은 노동자들에게 쿨락을 죽이라고 훈계하였고 수 천 명의 희생자가 발생하였다. 그러나 실제적인 처형보다 더 큰 공 포를 야기했던 것은 국민 누구나 아무런 잘못도 없이 언제든지 암 살당할 수 있다는 사실에 있었다.694

　체카의 모델은 황제의 비밀 경찰이었다. 그러나 황제가 거느렸 던 비밀 경찰은, 체카와는 달리, 사법권이 없었다. 혁명 직후에 창 설된 체카는 1958년까지 아무런 법적 근거가 없는 상태에서 공작 을 수행하였다. 체카의 원래 창설 목적은 반혁명과 사보타주에 대 응하는 데 있었다. 체카가 처음 조직되었을 때에는 이들에게 사법 권이 주어지지 않았고, 의심이 가는 사람들을 혁명 재판소에 넘기 는 것 이상의 권한이 없었다. 그러나 곧 체카에게 사법권이 부여되 었다. 체카는 1918년 초부터 정보를 독점하기 시작하였고, 이후로 는 어떤 정보도 체카의 승낙 없이는 공개될 수 없었다. 체카를 책 임진 제르진스키는 "폴란드의 열렬한 애국주의자였으며, 젊었을 때 모든 모스크바 사람들을 말살하기를 원했던 사람이었다." 결국 제 르진스키가 젊었을 때 가졌던 꿈은 레닌의 총애로 이루어질 수 있 었다. 체카는 경찰이 일상적으로 수행했던 모든 일을 할 수 있었다. 체카는 정치적인 반대자, 도둑, 악당, 투기꾼, 그리고 기타 범죄자와 같은 "소비에트의 권위에 적대되는 세력"을 검거하였다. 체카는 반 혁명분자들을 현장에서 무자비하게 처형할 수 있음을 국민들에게 행동으로 보여 주었다. 체카가 국민들에게 보낸 경고는 매우 효과 적이었다.695 체카와 함께 소련 국민들을 공포로 몰아 넣었던 것은 혁명 직후부터 시작된 인질 제도였다. 볼셰비키는 인질 제도를 그들의 탄압 수단으로 매우 효과적으로 사용하였다. 인질들은 "무작위로 [뽑혔지만], 대체로 사회적 배경, 부, 혹은 구제도와의 관련성에 의해서 선정되었다." 체카가 인질들을 붙잡아 간 이유는 장차 있을지 모르는 볼셰비키 지도자나 혹은 볼셰비키 정책에 대한 반대 운동을 사전에 근절하기 위해서였다. 만일 인질과 연루된 사람이 볼셰비키를 반대할 경우에, 인질은 이에 대한 보복으로 언제든지 처형될 수 있었다.696

혁명 직후부터 러시아의 시민들은 즉결 처분을 당할 수 있다는 공포와 함께 생활하였다. 이런 전율을 느끼게 하는 상황은 레닌 자신에 의하여 창조되었다. 1921년 6월에 시달된 한 명령에 의하면, 시민들은 언제, 어떤 상황에서도 즉결 처분될 수 있었다. 한 시민은 자신의 이름을 밝히기를 거부하였다가 현장에서 처형되었으며, 무기를 감춘 마을에서는 인질들을 잡아갔고, 그래도 무기를 가져오지 않으면 인질들은 사살되었다. 어떤 가정에서 숨겨진 무기가 발견되면, 그 가족 중에서 가장 나이 많은 근로자는 재판 없이 총살되었다. 만일 어떤 집에서 폭도를 숨겨주면 숨겨준 사람은 즉시 체포되었고, 폭도를 숨겨준 가족은 그 지역에서 추방됨과 동시에 재산은 몰수되었으며, 그 집에서 가장 나이 많은 근로자는 재판 없이 현장에서 사살되었다.697

*　　*　　*

이상과 같은 레닌의 학살은 스탈린이 저지른 학살의 전초전에 불과하였다. 1930년대 초에 소련의 경찰들은 혐의자들을 무시무시하게 다루었다. 그들은 모래주머니로 배를 때렸다. 이것은 가끔 목숨을 잃게 하였다. 경찰들은 체포된 자를 벽을 바라보게 한 다음, 발끝으로 몇 시간을 서 있게 하였다. 그러면 누구든지 하루 혹은 이틀만에 굴복하였다. 용의자를 공중에 매달고, 혐의자의 손가락을 일부러 문 사이에 집어넣고 문을 닫았다. "구타는 통상적이었다."

지방에서의 취조는 더욱 잔인하게 이루어졌다. 한 적군 합창단의 아코디온 연주자는 두 다리가 부러졌고, 어떤 곳에서는 취조를 받던 남자가 성기를 구타당해서 터지기도 하였다. 저지르지도 않은 범죄를 고백하게 하는 방법으로 혐의자에게 심한 모멸감을 주는 방법도 사용되었다. 체포된 자의 머리를 가래를 뱉는 타구에 넣고, 체포된 자의 머리에 방뇨를 하였다. 경찰들이 교대해 가면서 몇 시간, 며칠을 끝없이 취조하여 자백을 받아 내었으며, 며칠 동안 잠을 재우지 않으면 피의자들은 저지르지 않은 죄도 고백하였다. 며칠 동안 물에 세워 놓아서 자백을 얻기도 하였다. 특히 고통스러웠던 것은 젖은 천을 머리에 동여 맨 뒤에 이 젖은 천이 말라서 수축할 때 머리를 조여들게 하는 고문이었다. 열두 살의 어린아이까지 인질이 되기도 하였고, 남편이 부인 눈앞에서 고문을 당하는가 하면, 열 여섯 살의 딸을 아버지 앞에서 강간하기도 하였다.698

스탈린 치하에서 피의자들이 고발된 죄목들은 다양하였다. 스파이, 파괴 행위, 소비에트의 군사력을 잠식하는 행위, 소련 군대에 대한 공격, 소련 해체 음모, 자본주의로 사회 조직을 복귀시키려는 음모가 대표적인 죄목들이었다. 또한 다양한 집단이 범죄자들로 분류되었는데, 가장 대표적인 집단은 트로츠키 추종자, 지노비에프 추종자, 우익 분자, 멘셰비키, 사회혁명당원, 그리고 부르주아 민족주의자 등이었다.699

체포된 사람이 죄를 고백하면, 경찰은 조서를 작성하고, 이어서 피의자는 재판에 회부되었다. 경찰들은 정식 재판에 앞서서 피의자가 법정에서 자백하는 예행 연습을 시키기도 하였다. 경찰은 피의자가 만일 법정에서 조서에 쓴 대로 자백하지 않으면 총살할 것이라고 위협하는 한편, 피의자가 재판에서 조서대로 자백하면 형량을 가볍게 해 줄 것을 약속하였다. 물론 이 감형 약속은 지켜지지 않았다. 부하린의 취조 과정에서도, 최근에 연구된 바에 의하면, 당시에 행해지던 관행대로 고문이 이루어졌다. 부하린은 결국 어린 아들과 부인 때문에 스탈린에게 무릎을 꿇었고, 레닌을 암살하려는 음모를 꾸몄다고 거짓 자백을 하였다.700

레닌은 민중을 교육시키기 위해서 공개 재판 제도를 도입하였다. 공개 재판은 정치적인 반대자들의 사기를 꺾는데 매우 효과적이었다. "정적에 대하여 정치적인 탄압과 정치적인 선전을 함께 하는 방법으로는 공개 재판보다 더 좋은 방법이 없었다." 레닌이 만들어 놓은 이 재판은 "스탈린 치하에서 이루어진 공개 재판의 전신으로 볼 수 있다."[701]

스탈린 시대에 나타난 테러의 특성 중의 하나는 사회 계층의 상하, 직업의 종류를 막론하고 전체 국민이 모두 테러의 대상이었다는 점이다. 이들 중에서 "역사가들은 특별히 위험하였다." 어떤 경우에는 당의 역사가들 중에서 한 학파에 속한 사람들 모두가 체포되었으며, 이들에게는 종종 "테러 분자"라는 명칭이 붙여졌다. "교수들은 의심받기 쉬운 계층이었고, 많이 체포된 계층이었다. 교수들은 학생들 중에서 테러 분자가 될 수 있는 사람들을 포섭할 수 있는 위치에 있었기 때문이다." 그러나 단일 전문 직업으로서는 작가들이 모든 희생자 중에서 가장 많았다. 최근의 한 계산에 의하면 작가 집단의 90%가 탄압을 받았다.[702]

스탈린의 대숙청 시기를 거치면서 공산당 자체가 숙청과 탄압으로 무너져 내렸다. 대숙청을 직접 관장하였던 예조프(Yezhov)의 편지에 의하면, 1937년 12월에 3,167명의 사회 및 당의 지도급 인사를 처형하는 문서에 스탈린이 서명하였다. 스탈린은 서명을 한 뒤에 영화를 관람하러 갔다. 스탈린은 이와 비슷한 서명을 1938년에도 계속했다.[703] 이런 사실로 미루어 보아 스탈린이 직접 대숙청을 지휘했다는 사실은 틀림없다. 스탈린의 테러로 "국민들은 침묵을 지키고, 복종하는데 익숙해졌다." 마침내 대규모의 테러는 소련에서 더 이상 필요 없게 되었다. 그러나 안보 기관은 잔인한 숙청과 테러를 중단하지 않았다.[704]

2차 세계대전과 같은 매우 심각한 전쟁 중에도 테러는 계속되었다. 이번에는 전쟁을 수행하고 있는 군대에 대한 숙청이었다. 소련의 언론에서 소개한 통계에 의하면 5명의 원수(Marshal) 중에서 3명, 15명의 육군 사령관 중에서 13명, 9명의 해군 원수급 중에서 8

명, 57명의 군단장 중에서 50명, 186명의 사단장 중에서 154명이 숙청되었다. 숙청은 직위 해제를 의미하는 것이 아니었다. 군사 협의회에서 재판을 받은 408명의 육군 장병 중에서 401명이 총살당했고, 7명이 집단 노동 수용소로 보내졌다. 이런 행위는 어떠한 이유로도 정당화될 수 없다. 더구나 소련에서는 자본주의자들이 더 이상 존재하지 않았고, 소부르주아 농민들도 사라졌으며, 국가가 경제를 통제하고 있는 상황에서 국가 안보를 이유로 하여 이와 같은 테러를 저질렀다는 사실은 어떤 논리로도 합리화될 수 없는 것이다.705

노동자들도 비참한 상황에 있었던 것은 마찬가지였다. 소비에트의 사회주의는 매우 관료적이고 억압적이었으며, 노동자들의 가장 기본적인 권리도 소련 체제 하에서 부정되었다. 대숙청 기간에 소련에서 진행되고 있던 상황이 소련 외부로 알려지자, 세계 사회주의 운동의 주요 인사들은 소련에서의 사회주의 실험이 실패로 끝났다는 결론을 내렸고, 이에 대한 대안을 찾기 시작하였다. 비교적 중앙 집중이 덜 되었던 유고슬라비아와 농민을 위주로 하여 정책이 세워졌던 중국의 사회주의가 소련의 사회주의에 대체되는 모델로 등장하기 시작하였다.706

스탈린의 탄압은 대규모로 이루어졌다. 예를 들면, 리투아니아에 거주하던 각종 반역 대상자는, NKVD(People's Commissariat of Internal Affairs)의 명단에 의하면, 전체 주민의 23%를 차지했다. 농민들도 탄압의 대상이 되었다. 스탈린 체제 하에서 농민들을 반정부 세력으로 분류하는 것은 매우 용이한 일이었다. 늦게 파종을 하는 것도 사보타주였고, 이 행위는 처벌 대상이었다. 실제로 농민들이 파종을 늦게 하였다는 죄목으로 1937년에 한 마을에서 65명이 체포되기도 하였다. 몰다비아(Moldavia)의 경우에 탄압을 받은 절대 다수의 사람들은 노동자와 농민들이었으며, "이들은 정치에 관심이 없었고, 거의가 문맹이거나 문맹에 가까웠다." 최근에 한 저자는 자신이 어렸을 때 살았던 100가구로 구성된 농촌 마을에서 일어났던 일을 술회하였다.

> 1937년 4월 어느 날, 두 명의 경찰이 도착하였다. 그들은 농사일
> 을 멈추게 한 뒤, 나이가 20세에서 50세 사이의 모든 남자들을
> 체포했다. 죄목은 너무 늦게 파종을 시작했다는 것이었다. 이들
> 숫자는 65명에 이르렀고, 모두 화물 자동차에 태워져서 끌려갔다.
> 나의 아버지도 그들 중의 한 사람이었다.[707]

이 저자는 1956년에야 아버지가 당시에 생존하지 못했다는 사실을
알게 되었다. 쿠르스크(Kursk) 지방에서 체포된 사람들의 약 20%
가 농촌에서 나왔으며, 소련 전체를 이 수치로 계산해 보면, 체포
된 농민들의 숫자는 대략 150만 명에 이르렀다.[708]

1936~38년에 있었던 농민들에 대한 탄압 중에서 가장 무서웠던
것은 쿨락에 대한 탄압이었다. 그 이유는 쿨락을 정의하는 것이 거
의 불가능하였으므로 농민이면 누구나 쿨락으로 몰릴 수 있었기 때
문이다. 실제로 이 탄압에 의하여 많은 농민들이 희생되었다. 빈니
치아(Vinnytsia)에서 발굴된 대규모 매장지에서 9천 구의 시체가 나
왔는데, 이들은 1938년 초에 대부분 총살되었으며, 이들 중의 60%
는 농민이었다. 농민들이 살해당한 죄목은 대부분 사보타주였다.[709]

테러를 모면할 수 있었던 사람들은 다른 종류의 어려움에 시달
렸다. 혁명 이래 끊임없이 국민 전체의 생존을 위협해 온 식량 부
족 현상은 마침내 국민들이 대량으로 굶어 죽는 사태에까지 이르
렀다. 식량 기근이 심각해서 많은 사람들이 기아로 사망하였을 때,
이런 상황을 잔인하게 비웃는 이도 있었다.

> 나는 기근을 겪고 있는 3,500만 명 중에 대부분이 죽을 것으로
> 생각한다. ... 반은 야만적이고, 멍청하며, 완고한 러시아 농촌 사
> 람들이 죽어 나갈 것이다. ... 그리고 그 자리에 글을 읽을 수 있
> 고, 지적이며, 활기찬 새로운 종족이 대신 들어설 것이다.[710]

제정 시절인 1891~92년에 유러시아에 대기근이 들었고, 여기에
콜레라까지 유행하였다. 이때 기근과 병으로 사망한 사람들의 숫자
는 거의 50만 명에 이르렀다.[711] 레닌은 이 당시에 있었던 재앙을
선전에 효과적으로 이용하였고, 그가 혁명을 성공시키는데 이 선전

은 한몫을 차지하였다.712 그런데 레닌은, 제정 당시의 기근에 관해서만 언급하였을 뿐, 정작 그의 치하에서 나타났던 기아 현상에 대하여는 진상이 밝혀지지 못하도록 탄탄한 방호벽을 설치하였다. 그런데, 근자에 들어와서 처음으로 그 진상이 자세하게 알려지게 되었다. 레닌 정권 밑에서 굶어 죽었거나 혹은 영양 실조로 죽은 사람들의 숫자는 사람들의 상상을 초월하는 것이었다.

레닌 치하에서 나타난 1921년의 대기근은 천재라고 하기보다는 인재였다. "흉작은 신에게서 오지만, 배고픔은 인간에게서 온다"는 러시아 농민들의 격언이 진실이었음이 다시 한번 확인되었다. 볼셰비키의 농업 정책이 실패한 것이 당시 기근의 가장 근본적인 원인이었고, 가뭄은 단지 이 재앙을 악화시켰을 뿐이었다. 농민들은 다음 추수기까지 먹고 살아야 할 재고 식량이 있어야만 하였다. 그러나 이 재고 식량은 "잉여" 식량이라고 이름이 붙여졌고, "잉여" 식량은 당연히 수탈되었다. 곡물을 생산한 농민 자신들은 굶어 죽었다. "기근의 영향을 받았던 인구는 1922년 3월에 러시아에서 2,600만 명, 우크라이나에서 750만 명으로, 합계 3,350만 명이었으며, 이 중에서 7백만 명 이상이 어린아이들이었다. 한 미국인 학자에 의하면 이때에 1,000만 내지 1,500만 명이 희생되었으며, 이들은 사망하였거나 혹은 영속적인 신체적 상해를 입었다."713

식량을 많이 생산하여 "풍족한 오아시스"라고 불렸던 볼가강의 한 공화국은 이 당시의 기근으로 인구가 20% 이상 감소하였다. 이곳에서는 1920~21년에 곡물 총 수확량의 41.9%를 공출당하였다. 먹을 것을 찾아서 다른 지역으로 가기 위하여 사람들은 기차역으로 몰려 들었다. 그러나 정부는 기근의 위기가 존재하지 않는다는 공식적인 입장을 고수하기 위하여 이들의 수송을 거부하였다. 이들이 다른 지역으로 옮겨가면 정부의 거짓이 밝혀지기 때문이었다. 이들은 기차를 탈 수 없어서 다른 곳으로 옮겨가지 못한 채, 결국 기차를 기다리던 그 역에서 죽음을 맞았다.714 1921년에 한 기차역은 다음과 같은 상황에 있었다.

더러운 넝마를 [입고 있는 사람들이] 몰려 있는 장면을 상상해
보라. 이들 넝마 가운데, 비쩍 마른 맨팔과 이미 죽음의 그림자가
드리워져 있는 얼굴들을 여기 저기에서 볼 수 있었다. 무엇보다
도 독가스와 같이 지독한 냄새가 났으며, 그곳을 뚫고 지나가는
것은 불가능하였다. 대기실, 복도, 발길 닿는 곳 어디든지 사람들
이 누워 있거나, 앉아 있거나, 구부리고 있는 등 각종 상상할 수
있는 자세를 취한 사람들로 가득 채워져 있었다. 만일 누군가 이
더러운 넝마들을 가까이에서 관찰해 본다면, 그 넝마에서 벼룩,
빈대, 이 등의 해충이 우글거리는 것을 보게 될 것이다. 어떤 여
자는 젖먹이를 안고 있으면서, 발진티푸스로 인한 고열에 몸을
떨고 비틀기도 하였다. 유아들은 목소리를 잃었고, 더 이상 울 수
도 없었다. 매일 20명 이상의 시체가 실려 나갔으나, 모든 시체를
치우는 것은 불가능하였다. 어떤 때에는 시체가 살아 있는 사람
들 가운데에서 5일 이상 방치되었다.715

이와 같은 상황이 벌어지던 당시에도, 예를 들면 1921년 7월 식량
기근이 극에 달했을 때에도, 모스크바 당국은 이런 재앙이 소련에
존재한다는 사실 자체를 부정하였다.

"기아 상태에 이르러 정신이 돈 상태에서 살인을 하고 이웃 사
람의 [시체를] 먹거나 심지어 자신들[의 살]을 먹었다는 보고가 많
이 있었다." 당시에 러시아를 방문하였던 노르웨이의 한 자선가는
인육을 먹는 현상이 무서울 정도로 번져 나가고 있다고 말했으며,
소련의 한 대학 교수는 인육을 먹은 경우를 26차례 탐지하였다. 이
중에서 일곱 경우에는 사람 고기를 얻기 위해서 살인을 하였고, 인
육은 소시지 형태로 위장되어 시장에 내어놓고 팔았다.716 사람 고
기를 먹는 행위는 "과거에 역사학자들이 추측했던 것보다 훨씬 더
보편적인 현상이었다. 바슈키르(Bashkir) 지역에서는 ... 수천의 사
례가 보고되었다. 물론 대부분의 경우는 보고되지 않았음에 틀림없
다. ... 사람들은 자신들의 친척들을 먹었다. 그리고 때로는 자신들
의 어린아이들도 먹었다. 아이들은 보통 [어른보다] 먼저 사망하였
고, 아이들의 살은 특히 맛이 있었다."717

제정 러시아 당시에도 기근과 아사는 분명히 존재했고, 이런 참

상은 사람들의 비난을 받았다. 1891~92년 기근으로 37만 5천 명에서 40만 명에 이르는 사람이 사망하였다. 이 숫자도 충격적으로 많은 것으로, 제정 체제를 비판할 수 있는 좋은 근거가 되었다. 그러나 이것은 러시아 혁명 이전의 이야기일 뿐이다. 1891~92년 기근의 희생자 숫자는 1921년의 기근 희생자의 단 1/13에 불과했을 뿐이다.718

레닌은 1921년 5월과 6월에 식량을 외국에서 수입할 것을 지시하였다. 그러나 이것은 "그의 주요 관심 대상이었던 도시 사람들을 먹여 살리기 위한 것이었지, 농민을 위한 것은 아니었다." 레닌은 이런 재앙을 식량이 아닌 정치적인 공작으로 해결하려고 하였고, 이 과정에서 그 자신은 실제적으로 정치적으로 유리한 위치에 올라서게 되었다. 예를 들면, 식량 기근은 러시아 정교를 탄압하는데 좋은 구실을 제공하였다. 또한 "기근이 농민 [계층]을 매우 약화시켜서 농민들이 저항할 수 있는 가능성을 일소하였고, 기근은 식량 공출보다 더 빠른 속도로 농촌 마을을 평정하였다."719

"신문들이 흉작에 관하여 어떠한 암시를 하는 것도 금지되었다. 심지어 [1921년] 7월 초에 발행된 신문도 농촌 지역에서 모든 것이 다 잘 되어가고 있음을 지속적으로 보도했다." 상황이 다급해지자 7월 13일에 이르러 소련은 처음으로 미국에 식량 원조를 요청하였다. 당시 미국 대통령 후버(Hoover)는 인도적인 차원에서 식량 원조를 해 주었고, 미국의 구호 기관은 기근이 최악에 달했던 1922년 여름에 하루에 1,100만 명 분의 식사를 제공하였다. 이와 같이 한 편에서는 미국이 식량 원조를 해 주고, 다른 한 편에서는 이 원조의 혜택을 받지 못한 농민들이 굶어 죽어가고 있을 때, 소련은 외국에 곡물을 수출하고 있었다. 소련 정부는 1922년 겨울에 8백만 명의 소련 시민들이 식량 구호를 받아야 한다는 통계를 잡고 있었다. 그러나 이런 예측과는 관계없이, 그 해 겨울이 되기 직전 가을에 수확한 곡물 중에서 수백만 톤의 곡물을 외국에 수출하였다. 여기에 볼셰비키 정부의 도덕적인 한계가 있었다.720

1921년 기근은 당시까지 유럽에서 나타났던 기근에 관한 모든

통계 수치를 갱신하였다. 소련 중앙 통계국의 계산에 의하면 1920
년과 1922년 사이에 510만 명의 인구가 감소하였다. 만일 미국의
지원이 없었다면 사망자의 숫자는 이보다 훨씬 더 많았을 것이다.
미국은 적어도 9백만 명의 목숨을 구조하였다.[721]

　레닌이 집권하였을 당시에 식량 부족으로 사망한 사람들의 숫자
를 들으면 경악을 금할 수 없을 것이다. 그러나 이런 놀라움은 스탈
린 치하에서 굶주려 사망한 사람들의 숫자를 듣기 전에만 있을 수
있는 일이다. 스탈린 치하에서 있었던 1930년대의 최악의 기근에서
많게는 8백만 명 이상이 사망하였을 것이다. 여기에서 제시된 8백만
명이라는 숫자는 소련의 인구학자가 추측한 것이다. 그런데 이때에
나타난 기아로 인한 사망도, 레닌 시절과 마찬가지로, 자연 재해라
고 하기보다는 사람, 특히 스탈린이 고의로 만든 재해였다. 왜냐하
면, 소련 학자인 다닐로프의 연구에 의하면, 만일 이 해에 외국으로
수출한 곡물 130만 톤과 비축 식량 453만 톤을 기아선상에서 헤매
는 소련 국민들의 식량으로 공급했더라면, 굶어 죽은 사람은 나오지
않았을 것이기 때문이다. 따라서 이때에 대규모로 아사자가 발생했
던 것은 단순한 아사가 아니라 실제적인 대량 학살이었다.[722]

　소련 정부는 "1930년대에 나타난 식량 기근에 대하여 아무런 언
급도 하지 않았고, 곡물은 이 기간 동안에도 계속해서 수출되었다."
실제로 식량 수출은 1928년과 비교하여 볼 때 1932년에 약 80%가
증가하였다. 따라서 이때의 기아는 식량 부족에서 온 것이라기보다
는 스탈린 체제를 유지하기 위해서 사용한 극도의 탄압에서 유래
된 것이었다. 기아로 굶어 죽어가고 있는 농민들을 구원하지 않았
던 이유는 "기아와 이에 따르는 농촌 황폐화가 농민들을 정치적인
세력에서부터 무력하게 만들고, 농민 저항의 마지막 흔적까지 제거
할 수 있었기 때문이었다."[723] 많은 농민들이 굶어 죽어가고 있을
때 소련의 공산당 간부들은 크리미아의 휴양소에서 진수성찬을 즐
겼다. 그 식사 장면은 다음과 같았다.

　　세련된 접시에는 평상적인 메뉴로 가득 찼다. 이들 접시에 놓

여진 음식들은 모두 러시아에서 호사스런 것들이었다. 8시에 있었던 아침 식사는 달걀·햄·치즈·코코아·차·우유였고, 11시에는 요구르트가 나왔다. 그 뒤 점심에는 네 코스의 식사가 제공되었는데, 이에는 수프·생선·고기·후식과 과일이 있었다. 오후에 차와 페이스트리(pastry)가 나왔고, 저녁에는 두 코스의 만찬이 나왔다.[724]

"스탈린은 언제든지 곡식을 내어 주라는 명령을 할 수 있었다. 그러나 그는 기근이 최악의 상태에 와 있다는 사실을 명확하게 인지한 늦은 봄까지 그 명령을 내리는 것을 유보하였다." 소련 정부는 우크라이나를 전통적인 반골 지역으로 인식하였으며, 이런 이유에서 식량 기근이 가장 심하게 나타났던 이 지역으로 곡물이 반입되는 것을 봉쇄하였다. "군대가 우크라이나 경계에 주둔하여 주민들이 떠나는 것을 막았고" 먹을 것을 찾아서 여행하는 것도 매우 면밀하게 조사하였다. 1933년 4월에 두 명의 여자 농민들이 모스크바에서 빵을 가져오다가 빼앗겼으며, 결국 억류되었다. 당시의 기근은 스탈린과 그의 측근들이 식량 공출 목표를 과도하게 책정하여 생긴 것이며, 이 사실을 알고서도 식량 공출은 계속되었다.[725]

소련이 개방되기 이전까지 기아 때문에 수백만 명이 사망했다는 사실은 소련 내에서는 남에게 결코 말해서는 안 될 사항이었다. 우크라이나에서 수백만 명이 굶어 죽어가고 있을 때, 우크라이나 지방에서 식량을 수출하고 있었다는 사실도 결코 발설해서는 안 될 사항이었다. 이제 1990년대에 들어와서 많은 금기가 제거되었다. 길거리에서도 레닌을 비판할 수 있게 되었고, 혁명의 이름으로 정당화되었던 테러에 대해서도 마음놓고 이야기할 수 있게 되었다. 1989년 프랑스 혁명 200주년에 즈음하여 소련 공산당의 한 간부가 "보다 나은 미래의 이름으로 저질러 졌던 범죄 행위에 대하여 날카롭게 비판"하였고, "비극적인 환상의 모습으로 그리고 장미빛으로 위장되어 있던 피로 물든 시냇물"에 대하여 언급하였다.[726]

1932~33년의 기근과 아사는 스탈린의 의식적이고 악의에 찬 고의적인 재해였다. 1932년에는 갑작스럽게 농업 생산이 감소했다. 그

러나 소련 정부는 매우 긴요한 외화 재원을 얻기 위하여 곡물 수출
을 계속하였다. 1932~33년의 기근과 대량 아사자 발생은 자연 재해
때문이 아니었다. 이 해는 가뭄이 든 해가 아니었다.[727]

　세계사에서 식량 기근으로 사망했던 기록적인 숫자들은 모두 공
산주의 혁명과 연관되어 나타났다. 중국의 공산 혁명이 이념적으로
는 아무리 높은 차원에 있었다고 하더라도, 다음의 통계는 유의해
서 살펴볼 필요가 있다. 중국에서는 사회주의적인 계획이 완전히
실패하여 기근을 해소하지 못했다. 그리하여 1958년에서 1961년 사
이에 3천만 명에 이르는 사람이 희생되었다. 물론 이 숫자는 중국
정부에서 지금까지 감추어 오고 있는 사실이다.[728]

비인간적인 집단 농장과 강제 수용소

집단 농장을 꿈꾸어 왔던 사람들은 집단 농장을 마치 이상향과 같
이 생각하였다. 집단 농장을 세운 이론적인 배경은 마르크시즘에
있었다. 마르크스는 "의심할 여지없이, 산업 분야에서와 마찬가지
로, 대규모의 집단으로 조직된 농업이 효율적이라고 믿었다." 엥겔
스도 농민 개인의 생산과 소유 체제를 집단적인 것으로 전환하는
것을 구상했다. "1920년대 내내 집단화는 [공산]당의 프로그램에 있
었지만, 목표를 현실화하는 것은 저만치 멀리 떨어져 있었다." 1927
년 말에 집단 농장화에 대한 계획이 다시 거론되었다. 그러나 1928
년에 식량 위기를 겪으면서, 사람들은 집단 농장화에 그다지 큰 기
대를 걸지 않았다. 1929년 12월에야 스탈린은 엥겔스의 유명한 구
절에 대하여 설명을 붙이기 시작하였다.[729] 그러나 집단 농장과 러
시아 전래의 꼼뮨과는 분명히 다른 것이었다. 러시아의 꼼뮨들은
"집단 농장화를 통한 근대화에" 반대하였다.[730]

　집단 농장은 단순하게 농민들이 함께 집단을 이루어 농작물을
경작하는 곳이 아니었다. 집단 농장은 스탈린 치하에서 있었던 혹
독한 탄압의 온상 중의 하나였다. 한 집단 농장의 현실을 파스테르

나크(Boris Pasternak)는 출판되지 않은 그의 회고록에서 다음과
같이 묘사하였다.

> 1930년대 초반에 하나의 작가 운동이 있었다. 이 운동은 작가들
> 이 집단 농장으로 여행을 가서 [집단 농장화된] 마을에서의 새로
> 운 생활이 어떠했는지에 관하여 자료를 수집하는 것이었다. 나도
> 다른 사람들과 마찬가지로 책을 쓸 목적을 가지고 여행을 갔다.
> 내가 본 것은 말로는 표현을 할 수 없었다. 비인간적이고 상상할
> 수 없는 처참함, 무시무시한 재앙과 같은 것은 거의 추상적인 것
> 으로 보이기 시작했고, 내가 의식할 수 있는 범주에 있지 않았다.
> 나는 아프기 시작했다. 일 년 동안 나는 글을 쓸 수 없었다.731

집단 농장화의 폐해에 대하여는 흐루시초프 당시에 처음으로 약
간이나마 언급되었고, 소련이 개방된 이후에 이에 관한 논의가 활
성화되었다. 1929년 10월까지 집단 농장에 '자발적으로' 들어간 농
민 가구는 전체의 4.1%에 불과하였다.732 그러던 것이 1931년에는
소련 전체 농장의 거의 60%가, 그리고 1934년에는 75%가 집단 농
장으로 바뀌었다. 물론 강압에 의해서 이루어진 것이었다. 집단 농
장화의 가장 큰 목적은 식량 문제의 해결이었다. 집단 농장에서 수
확된 모든 것은 국가로 넘겨져야 한다는 것이 "집단 농장에서 일하
는 농부들의 제 1계명이었다." 집단 농장은 기계류, 특히 트랙터를
소유할 수 없었다. 이 농기구들은 새로 설치된 국영 기계 및 트랙
터 사무소에서 보유하였다. 이 사무소는 기계로 일을 해 주는 대신
에 수확량의 20%를 가져갔다. 그리고 사무소 직원들이 직접 농장
에서 일을 하였기 때문에 수확량을 숨길 수가 없었다. 이 사무소는
실제적으로 집단 농장의 "정치 부서"였다. 이들은 농민들이 생각하
고 있는 것에 대해서도 감시하였다.733 결과적으로 약 2,500만 농민
가구가 강제로 집단 농장에 들어갔다.734

집단 농장화로 전통적인 농민 계층이 붕괴되었고, 농토에서 일
을 하는 것에 흥미를 잃어버린 새로운 성향의 농민들이 출현하였
다.735 집단 농장화는 단순히 일할 의욕을 잃은 농민들을 양산한 것

만은 아니었다. 이 정책은 수많은 농민들을 죽음으로 몰아 넣었다.
1929년에서 1932년까지 수백만의 농민들이 비쿨락화와 집단 농장
화로 사망하였다.736

집단화 정책에서 또 하나의 악명 높았던 기구는 강제 수용소였
다. 이에 대하여는 많은 문필가들이 그 잔학상을 소개하였다. 처형
을 모면한 죄수들이 강제 수용소에 보내졌다. 수용소에는 크게 세
가지 종류가 있었다. 첫째 부류의 강제 수용소는 인민에게서 자유
를 빼앗고, 훈련과 교육을 시키는 공장과 농장이었다. 이 부류의
수용소에는 주로 공장에서 말을 잘 듣지 않고 대항했던 사람들과
좀도둑들이 수용되었다. 두 번째 부류의 강제 수용소는 좀 더 심한
제재를 필요로 했던 "위험한 계급 구성 분자"를 수용하는 대규모
작업 수용소였고, 세 번째 부류는 과거에 다른 수용소에 구금되었
던 자들로 지속적으로 불복종 기미를 보이는 사람들을 수용하기
위하여 "완벽한 고립" 지역에 세워진 수용소였다.737

강제 수용소의 한 부류였던 '노동 수용소'는 스탈린 체제를 지탱
해 주는데 커다란 역할을 하였으며, 이 수용소에서 일어난 참상은
"매우 성공적으로" 서방에 은폐되어 왔다. 이 종류의 수용소에 수
감되어 있던 한 죄수의 어머니가 수용소로 아들을 만나러 갔을 때,
간수들은 그녀를 친절하게 대해 주었고, 그녀는 아들이 매우 건강
한 것을 보고 기뻐하였다는 등의 기사가 서방에 전해졌다. 그러나
이런 선전은 모두 거짓이었다. 1940년대 후반부터 노동 수용소를
탈출해서 서방으로 넘어 온 많은 사람들은 일관되게 수용소의 참
혹상을 진술하였다. 1937년 경에 수용된 죄수의 숫자는 약 840만
명으로 추산되었다.738

강제 수용소에 수감된 죄수들은 운하·터널·도로·철도를 건설
하여, 소련의 국가 경제 건설에 결정적인 기여를 했다. 강제 수용
소를 관장하는 NKVD에는 1941년의 국가 경제 발전 계획에서 필
요로 했던 목재 생산량의 50%가 배당되었다. 강제 수용소 죄수들
은 실제적으로 세계에서 가장 싼 임금으로 노동을 하였고, 이들의
노동은 소련의 기간 산업을 이룩하는데 지대한 기여를 했다.739

우리가 알고 있는 참혹한 강제 수용소도 역시 레닌의 작품이었다. 수용소는 빠르게는 1918년 중반부터 존재했던 것으로 보인다. 그러나 이를 합법화한 법령은 1918년 9월과 1919년 4월에 만들어졌다. 진정한 의미에서 죽음을 의미하는 최초의 수용소는 1921년에 이미 존재했던 것으로 생각되며, 이런 종류의 수용소가 1922년에는 65개가 있었다. 이곳의 죄수들은 NKVD가 직접 관장했다. 1930년에는 60만, 1931년과 1932년에는 2백만 명에 가까운 죄수들이 이 수용소에 구금되어 있었다. 1930년에서 1932년 사이에 벌어진 비쿨락화 운동에서 1백만의 남자들이 노동 수용소로 끌려갔다. 1933년에서 1935년 사이에 강제 수용소에 수감된 죄수의 숫자는, 서방의 통계로는 약 5백만 명이었고, 이들의 70%는 농민이었다. 최근에 알려진 한 소련의 통계에 의하면, NKVD가 관장했던 특별 수용소에 수감된 죄수들을 제외하고, 약 2~4백만 명의 죄수들이 강제 수용소에 수감되어 있었다. 그런데 1930년대에 사용하였던 소련의 한 교과서는 제정 말기인 1912년에 강제 노역자가 '무려' 32,000명이나 있었다고 주장하면서 제정 체제의 잔인성을 비방했다.[740]

강제 수용소로 수송되는 기간은 어떤 경우에는 몇 달이 걸렸고, 이 여정에서 희생자가 많이 나왔다. 수용소의 생활은 상상을 초월하는 것이었다. 한 수용소에서는 "약 반 정도의 여자들이 첫 8~9개월 동안의 수감 생활에서 사망하였고, 대부분이 창자에 관계된 병으로 사망하였다"는 기록이 남아 있다. 여자들의 수용소 생활은 죽음 이상의 참혹한 면이 많이 있었다. 여자들은 학대에 시달렸고 많은 여자들이 강간을 당했다.[741]

[여러 종류의 죄수들이 섞여 있던] 혼합 수용소에서, 범죄자가 아니었던 여자들은 자주 우르카스(urkas)에 의하여 집단으로 강간을 당하거나, 빵과 자신의 몸을 바꾸거나, 혹은 간수들의 보호를 받기 위하여 자신의 몸을 제공하였다. 이렇게 하지 않은 여인들에게는, 이들이 항복할 때까지, 가능한 한 최악의 일들이 주어졌다. 발틱-백해 운하(Baltic-White Sea Canal) 지역에서 전해지는 한 이야기에 의하면, 한 젊은 여인이 간수에게 몸을 바치는 것을 거부하였기에, 그녀를 표적으로 하여 일반 범죄자들로 구성된 한

팀에게 임무가 주어졌다. 그녀가 몸을 거부했던 그 날, 이 팀은
그녀의 눈을 가리고, 강간한 뒤에, 그녀의 입에서 금니 몇 개를
뽑아갔다. 그녀는 그곳에서 자신의 처지를 호소할 수 없었다. 왜
냐하면 수용소 소장 자신이 여러 죄수들을 강간했다는 사실을 알
고 있었기 때문이다.742

1950년대에 콜리마 강제 수용소에 수용되었던 한 폴란드 죄수는
다음과 같이 기록하였다.

소비에트 요원들이 열일곱 살 난 소녀들을 취조하면서 왜 그 소
녀들의 목뼈를 부러뜨리고, 갈비뼈를 무지막지한 군화로 찼을까?
콜리마 죄수 병원에 피를 튀기려고? 물론 이와 같은 행위는 그
소녀들 중에서 어느 누구도 자신들이 죄악을 저질렀다고 믿게 만
들지 못하였다. 그 소녀들은 부서진 가슴 위에 걸려 있는 성모
마리아 메달을 안고 증오의 눈을 부릅뜬 채 숨을 거두었다.743

한 남자가 수용소에서 겁에 질려 있고, 더러우며, 병들어 있는 여자
들을 보았다. 그는 "남자들의 마음에 깊이 뿌리 내려 있는 [여성에
대한] 낭만주의가 분노를 일으켰다"고 기록하였다. 수용소에서 태
어난 아이의 숫자만도 50만에서 100만 명으로 추산되었다.744

강제 수용소에 일단 들어가면, 살아 나올 가능성은 거의 희박하
였다. 그러나 수용소에 들어가기는 무척 쉬웠다. 일상 생활에서 저
지른 단순한 실수도 수용소에 들어갈 수 있는 죄목이 되었다. 1932
년에 "국가 재산 도난 방지 법"이 만들어졌다. 이 법에 의하면 "빵
한 덩어리나 한 켤레의 신발을 훔치거나, 이미 수확이 끝난 밭에
남아 있던 감자나 곡식 이삭을 줍는 것"은 범죄 행위로 수용소에
갈 죄목이 되었다. 풍문을 퍼뜨리거나 공포를 유발시키는 사람으로
기소된 경우에도 수용소에 수감되었다. 독일군에게 포로가 된 병사
들과, 지휘관의 잘못이나 전쟁 상황에서 어쩔 수 없이 포로가 되었
다가 기적적으로 탈출해 나온 병사들에게도 보통 10년의 수용소
생활이 언도되었다. 도시에서 퇴각하지 않아서 독일군에게 체포된
주민들, 적에게 편의를 제공했거나 협조하였던 주민들도 모두 수용

소 생활이 언도되었다.745

강제 수용소는 아무런 기존 시설이 없는 삼림의 한 가운데에 순수하게 죄수들의 인력을 사용하여 건설되었다. 수용소에서의 생활은 아침 5시에 위협과 함께 시작되었다. 수용소에서의 처형은 보편적으로 이루어졌다. 밤라그(Bamlag) 수용소에서는 1937~38년에 5만 명이 살해되었고, 살해된 사람의 두개골은 나무 메로 다시 내리쳐져서 죽음이 확인되었다. 가장 악명 높은 수용소 중의 하나였던 콜리마 지역의 수용소에는 약 125만 내지 200만 명의 죄수가 갇혀 있었다. 이곳은 우크라이나 정도의 광활한 지역으로, 추울 때는 기온이 섭씨 영하 70도에 이르렀고, 일년 중에 8~9개월은 눈에 덮여 있었다. 그러나 작업은 영하 50도 이상이면 계속되었다. 이런 추위에서도 털옷을 입는 것은 금지되었고, 단지 솜옷만이 허용되었다. 이 지역에서만도 200만 명이 죽음을 당한 것으로 집계되었다. "1988년에 발간된 한 논문은 비율로 계산할 때 콜리마에 수용되었던 1백 명의 죄수 가운데 단 두세 명만이 생존하였다고 주장하였다."746

발틱-백해 운하 지역에 있었던 수용소에는 숙청 초기에 약 25만 명의 죄수가 있었다. 이 수용소에서는 하루에 평균 700명이 사망하였고 1,500명의 죄수가 새로 들어와서 수용소의 인구는 점차 증가하였다. 죄수 사망률을 일 년으로 계산하면, 1933년에는 10%, 1938년에는 약 20%였다. 1936~38년 사이에 체포된 사람들 중에서 10% 정도의 죄수만 생존할 수 있었다.747

가장 조심스럽고 가장 보수적인 서방 연구자의 추산에 의하면 1939년에 소련에는 800만 명이 수용소에 수감되어 있었고, 1940년에는 650만 명이 수감되어 있었다. 1940년에 수감수의 숫자가 줄어든 이유는 높은 사망률 때문이었다. 이들의 사망 원인은 아주 간단하였다. 이들은 총살, 기아, 질병, 거친 대우, 혹은 견딜 수 없는 심한 노동 등으로 사망하였다.748

5. "슬픔 갈무리"

러시아 혁명으로 집권할 수 있었던 레닌과 스탈린은, 인류 최악의 비극을 만들었다. 이들이 만든 체제에 기인하여 희생된 사람의 숫자를 가지고 이들이 만들어 낸 비극을 설명하는 것, 그 자체가 어쩌면 비인간적일 수 있다. 인간은 그 누구나 '나'와 같이 존엄한 존재이므로, 이 희생자들을 숫자로 환산하여 레닌과 스탈린 체제의 파멸적인 성격을 고발하는 것은 매우 비참한 일일 수밖에 없다. 그러나 희생자의 숫자를 파악해 보는 작업은 어쩌면 후세에 혁명에 대해 환상을 가질지 모르는 사람들에게 경각심을 갖게 할 것이다.

레닌 치하에서 상상도 하지 못할 정도의 많은 인명이 희생되었다. 소련 중앙 통계국의 공식 집계에 의하면, 1918~20년의 내전으로 10,180,000명이 사망하였고, 1921~22의 기근으로 5,053,000명이 사망하였다. 이 두 숫자만 합치더라도 1918년에서 1922년 사이에 1,500만 명 이상이 사망하였다. 이 숫자는 당시 소련 전체 인구의 약 10%에 해당된다. 그러나 이 숫자는 레닌 치하에서 다른 이유로 희생된 사람들의 숫자는 포함하지 않은 것이었다. 서양 역사상 희생자를 많이 낸 내전들이 몇 개 있었다. 미국의 남북 전쟁(1861~65)에서는 인구의 1.6%, 스페인 내전(1936~39)에서는 인구의 1.8%가 희생되었다. 이 내전들과 러시아에서의 희생자 숫자를 비교해 보면, 러시아 혁명 이후에 있었던 비극이 얼마나 참혹한 것이었는가를 잘 알 수 있다.[749]

1917년 당시의 러시아 인구는 1억 4,760만 명이었으나 1922년에는 1억 3,490만 명이 되어, 1,270만 명이 감소하였다. 이런 인구 감소는 전투와 질병(각각 200만 명으로 추산), 이민(약 200만 명), 그리고 굶어 죽은 자(500만 명 이상)에 기인하였다. 만일 러시아가 혁명이 없이 정상적인 사회를 유지하였다면, 인구의 자연 증가에 의하여, 1922년에는 인구가 1억 6천만 명 이상이 되었을 것이고, 이 수치에서 이민 간 사람과 1922년의 실제 인구를 제외하면 2,300만 명의 차이가 난다는 사실을 알 수 있다. 이들이 1922년까지 러시아에서 혁명의 직·간접적인 영향으로 사망한 사람들의 숫자에 가까울 것이다. 또한 혁명 직후에 사망한 사람들의 성과 연령을 살펴보면 16~49세의 남자들이 가장 많이 사망하였다는 사실을 알 수 있다. 그런데, 한 가지 특기할 점은, 이 남자들은 기근이 러시아를 휩쓸기 이전인 1920년 이전에 이미 대부분 사망하였다는 사실이다.[750] 이것이 러시아 혁명이 치른 대가의 일부분이었다. 물론 이 대가는 레닌 집권 시기에만 해당되는 것이다. 더 많은 사망자는 레닌이 사망한 다음에 발생하였다. 초기 공산주의자들은 "우리는 인류를 강제적인 힘으로 행복을 향하여 나아가도록 유도할 것이다"라고 말하였다.[751] 그들이 말한 '강제성'은 강제적인 죽음도 의미하였다.

레닌이 집권할 당시에 소련 사회를 엄습하였던 공포, 기근, 사망 그리고 대규모의 학살은 스탈린 때에도 계속되었다. 스탈린은 레닌의 공포 정치를 이어 받은 정도가 아니라 테러의 강도를 더욱 높였다. 너무나 많은 사람들이 한꺼번에 죽임을 당하여 대규모의 매장지가 필요하였다. 이때 만들어진 대규모의 매장지가 최근에 이르기까지 지속적으로 발굴되고 있다. 1988년과 1989년에 발굴된 한 묘지에는 5만 구의 시체가 매장되어 있었다. 물론 매장된 사람의 대부분은 농민과 노동자들이었다. 한 집단 묘지에서 발굴된 9,432구의 유골을 조사해 본 결과 이들 중에서 67.4%는 두 번째 총알로 확인 사살되었고, 어떤 경우는 4번에 걸쳐서 확인 사살된 경우도 있었다. 스탈린 시대에 체포와 죽음에 대한 공포는 상상을 넘는 것이었다. 스탈린의 숙청이 고조에 달했던 예조프 시대 말기에는 전체 인구의 적어도 5% 이상이 체포되었다.[752]

스탈린 시대에는 감옥에 수감된 죄수들의 숫자가 너무 많아서 감옥은 항상 비좁았다. 1933년에는 24명이 사용하도록 만들어진 감방에 72명이 수용되었고, 1937년에는 같은 감방에 140명이 수용되었다. 감방에서 드러누우려면 수감자끼리 협상을 해야만 하였다. 1937년에 어떤 감옥은 800명이 적정 수용 인원이었으나, 1만 2천명이 수감되었다. 감옥의 생활은 "문자 그대로 살인적이었다." 160명이 수용된 어떤 감방에서 하루 평균 5~6명이 죽어 나갔다는 기록이 남아 있다.[753]

수감수로 항상 과밀 현상을 나타냈던 감옥이 어떤 때에는 갑자기 수용 인원이 반으로 줄기도 하였다. 1930년대에 어느 감옥에서는 80만에 이르렀던 죄수가 두 달만에 40만으로 줄어들었다. 이것은 죄수가 석방되어서 나타난 현상이 아니었다. 수감수가 줄어든 원인은 죄수들을 처형하거나 혹은 다른 수용소로 이주시킨 데 있었다. 서방측의 한 보고서에 의하면, 1933년 8월에 30만 명이 시베리아의 집단 수용소로 이전되었다. 그런데 이때 소련에서 발표한 공식적인 죄수 숫자는 80만 명이었지만, 실제로는 200만 명이 훨씬 넘었다.[754] 스탈린의 대테러 기간에 죄수와 사망자의 숫자는 세계 역사상 유례를 찾아 볼 수 없을 정도로 많았다. 콩퀘스트에 의하면, 1937년 1월에 죄수의 숫자는 500만 명이었고, 이때부터 1938년 12월까지 700만 명이 더 증가하였다. 이 숫자는 최소한으로 계산된 것이었다. 왜냐하면 이 숫자에는 일반 범죄자가 포함되지 않았기 때문이다. 또한 '인민의 적'으로 분류된 어린아이들은 '일반 범죄자'로 분류되어 이 숫자에 포함되지 않았다. 같은 기간(1937년 1월~1938년 12월)에 예조프의 지휘 하에 100만 명이 사살되었고, 200만 명이 감옥에서 사망하였다. 위의 통계와는 다른 통계에 의하면, 죄수의 숫자는 더욱 많아서, 이 기간에 죄수는 1,200만 명에서 1,500만 명 정도였다.[755]

콩퀘스트는 콜리마 지역에 있었던 강제 수용소를 연구하였다. 그가 연구 대상으로 한 기간은 스탈린 시대부터 1950년까지였다. 그는 이 기간 동안 이 지역에 있었던 수용소에서 300만 명 이상이 죽었다는 결론을 내렸다. 이 수용소는 특이한 지역에 위치하고 있었다. 이 지역에 있었던 수용소에 가려면 배를 타야만 했는데, 역사가들에게는 매우 다행스럽게도, 이 기간에 승선 인원을 적어 놓은 자료가 존재하며, 이런 상황에서 콩퀘스트는 다른 수용소의 경우와는 달리 매우 신빙성이 있는 연구를 할 수 있었다. 그에 의하면, "1938년에 콜리마에는 제정 러시아 시기였던 1912년에 전 러시아에 수용되어 있던 모든 죄수의 수보다 적어도 두 배가 되는 죄수가 수용되어 있었다." 콜리마 지역의 "세르판팅카(Serpantinka) 강변에 자리 잡고 있는 수용소 한 곳에서 제정 러시아가 망하기 전 1백 년 동안에 처형된 모든 죄수의 합계보다 더 많은 사람들이 1938년 [한 해에] 처형되었다." 강제 수용소에는 너무나 많은 죄수들이 수용되어 있었다. 1939년을 기준으로 할 때 대략 8백만 명, 즉 전체 '성인' 인구의 약 9%가 수용소에 갇혀 있었다.756

스탈린의 테러로 얼마나 많은 사람들이 사망했는가에 대하여는 다양한 통계가 제시되었다. 소련 역사가 폴리카르포프(Polikarpov)는 1938년에 1,980만 건의 탄압 행위가 이루어졌다고 주장하였다. 서방측에서 제시된 통계도 매우 다양하였다. 어떤 경우에는 수천 혹은 수만 명이 사망했다고 주장하였고, 어떤 경우에는 1,600만에서 1,800만 명이 사망했다고 주장하였다. 농민만 대략 300만 명이 처형되었으며, 1937~39년 사이에 탄압을 받은 사람들 중에서 60만 내지 65만이 총살되었다는 주장도 나왔다. 근자에 출간된 한 소련 잡지는 스탈린 치하에서 적어도 1,600만 명이 체포되었고, 이들 중에서 800만 내지 1천만 명이 강제 수용소에서 사망했다는 기사를 실었다. "만일 집단 농장에서 사망한 농민의 숫자를 이에 합하면, 희생자의 숫자는 2천만보다 적지 않을 것이다." 메드베데프는 4천만 명이 희생되었다고 주장하였다. 그에 의하면 대공포 기간에 사망한 사람은, 거의 100만 명에 가까웠던 당원을 포함하여, 500만에서 700만 명이었다. 또한 세메노프(Yulian Semenov)는 1953년에 소련에는 1,200만 명의 죄수가 있었다고 주장하였다. 반면에 소련의 KGB가 제시한 희생자의 숫자는 위에서 제시한 것보다 훨씬 적었다. 소련이 개방된 이후에 발표된 KGB의 숫자에 의하면 1930~

53년 사이에 3,778,234명이 체포되었고, 이들 중에서 단지 786,098명
만 총살되었다. 물론 이것은 터무니 없이 적은 숫자이다. 왜냐하면
KGB가 제시한 숫자에는 집단 농장화 과정에서 죽은 사람과 재판
없이 비밀 경찰에 의하여 처형된 사람이 포함되지 않았고, KGB는
상당수의 관련 자료들을 사용하지 않았기 때문이다. 스탈린 치하에
서 학살된 사람들의 숫자와 세계 역사상에 나타났던 가장 악명 높
은 학살을 비교해 보면, 소련에서의 대량 학살이 얼마나 비극적이
었던가를 잘 알 수 있다. 세인트 바르톨로뮤 날에 사망한 희생자는
빠리에서 3천 명, 그리고 기타 지역에서 아마도 1만 명 정도였을
것이다. 프랑스 혁명 당시에 테러로 약 1만 7천 명이 살해되었고,
나치 독일에서조차, 전쟁이 일어나기 전까지, 수용소에서 사형 선
고를 받거나 살해된 사람들은 몇천 명에 불과하였다. 그리고 무솔
리니(Mussolini) 밑에서 희생된 사람의 숫자는 몇십 명에 불과했
다. "소련에서 일어난 일들은 근대사에서 평화시에 발생한 사건으
로는 전례가 없는 일이었다."757

스탈린 치하에서 1930~37년 사이에 1,100만 명의 농민들이 탄
압으로 사망하였다. 이 농민 사망자들 중에서 비쿨락화 정책 추진
과정에서 사망한 사람은 650만 명이었고, 카자흐(Kazakh) 재앙으로
사망한 사람이 100만 명이었다. 1932~33년 사이에 기근으로 사망
한 농민은 우크라이나 지방에서 500만 명, 북코카서스에서 100만
명, 그리고 기타 지역에서 100만 명이었다. 따라서 이 기간 동안에
기근으로 사망한 농민의 합계는 700만 명에 이르렀다.758 1976~78
년 사이에 쓰여진 논문에서 다이아드킨(I. G. Dyadkin)은 1929~36
년 사이에 소련 인구가 1,520만 명이 감소하였다고 주장하였다. 이
경우에 인구 감소는 사망에 의한 것이었다. 이 통계를 발표한 뒤에
그는 체포되었다. 바쿠닌은 러시아 제정 200년 동안에 100만 명이
전쟁, 질병, 혹은 자연 재해로 사망하였다고 주장하면서 분개하였
다.759 만일 바쿠닌이 위의 통계를 보았다면, 그의 생각은 달라졌을
것이다.

소련이 해체되기 직전에 소련에서 나온 통계에 의하면 스탈린의

탄압에 의한 사망자 숫자는 2천만 명보다 적지는 않았다. 그러나 2천만 명이라는 숫자는 말도 안 되게 적게 잡은 숫자였다. 구소련의 마지막 몇 년 사이에 소련의 고등학교에서 사용하였던 개정된 교과서에도 약 4천만 명이 희생되었다고 적혀 있었다. 이 희생자들 중에서 약 반은 농민들로 1929~33년에 사망하였고, 나머지 반은 1937~53년 사이에 탄압으로 사망하였다. "이 통계는 크게 틀리지 않는 것으로 거의 어느 곳에서나 인정받을 것이다."760 위에서 살펴본 바와 같이 여러 학자들이 스탈린 치하에서 희생된 사람들의 숫자에 관한 통계를 발표하였다. 이 통계들을 종합하여 보면 스탈린 시대에 탄압 행위에 의해서 사망한 사람들의 숫자는 적게는 2,500만 명이었고 많게는 6천만 명이었다. 이 당시에 너무나 많은 사람들이 죽어서 소련의 인구 증가에 "재앙"을 초래할 정도가 되었다.761 스탈린 시대에는 문자 그대로 셀 수 없이 많은 사람들이 죽었기 때문에, 희생자의 정확한 통계는 아마 영원히 밝혀질 수 없을 것이다.

스탈린 치하에서, 탄압이 아니라, 전쟁으로 사망한 사람의 숫자도 우리를 놀라게 한다. 독일의 공식 통계에 의하면, 소련 군인 575만 4천 명이 포로로 잡혔고, 이들 중에서 322만 명이 사망하였다. 소련 측의 통계에 의하면 1천만 명의 군인과 이 숫자와 버금가는 민간인이 사망하여, 합계 약 2천만 명의 소련 시민들이 2차 세계대전과 연관되어 사망하였다. 서방측의 통계에 의하면 1,360만 명의 소련 군인들이 희생되었고, 770만 명의 소련 민간인이 사망하여, 합계 2,130만 명이 사망하였다.762 이와 같은 상상도 하지 못할 희생자를 내고서도 스탈린은 전쟁에서 승리하였다고 자랑하였다.

냉전 체제가 지속되어, 반공 세력이 극우 세력으로 몰리고 있을 때, 콩퀘스트는 스탈린 치하에서 2천만 명이 사망하였다고 주장하여, 진보 세력으로부터 많은 공격을 받았다. 그때만 해도 이 숫자는 상상할 수도 없을 정도로 엄청난 숫자였다. 그러나 콩퀘스트가 2천만 명이라는 숫자를 발표한지 채 20년이 되기 전에, 그는 다시 한번 학자들 사이에서 비난의 대상으로 떠올랐다. 이번에 제기된 비판은, 서방이 아닌, 소련에서 나왔다. 그가 비판을 받은 이유 또한 과거와는 달랐다. 소련 학자들이 그를 비판한 이유는 그가 희생자의 숫자를 터무니없이 '적게' 잡았다는 것이었다. 요즈음에 발표되고 있는 희생자에 관한 통계를 보면, 콩퀘스트가 처음에 제시했던 숫자는 분명히 너무 적었다.

러시아 혁명이 일어난 뒤에, 레닌 밑에서 적어도 1,500만 명, 스탈린 밑에서 적어도 4천만 명이 희생되었다. 혁명이 원인이 되어 소련에서 적어도 5,500만 명 이상이 살해된 것이다. 어떤 이론이라도, 어떤 명분이라도, 어떤 유토피아라도 이런 희생자를 낸 상태에서는 도저히 정당화될 수 없을 것이다. 이것이 러시아 혁명이 남긴 비극적인 결과였다.

* * *

평소에 친하게 지내던 사람 하나가 죽으면 우리는 슬픔에 젖어 눈물을 흘린다. 그러나 사망한 사람의 숫자가 십여 명에 이르면, 슬픔은 사망자의 숫자가 증가한 것에 반비례하여 줄어든다. 사망자의 숫자가 몇백 명에 이르면, 아무리 개개인이 나와 같은 인간적인 감정을 가지고 있었던 사람이라고 하더라도, 숫자 이상의 의미는 없게 된다. 이 사망자가 다른 나라 사람이고, 그리고 몇천만 명을 헤아릴 때, 우리는 이 희생자의 숫자에 아무런 느낌을 가질 수 없을 것이다. 러시아 혁명이 우리를 좌절로 이끄는 이유 중의 하나는, 혁명이 남긴 결과가 너무 참혹하여 우리의 감각을 마비시킨다는 점에 있다. 그렇지만, 희생자 하나 하나는 우리와 같은 감정과 권리를 가지고 있었고, 희생자의 가족들로부터 세상의 누구보다 더한 사랑을 받았던 사람들이었다.

19세기 후반부터 러시아의 지식인들은 다양한 급진 사상을 제시하였고, 이를 행동으로 옮기려고 시도하였다. 이들은 서구 민주주의에 대안이 될 수 있는 러시아 고유의 이념을 현실화하려고 노력하였다. 이 급진 사상 중에서 결국 권력을 잡는데 성공한 것이 볼셰비즘이었고, 서구 민주주의의 유형에서 탈피하려는 노력이 소련의 실험 과정에서 이루어졌다. 그러나 이 실험은 결국 실패하였다. 이 실험이 실패한 이후에 과거의 급진주의자들은 과격한 반(反) 급진주의 세력으로 돌아섰다. 그리하여 현재 러시아에 살고 있는 사람들은 러시아만의 고유한 질서를 찾겠다던 19세기 후반 이래의 꿈을 포기하였다. 러시아는 다시 한번 서구식 민주주의의 수중에 들어오는 데 저항할 힘을 잃었다. 이것이 소련의 실험이 오늘날의 러시아에 남겨준 유산 중의 하나이다.

러시아 사람들은 급진 사상이 현실화될 때 나타났던 비극적인 결과를 몸소 체험하였다. 러시아 사람들은 그들의 역사에서 나타났던 바와 같이 도전, 실패, 그리고 좌절을 경험했다. 그리하여 오늘날의 러시아는 "후 이념적이고(post-ideological), 심지어 반 이념적(anti-ideological)인 사회가 되었다."763 한때 너무 급진적인 이념이 지배한 시대를 경험하였기에, 오늘날의 러시아 사람들은 매우 보수적인 사회에 안주할 수밖에 없게 되었다. 한때 지나치게 이상을 추구했었기에, 러시아는 이제 현실에 지나치게 집착하는 사회가 되었다.

지식인들이 책상 앞에서 혁명의 이념을 가지고 지적으로 논리적인 연습을 하는 것은 얼마든지 있을 수 있는 일이며, 이런 행위는 적어도 사회적으로 해를 끼치지는 않는다. 그러나 순수하게 지적인 범주에 머물러 있어야 할 혁명의 이념이 현실적인 정치 세력과 연계되어 이념의 현실화를 도모할 때, 이념의 적용 대상이 된 그 사회는 혼란과 비극을 피할 수 없었다. 러시아 혁명의 역사는 이 명제가 진실에 가깝다는 사실을 증명해 주었다. 혁명의 이념은 그 자체로는 무해한 것이다. 그러나 혁명의 '이념'과 '정치'가 결합하면, 혁명의 '이념'은 곧 인류를 잡아먹는 '괴물'로 바뀌어 진다. 인류는, 대단히 어리석게도, 이 평범한 사실을 수천만 명의 목숨을 실제로 희생시켜 본 뒤에나 깨달았다. 혁명의 '환상'이 부질없었다는 사실은 혁명의 '현실'로만 증명할 수 있었다. ■

미 주

1 이 책에서 사용한 러시아 혁명에 관계된 연대는 혁명 당시에 사용된 구력(舊曆)이다. 예를 들면, 구력의 10월 24일은 신력(新曆)으로는 11월 6일이다.

2 Fitzpatrick, *The Russian Revolution*, p. 1.

3 Keep, *The Russian Revolution: A Study in Mass Mobilization*, pp. xiii-xv.

4 Fitzpatrick, *The Russian Revolution*, p. 2.

5 *Ibid.,* p. 3.

6 *Ibid.,* p. 4.

7 Acton, *Rethinking the Russian Revolution*, pp. 28-29.

8 Kozlov, "The Historian and Perestroika," pp. 46-47.

9 Raleigh, ed. *Soviet Historians and Perestroika*, pp. 54-60, 62, 66, 71, 74-75.

10 Smykov, "The Role of the Journal 'Voprosy istorii KPSS' in Restructuring Party History," pp. 78, 81, 88, 104.

11 Raleigh, ed., *Soviet Historians and Perestroika*, p. 247.

12 *Ibid.,* p. 253.

13 Brovkin, *Dear Comrades*, p. xxi.

14 Davies, *Soviet History in the Gorbachev Revolution*, pp. 22-23.

15 Acton, *Rethinking the Russian Revolution*, p. 39.

16 *Ibid.,* pp. 42-44.

17 *Ibid.,* pp. 43-44.

18 *Ibid.,* p. 1.

19 *Ibid.,* pp. 45-48.

20 Laqueur, *Stalin: the Glasnost Revelations*, p. 233.

21 Acton, *Rethinking the Russian Revolution*, p. 47.

22 Figes, "The October Revolution," (a letter to the editor) *TLS*, Nov. 20, 1992.

23 *Ibid.*

24 Fitzpatrick, *The Russian Revolution*, p. 7.

25 Pipes, *Russia under the Bolshevik Regime*, p. xviii.

26 Heller and Nekrich, *Utopia in Power*, pp. 36-38.

27 Thompson, *Revolutionary Russia, 1917*, p. xv.

28 Rex Wade, Don Raleigh 등의 연구 주제임.

29 Pipes, *The Russian Revolution*, pp. xxiii-xxiv.

30 *Ibid*

31 Acton, *Rethinking the Russian Revolution*, p. 1.

32 Davies, *Soviet History in the Gorbachev Revolution*, p. 9.

33 *Ibid.,* pp. 1-6.

34 Cohen, "What the Archives Say about Stalin." *TLS*, Nov. 8, 1996.

35 Merle Fainsod, *How Russia is Ruled* (Cambridge, Massachusetts: Harvard Univ. Press, 1953.)

36 Jerry F. Hough and Merle Fainsod, *How the Soviet Union is Governed* (Cambridge: Harvard University Press, 1979.)

37 Davies, *Soviet History in the Gorbachev Revolution*, p. 195.

38 Raleigh, ed., *Soviet Historians and Perestroika*, p. x.

39 Conquest, "The Party in the Dock," *TLS*, Nov. 6, 1992.

40 Davies, *Soviet History in the Gorbachev Revolution*, pp. 11-15.

41 Bowman, "Revealing Russia's Past," *TLS*, July 17, 1992.

42 Raleigh, ed., *Soviet Historians and Perestroika*, pp. xiv, 3.

43 *Ibid.,* pp. 11-14.

44 Laqueur, *The Fate of the Revolution*, pp. 256-258 참조.

45 Davies, *Soviet History in the Gorbachev Revolution*, pp. 167-168.

46 Raleigh, ed., *Soviet Historians and Perestroika*, pp. 5-9.

47 Davies, *Soviet History in the Gorbachev Revolution*, p. 180.

48 *Ibid.,* pp. 180-181.

49 *Ibid.,* pp. 181-183.

50 *Ibid.,* pp. 181-182.

51 Raleigh, ed., *Soviet Historians and Perestroika*, p. xiv.

52 Davies, *Soviet History in the Gorbachev Revolution*, p. 183.

53 Medvedev, translated by George Shriver, *Let History Judge*, pp. 10-11.

54 *Ibid.,* pp. 10-13.

55 Davies, *Soviet History in the Gorbachev Revolution*, p. 187.

56 White, ed., *New Directions in Soviet History*, p. xii.

57 Raleigh, ed., *Soviet Historians and Perestroika*, pp. 163-164.

58 Davies, *Soviet History in the Gorbachev Revolution*, pp. 168-170.

59 *Ibid.*, p. 183.

60 *Ibid.*, p. 184.

61 Malia, *The Soviet Tragedy*, p. 5.

62 Laqueur, *The Fate of the Revolution*, p. 255.

63 Heller and Nekrich, *Utopia in Power*, pp. 38-43.

64 Acton, *Rethinking the Russian Revolution*, pp. 5-8.

65 *Ibid.*, p. 8.

66 *Ibid.*, pp. 8-9.

67 *Ibid.*, pp. 9-10.

68 *Ibid.*, p. 10.

69 *Short Course*, pp. 3-7.

70 Acton, *Rethinking the Russian Revolution*, pp. 49-50.

71 *Ibid.*, pp. 109-113.

72 *Ibid.*, pp. 113-115.

73 Volobuev, "The February Revolution and the Bolshevik Party," pp. 1-7.

74 Acton, *Rethinking the Russian Revolution*, pp. 117-118.

75 *Ibid.*, p. 118.

76 *Ibid.*, pp. 122-123.

77 *Ibid.*, pp. 123-124.

78 *Ibid.*, pp. 125-128.

79 *Ibid.*, p. 136.

80 *Ibid.*, p. 137.

81 *Ibid.*, pp. 139-140.

82 *Ibid.*, pp. 141-145.

83 *Ibid.*, p. 146.

84 *Ibid.*, p. 148.

85 *Ibid.*, pp. 149-152.

86 Laue, "The Weakness of Governmental Authority," pp. 23-31.

87 Thompson, *Revolutionary Russia, 1917*, p. 85.

88 *Ibid.*, pp. 109-110.

89 *Ibid.*, pp. 113-115.

90 Keep, *The Russian Revolution: A Study in Mass Mobilization*; Thompson, *Revolutionary Russia, 1917*, p. 122에서 재인용.

91 Thompson, *Revolutionary Russia, 1917*, pp. 123-125.

92 *Short Course*, p. 9.

93 Acton, *Rethinking the Russian Revolution*, pp. 16-19.
94 *Short Course*, p. 173.
95 *Ibid.,* p. 223.
96 Pomper, *Lenin, Trotsky, and Stalin*, p. 291.
97 *Ibid.,* p. 295.
98 *Short Course*, pp. 1-2.
99 *Ibid.,* pp. 181-182.
100 *Ibid.,* pp. 183-185.
101 Acton, *Rethinking the Russian Revolution*, pp. 28-30.
102 *Short Course*, p. 162.
103 *Ibid.,* pp. 167-168.
104 *Ibid.,* p. 171.
105 *Ibid.,* p. 173.
106 Service, *The Russian Revolution, 1900-1927*, p. 53.
107 Williams, *The Russian Revolution, 1917-1921*, p. 22.
108 Thompson, *Revolutionary Russia, 1917*, p. 59.
109 *Ibid.,* p. 3.
110 *Short Course*, p. 160.
111 Acton, *Rethinking the Russian Revolution*, pp. 51-52.
112 *Ibid.,* p. 52.
113 Stavrou, ed., *Russia under the Last Tsar*, p. 4.
114 Thompson, *Revolutionary Russia, 1917*, pp. 168-169.
115 Laue, "Problems of Industrialization," pp. 117-153의 주제임. 인용 부분
    은 Stavrou, ed., *Russia under the Last Tsar*, pp. 5, 10-12.
116 *Short Course*, p. 163.
117 *Ibid.,* pp. 187-188.
118 *Ibid.,* pp. 195-196.
119 *Ibid.,* p. 201.
120 *Ibid.,* p. 202.
121 *Ibid.*
122 *Ibid.,* pp. 208-209.
123 Thompson, *Revolutionary Russia, 1917*, p. 43.
124 *Short Course*, pp. 192-195.
125 *Ibid.,* pp. 188-191.
126 *Ibid.*
127 *Ibid.,* pp. 198-199.
128 *Ibid.,* pp. 209-210.

129 Acton, *Rethinking the Russian Revolution*, pp. 167-168.

130 *Ibid.*, pp. 169-172.

131 *Ibid.*

132 *Ibid.*, pp. 56-62.

133 *Ibid.*, pp. 64-66.

134 *Ibid.*, pp. 71-73.

135 *Ibid.*, pp. 72-76.

136 *Ibid.*, pp. 78-80.

137 *Ibid.*, pp. 81-82.

138 *Ibid.*, pp. 177-179.

139 Thompson, *Revolutionary Russia, 1917*, pp. 165-167.

140 *Ibid.*

141 Acton, *Rethinking the Russian Revolution*, pp. 177-178.

142 *Ibid.*, pp. 179-180.

143 Keep, "Revolution in the Factories," pp. 40-48.

144 Broué, "Gorbachev and History," pp. 12-13.

145 Williams, *The Russian Revolution, 1917-1921*, p. 4.

146 Pomper, *Lenin, Trotsky, and Stalin*, p. 328.

147 Thompson, *Revolutionary Russia, 1917*, p. 68.

148 Ferro, "Citizen-Soldiers in the Revolutionary Struggle," pp. 57-66의 주제임.

149 Thompson, *Revolutionary Russia, 1917*, pp. 137-141.

150 Williams, *The Russian Revolution, 1917-1921*, p. 50.

151 Thompson, *Revolutionary Russia, 1917*, p. 54.

152 *Short Course*, pp. 195-196.

153 Mints, "Lenin's Revolutionary Leadership," pp. 67-73.

154 *Short Course*, pp. 204-205.

155 *Ibid.*

156 Melograni, *Lenin and the Myth of World Revolution*, pp. 12-14.

157 Thompson, *Revolutionary Russia, 1917*, p. 93.

158 *Ibid.*, p. 39.

159 *Short Course*, p. 208.

160 Williams, *The Russian Revolution, 1917-1921*, p. 45.

161 Thompson, *Revolutionary Russia, 1917*, pp. 136-137.

162 *Short Course*, p. 210.

163 Thompson, *Revolutionary Russia, 1917*, p. 97.

164 *Ibid.*, pp. 125-128.

165 *Ibid.,* pp. 126-128.

166 *Ibid.,* p. 132.

167 *Short Course,* p. 183.

168 Acton, *Rethinking the Russian Revolution,* p. 156.

169 *Ibid.,* pp. 158-164.

170 *Short Course,* p. 96.

171 Thompson, *Revolutionary Russia, 1917,* pp. 144-146.

172 Hough and Fainsod, *How the Soviet Union is Governed,* pp. 110-111.

173 Pomper, *Lenin, Trotsky, and Stalin,* p. 283.

174 Williams, *The Russian Revolution, 1917-1921,* p. 31.

175 *Ibid.,* pp. 6-7.

176 Acton, *Rethinking the Russian Revolution,* pp. 83-84.

177 *Ibid.*

178 *Ibid.,* pp. 84-86.

179 *Ibid.,* pp. 86-87.

180 *Ibid.,* pp. 87-88.

181 *Ibid.,* pp. 94-96.

182 *Ibid.,* pp. 95-97.

183 *Ibid.,* pp. 97-99.

184 *Ibid.,* pp. 99-100.

185 *Ibid.,* p. 101.

186 *Ibid.,* pp. 101-103.

187 *Ibid.,* pp. 103-106.

188 *Ibid.,* pp. 182-184.

189 *Ibid.,* pp. 185-186.

190 *Ibid.,* pp. 186-187.

191 *Ibid.,* pp. 187-188.

192 *Ibid.,* pp. 188-193.

193 *Ibid.,* pp. 193-195.

194 *Ibid.,* pp. 195-196.

195 *Ibid.,* pp. 200-202.

196 *Ibid.*

197 *Ibid.,* p. 202.

198 *Ibid.,* pp. 202-204.

199 Homberger, ed., *John Reed and the Russian Revolution,* p. 155.

200 *Short Course,* pp. 212-214.

201 Thompson, *Revolutionary Russia, 1917*, pp. 72-76.

202 *Ibid.,* pp. 77-79.

203 *Short Course*, pp. 1-2.

204 Carr, *The October Revolution*, pp. 2-7.

205 *Ibid.,* p. 17.

206 *Ibid.,* pp. 12-16, 19-20, 31-33.

207 Thompson, *Revolutionary Russia, 1917*, p. xv.

208 Acton, *Rethinking the Russian Revolution*, pp. 30-31.

209 Homberger, ed., *John Reed and the Russian Revolution*, p. 159.

210 *Ibid.,* p. 161.

211 Thompson, *Revolutionary Russia, 1917*, p. 161.

212 *Short Course*, pp. 214-219.

213 *Ibid.,* pp. 353-362.

214 *Ibid.*

215 *Ibid.*

216 Acton, *Rethinking the Russian Revolution*, pp. 31-32.

217 *Short Course*, p. 167.

218 *Ibid.,* pp. 243-244.

219 *Ibid.,* pp. 244-246.

220 Mally, *Culture of the Future*, p. xxviii.

221 Heller and Nekrich, *Utopia in Power*, pp. 72-76.

222 Reed, *Ten Days that Shook the World*, p. 260.

223 *Short Course*, p. 231.

224 *Ibid.,* pp. 236-240.

225 *Ibid.,* pp. 241-243.

226 *Ibid.,* pp. 225-226.

227 *Ibid.,* pp. 232-235.

228 Service, *The Russian Revolution, 1900-1927*, pp. 56-57.

229 Carr, *The October Revolution*, p. 66.

230 *Short Course*, pp. 228-229.

231 *Ibid.,* p. 234.

232 *Ibid.,* pp. 232-233.

233 *Ibid.,* p. 233.

234 *Ibid.,* p. 222.

235 *Ibid.,* pp. 234-235.

236 Hough and Fainsod, *How the Soviet Union is Governed*, p. 323.

237 Davies, *Soviet History in the Gorbachev Revolution*, pp. 27-34,

44-45.

238 Service, *The Russian Revolution, 1900-1927*, pp. 67-70.

239 *Ibid.*, pp. 70-72.

240 Carr, *The October Revolution*, pp. 114-121.

241 Davies, *Soviet History in the Gorbachev Revolution*, pp. 121-123.

242 Service, *The Russian Revolution, 1900-1927*, p. 74.

243 Laqueur, *The Fate of the Revolution*, pp. 12-15; Pipes, *Russia under the Bolshevik Regime*, p. 233.

244 Malia, *The Soviet Tragedy*, p. 11.

245 Hough and Fainsod, *How the Soviet Union is Governed*, p. 192.

246 *Short Course*, p. 298.

247 Davies, *Soviet History in the Gorbachev Revolution*, p. 195.

248 Broué, "Gorbachev and History," p. 16.

249 Laqueur, *Stalin: the Glasnost Revelations*, pp. 148-9, 157.

250 Conquest, *Stalin: Breaker of Nations*, p. 215.

251 Laqueur, *Stalin: the Glasnost Revelations*, pp. 227-230.

252 Hough and Fainsod, *How the Soviet Union is Governed*, pp. 146-148.

253 *Ibid.*, p. 278.

254 Davies, *Soviet History in the Gorbachev Revolution*, pp. 197-198.

255 Hough and Fainsod, *How the Soviet Union is Governed*, p. 234.

256 Conquest, *Stalin: Breaker of Nations*, p. 184.

257 Laqueur, *The Fate of the Revolution*, pp. 12-15.

258 *Ibid.*

259 Laqueur, *Stalin: the Glasnost Revelations*, p. 233.

260 *Ibid.*, p. 234.

261 Malia, *The Soviet Tragedy*, p. 11.

262 Laqueur, *Stalin: the Glasnost Revelations*, p. 246.

263 Heller and Nekrich, *Utopia in Power*, pp. 381-382.

264 Hough and Fainsod, *How the Soviet Union is Governed*, p. 279.

265 Veriaskin, "On the Personality Factor in the History of the CPSU," p. 114.

266 Conquest, "Small Terror, Few Dead: The 'Honest Naivety' of a New Revisionist View of Stalin's Role in Mass Murder." *TLS*, May 31, 1996.

267 Bardhan, "The October Revolution and a New World Political Order," pp. 1-10.

268 *Ibid.*

269 *Ibid.*

270 *Ibid.*

271 *Ibid.*

272 *Ibid.*

273 *Ibid.*

274 *Ibid.*

275 Cohen, *Rethinking the Soviet Experience*, p. x.

276 *Ibid.,* pp. 22-23.

277 *Ibid.,* pp. 28-29 참조.

278 *Ibid.,* pp. 19-20, 34-45.

279 *Ibid.,* p. 62.

280 *Ibid.,* pp. 68-69.

281 *Ibid.*

282 *Ibid.,* p. 71.

283 *Ibid.,* pp. 71-92 참조.

284 Heller and Nekrich, *Utopia in Power*, pp. 38-43 참조.

285 *Ibid.,* pp. 38-40.

286 *Ibid.,* p. 40.

287 *Ibid.,* pp. 40-41.

288 Keep, John L. H. "Great October?: The Horrors of Lenin's Revolution." *TLS*, Aug. 23, 1996.

289 Heller and Nekrich, *Utopia in Power*, pp. 41-43.

290 *Ibid.,* pp. 42-43.

291 *Ibid.,* p. 43.

292 *Ibid.,* pp. 15-17.

293 Keep, *The Rise of Social Democracy in Russia*, pp. 268-269.

294 *Ibid.,* p. 272.

295 *Ibid.,* p. 150.

296 *Ibid.,* p. 303.

297 Richard Pipes의 견해; Kolakowski, "A Calamitous Accident," *TLS*, Nov. 6, 1992.

298 Kolakowski, "A Calamitous Accident," *TLS*, Nov. 6, 1992.

299 Acton, *Rethinking the Russian Revolution*, pp. 107-109.

300 *Ibid.,* pp. 120-122.

301 *Ibid.,* pp. 108-109.

302 Pipes, *Russia under the Bolshevik Regime*, p. 497.

303 Williams, *The Russian Revolution, 1917-1921*, p. 11.

304 Acton, *Rethinking the Russian Revolution*, pp. 129-131.

305 *Ibid.*, p. 134.

306 *Ibid.*, pp. 138-139.

307 *Ibid.*, p. 142.

308 *Ibid.*, pp. 147-148.

309 Thompson, *Revolutionary Russia, 1917*, pp. 109-110.

310 Acton, *Rethinking the Russian Revolution*, p. 146.

311 *Ibid.*, pp. 149-150.

312 Pipes, *Russia under the Bolshevik Regime*, p. 490.

313 *Ibid.*, p. 502.

314 Daniels, *The Conscience of the Revolution*, p. 410.

315 Anweiler, "The Ideals of Revolutionary Democracy," pp. 16-22.

316 Riha, "Constitutional Developments in Russia," pp. 87-116; 인용 부분
   은 Stavrou, ed., *Russia under the Last Tsar*, p. 10.

317 Williams, *The Russian Revolution, 1917-1921*, p. 2.

318 Stites, *Revolutionary Dreams*, pp. 4-6, 9.

319 *Ibid.*

320 *Ibid.*, p. 252.

321 Acton, *Rethinking the Russian Revolution*, pp. 35-39.

322 *Ibid.*

323 Williams, *The Russian Revolution, 1917-1921*, pp. 32-33.

324 McKean, *St Petersburg between the Revolutions*, p. xi.

325 *Ibid.*, p. xii.

326 *Ibid.*, p. xiii.

327 *Ibid.*, p. xv.

328 *Ibid.*, p. 479.

329 *Ibid.*, p. 480.

330 *Ibid.*, p. 485.

331 *Ibid.*, p. 491.

332 *Ibid.*, p. 494.

333 Williams, *The Russian Revolution, 1917-1921*, p. 4.

334 Keep, *The Russian Revolution: A Study in Mass Mobilization*, pp.
   xiv-xv.

335 Acton, *Rethinking the Russian Revolution*, p. 175.

336 Heller and Nekrich, *Utopia in Power*, pp. 29-31.

337 *Ibid.*

338 Pipes, *Russia under the Bolshevik Regime*, p. 4.

339 Carr, *The October Revolution*, p. 48.

340 Heller and Nekrich, *Utopia in Power*, pp. 15-17.

341 *Ibid.*, p. 21.

342 Pipes, *Russia under the Bolshevik Regime*, p. 491.

343 Stavrou, ed., *Russia under the Last Tsar*, p. 4.

344 Service, *The Russian Revolution, 1900-1927*, p. 18.

345 *Ibid.*

346 *Ibid.*, p. 35.

347 *Ibid.*, p. 44.

348 Pipes, *The Russian Revolution*, pp. 336-337.

349 Williams, *The Russian Revolution, 1917-1921*, p. 37.

350 Pipes, *The Russian Revolution*, p. 384.

351 Acton, *Rethinking the Russian Revolution*, pp. 35-39.

352 *Ibid.*, p. 53.

353 *Ibid.*

354 *Ibid.*, pp. 53-54.

355 *Ibid.*, pp. 54-55.

356 *Ibid.*, p. 54.

357 *Ibid.*, p. 55.

358 *Ibid.*, pp. 54-55.

359 Mendel, "On Interpreting the Fate of Imperial Russia," pp. 13-41; 인용 부분은 Stavrou, ed., *Russia under the Last Tsar*, pp. 4-5.

360 Melograni, *Lenin and the Myth of World Revolution*, pp. 2-3.

361 Heller and Nekrich, *Utopia in Power*, pp. 31-33.

362 Williams, *The Russian Revolution, 1917-1921*, pp. 8-9.

363 Heller and Nekrich, *Utopia in Power*, pp. 27-28.

364 Laqueur, *Stalin: the Glasnost Revelations*, p. 36.

365 Service, *The Russian Revolution, 1900-1927*, pp. 3-4.

366 Pipes, *The Russian Revolution*, pp. 272-273.

367 Heller and Nekrich, *Utopia in Power*, pp. 24-27.

368 Pomper, *Lenin, Trotsky, and Stalin*, p. 298; Daniels, *The Conscience of the Revolution*, p. 411 참조.

369 Acton, *Rethinking the Russian Revolution*, pp. 20-22; Service, *The Russian Revolution, 1900-1927*, pp. 27-29.

370 Thompson, *Revolutionary Russia, 1917*, pp. 16-17.

371 Service, *The Russian Revolution, 1900-1927*, p. 25.

372 Keep, *The Rise of Social Democracy in Russia*, p. 296.

373 Keep, *The Russian Revolution*, p. 469.

374 Pipes, *The Russian Revolution*, p. 195.

375 Williams, *The Russian Revolution, 1917-1921*, p. 3.

376 Fitzpatrick, *The Russian Revolution*, p. 6.

377 Hough and Fainsod, *How the Soviet Union is Governed*, p. 73.

378 Daniels, *The Conscience of the Revolution*, p. 4.

379 Acton, *Rethinking the Russian Revolution*, p. 205.

380 *Ibid.*, p. 206.

381 *Ibid.*, pp. 206-207.

382 Pipes, *The Russian Revolution*, p. 51.

383 Williams, *The Russian Revolution, 1917-1921*, pp. 28-29.

384 Pomper, *Lenin, Trotsky, and Stalin*, p. 321.

385 Melograni, *Lenin and the Myth of World Revolution*, p. 1.

386 Acton, *Rethinking the Russian Revolution*, pp. 172-173.

387 *Ibid.*, pp. 173-174.

388 *Ibid.*, p. 174.

389 Thompson, *Revolutionary Russia, 1917*, p. 90.

390 *Ibid.*, pp. 86, 91.

391 *Ibid.*, p. 86.

392 Acton, *Rethinking the Russian Revolution*, pp. 175-177.

393 Pipes, *Russia under the Bolshevik Regime*, p. 497.

394 Broué, "Gorbachev and History," pp. 12-13.

395 Acton, *Rethinking the Russian Revolution*, pp. 179-181.

396 Melograni, *Lenin and the Myth of World Revolution*, p. 1.

397 Pipes, *The Russian Revolution*, pp. 119-120.

398 Williams, *The Russian Revolution, 1917-1921*, p. 2.

399 Volin, "The Triumph of the Peasantry," pp. 49-56.

400 Williams, *The Russian Revolution, 1917-1921*, pp. 40-41.

401 Melograni, *Lenin and the Myth of World Revolution*, pp. 9-11.

402 *Ibid.*, pp. 12-14.

403 *Ibid.*

404 *Ibid.*, p. 9.

405 Pomper, *Lenin, Trotsky, and Stalin*, pp. 310-311.

406 Pipes, *The Russian Revolution*, p. 345.

407 *Ibid.*, pp. 345-347.

408 *Ibid.*

409 *Ibid.*, pp. 346-347.

410 Pomper, *Lenin, Trotsky, and Stalin*, p. 331.

411 Acton, *Rethinking the Russian Revolution*, pp. 155-156.

412 *Ibid.*, pp. 162-163.

413 Carr, *The October Revolution*, pp. 139-141.

414 Thompson, *Revolutionary Russia, 1917*, pp. 168-169.

415 Carr, *The October Revolution*, pp. 143-144.

416 *Ibid.*, pp. 142-145.

417 Hough and Fainsod, *How the Soviet Union is Governed*, pp. 110-111.

418 Heller and Nekrich, *Utopia in Power*, pp. 21-23.

419 Williams, *The Russian Revolution, 1917-1921*, pp. 22-25.

420 Asher, "The Defeat of Military Leadership," pp. 32-39.

421 Daniels, "The Unpredictable Revolution," pp. 74-81.

422 Stavrou, ed., *Russia under the Last Tsar*, p. 8.

423 Lieven, *Russia's Rulers under the Old Regime*, pp. 306-309.

424 Pipes, *The Russian Revolution*, pp. 87-90.

425 Treadgold, "Russian Radical Thought, 1894-1917," pp. 69-86; 인용 부분은 Stavrou, ed., *Russia under the Last Tsar*, p. 9.

426 Stavrou, ed., *Russia under the Last Tsar*, pp. 5-7.

427 Rosenberg, "The Instability of Liberal Government," pp. 8-15.

428 Pipes, *The Russian Revolution*, pp. 150, 152.

429 *Ibid.*, pp. 122-123.

430 Acton, *Rethinking the Russian Revolution*, pp. 88-91.

431 *Ibid.*, p. 90.

432 *Ibid.*, pp. 91-93.

433 *Ibid.*, pp. 93-94.

434 *Ibid.*, pp. 91, 94.

435 Pipes, *The Russian Revolution*, p. 439.

436 *Ibid.*

437 *Ibid.*, pp. 385-386.

438 Pipes, "Seventy-five Years on: The Great October Revolution as a Clandestine Coup D'état," *TLS*, Nov. 6, 1992.

439 Keep, "Great October?: The Horrors of Lenin's Revolution." *TLS*, Aug. 23, 1996.

440 Pipes, "Seventy-five Years on: The Great October Revolution as a Clandestine Coup D'état," *TLS*, Nov. 6, 1992.

441 *Ibid.*

442 Pipes, *The Russian Revolution*, pp. 504-505.
443 Pipes, "Seventy-five Years on: The Great October Revolution as a Clandestine Coup D'état," *TLS*, Nov. 6, 1992.
444 *Ibid.*
445 Acton, *Rethinking the Russian Revolution*, p. 203.
446 *Ibid.*, pp. 35-39.
447 Pipes, *Russia under the Bolshevik Regime*, p. 499.
448 Service, *The Russian Revolution, 1900-1927*, p. 48.
449 Pipes, *Russia under the Bolshevik Regime*, p. 494.
450 Service, *The Russian Revolution, 1900-1927*, p. 58.
451 *Ibid.*, pp. 11-13.
452 Williams, *The Russian Revolution, 1917-1921*, p. 30.
453 Howard, "The Vast Detour," *TLS*, Nov. 6, 1992.
454 Daniels, *The Conscience of the Revolution*, pp. 411-412.
455 Malia, *The Soviet Tragedy*, p. 17.
456 Acton, *Rethinking the Russian Revolution*, pp. 37-38.
457 Thompson, *Revolutionary Russia, 1917*, pp. xv-xvii.
458 Malia, "Why Amalrik was Right," *TLS*, Nov. 6, 1992.
459 Carr, *The October Revolution*, pp. 71-72.
460 Acton, *Rethinking the Russian Revolution*, pp. 40, 44.
461 Brovkin, *Dear Comrades*, pp. 29-30.
462 *Ibid.*
463 Cohen, *Bukharin and the Bolshevik Revolution*, pp. xxvii, 5.
464 Pipes, *Russia under the Bolshevik Regime*, p. 439.
465 Brovkin, *Dear Comrades*, pp. xvi-xviii.
466 Pipes, *Russia under the Bolshevik Regime*, pp. 295-296.
467 Barber, *Soviet Historians in Crisis, 1928-1932*, pp. 2-3.
468 *Ibid.*, pp. 3-5.
469 *Ibid.*, pp. 5-6.
470 *Ibid.*, pp. vii-viii.
471 Davies, *Soviet History in the Gorbachev Revolution*, p. 1.
472 Barber, *Soviet Historians in Crisis, 1928-1932*, pp. 9-11.
473 *Ibid.*, pp. 137-141.
474 Pipes, *Russia under the Bolshevik Regime*, pp. 441-443.
475 *Ibid.*, p. 446.
476 Williams, *The Russian Revolution, 1917-1921*, pp. 62-63, 78.
477 Brovkin, *Dear Comrades*, p. 26.

478 Fitzpatrick, "The Problem of Class Identity in NEP Society," pp. 15-17.

479 *Ibid.*

480 *Ibid.*

481 *Ibid.,* pp. 25-26.

482 Brovkin, *Dear Comrades,* pp. 4-5.

483 *Ibid.,* p. 14.

484 *Ibid.*

485 *Ibid.,* pp. 12-14.

486 Heller and Nekrich, *Utopia in Power,* pp. 98-99.

487 Collins and Smele, eds., *Kolchak and Siberia,* pp. ix-x.

488 Brovkin, *Dear Comrades,* pp. 17-18.

489 Pipes, *Russia under the Bolshevik Regime,* p. 60.

490 Brovkin, *Dear Comrades,* pp. 17-18.

491 *Ibid.*

492 Pipes, *Russia under the Bolshevik Regime,* p. 60.

493 Hardeman, *Coming to Terms with the Soviet Regime,* p. 6.

494 Brovkin, *Dear Comrades,* p. 17.

495 *Ibid.,* pp. 15-16.

496 *Ibid.*

497 *Ibid.,* p. 26.

498 *Ibid.,* pp. 15-16.

499 Pipes, *Russia under the Bolshevik Regime,* p. 379.

500 Acton, *Rethinking the Russian Revolution,* pp. 39-40.

501 Service, *The Russian Revolution, 1900-1927,* pp. 59-60.

502 Hough and Fainsod, *How the Soviet Union is Governed,* p. 72.

503 Pomper, *Lenin, Trotsky, and Stalin,* p. 327.

504 Thompson, *Revolutionary Russia, 1917,* pp. 177-178.

505 Service, *The Russian Revolution, 1900-1927,* pp. 59-60.

506 Brovkin, *Dear Comrades,* pp. 5-6.

507 *Ibid.*

508 Service, *The Russian Revolution, 1900-1927,* p. 60.

509 Hardeman, *Coming to Terms with the Soviet Regime,* p. 5.

510 *Ibid.,* p. 9.

511 *Ibid.,* pp. 187-191.

512 *Ibid.,* p. 192.

513 Keep, *The Russian Revolution,* pp. 470-471.

514 Pomper, *Lenin, Trotsky, and Stalin*, pp. 328-329.

515 Thompson, *Revolutionary Russia, 1917*, pp. 179-180, 182.

516 Brovkin, *Dear Comrades*, p. 4.

517 Heller and Nekrich, *Utopia in Power*, pp. 50-53.

518 Thompson, *Revolutionary Russia, 1917*, p. 173.

519 Heller and Nekrich, *Utopia in Power*, p. 52.

520 Service, *The Russian Revolution, 1900-1927*, pp. 56-57.

521 Pomper, *Lenin, Trotsky, and Stalin*, p. 322.

522 Thompson, *Revolutionary Russia, 1917*, pp. 174-175.

523 Pipes, *The Russian Revolution*, pp. 742-744.

524 *Ibid.*

525 Conquest, "The Party in the Dock," *TLS*, Nov. 6, 1992.

526 Heller and Nekrich, *Utopia in Power*, pp. 473-474.

527 *Ibid.,* pp. 98-107.

528 *Ibid.*

529 *Ibid.,* pp. 106-107.

530 *Ibid.,* pp. 62-63.

531 Hough and Fainsod, *How the Soviet Union is Governed*, pp. 76-77.

532 Pipes, *The Russian Revolution*, pp. 506-507.

533 Heller and Nekrich, *Utopia in Power*, p. 219.

534 Conquest, *The Great Terror*, p. 6.

535 Heller and Nekrich, *Utopia in Power*, p. 107.

536 Williams, *The Russian Revolution, 1917-1921*, p. 97-98.

537 Pomper, *Lenin, Trotsky, and Stalin*, pp. 366-367.

538 Pipes, *Russia under the Bolshevik Regime*, p. 5.

539 Brovkin, *Dear Comrades*, pp. 2-3.

540 *Ibid.,* p. 9.

541 *Ibid.,* p. 1.

542 *Ibid.,* p. 2.

543 *Ibid.,* pp. 16-17.

544 *Ibid.,* p. 7.

545 *Ibid.,* p. 6.

546 *Ibid.,* pp. 8-9.

547 *Ibid.,* p. 8.

548 *Ibid.*

549 *Ibid.,* pp. 19-20.

550 *Ibid.,* pp. 22-23.

551 Service, *The Russian Revolution, 1900-1927*, pp. 65-67.

552 Liebman, *The Russian Revolution*, p. 340.

553 Pipes, *Russia under the Bolshevik Regime*, pp. 138-139.

554 Service, *The Russian Revolution, 1900-1927*, pp. 65-67.

555 Heller and Nekrich, *Utopia in Power*, p. 87.

556 Brovkin, *Dear Comrades*, p. 24.

557 Johnson, "Family Life in Moscow during NEP," p. 107.

558 Davies, *Soviet History in the Gorbachev Revolution*, pp. 118-121.

559 Brovkin, *Dear Comrades*, pp. 12-14.

560 Pipes, *The Russian Revolution*, p. 506.

561 Hough and Fainsod, *How the Soviet Union is Governed*, p. 73.

562 Service, *The Russian Revolution, 1900-1927*, pp. 73-74.

563 Pipes, *Russia under the Bolshevik Regime*, p. 370.

564 Malia, *The Soviet Tragedy*, p. 110.

565 Pipes, *The Russian Revolution*, pp. 673. 712.

566 Brovkin, *Dear Comrades*, p. 25.

567 Davies, *Soviet History in the Gorbachev Revolution*, p. 27.

568 Brovkin, *Dear Comrades*, p. 25.

569 *Ibid.*, pp. 25-26.

570 Seliunin, "Roots," pp. 172, 177-180.

571 Malia, *The Soviet Tragedy*, p. 138.

572 Davies, *Soviet History in the Gorbachev Revolution*, pp. 27-34, 44-45.

573 Service, *The Russian Revolution, 1900-1927*, pp. 67-70.

574 *Ibid.*, pp. 76-77.

575 Heller and Nekrich, *Utopia in Power*, p. 217.

576 Hough and Fainsod, *How the Soviet Union is Governed*, p. 110.

577 Heller and Nekrich, *Utopia in Power*, p. 127.

578 Pipes, *Russia under the Bolshevik Regime*, p. 400.

579 *Ibid.*, p. 409.

580 Malia, *The Soviet Tragedy*, p. 174.

581 Rosenberg, "Understanding NEP Society and Culture in the Light of New Research," p. 319.

582 *Ibid.* pp. 319-320.

583 Davies, *Soviet History in the Gorbachev Revolution*, p. 47.

584 Carr, *The October Revolution*, pp. 132-135.

585 Service, *The Russian Revolution, 1900-1927*, pp. 78-79.

586 Conquest, *The Harvest of Sorrow*, pp. 337-340.
587 Heller and Nekrich, *Utopia in Power*, p. 318.
588 *Ibid.*, pp. 241-242.
589 *Ibid.*, pp. 472-473.
590 *Ibid.*, p. 475.
591 Davies, *Soviet History in the Gorbachev Revolution*, pp. 23-24.
592 Williams, *The Russian Revolution, 1917-1921*, pp. 81, 83, 86, 88, 91.
593 Pipes, *Russia under the Bolshevik Regime*, p. 283.
594 Williams, *The Russian Revolution, 1917-1921*, pp. 91-95.
595 *Ibid.*
596 Pipes, *Russia under the Bolshevik Regime*, pp. 329-334.
597 Mally, *Culture of the Future*, p. 257.
598 Jones, "The Non-Russian Nationalities," pp. 35-36.
599 *Ibid.*, p. 51.
600 Heller and Nekrich, *Utopia in Power*, pp. 72-76.
601 *Ibid.*
602 *Ibid.*, pp. 76-77.
603 Thompson, *Revolutionary Russia, 1917*, p. 176.
604 Malia, "Another Weimar? Nationalist Dangers in Post-communist Russia and the Glimmerings of a Market Society, *TLS*, Feb. 25, 1994.
605 Hosking, "Heirs of the Tsarist Empire," *TLS*, Nov. 6, 1992.
606 *Ibid.*
607 Malia, "The Dead Weight of Empire." *TLS*, June 20, 1997.
608 Cohen, *Bukharin and the Bolshevik Revolution*, p. xxv.
609 *Ibid.*, pp. xiv-xvi.
610 Broué, "Gorbachev and History," pp. 7-8.
611 Brumberg, Abraham. "A Better Lenin?" *TLS*, Aug. 23, 1996.
612 Service, *The Russian Revolution, 1900-1927*, p. 58.
613 Stites, *Revolutionary Dreams*, p. 8.
614 Heller and Nekrich, *Utopia in Power*, p. 126.
615 *Ibid.*, p. 730.
616 Stites, *Revolutionary Dreams*, pp. 6, 8.
617 *Ibid.*, pp. 8-9.
618 *Ibid.*, p. 253.
619 *Ibid.*, p. 242.
620 *Ibid.*, pp. 250-252.
621 Davies, *Soviet History in the Gorbachev Revolution*, pp. 124-125.

622 Seliunin, "Roots," p. 169.

623 Davies, *Soviet History in the Gorbachev Revolution*, p. 115.

624 Broué, "Gorbachev and History," pp. 7, 23-24.

625 Thompson, *Revolutionary Russia, 1917*, pp. 173-175.

626 Davies, *Soviet History in the Gorbachev Revolution*, p. 203.

627 Melograni, *Lenin and the Myth of World Revolution*, pp. xii-xiv.

628 Pipes, "The Inexhaustible Problem," *TLS*, May 19, 1989.

629 Malia, Martin. "Misanthrope, Cynic, and Fanatic." *TLS*, Jan. 31, 1997.

630 Pipes, *Russia under the Bolshevik Regime*, p. 499.

631 Conquest, "From the Underworld: The Will to Power and the Socialist Order," *TLS*, Sept. 20, 1991.

632 Daniels, *The Conscience of the Revolution*, pp. 410-411.

633 Heller and Nekrich, *Utopia in Power*, pp. 53-61.

634 Seliunin, "Roots," pp. 165-189 참조.

635 Davies, *Soviet History in the Gorbachev Revolution*, p. 119.

636 Pipes, *The Russian Revolution*, pp. 798-800 참조.

637 *Ibid.*, pp. 796-798.

638 Heller and Nekrich, *Utopia in Power*, pp. 65-68.

639 *Ibid.*, pp. 63-70.

640 Pomper, *Lenin, Trotsky, and Stalin*, pp. 372-374.

641 Pipes, *The Russian Revolution*, pp. 818-821.

642 *Ibid.*, pp. 795, 832-837.

643 *Ibid.*

644 *Ibid.*, pp. 837-840.

645 *Ibid.*, pp. 791-795.

646 Heller and Nekrich, *Utopia in Power*, pp. 136-137.

647 Pipes, *Russia under the Bolshevik Regime*, p. 356.

648 Keep, "Great October?: The Horrors of Lenin's Revolution." *TLS*, Aug. 23, 1996.

649 Pipes, *The Russian Revolution*, pp. 793-795.

650 *Ibid.*, p. 789.

651 Heller and Nekrich, *Utopia in Power*, pp. 64-65.

652 *Ibid.*, p. 166.

653 Pipes, *Russia under the Bolshevik Regime*, p. 466.

654 *Ibid.*, p. 461.

655 *Ibid.*, p. 469.

656 *Ibid.*, pp. 470, 479.

657 Buranov, *Lenin's Will: Falsified and Forbidden*, pp. 9-10.

658 *Ibid.,* p. 55.

659 *Ibid.,* p. 25.

660 *Ibid.,* p. 73.

661 *Ibid.,* p. 100.

662 *Ibid.,* p. 101.

663 Medvedev, translated by George Shriver, *Let History Judge*, 1989 edition, pp. 15-17.

664 Davies, *Soviet History in the Gorbachev Revolution*, p. 194.

665 *Ibid.,* pp. 59-61.

666 Medvedev, trans. by Colleen Taylor, *Let History Judge*, 1973 edition, pp. 559-565.

667 Heller and Nekrich, *Utopia in Power*, p. 239.

668 Conquest, *Stalin: Breaker of Nations*, p. 186.

669 Stites, *Revolutionary Dreams*, pp. 246-250.

670 Davies, *Soviet History in the Gorbachev Revolution*, p. 74.

671 Laqueur, *Stalin: the Glasnost Revelations*, p. 232.

672 *Ibid.,* p. 276.

673 Heller and Nekrich, *Utopia in Power*, p. 282.

674 Medvedev, trans. by Colleen Taylor, *Let History Judge*, 1973 edition, pp. xxv, xxviii-xxxiii.

675 Conquest, *The Great Terror*, pp. 271-273.

676 Conquest, *Stalin: Breaker of Nations*, p. 207.

677 Conquest, *The Great Terror*, pp. 274-277.

678 Conquest, *Stalin: Breaker of Nations*, p. 203.

679 *Ibid.,* p. 318.

680 *Ibid.,* p. 206.

681 Davies, *Soviet History in the Gorbachev Revolution*, pp. 100-101.

682 Broué, "Gorbachev and History," pp. 18-19.

683 Malia, *The Soviet Tragedy*, p. 178.

684 Heller and Nekrich, *Utopia in Power*, p. 508.

685 Conquest, *Stalin: Breaker of Nations*, p. ix.

686 Heller and Nekrich, *Utopia in Power*, p. 507.

687 *Ibid.,* p. 508.

688 Conquest, *The Great Terror*, p. 251.

689 Conquest, *The Harvest of Sorrow*, pp. 7-8.

690 Laqueur, *Stalin: the Glasnost Revelations*, p. 61.

691 Davies, *Soviet History in the Gorbachev Revolution*, pp. 168-170.

692 Pipes, *The Russian Revolution*, pp. 787-788.

693 *Ibid.*, p. 746.

694 *Ibid.*, pp. 816-817.

695 *Ibid.*, pp. 800-804.

696 *Ibid.*, pp. 817-818.

697 Pipes, *Russia under the Bolshevik Regime*, p. 387.

698 Conquest, *The Great Terror*, pp. 121-127.

699 *Ibid.*, pp. 342-343.

700 *Ibid.*, pp. 343, 364-365.

701 Pomper, *Lenin, Trotsky, and Stalin*, pp. 371-372.

702 Conquest, *The Great Terror*, pp. 291-292, 297.

703 *Ibid.*, pp. 235, 249.

704 *Ibid.*, p. 447.

705 *Ibid.*, pp. 450, 459.

706 Acton, *Rethinking the Russian Revolution*, p. 41.

707 Conquest, *The Great Terror*, pp. 256-258.

708 *Ibid.*

709 Conquest, *The Harvest of Sorrow*, pp. 332-335.

710 Heller and Nekrich, *Utopia in Power*, p. 121.

711 Keep, *The Rise of Social Democracy in Russia*, p. 27.

712 Alex de Waal, "Famine and Panic," *TLS*, Dec. 27, 1991.

713 Pipes, *Russia under the Bolshevik Regime*, p. 411.

714 *Ibid.*, p. 412.

715 *Ibid.*

716 *Ibid.*, p. 413.

717 Keep, "Great October?: The Horrors of Lenin's Revolution." *TLS*, Aug. 23, 1996.

718 Pipes, *Russia under the Bolshevik Regime*, p. 413.

719 *Ibid.*, pp. 415-416.

720 *Ibid.*, pp. 415-419.

721 *Ibid.*, p. 419.

722 Conquest, "Reluctant Converts: How the Revisionists are Slowly Coming round to the Truth about Stalin," *TLS*, Feb. 11, 1994.

723 Heller and Nekrich, *Utopia in Power*, pp. 236-238.

724 *Ibid.*

725 Conquest, *The Harvest of Sorrow*, pp. 326-329.

726 Laqueur, *Stalin: the Glasnost Revelations*, pp. 281-291.

727 *Ibid.*, p. 282.

728 Alex de Waal, "Famine and Panic," *TLS*, Dec. 27, 1991.

729 Carr, *The October Revolution*, pp. 95-98.

730 Bartlett, ed., *Land Commune and Peasant Community in Russia*, pp. 3-4.

731 Conquest, *The Harvest of Sorrow*, pp. 9-10.

732 Hough and Fainsod, *How the Soviet Union is Governed*, p. 149.

733 Heller and Nekrich, *Utopia in Power*, p. 240.

734 Malia, "Why Amalrik was Right," *TLS*, Nov. 6, 1992.

735 Heller and Nekrich, *Utopia in Power*, p. 243.

736 Conquest, *The Harvest of Sorrow*, p. 4.

737 Conquest, *The Great Terror*, p. 308.

738 한 수용소에는 평균 1,200명이 수용되었고, 이런 수용소가 약 7,000개 있었다. *Ibid.*, pp. 308-309.

739 Heller and Nekrich, *Utopia in Power*, pp. 319, 382.

740 Conquest, *The Great Terror*, pp. 310-311.

741 *Ibid.*, pp. 311-312, 315.

742 *Ibid.*, p. 315.

743 Conquest, *The Harvest of Sorrow*, p. 334.

744 Conquest, *The Great Terror*, pp. 315-316.

745 Heller and Nekrich, *Utopia in Power*, p. 382.

746 Conquest, *The Great Terror*, pp. 318, 321-327.

747 *Ibid.*, p. 338.

748 Heller and Nekrich, *Utopia in Power*, p. 319.

749 *Ibid.*, p. 120.

750 Pipes, *Russia under the Bolshevik Regime*, pp. 508-509.

751 *Ibid.*, p. 512.

752 Conquest, *The Great Terror*, pp. 287-290.

753 *Ibid.*, pp. 264-265.

754 Heller and Nekrich, *Utopia in Power*, p. 241.

755 *Ibid.*, pp. 306-307.

756 *Ibid.*, pp. 306-307, 316.

757 Laqueur, *Stalin: the Glasnost Revelations*, pp. 123-127.

758 Conquest, *The Harvest of Sorrow*, p. 306.

759 Heller and Nekrich, *Utopia in Power*, pp. 242-243.

760 Conquest, *The Great Terror*, pp. 486-488.

761 Heller and Nekrich, *Utopia in Power*, pp. 509-511.
762 *Ibid.*, pp. 390, 443.
763 Malia, *The Soviet Tragedy*, p. 513.

사용 문헌 목록

아래의 문헌 목록은 이 책에서 실제로 '사용한' 문헌들만을 목록으로 정리한 것으로, 이 분야의 일반적인 참고 문헌 목록이 아니다. 이 책의 주석에는 저자의 성과 문헌의 이름이 부분적으로 나와 있으므로, 이 문헌 목록에서 완전한 서지 정보를 제공한다. 이 목록은 저자, 출판 연대 순으로 구성되어 있다. 이탤릭 체는 책명, " "는 논문명을 의미한다.

Acton, Edward. *Rethinking the Russian Revolution.* London: Edward Arnold, 1990.

Anweiler, Oskar. "The Ideals of Revolutionary Democracy." Daniel R. Brower, ed. *The Russian Revolution: Disorder or New Order?* Arlington Heights, Illinois: Forum Press, 1979.

Asher, Harvey. "The Defeat of Military Leadership." Brower, Daniel R., ed. *The Russian Revolution: Disorder or New Order?* Arlington Heights, Illinois: Forum Press, 1979.

Barber, John. *Soviet Historians in Crisis, 1928-1932.* N.Y.: Holmes & Meier, 1981.

Bardhan, A. B. "The October Revolution and a New World Political Order." *The Russian Revolution & Its Impact on the World.* New Delhi: Deendayal Research Institute, 1988.

Bartlett, Roger, ed. *Land Commune and Peasant Community in Russia: Communal Forms in Imperial and Early Soviet Society.* N.Y.: St. Martin's Press, 1990.

Bowman, James. "Revealing Russia's Past." *TLS*, July 17, 1992.

Broué, Pierre. "Gorbachev and History." Stephen White, ed. *New Directions in Soviet History.* Cambridge: Cambridge Univ. Press, 1992.

Brovkin, Vladimir N. *Dear Comrades: Menshevik Reports on the Bolshevik Revolution and the Civil War.* Stanford, California: Hoover Institution Press, 1991.

Brower, Daniel R., ed. *The Russian Revolution: Disorder or New Order?* Arlington Heights, Illinois: Forum Press, 1979.

Brumberg, Abraham. "A Better Lenin?" *TLS*, Aug. 23, 1996.

Buranov, Yuri. *Lenin's Will: Falsified and Forbidden*. N.Y.: Prometheus Books, 1994.

Carr, E. H. *The October Revolution: Before and After*. N.Y.: Alfred A. Knopf, 1969.

Cohen, Stephen F. *Bukharin and the Bolshevik Revolution: A Political Biography, 1888-1938*. Oxford: Oxford Univ. Press, 1980.

Cohen, Stephen F. *Rethinking the Soviet Experience: Politics and History Since 1917*. Oxford: Oxford Univ. Press, 1985.

Cohen, Warren I. "What the Archives Say about Stalin." *TLS*, Nov. 8, 1996.

Collins, David and Jon Smele, eds. *Kolchak and Siberia: Documents and Studies, 1919-1926*. N.Y.: Kraus International, 1988.

Commission of the C.C. of the C.P.S.U. *History of the Communist Party of the Soviet Union: Short Course*, authorized by the C.C. of the C.P.S.U. Moscow: Foreign Languages Publishing House, 1939.

Conquest, Robert. "From the Underworld: The Will to Power and the Socialist Order." *TLS*, Sept. 20, 1991.

Conquest, Robert. "Reluctant Converts: How the Revisionists are Slowly Coming round to the Truth about Stalin." *TLS*, Feb. 11, 1994.

Conquest, Robert. "The Party in the Dock." *TLS*, Nov. 6, 1992.

Conquest, Robert. *Stalin: Breaker of Nations*. London: Weidenfeld and Nicolson, 1991.

Conquest, Robert. *The Great Terror: A Reassessment*. Oxford: Oxford Univ. Press, 1990.

Conquest, Robert. *The Harvest of Sorrow: Soviet Collectivization and the Terror-Famine*. London: Arrow Books, 1988.

Conquest, Robert. "Small Terror, Few Dead: The 'Honest Naivety' of a New Revisionist View of Stalin's Role in Mass Murder." *TLS*, May 31, 1996.

Daniels, Robert V. "The Unpredictable Revolution." Brower, Daniel R., ed. *The Russian Revolution: Disorder or New Order?* Arlington Heights, Illinois: Forum Press, 1979.

Daniels, Robert V. *The Conscience of the Revolution*. Boulder, Colorado: Westview Press, 1988, first edition in 1960 by Harvard Univ. Press.

Davies, R. W. *Soviet History in the Gorbachev Revolution*. London: Macmillan, 1989.

De Waal, Alex. "Famine and Panic." *TLS*, Dec. 27, 1991.

Fainsod, Merle. *How Russia is Ruled.* Cambridge, Massachusetts: Harvard Univ. Press, 1953.

Ferro, Marc. "Citizen-Soldiers in the Revolutionary Struggle." Daniel R. Brower, ed. *The Russian Revolution: Disorder or New Order?* Arlington Heights, Illinois: Forum Press, 1979.

Figes, Orando. "The October Revolution." (a letter to the editor) *TLS*, Nov. 20, 1992.

Fitzpatrick, Sheila. "The Problem of Class Identity in NEP Society." Sheila Fitzpatrick, Alexander Rabinowitch, and Richard Stites, eds. *Russia in the Era of NEP: Explorations in soviet Society and Culture.* Bloomington: Indiana Univ. Press, 1991.

Fitzpatrick, Sheila. *The Russian Revolution.* Oxford: Oxford Univ. Press, 1994.

Hardeman, Hilde. *Coming to Terms with the Soviet Regime: The "Changing Signposts" Movement among Russian Emigres in the Early 1920s.* DeKalb: Northern Illinois Univ. Press, 1994.

Heller, Mikhail and Aleksandr Nekrich. *Utopia in Power: the History of the Soviet Union from 1917 to the Present.* N.Y.: Summit Books, 1986.

Homberger, Eric, ed. *John Reed and the Russian Revolution: Uncollected Articles, Letters and Speeches on Russia, 1917-1920.* London: MacMillan, 1992.

Hosking, Geoffrey. "Heirs of the Tsarist Empire." *TLS*, Nov. 6, 1992.

Hough, Jerry F. and Merle Fainsod. *How the Soviet Union is Governed.* Cambridge: Harvard University Press, 1979.

Howard, Michael. "The Vast Detour," *TLS*, Nov. 6, 1992.

Johnson, R. E. "Family Life in Moscow during NEP." Sheila Fitzpatrick, Alexander Rabinowitch, and Richard Stites, eds. *Russia in the Era of NEP: Explorations in soviet Society and Culture.* Bloomington: Indiana Univ. Press, 1991.

Jones, Stephen. "The Non-Russian Nationalities." Robert Service, ed. *Society and Politics in the Russian Revolution.* London: St. Martin's Press, 1992.

Keep, John L. H. "Revolution in the Factories." Daniel R. Brower, ed. *The Russian Revolution: Disorder or New Order?* Arlington Heights, Illinois: Forum Press, 1979.

Keep, John L. H. *The Debate on Soviet Power: Minutes of the All-Russian Central Executive Committee of Soviets, October 1917 - January 1918.* Oxford: Clarendon, 1979.

Keep, John L. H. *The Rise of Social Democracy in Russia.* Oxford: Clarendon, 1963.

Keep, John L. H. *The Russian Revolution: a Study in Mass Mobilization.* N.Y.: W.W. Norton, 1976.

Keep, John L. H. "Great October?: The Horrors of Lenin's Revolution." *TLS*, Aug. 23, 1996.

Kolakowski, Leszek. "A Calamitous Accident." *TLS*, Nov. 6, 1992.

Kozlov, V. A. "The Historian and Perestroika." Donald J. Raleigh, ed. *Soviet Historians and Perestroika: the First Phase* N.Y.: M. E. Sharpe, 1989.

Laqueur, Walter. *Stalin: the Glasnost Revelations.* N.Y.: Macmillan, 1990.

Laqueur, Walter. *The Fate of the Revolution.* N.Y.: Macmillan, 1987, first edition in 1967.

Laue, Theodore von. see Von Laue, Theodore.

Liebman, Marcel. *The Russian Revolution: the Origins, Phases and Meaning of the Bolshevik Victory.* London: Jonathan Cape, 1970.

Lieven, Dominic. *Russia's Rulers Under the Old Regime.* New Haven: Yale Univ. Press, 1990.

Malia, Martin. "Another Weimar? Nationalist Dangers in Post-communist Russia and the Glimmerings of a Market Society." *TLS*, Feb. 25, 1994.

Malia, Martin. "Why Amalrik was Right." *TLS*, Nov. 6, 1992.

Malia, Martin. *The Soviet Tragedy: A History of Socialism in Russia, 1917-1991.* N.Y.: Free Press, 1994.

Malia, Martin. "Misanthrope, Cynic, and Fanatic." *TLS*, Jan. 31, 1997.

Malia, Martin. "The Dead Weight of Empire." *TLS*, June 20, 1997.

Mally, Lynn. *Culture of the Future: The Proletkult Movement in Revolutionary Russia.* Berkeley: Univ. of California Press, 1990.

McKean, Robert B. *St Petersburg between the Revolutions: Workers and Revolutionaries, June 1907 - February 1917.* New Haven: Yale Univ. Press, 1990.

Medvedev, Roy A., trans. by Colleen Taylor. *Let History Judge: the Origins and Consequences of Stalinism.* N.Y.: Vintage Books, 1973.

Medvedev, Roy A., trans. by George Shriver. *Let History Judge: The Origins and Consequences of Stalinism.* N.Y.: Columbia Univ. Press, 1989, rev. and expanded edition.

Melograni, Piero. *Lenin and the Myth of World Revolution.* Atlantic Highlands, NJ: Humanities Press International, 1989.

Mendel, Arthur. "On Interpreting the Fate of Imperial Russia." Theofanis G. Stavrou, ed. *Russia under the Last Tsar.* Minneapolis: Univ. of Minnesota Press, 1969.

Mints, I. I. "Lenin's Revolutionary Leadership." Brower, Daniel R., ed. *The Russian Revolution: Disorder or New Order?* Arlington Heights, Illinois: Forum Press, 1979, pp. 67-73.

Pipes, Richard. "Seventy-five Years on: The Great October Revolution as a Clandestine Coup D'état." *TLS*, Nov. 6, 1992.

Pipes, Richard. "The Inexhaustible Problem." *TLS*, May 19, 1989.

Pipes, Richard. *Russia Observed: Collected Essays on Russian and Soviet History*. Boulder, Colorado: Westview Press, 1989.

Pipes, Richard. *Russia Under the Bolshevik Regime*. N.Y.: Vintage Books, 1995.

Pipes, Richard. *The Russian Revolution*. N.Y.: Alfred A. Knopf, 1990.

Pomper, Philip. *Lenin, Trotsky, and Stalin: the Intelligentsia and Power*. N.Y.: Columbia Univ. Press, 1990.

Raleigh, Donald J., ed. *Soviet Historians and Perestroika: the First Phase*. N.Y.: M.E. Sharpe, 1989.

Reed, John. *Ten Days that Shook the World*. N.Y.: Boni and Liveright, 1919.

Riha, Thomas. "Constitutional Developments in Russia." Stavrou, Theofanis G., ed. *Russia under the Last Tsar*. Minneapolis: Univ. of Minnesota Press, 1969.

Rosenberg, William G. "Understanding NEP Society and Culture in the Light of New Research." Sheila Fitzpatrick, Alexander Rabinowitch, and Richard Stites, eds. *Russia in the Era of NEP: Explorations in soviet Society and Culture*. Bloomington: Indiana Univ. Press, 1991.

Rosenberg, William. "The Instability of Liberal Government." Brower, Daniel R., ed. *The Russian Revolution: Disorder or New Order?* Arlington Heights, Illinois: Forum Press, 1979.

Seliunin, Vasilii. "Roots." Novyi mir, 1988, no. 5. Donald J. Raleigh, ed. *Soviet Historians and Perestroika: the First Phase* N.Y.: M. E. Sharpe, 1989.

Service, Robert. *The Russian Revolution, 1900-1927*. Atlantic Highlands, NJ: Humanities Press, 1986.

Short Course; see Commission of the C.C. of the C.P.S.U. *History of the Communist Party of the Soviet Union: Short Course*.

Smykov, F. N. "The Role of the Journal 'Voprosy istorii KPSS' in Restructuring Party History." (*Voprosy istorii KPSS,* 1988, no. 1, pp. 135-50). Donald J. Raleigh, ed. *Soviet Historians and Perestroika: the First Phase*. N.Y.: M.E. Sharpe, 1989.

Stavrou, Theofanis G., ed. *Russia under the Last Tsar*. Minneapolis: Univ. of Minnesota Press, 1969.

Stites, Richard. *Revolutionary Dreams: Utopian Vision and*

Experimental Life in the Russian Revolution. Oxford: Oxford Univ. Press, 1989.

Thompson, John M. *Revolutionary Russia, 1917*. N.Y.: Macmillan, 1989, 2nd. edition.

Treadgold, Donald W. "Russian Radical Thought, 1894-1917." Theofanis G. Stavrou, ed. *Russia under the Last Tsar*. Minneapolis: Univ. of Minnesota Press, 1969.

Veriaskin, V. G. "On the Personality Factor in the History of the CPSU." Donald J. Raleigh, ed. *Soviet Historians and Perestroika: the First Phase* N.Y.: M. E. Sharpe, 1989.

Volin, Lazar. "The Triumph of the Peasantry." Daniel R. Brower, ed. *The Russian Revolution: Disorder or New Order?* Arlington Heights, Illinois: Forum Press, 1979.

Volobuev, P. V. "The February Revolution and the Bolshevik Party." Brower, Daniel R., ed. *The Russian Revolution: Disorder or New Order?* Arlington Heights, Illinois: Forum Press, 1979.

Von Laue, Theodore. "Problems of Industrialization." Stavrou, Theofanis G., ed. *Russia under the Last Tsar*. Minneapolis: Univ. of Minnesota Press, 1969.

Von Laue, Theodore. "The Weakness of Governmental Authority." Brower, Daniel R., ed. *The Russian Revolution: Disorder or New Order?* Arlington Heights, Illinois: Forum Press, 1979.

Waal, Alex de. see De Waal, Alex.

White, Stephen, ed. *New Directions in Soviet History*. Cambridge: Cambridge Univ. Press, 1992.

Williams, Beryl. *The Russian Revolution, 1917-1921*. Oxford: Basil Blackwell, 1987.

찾 아 보 기

서양 근대 혁명사 삼부작 제 3부

러시아 혁명의 환상과 현실

1998년 9월 5일 초판 1쇄 발행
2003년 2월 28일 초판 2쇄 발행

지은이 김민제
펴낸이 최종수
펴낸곳 역민사

등록 제 10-82호(1979. 2. 23.)
주소 서울 중구 충무로 3가 59-23
영한 빌딩 406호
전화 2274-9411
팩스 2268-3619

ⓒ 1998, 김민제(KIM, MINJAE)
Printed in Korea
ISBN 89-85154-20-6 94920
ISBN 89-85154-21-4(전 3권)

값 15,000원